U0617774

《脱贫攻坚与乡村振兴有效衔接研究》书稿
统筹与编写

负责人：

邓秀新　中国工程院副院长、院士

程国强　中国人民大学杰出学者特聘教授

执笔人：

第一、二、三章：程国强　马晓琛

第四章：钟涨宝　袁　泉　李祖佩

第五章：袁　泉　李祖佩　周　娟

第六章：钟涨宝　张翠娥　范成杰

第七章：王　瑜　杨晓婷

第八章：王　瑜　胡　原

第九章：肖梦熊　李　哲

第十章：解博文　段　瑶

第十一、十二章：吉庆华　王亚俊

第十三、十四、十五章：程国强　肖雪灵

第十六章：严奉宪　李义姝

第十七章：严奉宪　庹　娟

第十八章：严奉宪　董艳敏

第十九、二十章：王　瑜　程令伟

第二十一章：杨永生　姚　渊

第二十二章：王　硕　邵卫星

第二十三、二十四章：曹晓峰　王　颖

中国工程院重大战略研究与咨询项目

脱贫攻坚与乡村振兴有效衔接研究

Tuopin Gongjian Yu
Xiangcun Zhenxing Youxiao Xianjie Yanjiu

中国工程院"2020年后减贫战略研究"课题组　编著

人民出版社

前　言

党的十八大以来，以习近平同志为核心的党中央从党和国家事业全局出发、着眼于实现"两个一百年"奋斗目标，把脱贫攻坚摆在治国理政的突出位置，作为全面建成小康社会的底线任务，打赢了人类历史上规模最大的脱贫攻坚战，全国832个贫困县全部摘帽，近一亿农村贫困人口实现脱贫，960多万贫困人口实现易地搬迁，全面打赢脱贫攻坚战，历史性地解决了绝对贫困问题，走出了一条中国特色的减贫道路，为全球减贫事业作出了重大贡献。打赢脱贫攻坚战、全面建成小康社会后，推动巩固拓展脱贫攻坚成果同乡村振兴有效衔接，是"十四五"期间"三农"工作特别是脱贫地区"三农"工作的重点任务。但是，部分脱贫地区的发展基础仍然薄弱，一些农村低收入人口的经营就业增收能力不强，返贫风险仍然较高，巩固拓展脱贫攻坚成果的任务依然十分艰巨。在新的发展阶段，如何巩固拓展脱贫攻坚成果、牢牢守住防止规模性返贫底线？如何建立脱贫地区持续发展的长效机制，扎实推动从脱贫攻坚向全面推进乡村振兴的平稳过渡？

为此，中国工程院于2020年、2021年分别启动两期重大战略研究与咨询项目"2020年后减贫战略研究"，由中国工程院副院长邓秀新院士担任项目总负责人，组织专家学者开展攻关研究。其中，2020年第一期项目设立综合研究组，以及乡村产业、健康乡村、美丽乡村、乡村治理等四个专题研究组，分别由程国强（同济大学教授）、钟涨宝（华中农业大学教授）、黄璐琦（中国中医科学院院长、中国工程院院士）、曲久辉（清华大学教授、中国工程院院士）和杜志雄（中国社会科学院农村发展研究所研究员）担任研究组负责人。2021年第二期项目设立综合研究组，以及乡村产业、乡村公共卫生、乡村环境、兜底保障等四个专题研究组，分别由程国强（中国人民大学教授）、陈焕春（华中农业大学教授、中国工程院院士）及严奉宪（华中农业大学教授）、黄璐琦（中国中医科学院院长、中国工程院院士）、曲久辉（清华大学教授、中国工程院院士）、杜志雄（中国社会科学院农村发展研究所研究员）担任研究组负责人。

自2020年初项目启动以来的两年多时间里，项目组克服新冠疫情蔓延的影响，深入贵州、云南、西藏、四川、宁夏、甘肃、青海、新疆、内蒙古、湖北等省和自治区的脱贫地区，开展易地扶贫搬迁、扶贫产业发展农村集体经济、乡村治理、兜底保障、农村医疗卫生、饮用水安全、农村环境等专题调研，广泛听取基层干部群众意见，走村串户访问脱贫农户，获取第一手调研资料和数据，为项目研究奠定扎实的实证基础。同时，项目组还多次组织召开专家座谈会，邀请财政部、国家发改委、科技部、农业农村部、国家乡村振兴局（原国务院扶贫办）等部委专家，以及相关院士、科研院所专家，征求对项目研究成果的意见与建议，并针对有关问题进行深入研讨。

两年来，在项目组全体成员的共同努力下，项目研究形成一系列政策专报、专项研究报告和综合研究报告。其中，关于新冠疫情对完成脱贫攻坚任务的影响、易地扶贫搬迁后续扶持、乡村产业、兜底保障、乡村治理、乡村基本公共卫生服务等多篇专项政策专报，得到中央办公厅、国务院办公厅采纳，部分政策报告得到国务院领导同志的高度重视和批示；多个政策建议得到国务院有关部委（局）、有关省政府领导批示和采纳，为中央和有关部委决策发挥了重要咨询服务作用。

本书汇集了两期项目研究的主要成果，是项目组全体成员共同智慧的结晶。本书包括上下两篇。其中，上篇以第一期研究成果为主，共十二章。该篇在对党的十八大以来我国减贫实践和经验系统梳理的基础上，分析了我国新发展阶段贫困问题的本质、特征和返贫致贫风险因素，提出了巩固脱贫攻坚成果、治理相对贫困的基本思路与战略重点，同时围绕脱贫攻坚后产业扶贫、乡村卫生、农村饮水安全、乡村治理等关键问题，提出系统的政策思路和解决方案。

本书下篇以第二期研究成果为主，共十二章。该篇在分析当前及今后一个时期巩固拓展脱贫攻坚成果面临的形势和问题、辨识返贫风险及其治理逻辑的基础上，提出了推进脱贫攻坚与乡村振兴有效衔接的总体思路、基本原则和关键路径，系统梳理并探讨了过渡期帮扶政策衔接、调整与创新的重点领域和关键措施，并围绕乡村产业的科技支撑、乡村医防融合、乡村环境整治以及县乡村兜底保障一体化等重点问题开展专项研究并提出政策建议。

本书认为，推动脱贫攻坚同乡村振兴有效衔接，是一项继往开来的系统工程，要在准确把握过渡期阶段特征的基础上，以实现共同富裕为根本目标，坚持"民生为本、就业优先、严防返贫、突出实效"为基本方向，突出战略重点，把握关键路径，把脱贫人口作为重点人群，把脱贫地区作为优先区域，加快改善脱贫人口和脱贫地区发展条件，着力提升脱贫人口和脱贫地区发展能力，推动脱贫人口和脱贫地区全面融入乡村振兴进程，共享经济社会发展成果。

本书提出，建立促进脱贫人口持续增收、脱贫地区稳定发展的长效机制，是今后巩固拓展脱贫攻坚成果、守住不发生规模性返贫底线的根本支撑，是推进脱贫攻坚与乡村振兴两大战略衔接的政策着力点。因此，要以增强脱贫人口和脱贫地区内生动力和发展活力为导向，以增强产业发展和就业能力为重点，全面加强脱贫地区发展长效机制建设，重点把握以下政策着力点。

第一，加快推动乡村特色产业持续健康发展。发展乡村特色产业是实现脱贫地区持续稳定发展的根本之策。要更加注重乡村特色产业发展的质量和效益，建立形成脱贫人口持续增收致富的长效机制。一要巩固提升脱贫地区特色产业。保障资金、人才、技术等要素投入，进一步提高衔接资金和涉农整合资金用于特色产业发展的比重，注重产业后续长期培育，把区位优势、资源优势转化为发展优势、竞争优势，提高产业市场竞争力和抗风险能力。二要以全产业链思维推动特色产业提档升级。要大力发展农产品加工流通业，加快发展现代乡村服务业，引进龙头企业补齐营销、设施上的短板，打造种养、加工、贸易一体化的全产业链，拓展主导产业增值增效空间，为吸纳更多农村劳动力就近就业创造条件。三要持续推进农村一二三产业融合发展。推动产业发展规划与村庄建设规划、土地利用规划、环境保护规划等有机衔接，通过拓展农业多种功能、挖掘乡村多元价值，发展农产品加工、乡村休闲旅游、农村电商、健康养老等新产业新业态。注重发挥科技的支撑作用，提升农业科技成果转化效率，更好地促进农业提质增效和节本降险。四要不断强化特色产业发展的基础支撑。完善道路交通设施和农产品仓储保鲜、冷链物流等基础设施建设，支持农产品流通企业、电商平台、批发市场与区域内特色产业精准对接，打通农产品产销堵点；加强农村电商基础设施建设，推动大数据、物联网、5G等技术在乡村产业发展中的应用，提升特色产业电子商务支撑服务水平，培育和发展农产品网络品牌，充分释放农业生产和农村消费的巨大潜力。

第二，强化脱贫人口就业增收机制。就业是保障脱贫人口持续稳定增收的基本盘。据统计，目前全国160个重点县脱贫人口收入中工资性收入占比超过70%，外出务工是脱贫人口就业的重要渠道。为此，要根据脱贫人口劳动能力，完善和加强多渠道就业创业政策。一是完善就业扶持和培训体系，提升就业匹配度。搭建好用工信息服务平台，注重发挥大龄困难群众在畜牧养殖、传统手工艺方面的技能储备，增强人力资本和技能经验就业匹配的有效性；提升就业培训实效，大力推进以工代训、新型学徒制培训等职业技能培训，培养劳动力从体能型向技能型转变，不断提升就业竞争力，帮助脱贫人口实现自我发展。二是对于有劳动能力和劳动意愿的脱贫人口，要深入开展跨省及市县间劳务协作。输出地要履行好主体责任，完善就业服务体系，打造区域劳务品牌，加大定向、定点、有组织的输出力度，及时与劳务协作伙伴开展劳务对接、技能培训、权益维护等合作交流；输入地要履行好帮扶责任，发挥建筑、物流、电力等劳动密集型行业吸纳就业的作用，鼓励引导用工单位尽量把脱贫人口稳在输入地。三是对于农村妇女、轻中度残疾人等弱劳力、半劳力和无法外出的脱贫人口，组织其通过公益性岗位、帮扶车间、以工代赈等方式拓展就业，吸纳更多脱贫人口家门口就业。

第三，着力壮大脱贫地区县域经济，大力发展新型农村集体经济。县域是城乡融合发展的重要切入点，要以县域为重要载体，发挥好县域辐射带动乡村的作用，促进脱贫地区整体发展。一要统筹培育本地支柱产业和承接外地产业转移，充分利用劳动力资源，以县域为主阵地发展就业带动能力强的县域富民产业，围绕"一县一业"，打造具有地方特色的区域公共品牌。二要积极引导从农村走出去的人才返乡创业，利用经济发展带动基础设施配套建设、公共服务升级改善、人才资金等要素回流，发挥县域综合承载能力，增强脱贫地区特别是重点帮扶县发展的内生动力和活力。农村集体经济是守住不发生规模性返贫底线的基础支撑，要全面加强和充分发挥农村集体经济的带动和兜底作用。一要盘活农村经营性资产和资源性资产，健全联农带农机制，避免简单的入股分红，引导农户特别是脱贫户和监测对象有效嵌入产业链中，实现脱贫人口就地就近就业，让农村集体经济发展的红利更多更公平地惠及全体成员。二要对脱贫攻坚期间形成的新集体资产确权和移交，注重发挥经营性资产的增收效益，积极探索公益性资产的可持续发展机制，促进村集体资产保值增值。三要在集体经济收益分配环节，根据经营情况向困难成员倾斜，使他们在已有政策性兜底保障基础上，进一步获得集体经济收益的托底支持，形成守住不发生规模性返贫底线的长效机制。

第四，着力加强和完善兜底保障政策。要按照基础性、普惠性、兜底性要求，进一步完善兜底保障政策体系。一要强化防返贫动态监测机制，做到精准识别。精准识别监测对象是兜底保障政策发挥作用的前提，也是维护社会公平正义的需要。为此，要加快推进制定统一的救助对象和低收入人口识别标准与认定办法，简化优化认定程序，审核确权下放，提高识别效率；建立区域内帮扶信息跨部门分享利用机制，促进跨部门信息交换共享、数据分析比对，主动发现、跟踪监测、及时预警困难群众返贫致贫风险，提升政策干预的前瞻性，增强帮扶救助的时效性。二要加强对重点人群兜底保障。要推动兜底保障政策逐步衔接与平滑过渡，强化兜底保障的制度性供给，对符合条件的防返贫监测对象要予以政策叠加帮扶，有效防止规模性返贫。三要合理设置保障标准。要根据经济社会发展水平逐步提高保障标准，既要避免陷入福利陷阱、形成新的"悬崖效应"，又要切实兜住民生底线。四要加快健全分层分类的社会救助体系。一方面，要立足于社会救助制度的兜底性、基础性功能定位，完善基于收入、支出以及急难等因素返贫致贫人口的救助制度；另一方面，在加强物质救助的基础上，强化服务类社会救助供给，通过政府购买服务等方式动员和引导社会组织参与社会救助，探索发展型、关爱型救助。

第五，建立易地扶贫搬迁后续扶持机制。促进易地扶贫搬迁安置点持续稳定发展，是巩固拓展脱贫攻坚成果、防范规模性返贫的重中之重。一要设立国家易地扶贫搬迁后续扶持专项资金。现有中央财政衔接乡村振兴补助资金，仅部分资金能用于扶持易地扶贫搬迁后续产业发展，特别是，大型易地搬迁安置区新型城镇化建设虽已纳入国家新型城镇化和城乡融合发展规划，但尚无资金配套。因此，要设立国家易地扶贫搬迁后续扶持专项资金，支持安置区的基础设施和公共服务配套设施维护升级，以及产业发展、就业增收、社区集体经济，重点向青藏高原地区、西南石漠化地区易地搬迁安置区倾斜。二要强化安置区产业配套与就业扶持。推动地方做好东部与西部劳动密集型企业梯度转移对接，针对大型安置区、中小型安置点和"插花式"分散安置的不同特点，分类布局产业园、帮扶车间和灵活加工项目，通过产业发展和以工代赈，同步提升安置区经济活力和就业承载力。同时，在城镇化安置规模较大的县区探索建立劳动力失业保险机制，对城镇化安置劳动力推广"政府＋金融机构"的普惠型"新市民就业险"，在过渡期内实施保费先缴后补政策，用长效机制应对转移就业风险。三要着力提升安置区社区治理能力和参与水平。进一步加快专业化的社会组织培育，在对口帮扶框架下，将帮扶内容拓展到社会组织力量的对口培育支援，形成安置社区社工力量培育孵化和资金保障机制。有序开发增设公共服务类公益岗位，同步解决社区服务供给和就业安置需求，推动社区治理精细精准提升。

最后，全面推进脱贫攻坚同乡村振兴有效衔接，必须坚持党的领导，发挥社会主义制度优势，强化政策保障和配套措施支撑，切实促进脱贫地区发展、群众生活改善，确保全面推进乡村振兴行稳致远。

希望本书的出版，能够为读者们深刻认识脱贫攻坚同乡村振兴衔接过渡期的阶段特征、准确把握巩固拓展脱贫攻坚成果同乡村振兴有效衔接的政策着力点，建立促进脱贫地区持续发展、脱贫群众生活不断改善的长效机制等诸多方面，发挥积极的引领性作用。

特别需要指出的是，本项目在调研过程中，得到中国工程院、国务院有关部委（局）、各调研地政府以及脱贫地区广大基层干部群众的大力支持和帮助，在此一并表示衷心感谢！

限于时间和水平，本书不足之处在所难免，敬请读者批评指正。

中国工程院"2020年后减贫战略研究"课题组

2022年10月

目　录

上　篇

下　篇

上 篇

第一章 减贫的中国方案与启示

改革开放以来，尤其是党的十八大以来，我国全面实行脱贫攻坚战略，取得了举世瞩目的成就，到 2020 年底实现了现行标准下 9899 万农村贫困人口全部脱贫，832 个贫困县全部摘帽，绝对贫困问题得到了历史性的解决。回顾脱贫攻坚以来的减贫实践，凝练减贫治理的中国经验，特别是可以实现制度化、机制化、常态化的工作经验，以及总结分析脱贫攻坚工作中存在的问题，对今后巩固提升脱贫攻坚成果、建立解决相对贫困问题的长效机制具有重要意义。

第一节 中国脱贫攻坚的伟大实践

自新中国成立伊始，中国共产党始终将"消除贫困，改善民生，逐步实现共同富裕"作为重要使命，在不同阶段采取不同战略，持续推进中国减贫事业。从新中国成立初期至改革开放前，新中国一穷二白，我国农村生产力低下，农民生活水平普遍很低，处于普遍贫困状况。自脱贫攻坚战打响以来，我国脱贫攻坚工作成就瞩目，平均每年减贫 1000 万人以上，不仅创造了我国扶贫史上的最好成绩，也为全球的减贫事业贡献了一份中国力量。

一、脱贫攻坚的伟大实践

（一）建立了脱贫攻坚责任、政策、投入、动员、监督、考核六大体系

第一，建立了脱贫攻坚工作的责任体系。构建合力攻坚、各负其责的

责任体系，出台了脱贫攻坚责任制的实施办法，贯彻落实"中央统筹、省负总责、市县抓落实"的扶贫管理体制。第二，建立脱贫攻坚的政策体系。中共中央办公厅、国务院办公厅出台了相关文件，各级部门以及各地区都相继出台脱贫攻坚任务的系列文件。第三，建立了脱贫攻坚的投入体系。积极发挥政府的主导作用，同时根据打赢脱贫攻坚战的要求对扶贫的投入力度进行统筹，投放了更多的金融资金。第四，建立了脱贫攻坚动员体系。在脱贫攻坚战中，充分发挥社会主义制度的优势合力攻坚，充分发挥各方面力量，集中力量办大事。首先，完善东西部扶贫结对关系，强化东西部扶贫协作，实现了对全国30个民族自治州的帮扶全覆盖；其次，强化定点扶贫工作，脱贫攻坚时期，共320个中央单位对592个贫困县进行定点帮扶，军队和武警部队对3500多个贫困村进行了定点帮扶。最后，动员中央企业开展"百县万村"扶贫行动，设立贫困地区产业投资基金。动员民营企业开展"万企帮万村"行动。设立全国脱贫攻坚奉献奖、奋进奖、创新奖、贡献奖，加大动员宣传力度，表彰脱贫攻坚模范，营造良好舆论氛围。第五，建立了脱贫攻坚监督体系。中央出台脱贫攻坚督查巡查工作办法，对各地落实中央决策部署的开展情况进行督查，坚持在脱贫攻坚全过程各环节中贯彻全面从严治党的要求。同时，原国务院扶贫办与财政、审计、监察、纪检等部门以及社会媒体等监督力量加强合作，充分运用各方监督结果开展考核评估工作。第六，建立了脱贫攻坚考核体系。中央出台了扶贫开发工作效果的考核方法，实行最严格的评估考核制度。表扬综合评价好的省份，并在分配中央财政专项资金时给予奖励；约谈综合评价较差并且存在突出问题省份的主要负责同志；约谈综合评价一般或者在某些方面存在突出问题省份的分管负责同志。

（二）围绕"四个问题"，建立了完善的扶贫精准脱贫制度体系

首先，围绕"扶持谁"的问题，2014年，全国组织80多万人进村入户，共识别了12.8万个贫困村，2948万贫困户、8962万贫困人口，基本摸清了我国贫困人口分布、致贫原因、脱贫需求等信息，建立起了全国统一的扶贫开发信息系统。其次，围绕"谁来扶"的问题，凝聚基层力量、强化

驻村帮扶，实现全覆盖，所有贫困村派驻村工作队，共选派了77.5万名干部进行驻村帮扶，并确保所有贫困户都安排帮扶责任人。中央组织部积极开展抓党建促脱贫攻坚工作，选派了19.5万名优秀干部深入贫困村担任第一书记。第一书记和驻村干部通过对群众进行引导教育，激发其内生动力，推动落实精准扶贫的各项措施。接着，围绕"怎么扶"的问题，不断分类细化，精准施策，坚持"六个精准""五个一批"，即坚持扶持对象精准、项目安排精准、资金使用精准、措施到户精准、因村派人精准、脱贫成效精准，确保有劳动能力的贫困人口通过发展生产、易地搬迁、生态补偿、发展教育等措施实现脱贫，另外使部分或完全丧失劳动能力的贫困人口通过社保兜底政策实现脱贫。最后，围绕"如何退"的问题，建立贫困退出机制，明确贫困县及贫困人口的退出的标准、程序和后续政策。

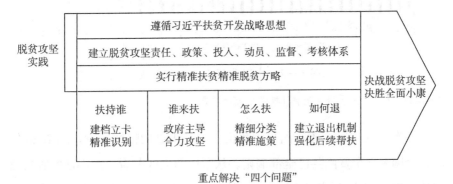

图1—1　脱贫攻坚实践总结

二、脱贫攻坚取得的伟大成效

党的十八大以来，各地认真贯彻党中央、国务院决策部署，各级党委、政府高度重视脱贫攻坚工作，精准扶贫、精准脱贫逐渐深入人心，我国脱贫攻坚工作成效瞩目。

（一）我国脱贫攻坚战取得全面胜利

首先，在现行标准下，我国实现了农村贫困人口全部脱贫。2012年底，按现行农村贫困标准，我国农村贫困人口是9899万人，2019年底减少至 551 万人，连续 7 年年均减贫人数超 1000 万人。到 2020 年底，农村贫困人口已全面清零。2012 年底农村贫困发生率为 10.2%，2019 年下降至 0.6%，至 2020 年底全面消除绝对贫困。

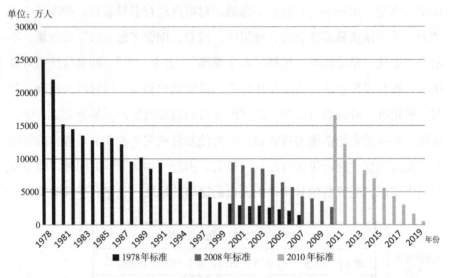

图 1—2　中国贫困人口变化情况

资料来源：国家统计局，《中国统计年鉴》，历年各期。

　　其次，区域性整体贫困得到解决。从贫困县摘帽情况看，到 2020 年底，全国 832 个贫困县已全部摘帽。从东中西地区①看，东部地区脱贫速度快于中西部地区（详见表 1—1）。从贫困区域来看，贫困地区②、集中连片特困地区③、民族八省区④、国家扶贫开发工作重点县（共 592 个县）等

---

① 东部地区包括北京、天津、河北、辽宁、上海、江苏、浙江、福建、山东、广东、海南等 11 个省、直辖市。中部地区包括山西、吉林、黑龙江、安徽、江西、河南、湖北、湖南等 8 个省份。西部地区包括内蒙古、广西、重庆、四川、贵州、云南、西藏、陕西、甘肃、青海、宁夏、新疆等 12 个省、自治区、直辖市。
② 包括集中连片特困地区和片区外的国家扶贫开发工作重点县，原共 832 个县，2017 年将享受片区政策的新疆阿克苏地区 1 市 6 县也纳入了贫困监测范围。
③ 2011 年，按照集中连片、突出重点、全国统筹、区划完整的原则，在全国共划出 11 个连片特困地区，加上已经实施特殊扶贫政策的西藏、四省藏区、新疆南疆三地州，共 14 个片区 680 个县，2016 年起新疆阿克苏地区 1 市 6 县享受片区政策。
④ 包括内蒙古、广西、贵州、云南、西藏、青海、宁夏、新疆等八个省、自治区。

各类区域减贫成效明显（详见表1—2），其中，贫困地区的减贫规模占全国农村减贫总规模的59.8%。截至2020年底，区域性整体贫困已全面消除。

表1—1　2012年和2019年东中西部地区农村贫困人口状况

区域	贫困人口（万人）				贫困发生率（%）		
	2012年	2019年	下降人数	下降比例	2012年	2019年	累计下降
东部地区	1367	47	1320	96.9%	3.9	0.1	3.8
中部地区	3446	181	3265	94.7%	10.5	0.6	9.9
西部地区	5086	323	4763	93.6%	17.6	1.1	16.5
合计	9899	551	9348	94.4%	10.2	0.6	9.6

资料来源：国家统计局，《全国农村贫困检测报告》，历年各期。

注：2020年实现全面脱贫后，不再进行贫困地区相关数据统计，故本章数据更新至2019年，下同。

表1—2　2012年和2019年不同区域农村贫困人口情况

区域	贫困人口（万人）				贫困发生率（%）		
	2012年	2019年	下降人数	下降比例	2012年	2019年	累计下降
贫困地区	6039	362	5677	94.0%	23.2	1.4	21.8
集中连片特困地区	5067	313	4754	93.8%	24.4	1.5	22.9
民族八省区	3121	119	3002	96.2%	21.1	0.79	20.31
扶贫开发重点县	5105	307	4792	93.9%	24.4	1.5	22.9

资料来源：国家统计局，《全国农村贫困监测报告》，历年各期。

（二）贫困地区农村居民人均收入持续高速增长

2020年，贫困地区农村居民人均可支配收入为12588元，是2012年的2.2倍，年均增长10.5%，与全国农村平均水平的差距进一步缩小。贫困地区农村居民消费水平不断提升。2020年，贫困地区农村居民的人均消费支出为10758元，相比于2012年，年均增长13.6%。2020年贫困地区农村居民人均消费支出是全国农村平均水平的78.5%，超过2012年8个百分点。

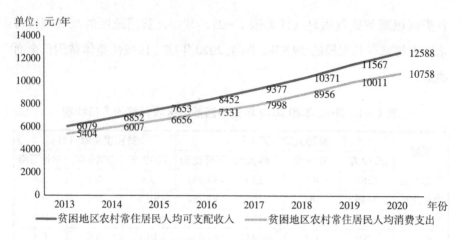

单位：元/年

图 1—3　贫困地区农村常住居民人均可支配收入与消费支出

资料来源：国家统计局，《中国统计年鉴》，历年各期。

（三）贫困地区农村居民生活质量显著提高

从农村居民的居住条件看，2019 年，贫困地区居住在钢筋混凝土房或者居住在砖混材料房的居民、无饮水困难以及使用卫生厕所的农户较 2012 年均增加 20％以上（详见表 1—3），居住条件明显改善。从家庭耐用消费品的情况来看，完成了从无到有、质的跨越，并且产品实现了升级换代。贫困地区彩色电视机、电冰箱、洗衣机等传统耐用消费品更加普及，极大地缩小了与全国农村平均水平的差距；同时，2019 年，贫困地区农村居民每百户拥有的汽车、计算机等现代耐用消费品实现快速增长，分别达到 2012 年的 8.3 倍和 5.1 倍，（详见表 1—4），农户生活质量全面提升。从贫困地区基础设施与公共服务水平看，截至 2019 年底，自然村已实现全部通电，通电话、有线电视信号以及宽带的自然村较 2012 年大大增加，尤其是通宽带的比重提高了 59 个百分点。2012 年，贫困地区的自然村中，主干道路面经过硬化处理的占比为 59.9％，2019 年较 2012 年提高 39.6％；2019 年，自然村交通更加便捷，通客运班车的比重为 56.9％，比 2012 年提高 18.1％。2019 年，贫困地区教育条件明显提升，学生上幼儿园、小学更加便利，且 94.0％的行政村设有文化活动室。2019 年，贫困地区医疗条件逐步改善，拥有合法行医资格证的卫生员的行政村占比

98.9%，拥有卫生站的自然村占比 96.1%，较 2012 年均有所提升。2019 年，贫困地区的卫生条件明显改善，可以集中处理生活垃圾的自然村占比 88.8%，较 2012 年提高 58.9%（详见表 1—5）。

表 1—3　2012 年和 2019 年贫困地区农村居民居住条件

项目	2012 年	2019 年
居住在钢筋混凝土房或砖混材料房农户比重（%）	39.2	72.4
居住在竹草土坯房的农户比重（%）	7.7	1.2
使用卫生厕所的农户比重（%）	25.7	58.3
无饮水困难的农户比重（%）	81	95.9

资料来源：国家统计局，《全国农村贫困监测报告》，历年各期。

表 1—4　2012 年和 2019 年贫困地区农村居民家庭耐用消费品情况

项目	2012 年	2019 年
每百户拥有电冰箱数量（台）	47.5	98.6
每百户拥有洗衣机数量（台）	52.3	91.6
每百户拥有彩电数量（台）	98.3	117.6
每百户拥有汽车数量（辆）	2.7	22.3
每百户拥有计算机数量（台）	5.3	26.9

资料来源：国家统计局，《全国农村贫困监测报告》，历年各期。

表 1—5　2012 年和 2019 年贫困地区基础设施与公共服务情况

项目	2012 年	2019 年
通电话的自然村比重（%）	93.3	100
通有线电视信号的自然村比重（%）	69	99.1
通宽带的自然村比重（%）	38.3	97.3
村内主干道路面经过硬化处理的自然村比重（%）	59.9	99.5
通客运班车的自然村比重（%）	38.8	56.9
所在自然村上幼儿园便利的农户比重（%）	71.4	89.8
所在自然村上小学便利的农户比重（%）	79.8	91.9
有文化活动室的行政村比重（%）	74.5	94.0
拥有合法行医资格证医生或卫生员的行政村比重（%）	83.4	98.9
所在自然村垃圾能集中处理的农户比重（%）	29.9	88.8

资料来源：国家统计局，《全国农村贫困监测报告》，历年各期。

（四）为人类反贫困事业作出突出贡献

一方面，中国为全球的减贫贡献了力量。按照世界银行每人每天 1.9 美元的贫困标准（2011 年购买力平价）计算，1981 年中国的贫困发生率为 88.3%，1990 年下降至 66.6%，再降到 2016 年的 0.5%（见图 1—4），贫困人口规模从 1981 年的 8.778 亿下降到 2016 年的 720 万，累计减少约 8.71 亿人，同期，全球累计脱贫人数约 11.69 亿人。1981 年至 2016 年，中国累计脱贫人数占全球累计脱贫人数的 75%。中国在消除绝对贫困的同时，在力所能及的范围内援助发展中国家，通过"一带一路"倡议，中国致力于让国际减贫合作成果惠及到更多的国家与人民。

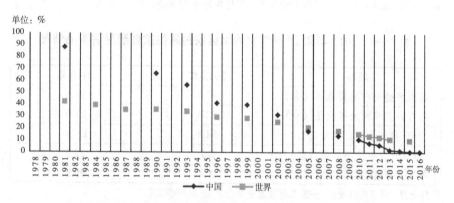

单位：%

图 1—4　中国和全球贫困人口变化（每人每天 1.9 美元）

资料来源：世界银行数据。

另一方面，中国的减贫方案与减贫成就在国际社会上被广泛认可，许多致力于减少全球贫困的国际组织均给予了中国高度评价。

世界银行多次在报告中指出，无论是根据中国的官方贫困标准抑或采用世界银行贫困标准，基于收入或是消费贫困，按照贫困人口的绝对数量、深度或严重性等一系列方法所测量的结果都表明中国减少绝对贫困的成就极为显著。经济合作与发展组织（OECD）认为中国减贫有力地推动了《联合国千年宣言》中千年发展目标中关于减贫目标的达成。联合国开发计划署（UNDP）则高度肯定了中国在减贫方面做出的巨大贡献，并且希望能推广中国经验惠及全球。联合国秘书长古特雷斯表示，精准扶贫方略是帮助贫困人口实现 2030 年可持续发展议程设定的宏伟目标的唯一途径，中国的经验可以为其他发展中国家提供有益借鉴[①]。

第二节　党的十八大以来脱贫攻坚基本经验

党的十八大以来，我国脱贫攻坚不仅取得了显著成效，创造了我国扶贫史上的最好成绩，也在实践中积累了丰富经验：坚持中国共产党领导，充分发挥中国特色社会主义的制度优势是根本；坚持群众主体，激发内生动力是基础；构建社会各界广泛参与的大扶贫格局，凝聚脱贫攻坚合力是关键；创新扶贫开发模式，强化扶贫脱贫精准性是重点。

一、坚持党的领导，发挥中国特色社会主义制度优势

在脱贫攻坚中，始终坚定不移地坚持党的领导，构建党建引领的统筹发展机制，发挥集中力量办大事、攻坚克难的制度优势，是脱贫攻坚取得决定性胜利的根本保障。

一方面，"消除贫困，改善民生，逐步实现共同富裕"始终是中国共产党的使命目标。进入新时代以来，中国共产党从"全心全意为人民服务"的根本宗旨、全面建成小康社会的目标要求以及中国特色社会主义本质要求的战略高度，突出强调了脱贫攻坚任务的战略地位。习近平总书记更是以脱贫攻坚为重要工作内容，在深入调研考察的过程中形成了内涵丰富、逻辑严密、思想深邃的扶贫开发战略思想，这更加表明了新时代减贫任务的紧迫性和重要性，为脱贫攻坚任务顶层设计以及体制机制创新奠定了坚实的思想基础。

另一方面，党拥有着强大的动员与组织能力，能集中力量办大事。一是实施脱贫攻坚领导责任制，形成了完善的工作机制，坚持"中央统筹、

---

① 习近平：《在决战决胜脱贫攻坚座谈会上的讲话》，人民出版社 2020 年版，第 6 页。

省（自治区、直辖市）负总责、市（地）县抓落实"，建立了包含帮扶、动员、监督和考核在内完善的扶贫工作制度体系，形成了"五级书记"一起抓扶贫的工作格局，为脱贫攻坚的顺利开展打下了坚实的制度基础。二是加强扶贫资金投入，为脱贫攻坚任务的完成提供了物质基础。脱贫攻坚以来，党中央加大了中央财政专项扶贫以及基建资金用于扶贫的力度。同时，省级财政、东部对口扶贫的地区也在一定程度上增加了扶贫资金投入。三是强化农村基层党组织建设，集中力量实施贫困村提升工程，不断完善贫困村基础设施，培育壮大村集体经济，打通了脱贫攻坚政策落实的"最后一公里"。

二、坚持群众主体，激发内生动力

人民是决定党和国家前途命运的根本力量，是历史的创造者，党和国家始终坚持以人民为中心，始终把人民作为贫困治理的根本动力、参与主体和受益群体。在脱贫攻坚战中，党和国家始终坚持人民群众的主体地位，坚持"智""志"双扶，充分调动贫困群众主动性与积极性，不断培育和提高贫困人口的内生脱贫动力，这是打赢脱贫攻坚战的基础，也是长效减贫的基础。

扶贫先扶志。扶志就是扶观念、扶思想、扶信心，让贫困群众建立起摆脱困境的勇气。第一，实行正向激励。一方面，加强国家扶贫政策宣传，表彰扶贫脱贫先进群体以及爱岗敬业、孝老爱亲等道德模范，宣传典型脱贫致富案例。另一方面，探索建立利益联结激励机制，如建立农村以户为单位的行为表现积分制管理制度，引导农户自我管理、自我约束、自我提高、自我服务，并建立励志扶贫"爱心超市"，农户可凭积分兑换基本生活用品，从而提升群众获得感，破除"等靠要"思想，激发自强自立内生动力。第二，实行负向约束。对于不思进取、违反公序良俗的后进农户进行通报批评，严重者则暂停对其帮扶。

扶贫必扶智。扶智就是扶知识、扶思路、扶技术，指导、帮助贫困群众不断提升脱贫致富的综合素质。一是改善贫困地区的教育条件，普及学前教育、保障义务教育、深化高等教育、优化职业教育。这是扶贫工作的重要任务，也是从根本上阻断贫困代际传递的重要方式。我国采取了一系列相关措施，不断推进贫困地区教育加快发展，不断提高贫困地区教师队伍的综合素质能力。二是加强职业技能培训。以产业方向、市场需求为导向，通过建立培训基地、农民田间学校、创业孵化空间等方式，大力培养乡村人才，特别是培养创业致富带头人，提升贫困地区的自我"造血"能力。

三、构建社会各界广泛参与的大扶贫格局，凝聚脱贫攻坚合力

扶贫开发工作是全党和全社会的共同责任，因此，要动员和集聚全社会力量共同参与。在脱贫攻坚中，政府主导、社会力量共同广泛参与的大扶贫格局构筑了强大合力，定点扶贫、东西协作、社会组织广泛参与脱贫攻坚，为脱贫攻坚提供了不竭动力，是脱贫攻坚取得决定性胜利的关键。

一是健全定点扶贫机制。通过中央、军队、央企、国企及相关单位等对592个国家扶贫开发工作重点县的定点帮扶，实现了定点扶贫工作全覆盖。二是健全东西扶贫协作机制。开展东部经济较发达的县（市、区）与西部经济贫困县携手奔小康行动，不断推动区域之间的协调发展，东部地区9省份和13个大城市与西部地区的16个省（区、市）建立了长期稳定的协作帮扶关系。东部不仅提供物资帮扶，也积极推动东西部产业上的协同合作，促进东部技术、资金与人才向贫困地区转移，从而实现双方合作共赢。习近平总书记强调，东西部扶贫协作和对口支援"在世界上只有我们党和国家能够做到，充分彰显了我们的政治优势和制度优势"，"必须长期坚持下去"。三是鼓励企业、社会团体以及个人参与到脱贫攻坚任务中来。进行"万企帮万村行动"等活动激励民营企业参与到专项扶贫开发行动中，不断带动社会组织以及各界爱心人士参与到减贫工作中来，充分发挥社会资源参与到脱贫攻坚任务中的积极性，提高脱贫攻坚效率。

脱贫攻坚时期形成的大扶贫格局改变了政府占绝对主导地位的传统扶贫模式，号召了全社会的资源加入到扶贫工作中，形成了不同部门和行业

广泛关注扶贫、积极投身扶贫的氛围。

四、创新扶贫开发模式，强化扶贫脱贫精准性

在脱贫攻坚中，根据贫困分布特点及时调整、创新扶贫开发方式，精准识别贫困人口并精准施策，是打赢脱贫攻坚战的重中之重。

我国根据阶段性贫困状况及时调整、创新扶贫开发方式，极具针对性和可操作性。经过 20 世纪 80 年代的大规模扶贫开发之后，我国区域性整体贫困得到明显缓解，2012 年以来我国贫困人口呈现明显"插花分布"的特点，我国及时转变扶贫模式，由"大水漫灌"转变成"精准滴灌"，创新实行精准扶贫、精准脱贫方略。

精准扶贫成功的关键在于做到了精细分类、精准施策。首先，坚持"扶贫对象精准、项目安排精准、资金使用精准、措施到户精准、因村派人精准、脱贫成效精准"的"六个精准"方略。其次，因地制宜分类施策，实施"五个一批"工程。一是发展生产脱贫一批。各地充分盘活当地资源，壮大集体经济，大力发展扶贫产业，引导有劳动能力的贫困人口通过劳动实现就地脱贫。二是易地搬迁脱贫一批，依据搬迁规划、分年度、有计划地安排易地搬迁，确保搬得出、稳得住、能致富。三是生态补偿脱贫一批，增大贫困地区生态保护与修复强度，不断拓展政策实施范围。四是发展教育脱贫一批，致力于改善贫困地区的基本办学条件。五是社会保障兜底一批，针对完全或部分丧失劳动能力的贫困人口，依靠社会保障进行兜底，增强医疗救助等各种形式的社会救助力度。

第三节　对巩固拓展提升脱贫攻坚成果的启示

脱贫攻坚任务完成后，我国将由脱贫攻坚转向全面推进乡村振兴。自脱贫之日起，设立 5 年过渡期，过渡期内应保持各项扶贫政策的平稳转型，在充分吸收脱贫攻坚时期的成功经验、总结改进脱贫攻坚工作中存在

不足的基础上，构建脱贫攻坚提质增效机制，全面巩固拓展脱贫攻坚成果。要巩固拓展脱贫攻坚成果，新发展阶段需继续坚持中国共产党的领导、坚持大扶贫格局、坚持内源扶贫，同时要建立健全防返贫的动态监测与帮扶机制，形成区域发展有效支撑、脱贫成效巩固提升的长效减贫机制。

一、坚持中国共产党的领导

以习近平扶贫开发战略思想为指导，发挥中国特色社会主义的制度优势。新发展阶段的减贫工作仍需坚定不移地坚持党的领导，构建党建引领的统筹发展机制。

一是压实组织工作责任。坚持"中央统筹、省负总责、市县抓落实"的工作机制，确保"三个落实""四个不摘"，做好顶层设计、加强政策保障、压实帮扶责任，全面巩固脱贫成果。

二是强化扶贫资金保障。首先，保持资金投入稳定。2020年后巩固脱贫成果、缓解相对贫困和实施乡村振兴，仍需继续保持大量的资金投入。专项扶贫资金等财政资金投入应该保持一定过渡期不减，并给予民族地区、边境地区和革命老区等相对落后区域的倾斜支持。其次，优化调整资金支出的结构，重点用于巩固脱贫成果。最后，加强对扶贫资产的管理。落实地方各级管控主体责任，强化扶贫资产的运营监管和效益发挥，防止资产闲置和流失，确保扶贫投入持续发挥效益。

三是加强基层组织建设。地方可结合资源禀赋、产业特点，建立多功能基层党组织，强化党对农村工作的全面指导，切实提升基层组织力。同时，健全基层党组织管理运行机制，充分发挥党员的先锋模范作用，切实强化党建引领的基层基础保障。

四是壮大村级集体经济。切实推动农村产权制度改革，加快推进清产核资、产权归属、股权量化等工作，积极开展农村集体土地和农村宅基地"三权分置"试点。建立农村产权交易服务中心，着力盘活资产，优化资源、资产配置。采取强村单建、跨村联建等方式组建村级实体公司，作为村级资产经营管理的法定组织，并可引入能人管理。积极探索公司领办、股份合作、投资收益、劳务服务、代理代销等经营服务形式，推进村级资产的转化利用，不断壮大集体经济。

二、坚持群众主体、激发困难群体的内生动力

志智双扶，从根本上提升困难群体的自我发展能力，才能实现长效减贫与稳定脱贫。

一是双向结合提"志"。一方面，强化自强自立正向激励。加强农村宣传教育和文化阵地建设，充分调动运用各村资源（广播站、农民夜校等），大力宣传大政方针、中心工作、各类政策、民主法制、科普知识、传统文化、好人好事等，让广大群众的思想行动统一到党的旗帜下。同时，发挥榜样作用示范带动，及时发现和分类树立农村先进典型，树立一批群众看得见、摸得着、学得了的产业示范户、致富带头人、返乡创业、自立自强等先进典型，广泛开展"五好"家庭、卫生家庭、孝老爱亲等模范的评选活动，进行表扬奖励，对勤劳致富、返乡创业的先进群体，通过生产奖励、项目补助等形式给予重奖。另一方面，实行后进鞭策反向约束。探索建立农户"黑榜"，用于对后进农户进行警醒，曝光后进典型，督促其自警自省，积极改过。同时，将"黑榜"与帮扶挂钩，对列入黑榜、不履行赡养义务、虚假套取扶持资金、严重违反公序良俗等情况的后进农户，列入失信人员名单，暂停对其帮扶，并给予其他方式的必要限制，使其"一处失信，处处受限"，待其改过后，再考虑恢复帮扶。

二是多措并举扶"智"。一方面，扶知识。抓好控辍保学、基础建设、师资队伍等工作，满足人民对高质量教育资源的需求，大力普及学前教育与义务教育、深入发展高等教育、打造优质职业教育。同时，鼓励通过教育扶智毕业生到相对贫困地区发展乡村教育，现身说"教"，树立相对贫困地区对教育脱贫致富的信心，为祖国源源不断培养输送人才，助推乡村振兴。另一方面，扶技术。首先，以产业方向、市场需求为导向加强对困

难群体的技能培训。推行用工单位出"订单"、培训机构提"菜单"、政府部门帮"买单"的订单式定向培训，帮助困难群体提升就业技能。其次，依托农业产业园、农业规模种养基地、农产品示范基地建立综合培训基地、农民田间学校、创业孵化基地等，为乡村人才提供实训平台。最后，充分利用中国工程院的人才优势，开设专家小院，在生产基地通过院士专家开展的产业发展技能实训、进行咨询服务和跟踪指导，培养农村创新创业的主力军和带头人。

三、坚持政府主导、社会各界广泛参与的大扶贫格局

在党的领导下，形成跨地区、跨部门、跨单位、全社会共同参与的多元主体的社会扶贫体系，构建政府、社会、市场协同推进的大扶贫格局。

一是强化定点扶贫与东西部扶贫协作机制。定点扶贫、东西部扶贫协作和对口支援充分彰显了我国的政治优势和制度优势，必须长期坚持。2020年脱贫攻坚任务完成后，应继续加强党政军机关、企事业单位对欠发达地区的定点帮扶，以及东部发达地区与中西部欠发达地区的结对帮扶。积极开展产业合作、劳务协作，加强对欠发达地区的人才支援、资金支持，缩小区域发展差距。

二是坚持政府、市场、社会协同推进的帮扶机制。首先，精准选派"第一书记"，积极探索选派"第一村长"，建立困难家庭社会化服务体系，形成制度化、常态化、全社会广泛参与的帮扶格局。其次，充分发挥市场机制的帮扶作用，推动市场协同帮扶。支持各类人才和农民工回乡返乡创业兴业，鼓励民营企业参与社会帮扶活动。积极创新"村企共建"模式，把企业产销优势与农村产业优势有机结合，发挥市场主体在产业发展中的纽带作用。最后，积极引导社会公益组织、非政府部门、爱心人士参与扶贫，创新爱心扶贫模式和扶贫募捐模式。以公益性、互助性的原则，建立爱心扶贫公益基金，实行政府引导、互助帮扶，积极开展志愿扶贫、消费扶贫、互助扶贫等活动，有组织地推进扶贫公益服务常态化。

四、建立防止返贫、强化稳定脱贫的动态监测帮扶机制

新发展阶段巩固脱贫成果应将易返贫和易致贫人口纳入帮扶范围，实行动态监测、对口帮扶。

依照《关于建立防止返贫监测和帮扶机制的指导意见》，防返贫监测和帮扶工作以县级为单位组织开展。地方可通过建立风险防控体系、分级施策帮扶体系、及时帮扶预警体系来防返贫。一是建立三级风险防控体系。建立脱贫户实时动态监测信息管理系统，依据脱贫户的产业、副业、务工等家庭收支状况，划分返贫级别分别为：一级（极易返贫户）、二级（容易返贫户）、三级（不易返贫户），分类构建动态管理台账。二是建立分级施策帮扶体系。一级风险户以"帮"为主，以在发展上帮扶为重点，加强产业、就业、生活等方面的帮扶，确保收入稳定、持续达标；二级风险户以"扶"为主，以扶智扶能力为重点，加强知识、就业、技能培训，确保就业无忧、产业向上；三级风险户以"引"为主，重点在思想上扶志，激发艰苦创业、勤劳致富热情。三是建立及时帮扶预警体系。通过监测平台对脱贫户的基本情况进行实时监测跟踪、科学分析，对呈上升风险级别趋势的，要及时提醒其帮扶单位与帮扶责任人，详细了解风险上升原因，以便针对性地提供帮扶措施；对脱贫户家庭状况发生重大突发事件，对风险等级产生影响的，要随时调整风险级别，提升相应的帮扶力度。

五、形成区域发展有效支撑、脱贫成效巩固提升的长效减贫机制

脱贫攻坚时期难啃的"硬骨头"在完成脱贫后仍然是相对困难的地区，2020 年后巩固拓展脱贫攻坚成果应重点关注发展落后的经济薄弱区域，强化区域整体开发，进一步加强产业扶贫、就业扶贫的力度，建立长效减贫机制。

一是建立依托区域发展的减贫机制。2020 年后农村反贫困的重点转向缓解相对贫困问题，以缩小差距、为低收入人群创造更多就业与增收机会为主要目标。我国的贫困人口主要分布在中西部集中连片特困区，多为

深石山区、生态脆弱区、高寒区、灾害频发区。这些地区在脱贫攻坚任务完成后依然会是发展相对落后的区域，需要重点巩固提升脱贫攻坚成效，补齐区域发展不平衡的短板。

对于经济薄弱区域的整体开发，可从以下三方面着手。其一，加强区域综合开发力度，强化对当地产业的支持水平，阶梯式进行产业转移，合理化产业布局，减少同质竞争。破除环境约束，加快基础设施建设项目推进。其二，完善生态补偿机制。纵向上，要完善合理公平的补偿标准，提高对限制开发区和禁止开发区的财政转移支付力度。横向上，建立生态资源市场交易平台，根据资源输出量建立对欠发达地区的生态补偿机制。同时，建立生态产业发展的激励机制，在绿色资源丰富的地区鼓励"资源变股份"，积极发展生态型产业，引导低收入群体参与生态产业开发，增加其经营性收入与财产性收入。其三，加大易地扶贫搬迁的后续扶持力度。一方面，提供与城镇居民均等的公共服务；另一方面，通过延续产业扶持和技能培训、就业安置等政策，帮助搬迁群体转变生计方式，形成稳定的收入来源。

二是建立全面覆盖扶持发展机制。一方面，加大产业扶贫力度。依托脱贫攻坚时期形成的产业基础，针对部分产业短、小、散等问题，全面巩固提升扶贫产业。首先，实施增收产业提升工程，巩固提升区域支柱产业，大力培育发展特色产业，推进一二三产业融合发展，加快发展生态康养、乡村休闲、产业观光等乡村旅游产业。重点进行现代农业示范园区、标准化种养殖生产基地、农产品加工园区建设，完善农业产业链，增加农产品产出收入。加大带贫主体培育，培育已有重点农业企业和新型经营主体，增强企业活力和发展动力。加大现代农业经营体系扶持，激励农产品销售经营，打造扶贫产品品牌。其次，实施增收产业全覆盖工程，因地制宜发展增收产业，扩大生产规模，各村都应有主导产业，各户都能有产业收益。最后，实施产业联结全覆盖工程。加强行业部门联动，发挥行业部门在产业发展中的规划、指导、协调作用，制定产业发展中长期规划和编制年度发展计划，协同推进。强化龙头企业推动，鼓励龙头企业履行扶贫责任，突出产业联结实效。引导产业大户带动，将产业大户与困难农户"绑定"，签订传帮带责任书，推进产业大户对困难农户的传帮带。

另一方面，实行就业（创业）全覆盖。首先，建立劳动力管理信息数据库，全面覆盖地区劳动力资源。各地区对所有劳动力进行全面调查，建立劳动力信息数据库，动态管理，共享劳动力信息资源。其次，鼓励企业吸纳就业，积极扶持民营企业发展，出台金融支持、税收减免等优惠政策，鼓励企业优先选用困难劳动力，对吸纳困难劳动力就业的企业给予资金、项目等方面的扶持。然后，完善扶贫车间建设，不断拓宽扶贫车间建设途径，积极探索合作、股份、定向投资等扶贫车间建设形式，统筹扶贫资源，规范建设一批投资规模适度、用工条件广泛的劳动密集型扶贫车间，促进更多的困难劳动力就近就业。建立健全扶贫车间管理办法和运行机制，发挥扶贫车间助农稳收增收长效作用。接着，发展公益性岗位，社区发展保洁、安保等公益性岗位，吸纳劳动能力弱的困难群体就地就业。最后，扶持困难劳动力自主创业，加快乡村旅游服务业发展，积极为困难农户家庭自主创业搭建平台，大力扶持农家乐、乡村民宿、手工作坊、农村电商、小型超市、餐饮服务、小卖部、代销店等家庭创业项目，鼓励有能力的困难劳动力经商办企业，在项目资金、小额贷款、税收减免等方面给予扶持。

第二章 新发展阶段贫困的本质、帮扶对象与风险研判

新中国成立以来，党和政府高度重视扶贫工作，经过不懈地努力，取得举世瞩目的扶贫成就。尤其是党的十八大以来，以习近平同志为核心的党中央把扶贫开发摆在治国理政的突出位置，推进了人类历史上规模空前、力度最大、惠及人口最多的脱贫攻坚战，实现近1亿农村贫困人口脱贫，历史性地解决了我国绝对贫困问题，完成全面建成小康社会的目标。脱贫攻坚取得胜利后，我国面临着一个重大现实问题，即新发展阶段是否还存在贫困问题？如果存在贫困问题，有哪些特征和致贫风险因素？继续推进扶贫工作有哪些重大的意义？

第一节 新发展阶段我国贫困问题的分析

贫困既是一个经济问题，也是一个复杂的社会问题，更是一个历史现象，它不断发展，但一直存在，将跨越不同的发展阶段。当前我国已经消除绝对贫困，"十四五"期间接续推进减贫工作，首先要明确我国贫困问题的内涵、本质和特征，分析其内在的致贫风险，梳理出致贫风险因素，为巩固拓展脱贫攻坚成果、构建减贫的长效机制奠定基础。

一、贫困问题的性质

"贫困"问题由来已久，但19世纪末才开始作为研究对象。19世纪

80 年代，英国学者查尔斯·布思首次真正提出"谁是穷人"并把穷人以及贫困现象作为研究对象，开创了关于贫困问题的研究。在查尔斯·布思的基础上，英国学者朗特里将贫困定义为"缺乏维持最低生存标准的生活必需品"[1]，其中生活必需品仅仅包括食物、衣着、住房和医疗，该定义后来被称为"绝对贫困"（Absolute Poverty），因此绝对贫困一般是指家庭总收入不足以获取维持家庭成员所需的最低数量的生活必需品[2]，即"最低生活标准"。基于此，朗特里提出采用预算标准法来制定绝对贫困线，通过维持居民基本生存消费品（包括食物和非食物）的种类、数量和其相对应的价格来计算绝对贫困线的方法。其后，学界不断拓展和创新，提出包括食品支出份额法、马丁法在内的多种绝对贫困测量方法[3]，大都是通过计算食物贫困线和非食物贫困线得到。在实践中，绝对贫困和绝对贫困线的应用逐步推广，从英国拓展至欧美其他国家，再拓展至发展中国家，后来随着相对贫困理论的提出和发展，绝对贫困概念与测量方法被许多发达国家弃用，目前主要是部分发展中国家和世界银行仍在采纳。

相对贫困的概念是由英国经济学家 Townsend 基于英国在 20 世纪 60 年代的贫困状况提出的，当时英国经济快速增长，人均 GDP 超过 1 万美元[4]，居民生活水平不断提高，绝对贫困问题得到显著改善，因此部分英国政府官员和学者认为英国的贫困现象已经被消除。然而大部分学者认为并不是贫困现象已经消除，而是"贫困"的概念存在局限性。首先，由于不同地区饮食习惯、物价水平等存在差异，维持居民基本生活必需品的种类和数量不尽相同，产品的价格也有差异，因此预算标准法不够

---

[1]　Benjamin, Seebohm, Rowntree, *Poverty: A Study of Town Life,* London:Macmillan, 1901.

[2]　现阶段我国贫困指的是绝对贫困。根据《中国农村贫困监测报告 2016》，我国农村贫困标准的定义是：在一定的时间、空间和社会发展阶段的条件下，维持人们的基本生活所必需消费的食物、非食物（包括服务）的基本费用。

[3]　汪三贵、刘明月：《从绝对贫困到相对贫困：理论关系、战略转变与政策重点》，《华南师范大学学报（社会科学版）》2020 年第 6 期。

[4]　本文中人均 GDP 均采用 2010 年不变价美元核算，数据来源于世界银行。

准确；其次，随着经济社会发展，维持居民基本生活必需品的种类、数量和价格也应当不断变化，而英国在计算的过程中并未及时调整，难以确保有效性；最后，绝对贫困仅仅考虑物质需求，没有考虑贫困人口的社会与文化需要[1]。Townsend 认为贫困不仅仅是基本生活必需品的缺乏，而是当某一个家庭在其所在的社会中，因缺乏资源而无法维持正常饮食、无法参加社会活动，以及无法获得符合社会惯例的生活条件和设施时，或者至少从广义来说都不被鼓励拥有或允许享用时，那么就可以说他们处于贫困中，因此 Townsend 建议将家庭收入低于英国平均收入的二分之一（或者三分之二）的家庭视为贫困家庭[2]，即采用"平均生活标准"替代"最低生活标准"，作为识别贫困的标准，后被称为"相对贫困"（Relative Poverty）。此后诸多学者基于 Townsend 的相对贫困概念，就相对贫困线的制定展开了讨论，主要包括是采用居民的平均收入还是收入中位数、采用平均收入（收入中位数）的什么比例等议题，如 Fuch（1967）认为美国应当采用国民收入中位数的 50% 作为相对贫困标准[3]。当前相对贫困线后续被 OCED 国家和欧盟国家广泛采纳[4]，欧盟国家使用收入[5]中位数的 60% 作为相对贫困线，OECD 则是使用可支配收入[6]中位数的 50% 作为相对贫困线。

在学界开始广泛关注相对贫困的同时，对贫困概念的研究也拓展到其他学科，学者们开始从社会学角度关注贫困。

20 世纪 70 年代末，Townsend 发现从收入、资产等经济学视角来定

---

[1] Fuch Victor, "Redefining Poverty and Redistributing Income", *The Public Interest*, 1967, pp 88-95.

[2] Townsend P., "The Meaning of Poverty", *British Journal of Sociology*, 2010, p85.

[3] Fuch Victor, "Redefining Poverty and Redistributing Income", *The Public Interest*, 1967, pp 88-95.

[4] Ravallion M., Chen S., "Global Poverty Measurement When Relative Income Matters", *Journal of public economics*, 2019, p177.

[5] 此处收入指"等值收入"，计算方法为家庭实际收入除以家庭规模相应的权重，其目的在于考虑家庭成员实际需求的基础上将可支配收入合理地分配给每一位家庭成员。

[6] 此处指"等值可支配收入"。

义贫困无法保证贫困概念的客观性和一致性，于是他借用社会学中的"相对剥夺"理论定义贫困，用社会学视角剖析贫困问题[①]，并明确了相对贫困两个方面的内涵——物质生活方面的剥夺与社会生活方面的剥夺，对此后贫困研究以及政策讨论产生了重要影响[②]。

相对于经济学视角，社会学视角更多的是关注收入以外的内容。Townsend 之后，国外学者们结合其他理论，不断丰富相对贫困的内涵，相对贫困的概念逐步与权利、能力、社会排斥（Social Exclusion）等更为丰富的社会学概念产生了联系。其中社会排斥是研究重点，关注的主要内容包括不同维度的排斥、排斥与贫困的具体联系等。Atkinson 和 Bourguignon（2001）认为每个人有两种核心能力，分别为维持生存与社会融入的能力。前者指能够解决衣食问题以满足生存需要，而后者则指拥有健康的体魄、良好的教育、体面的工作等维持正常社会生活的必需条件。维持生存的能力被剥夺则意味着绝对贫困的发生，而社会融入的能力被剥夺则代表被排斥，也就是陷入了相对贫困状态。另外，社会排斥具有多维度的特征，Alan Walker 和 Carol Walker（1997）将社会排斥定义为个人完全或部分地被社会、经济、政治或文化等决定个人之社会融入程度的体制所排斥的动态过程[③]。正因如此，欧盟的社会包容指标体系除了收入层面，还包括教育、健康及就业等。20 世纪 90 年代，欧盟委员会（1993）采用了社会排斥的概念，并沿用至今。欧盟委员会将社会排斥定义为对社会剥夺、边缘化、歧视等概念的丰富和深化，它意味着个人（或群体）被全部地（或部分地）排除在充分的社会参与之外。

从实践总结来看，20 世纪 70—90 年代，英国等发达国家完成城市化、进入后工业化阶段，其制度性与结构性弊端逐渐暴露出来。首先是

---

① 当某个个体与参照的群体（或个体）相比，处于劣势地位时，就称前者处于"被剥夺"状态（Runciman，1966），由于人们不是与某一绝对标准相比较，因此称为"相对剥夺"。

② 吴高辉、岳经纶：《面向 2020 年后的中国贫困治理：一个基于国际贫困理论与中国扶贫实践的分析框架》，《中国公共政策评论》2020 年第 1 期。

③ Alan Walker, *The strategy of inequality*, London, 1997.

贫富差距悬殊问题。在资本主义经济体制下，少部分人占据了大量机会与财富，并不断通过特定的政治经济制度强化自身优势。底部阶层的生活标准和财富水平增长极为有限，造成了贫富差距的持续扩大。其次是双重劳动力市场问题。双重劳动力市场理论认为发达国家的劳动力市场是割裂的——分为高级部门与低级部门。与高技术、高工资、高福利的高级部门相比，低级部门往往具有低工资、低待遇以及高失业等特点。而由于学历门槛，性别、种族歧视等因素的存在，贫困人口难以实现从低级部门向高级部门的转移。最后是结构性失业问题。由技术变革、产业结构升级带来的市场冲击，往往使传统行业的大龄工人、低技能工人和临时工等发生大面积失业。再加之失业保障制度的不完善，这些人很容易陷入贫困之中。

目前，发达国家的相对贫困问题日益严重。以美国为例，2017 年 OECD 以家庭收入中位数的 50% 作为相对贫困标准，测得美国的相对贫困率高达 17.8%，在 OECD 成员国中高居第二[1]。发达国家的相对贫困问题有来自多方面的原因：一是其经济社会结构和制度不合理导致的结构性问题[2]。在贫富差距持续扩大与双重劳动力市场的背景下，收入与福利的分配不平等问题加剧，大量贫困人口无法通过自身努力脱离贫困，陷入长期贫困之中。并且由于穷人无法为其子女提供足够的人力资本投资，导致其子女成年后也容易陷入贫困，造成贫困的代际传递问题。二是社会保障制度不完善导致的普遍性问题。一方面，以福利为核心的社会保障制度容易使穷人落入"贫困陷阱"，让他们丧失脱贫意向与动力，单纯寄希望于政府来解决贫困；另一方面，现有的社会保障制度缺乏对老人、单亲家庭、残疾人等特殊群体的足够重视，造成相对贫困在这些群体中多发。

---

① https://data.oecd.org/inequality/poverty-rate.htm.
② 叶兴庆、殷浩栋：《发达国家和地区的减贫经验及启示》，《西北师大学报（社会科学版）》2020 年第 4 期。

二、贫困问题的国际视角

为了解决相对贫困问题，20 世纪 90 年代开始，发达国家分别从个体层面与区域层面开展了探索与实践，形成了以普惠福利项目为底线，以特殊人群帮扶为核心，以人力资本投资为重点，以落后区域开发为抓手，政府、企业和社会组织深度合作、广泛参与，覆盖重点人群和重点区域的相对贫困治理体系。

（一）以普惠福利项目提供基本生活保障

通过提供有限度的普惠福利项目，确保每位居民享有基本的生活水平，避免出现返贫现象，为解决相对贫困问题建立良好的基础。日本通过开展不定期的、广泛的社会调查，计算家庭在生活、教育等八个方面的最低开支，加总计算得到最低生活保障标准。收入低于最低生活保障标准的家庭可以申请政府提供转移支付，其数额为家庭收入与最低生活保障标准的差额[1]。韩国的国家基本生活保障项目则以人均收入中位数为认定依据，对收入在人均收入中位数的 28%以下的家庭，其收入差额部分由政府给予补足[2]。

（二）以特殊人群帮扶缩小收入与福利差距

普惠福利项目能为基本生活水平提供保障，但在应对特殊人群的贫困上尚显不足。各国针对不同人群、不同致贫风险因素，分门别类地开展救助。对于婴幼儿、学生、残疾人及老人等不具备劳动能力的人群，主要通过提高社会救助水平与覆盖面解决其贫困问题。如美国的额外收入保障项目（SSI），旨在为 65 岁以上的贫困老人、盲人和残疾人提供救济金，满足其在吃穿住等方面的基本生活需求[3]。妇女、婴儿和儿童特别营养补充计划（WIC）则瞄准婴儿、儿童及妇女，旨在为他们提供足够食物与营养

---

[1]　Public Assistance System，日本厚生劳动省网站。
[2]　Social Security Committee，韩国保健福利部网站。
[3]　https://www.ssa.gov/ssi/。

咨询[1]。

对于因失业等原因暂时陷入贫困，具备劳动能力的，则强调救助的临时性与再就业帮扶措施。为了避免贫困人口长期依靠福利，产生"等靠要"的依赖思想，发达国家提出了 WTW（Welfare To Work）理念，提倡对有劳动能力的贫困人口提供临时性的救助，并激励他们在接受救助期间积极寻找工作机会。美国于 1996 年颁布的《个人责任与工作协调法案》将之前长期性、无偿性的儿童家庭援助计划（AFDC）调整为家庭临时援助计划（TANF）。TANF 项目的特点是只提供短期的临时救助（每个人一生最多只能享受 60 个月的 TANF 救助），且要求受助者务必要在受到救助后的24 个月内找到工作[2]。欧洲国家则为受助者提供相应的技能培训以实现再就业。在德国，WTW 项目受助者必须参加强制性的工作培训。荷兰则新建了一批新的就业和收入培训中心，为 WTW 项目受助者提供培训与职位匹配服务。

（三）以人力资本投资增强发展能力

通过增加对教育、健康等领域的投资，提高贫困者的人力资本与发展能力，为他们提高收入、缩小差距提供支持。在教育方面，主要以子女教育支持与职业技能培训两方面为主。一是建立覆盖学前教育、基础教育和高等教育的教育扶贫体系。避免因贫辍学的发生，提高贫困家庭子女的受教育水平。如美国的 Head Start 项目为 0—5 岁的贫困家庭孩童提供学前教育支持[3]。Child Care 项目为贫困家庭的儿童保育服务提供现金补贴[4]。英国则建立并完善了初级教育免费的国民教育制度。二是为有劳动能力的贫困人群提供职业培训，帮助他们再就业。美国通过一系列培训法案建立了再就业培训体系，并提供大量如工作军团项目、志愿服务队计划等的就业扶助计划。其他的如 Job Corps 项目则为 16—24 岁的

---

[1]　https://www.fns.usda.gov/wic。

[2]　https://www.acf.hhs.gov/ofa/programs/tanf/about。

[3]　https://www.acf.hhs.gov/ohs/about/head-start。

[4]　https://secac.ms.gov/parents/child-care-payment-program/。

青少年提供强化教育和职业培训服务，包括职业规划、在职培训和就业安置等①。英国设立了人力服务委员会，旨在为贫困人群提供就业培训、指导等服务。

在健康方面，一是提供基本食品保障，提高贫困人群的营养水平。如美国的食品券项目（SNAP）每月为收入低于贫困线的家庭和个人发放仅可用于购买食品的借记卡。二是对特殊群体提供特别的营养补充，如妇女和儿童等群体。除上文提到的妇女、婴儿和儿童计划（WIC）以外，美国还设立了儿童营养援助项目，为贫困家庭的儿童提供餐食补贴。具体来说，为家庭收入低于贫困线130%的儿童提供免费餐食，为家庭收入低于贫困线185%的，则提供减价餐。

（四）以落后地区开发带动贫困人口脱贫

在发达国家也存在个别地区，由于历史、社会、自然等原因处于相对落后的发展阶段，这些地方贫困人口相对集中，如美国的南部、中西部地区。针对这一问题，各国多采取建立区域开发管理机构，出台区域开发法案的办法，通过强化基础设施建设、增加人力资本投资、引导私人投资、鼓励创新创业以及优化产业结构等措施，以区域发展带动长期减贫。

表2—1　各国贫困地区开发主要内容

国家	落后地区开发法案	法案主要内容
美国	《阿巴拉契亚地区开发法》	1.设立阿巴拉契亚地区委员会。确定开发目标，制定开发计划，协调联邦与州的开发工作。 2.完善基础设施建设。全面提升公路、铁路、水运及民航在内的交通设施；住宅基础设施计划解决公共卫生与缓解污染问题。 3.建立和扶植经济增长点，为周边辐射地区提供各种就业、教育及卫生等基础服务。 4.开发当地资源，调整产业结构。延伸传统采掘业产业链条，发展建设化工基地；充分利用当地自然风景与文化遗产，开发山区旅游业。 5.加快就业培训，提升劳动力素质。

① https://www.jobcorps.gov/。

（续表）

国家	落后地区开发法案	法案主要内容
美国	《联邦受援区和受援社区法案》	1. 经济机会。以创造就业机会、提供就业培训、促进小企业发展为社区经济发展创造机会。 2. 可持续发展。重在培养受援区在没有外部追加援助条件下的自我发展能力。 3. 社区参与为主。联合政府、社会组织、社区成员等多方力量，表决通过重大决策。
英国	《社区新政》	建立发达社区带动落后社区发展的结对帮扶关系，通过降低失业率与犯罪率，改善医疗、教育以及住房条件，缓解英国社区间的发展不平衡问题。
日本	《北海道开发法》	1. 确定"开发与行政分离"的原则，设置中央直辖北海道开发行政机构。 2. 五期规划实现阶段性开发。第一期进行电力开发、基础设施建设等基础性工作；第二期侧重发展重化学工业，推进渔业、矿业现代化；第三期目标在于提高生产能力与福利水平；第四期侧重综合环境改善；第五期提高地区综合竞争能力。 3. 利用产业基础与区位优势，大力发展出口导向型产业，支持相关企业发展。

资料来源：项目组根据文献整理。

　　发达国家的经验表明，相对贫困的产生既源于个体自身因素，也源于结构性、制度性因素。因此解决相对贫困的政策设计可分别从针对微观个体的政策、计划和项目，以及针对制度或宏观政策的变革两方面考虑。在个体层面，应在提供普惠福利、夯实社会安全网的基础上，对特殊群体采取分门别类的帮扶措施，同时增加人力资本投资，鼓励贫困人口通过自身努力脱离贫困；在宏观层面，可针对落后区域制定开发规划，通过区域协调发展带动减贫，这有助于减贫长效机制的建立和完善。

三、新发展阶段我国贫困问题的本质

　　2020 年以前，我国主要面临绝对贫困问题，在党的坚强领导下，通过实施分阶段的扶贫开发战略，持续提升贫困人口生活水平，大幅减少绝对贫困人口数量。尤其是党的十八大以来，习近平总书记高度重视扶贫开发工作，作出"打赢脱贫攻坚战"的决定，采用维持基本生活必需的食物、非食物（包括服务）的基本费用作为绝对贫困线，通过实施精准扶贫精准脱贫方略，于 2020 年全面解决了绝对贫困问题，高质量全面建成小康社会。

当前我国与 20 世纪 60 年代的英国类似，也处于经济快速增长时期，人均 GDP 突破 1 万美元，人民生活水平跃上一个新的台阶。然而今后一个时期尤其是"十四五"期间，我国仍然面临发展不平衡不充分问题，农村地区发展不充分问题尤其突出，城乡、区域间要素流动的制度壁垒仍然存在，发展差距较大，居民收入分配不够合理，特别是欠发达地区的农村居民收入较低。据统计，2019 年农村居民人均可支配收入为 16021 元，仅为城镇居民的 37.8%，农村居民可支配收入中位数为 14389 元，仅为城镇居民的 36.7%，可见农村居民的收入不仅比城镇低，而且内部分配差距更大。此外，城镇居民可支配收入中 60% 来源于工资性收入，10% 来源于财产性收入，农村居民分别仅占到 41% 和 2%[①]。

可见 2020 年后我国农村贫困问题仍然存在，已由绝对贫困转为相对贫困，即存在一部分家庭的生活水平明显低于社会平均生活水平。鉴于我国城乡二元结构特征明显，其中城市人口生活水平普遍较高，并且城市的社会保障体系、公共服务供给、基础设施建设等较为完善，而农村发展水平相对更低，基础设施和公共服务不够完善，社会保障水平较低，农村人口收入来源结构单一且不够稳定，因此本研究以解决农村相对贫困问题为目标和重点。

在我国，相对贫困更多地表现为不合理的差距问题：一是群体的相对性，由于经济发展水平不同、物价水平有差异等因素，不同群体之间即使收入差距不大，其生活水平和生活质量也存在一定差距；二是收入可得的相对性，不同地区在区位优势、资源禀赋、资源开发利用的程度和能力等方面存在差距，导致地区发展能力差距明显，使得各地区居民收入的可

---

① 数据来源：国家统计局，http://www.stats.gov.cn/tjsj/zxfb/202001/t20200117_1723396.html。

得性存在差距，进而影响其生活水平；三是福利的相对性，即个人的幸福感、获得感，除了受收入影响，还受到资产积累、公共服务、生活环境及政治参与等多个层面因素的影响，而不同个体能积累的资产、享受的公共服务等有差距，其获得感也有差距。

在实际操作中，若 2020 年之后继续使用"贫困"的字样，一方面可能会引起人们的错误理解，认为相对贫困和过去的绝对贫困没有区别，导致政策落实上出现偏误；另一方面，根据 Robert Walker 的"贫困羞耻"学说，被识别为"贫困"会给人羞耻感，使其陷入贫困无法自拔，因此应采用新的说法与过去的绝对贫困作区分。

因此，本研究建议将处于相对贫困的家庭和个人分别称为"低收入户"或"低收入人口"，将处于相对贫困的地区或村称为"经济薄弱地区"或"经济薄弱村"。

第二节　新发展阶段的帮扶对象

巩固脱贫攻坚成果、防止规模性返贫，是"十四五"时期必须坚守的底线任务。农村贫困人口全部脱贫，为实现全面建成小康社会目标任务作出了关键性贡献，但从区域城乡比较来看，农村人口的整体收入水平仍然处于较低水平，且城乡居民收入绝对值差距不断扩大。为此，2021 年的中央一号文件明确要求，要"健全防止返贫动态监测和帮扶机制，对易返贫致贫人口及时发现、及时帮扶"，"开展农村低收入人口动态监测，实行分层分类帮扶"。

一、新发展阶段帮扶对象的确定

新发展阶段制定农村低收入人口划线标准，一要以巩固脱贫攻坚成果、防止返贫作为底线要求，把脱贫不稳定户、边缘易致贫户作为重点监测对象，制定农村低收入人口划线标准和范围需充分考虑这一基本政策要求；二要根据我国当前发展水平和财政负担能力，既量力而行，也尽力而为，在全面覆盖需兜底救助保障人口的同时，对部分对有劳动能力的农村低收入人口，纳入帮扶范围，帮助其提高内生发展能力；三要因地制宜。我国幅员辽阔，不同地区在经济发展水平、资源禀赋、收入影响成因等方面差异较大。在全国制定低收入划线指导标准的基础上，各地可因地制宜实施本地划线标准。

根据国内外实践，确定需要帮扶或保障的低收入人口，一般有三种方法。一是按收入或支出划线，包括收入(支出)中位数或均值的一定比例、弱相对贫困线[①]等；二是用多维贫困指数确定划线标准，即用收入、健康、教育水平、资产等反映生活水平的多个指标构成综合加权指数；三是按照生活水平由高到低排序，将一定比例生活水平最低的，确定为需要帮扶的低收入人口。

根据我国基本国情和发展水平，"十四五"期间我国农村低收入人口的划线标准，可考虑以下两种思路和方法：

第一种，按农村居民可支配收入划线。按现价统计的农村居民可支配收入划线，有三种可供选择的方案（以 2018 年收入统计数据为基数测算，具体参见表 2—2）：

一是，以农村居民可支配收入均值的 40%、50% 和 60% 划线，低收入划线标准分别为 8500 元、10500 元和 12500 元，由此可推算覆盖的低收入人口分别为 1.1 亿、1.4 亿和 1.8 亿。

二是，以农村居民可支配收入中位数的 40%、50% 和 60% 划线，低收入划线标准分别为 6900 元、8500 元和 1 万元，相应覆盖的低收入人口规模分别为 0.9 亿、1.1 亿、1.35 亿。

三是，若采用国外学者提出的弱相对贫困计算方法，则低收入划线标准为 11000 元，低收入人口规模约 1.5 亿人。

---

① 弱相对贫困概念由 Ravallion 和 Chen 于 2011 年提出，用于解决收入中位数或均值百分比方法只考虑收入差距，未涵盖发展差距的不足。

表 2—2　我国农村低收入人口划线覆盖范围模拟结果

数据来源	收入统计量	百分比	低收入划线标准（2022 年）①	低收入人口规模（万人）
2018 年农村居民可支配收入分组数据（假定收入服从均匀分布）	均值	40%	8304.07	10884.55
		50%	10380.09	14009.01
		60%	12456.11	17407.11
	中位数②	40%	6884.48	8748.03
		50%	8605.60	11338.36
		60%	10326.72	13928.70
2018 年农村居民可支配收入分组数据（假定收入服从对数正态分布）	均值	40%	8631.20	11055.73
		50%	10789.00	14295.32
		60%	12946.80	18280.52
	中位数	40%	6866.73	8998.85
		50%	8583.41	10978.60
		60%	10300.09	13575.41
2018 年农村居民可支配收入分组数据（假定收入服从对数正态分布）	弱相对贫困线③		11105.08	14758.11

注：①研究采用《中国统计年鉴》农村居民按收入五等份分组的人均可支配收入数据，采用各组数据在 2013—2018 年的增长率，以 2018 年收入数据为基数，预测 2022 年的收入水平。②中位数采用农村居民 20% 中间收入组家庭人均可支配收入。③弱相对贫困，既包括绝对贫困部分，又包括相对贫困部分，计算公式为，其中。

资料来源：国家统计局，《中国统计年鉴》，历年。

　　根据表 2—2 的模拟结果，我国可考虑按收入中位数的 40%—60%，即 6900—10000 元，作为"十四五"期间的低收入划线区间，覆盖的低收入人口规模约 0.9—1.3 亿，各地可根据实际情况调整取值。若取收入中位数的 50%（8500 元），覆盖的低收入人口规模约 1.1 亿人。首先，收入中位数相对收入均值而言，既能避免极少数高收入人群对均值的影响，也能全面覆盖易返贫致贫人口和虽不易致贫但收入水平相对较低的人口；其次，弱相对贫困方法学术性较强、计算过于复杂，难以在县级和基层推广应用；最后，收入中位数是许多国家发展到一定阶段所使用的划线方法，已有丰富的实践操作经验可供借鉴。当然，由于目前我国农村居民收入统计尚待完善，使用收入中位数划线识别，还需要采取相关辅助指标作为补充。

第二种，按生活水平倒排10%—20%的农村人口作为帮扶对象。该方法仅需要农村居民人口数据，不涉及农户收入、资产情况等数据指标，计算更为简单易行。若按生活水平倒排10%—20%的农村人口测算，可将农村生活水平最低的1亿左右人口确定为帮扶对象，可全面覆盖目前易返贫致贫人口，以及其他收入水平相对较低的人口。由于这种方法没有明确的指标，因此进行统计监测分析时，需采取其他辅助指标。

综合而言，无论是按收入划线，还是用生活水平倒排法测算，"十四五"期间，我国需帮扶的农村低收入人口大致为1—1.1亿。

二、帮扶对象的综合识别方法

从国内外经验看，识别需要帮扶保障的低收入人口，主要有三种方法：一是家庭申请与政府核定，如美国对提出申请的家庭进行收入核对，将家庭收入低于相应标准的确定为低收入人口；二是家庭申请与社区判定，如日本家庭须向社区提供全面的生活状况材料，由社区考察并判定是否为低收入人口；三是基层评议，我国脱贫攻坚期间，以村为单位，通过摸底考察、协助申请、民主评议等程序识别贫困户，也可借鉴用于识别低收入人口。

"十四五"期间，应继续采用基层评议方法，通过"1+3—N"多维指标进行综合识别（参见表2—3）。其中"1"指农村居民家庭人均可支配收入，由农户自行申报，由村级组织张榜公示并核定。当家庭人均可支配收入低于当地收入中位数的40%—60%时，可认定为低收入户。"3"指反映农村家庭生活水平和发展能力的健康、教育、生活水平3个维度，以"三保障"为基础，其中包含营养、健康、受教育水平、住房条件、耐用消费品数量等9个指标，每个指标均根据当地经济发展状况、该指标平均水平等设置相应的阈值。村级组织到农户家中调研考察，若其中3个指标低于阈值，则被认定为低收入户。识别时，"1"和"3"相互独立、互为补充，任何一项低于判定标准，均可认定为低收入户。

"N"指否决指标，若申报农户经核实拥有小汽车、商品房等财产，则不能得到帮扶的资格。

表 2—3　农村低收入人口识别指标

	维度	指标	阈值
主要识别指标	收入	农村居民可支配收入	收入中位数的 40%—60%（取某一比例值）
辅助识别指标	健康	营养状况	家中有成员营养不良
		医保参与情况	家中有成员未参加农村基本医疗保险
		老人健康状况	家有 70 岁以上老人卧病在床或未领取养老金
		家中重要劳动力健康状况	家中重要劳动力因病、因灾等丧失劳动能力
	教育	家庭青少年受教育水平	家中 20 岁以下青少年在高中教育之前辍学或举债上学
		重要劳动力人力资本水平	家中重要劳动力未接受过任何专业的技能培训，或工作岗位不稳定，失业风险高
	生活水平	住房	家中房屋属于 C 级 D 级危房
		耐用消费品	下列资产中家庭所拥有的不超过 3 项：手机、电脑、冰箱、彩色电视机、洗衣机、空调或暖气。
		饮水安全	无法用到方便且安全的饮用水
		网络通信	无法用上稳定的网络
否决指标	财产	小汽车、商品房等财产	若有，则不能得到帮扶资格。

资料来源：项目组根据文献整理。

这种识别方法借鉴和接续脱贫攻坚成果，能够找准真正需要帮扶的对象。为避免出现"边缘人群"和"悬崖效应"问题，还需配套设计相应的低收入人口帮扶进入和退出机制。

在此基础上，根据中央对农村低收入人口分层分类帮扶的政策要求，进一步依靠农村基层对已经识别出的低收入人口，按照劳动能力状况，采取开发式帮扶，或者进行兜底救助保障。

第三节　新发展阶段返贫风险研判及影响

加强返贫风险治理、构建防返贫风险治理体系，是牢牢守住防止规模性返贫底线的关键。有效识别易返贫的群体及返贫风险成因，并及时采取针对性措施，是阻断低收入人口返贫的基本前提。为加快探索防返贫治理的长效机制，有必要从风险来源框架辨识复杂多样且相互交织的返贫风险及其成因，把握其作用机制和影响范围。

一、返贫风险及其成因识别分析框架

返贫风险，本质上是指陷入贫困的可能性，在现阶段主要针对脱贫不稳定人口和边缘易致贫人口。需要重视的是，随着疫情变化和国内外局势的复杂多变、不确定性增加，我国经济恢复基础尚不牢固，疫情冲击导致的各类衍生风险不容忽视，今后返贫风险也将随之呈多元、多发特征。为此，需要系统辨识和剖析主要返贫风险成因及其影响，为增强返贫风险治理的针对性和有效性提供基本框架。

遵循依托精准扶贫精准脱贫现有成果、不另起炉灶的基本工作要求，2020 年后对各类返贫风险的管理和防控，可以在加强监测对象家庭信息、收入状况等信息共享的基础上，设定风险群体的收入识别标准，并在收入的基础上强化对支出、急难等类型的返贫风险的精细化治理。本节拟根据返贫风险因素的作用机理，假定监测对象的家庭经济状况（包括家庭收入、财产状况、刚性支出情况）的界定方案是给定的，将返贫风险因素界定为收入型因素、支出型因素及急难型因素三类，并构建如图 2—1 所示的分析与识别框架。

首先，收入型因素是基础因素，主要表现为收入水平较低和收入的不稳定性。对于脱贫人口而言，就业能力不足、产业带动的可持续性不足会导致脱贫不稳定及边缘易致贫人口就业增收困难，收入水平较低；脱贫不稳定人口对政策性收入过度依赖会导致收入来源易受政策条件变化影响，

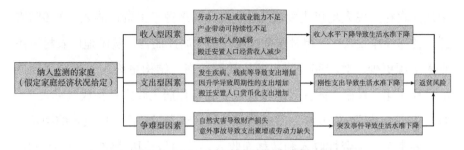

图 2—1 返贫风险因素类型与分析框架

收入不稳定；易地搬迁安置人口生计资源非农化，适应期内难以迅速适应和稳定增收，可能增加返贫风险。

其次，在收入水平较低的情形下，即便低收入人口收入水平达到贫困标准以上，也会因支出型因素和急难型因素造成刚性开支增加和实际生活水准跌入困境。支出型因素包括因病、因学等刚性支出以及易地搬迁人口生计支出货币化和生活开支增加等，导致家庭生活水准下降，产生"支出型贫困"。急难型因素包括自然灾害、意外事故等冲击，导致家庭财产损失或家庭支出骤增，平滑消费的能力下降，若缺乏常态化、针对性的救助机制，则有可能陷入"急难型困境"。

二、收入型、支出型及急难型返贫风险因素的影响

按照本章定义的返贫风险因素分析框架，收入因素是形成返贫风险的基础因素，农村低收入人口的收入减少和支出增加是形成返贫风险的直接决定性因素。一方面，就业困难、产业持续带动力严重不足等因素将进一步弱化脱贫人口的就业增收能力，加大巩固脱贫攻坚成果的难度。另一方面，受到常态化支出增加以及疾病、意外事故等冲击的影响，加上脱贫不稳定人口及边缘易致贫人口的风险抵御能力不足，其应对返贫风险的能力面临较大挑战。

（一）收入型风险因素的影响

从农村居民可支配收入结构来看，2019 年，全国农村居民人均可支配收入中，41.1%来源于工资性收入，20.6%来源于转移性净收入，而贫

困地区农村居民人均可支配收入中，35.3%来源于工资性收入，26.9%来源于转移性净收入①。相对于全国农村常住居民而言，贫困地区农村居民收入来源更少，对转移性收入的依赖性更高，结构更脆弱，更易受到冲击。具体地，根据贫困地区低收入组农村常住居民收入及构成（见表2—4），从2014年到2019年，贫困地区低收入组农村常住居民收入的增长贡献主要来源于工资性收入和转移净收入，特别是转移净收入占比从2014年的26.9%上升到2019年的45.4%；而从收入构成的波动来看，一方面是经营净收入趋于减少且波动大，在2018年甚至为负收入，另一方面是转移净收入增幅波动大，从2018年到2019年经历急剧增加，幅度接近前四年的增加值。贫困地区低收入组农村居民收入水平偏低，收入结构变动大，尤其是对就业安置岗位和产业扶贫形成的工资性收入和政策性转移收入依赖度持续增高。这些特征表明，对于相当一部分脱贫人口而言，实现其稳定持续增收存在较大困难，特别需要重视政策变化对收入波动和返贫风险的可能影响。

表2—4　贫困地区低收入组农村常住居民收入及构成

	2014	2015	2016	2017	2018	2019
人均可支配收入（元）	2013	2273	2391	2665	2531	3410
其中：工资性收入	860	975	1021	1134	1433	1630
经营净收入	586	641	505	555	-10	175
财产净收入	26	26	42	39	32	56
转移净收入	542	630	824	937	1075	1548
占人均可支配收入比(%)	–	–	–	–	–	–
其中：工资性收入	42.7	42.9	42.7	42.6	56.6	47.8
经营净收入	29.1	28.2	21.1	20.8	-0.4	5.1
财产净收入	1.3	1.1	1.8	1.5	1.3	1.6
转移净收入	26.9	27.7	34.5	35.2	42.5	45.4

注：低收入组为按人均可支配收入五等份分组的最低20%人群。
数据来源：《中国农村贫困监测报告》历年。

① 数据来源：《中国农村贫困监测报告·2020》。

从收入型因素分析，现阶段的返贫成因可以分为五类：一是就业能力不足导致就业增收困难；二是扶贫产业带动的可持续性弱导致收入不稳定；三是对政策性收入依赖大，收入结构脆弱；四是小农经营自身限制，各类成本上升，经营净收入不稳定且增收前景不佳；五是易地搬迁人口生计资源非农化而造成农业收入骤减。具体分析，直接对脱贫不稳定及边缘易致贫人口的收入水平构成挑战的有以下情形。

第一，就业能力不足导致就业增收困难而形成较高返贫风险。在脱贫攻坚中，我国不断强化控辍保学政策，通过教育扶贫，解决了贫困家庭教育负担过重的问题，但是部分学生虽然"有学上"，其实际能力和素质仍然不高。由于劳动力本身的教育程度不够，难以适应社会就业，造成就业增收困难，极易发生返贫。一方面，脱贫地区人口由于长期以来获取的教育资源不足，其知识水平和文化程度较低，素质普遍不高。

据统计，2019 年贫困地区劳动力平均受教育年限仅为 7.7 年，大部分集中在初中和小学，分别占比为 42.3% 和 41.8%，高中及以上学历的劳动力仅占 11%[①]。脱贫攻坚阶段，在教育扶贫方面，更多地注重青少年义务教育的实行，高中及以上学历教育有所缺失，尤其是高等教育在西部地区普及化程度很低，2020 年西部 12 个省区市的高等教育毛入学率与东部 11 个省区市平均差距达 13 个百分点，在地区上呈现出高等教育普及化"C 状滞后区"。另一方面，在脱贫攻坚中，虽然各地区普遍进行了技能培训，但是目前的培训系统性相对较差，重理论而轻实践，培训动员不足，部分地区的培训存在形式主义倾向，主体需求和培训内容不匹配、课程针对性不强，师资力量薄弱，帮扶效果不明显，导致脱贫地区人口素质仍然较低，难以与社会需求相匹配，只能从事低生产附加值的工作，无法通过劳动创造大量财富，在脱贫后仍然存在返贫的隐患。西部脱贫地区大都是劳务输出大省，许多外出务工人员普遍缺乏专业技能培训，多从事技术含量低、替代性高的工作，收入不稳定，导致返贫风险相对高。根据课题组

---

① 数据来源：《中国农村贫困监测报告·2015》《中国农村贫困监测报告·2020》。

2020 年底的调研，四川宜宾农村低收入人口因就业不稳有返贫风险的占12%。

第二，扶贫产业带动的可持续差，导致收入不稳定而形成较高返贫风险。扶贫产业是脱贫攻坚取得胜利的重要途径，也是守住脱贫攻坚成果的关键支撑。2014 年，我国 8% 的贫困人口致贫原因为劳动能力弱，且绝大多数贫困人口都没有增收的产业[1]。针对这一问题，中央近年来加大产业扶贫支持力度，中央财政专项扶贫资金和涉农整合资金用于产业发展的比例超过 40%，绝大部分省市 70% 资金用于产业扶贫，覆盖 89% 的贫困人口[2]。根据农业农村部数据显示，2019 年全国已脱贫人口中依靠产业帮扶脱贫的占比 67%[3]。由此可见，脱贫地区对扶贫产业的依赖程度比较高。

但产业扶贫在取得显著成效的同时，也存在一些问题，效果不及预期。目前部分扶贫产业仍然对政策扶持的依赖性较强，科技、人才等支撑较弱，市场化程度不高、可持续性不强，难以适应供需变化，一旦宏观市场环境发生波动，扶贫产业易受冲击。此外，许多贫困地区由于种养、经营环境相似，产业扶贫结构单一，容易出现产品同质化，面临销售风险，是影响低收入人口就业增收的重要风险点。如 2016 年安徽省 2873 个产业扶贫发展项目中，仅光伏扶贫项目就有 1183 个，占比达 44.3%。再如贵州关岭的扶贫火龙果产业，2010 年以前由于市场供给较少、销售价格较高，政府为促进农户增收而支持农户大幅种植。2016 年开始因为供大于求，价格大幅下挫，农户对此投入大量资金，但收益甚微，加之加工技术较弱，难以拓展产业链，造成大幅亏损，许多农户因此陷入困境，返贫风险骤然上升。

第三，过度依赖政策性收入，但政策性扶持水平受财力影响短期内难

---

① 数据来源：国家乡村振兴局《精准扶贫攻坚克难践行庄严承诺》，http://www.cpad.gov.cn/art/2017/5/19/art_82_63224.html。

② 数据来源：中华人民共和国中央人民政府《产业扶贫政策覆盖 98% 贫困户》，http://www.gov.cn/xinwen/2020-12/17/content_5570032.htm。

③ 数据来源：农业农村部《产业扶贫取得重大进展，67% 脱贫人口通过产业带动实现增收》，http://www.gov.cn/xinwen/2019-12/20/content_5462683.htm。

以提升。在脱贫攻坚时期，兜底保障政策为贫困人口脱贫发挥了重要的托底支撑作用。党的十八大以来，全国共有 2004 万建档立卡贫困人口纳入低保或特困人员救助供养范围，其中，纳入低保 1852 万人，纳入特困人员救助供养 152 万人；2019 年、2020 年新增困难群众救助补助资金 158.2 亿元[1]。但目前我国社会保障存在整体水平较低、覆盖范围相对有限、城乡之间差距较大等问题。对于部分经济基础相对薄弱、贫困人口众多的欠发达地区，筹措资金的渠道相对单一、落实社会福利政策相对困难，在稳定政策扶持方面存在现实困难。

此外，脱贫攻坚任务完成后所保持的总体稳定的帮扶政策，预期将在过渡期结束后有序转变，特别是对部分脱贫地区的支持力度将减弱。对于不少脱贫地区而言，脱贫群众发展和增收能力的提升是长期的过程，过渡期后相关政策的退出或将导致部分脱贫地区依靠当地财政的减贫救助能力减弱，对脱贫不稳定人口及边缘易致贫人口的长期投资能力和短期扶持力度弱化。

第四，小农经营自身限制导致收入不稳定且增收前景不佳而造成返贫风险。对于农村低收入人口而言，农业生产经营仍然是其维持生计的重要方式。但我国农业规模化经营程度低、生产地块狭小，家庭小农生产仍然是我国农业生产经营的主要模式。根据全国农业普查数据显示，2016 年，全国农业生产经营人员 31422 万人，其中，规模农业经营户农业生产经营人员（包括本户生产经营人员及雇佣人员）仅有 1289 万人，占全部农业生产经营人口的 4.1%；全国农业经营户 20743 万户，其中规模农业经营户仅有 398 万户，仅占 1.9%[2]；户均经营面积仅约 7.8 亩，其中，经营面积在 10 亩以下的农户约有 2.1 亿户，占比超过 90%。

相对于现代化农业规模化经营，家庭化的小农经营存在各种限制：一

---

①　数据来源：中央纪委国家监委《25.5 万个驻村工作队，25.5 万支战斗队》，https://www.ccdi.gov.cn/yaowen/202003/t20200313_213440.html。

②　数据来源：国家统计局《第三次全国农业普查主要数据公报（第五号）》，http://www.stats.gov.cn/tjsj/tjgb/nypcgb/qgnypcgb/201712/t20171215_1563599.html。

是经营效率较低；二是难以找到稳定的城市消费群体、难与城市消费者实现对接；三是小农生产的农产品流通性低。而发展规模性农业对小农户的资源和能力禀赋要求较高，生产管理的难度较大，小农户能力较低且资源相对匮乏，难以发展现代规模化农业生产。近年来，规模化、资本技术密集型的经营方式不断提高农业生产经营效率，在一定程度上挤压了小农生产的生存空间，不断迫使部分小农退出农业生产。贫困地区农村常住居民人均可支配收入结构中来自第一产业经营净收入的增长率降低，2018年甚至出现负增长，增长率为-1.1%，农村低收入人口农业经营收入不稳定且发展前景堪忧，容易受市场冲击而产生返贫风险。

第五，易地搬迁人口生计资源非农化，搬迁后农户难以实现稳定增收，增加返贫风险。易地扶贫搬迁是中央明确的"五个一批"精准扶贫精准脱贫路径之一，是脱贫攻坚的"头号工程"和标志性工程，也是难度最大、投入最多的专项扶贫工程。"十三五"期间，全国960多万建档立卡贫困群众顺利实现搬迁安置，易地搬迁使脱贫人口的生活条件得到了极大提高，改善了居住地的交通条件、保障了居民饮水安全、完善了医疗教育等配套设施，但易地搬迁也对脱贫人口的生计模式产生了影响，且适应期内的生计风险较大。

搬迁安置人口在搬迁前往往能够通过土地和养殖实现农业就业，甚至弱劳动力也可通过农业生产经营而转换为自给型消费品产出，但搬迁后，集中安置的搬迁户通常远离原来的耕地，回原住址从事农业生产面临的交通成本、时间成本、管理成本等都大幅增加，特别是50%以上的城镇化集中安置群众在搬迁后几乎难以再从事农业生产。同时，由于生计适应能力的转变需要较长时间，原有的劳动技能难以快速适应非农就业，收入减少的风险增加。虽然多数集中安置区配套设置了就业扶贫车间和公益岗位，但长期发展机制不完善，吸纳就业能力有限。

（二）支出型风险因素的影响

从支出型因素的角度来看，返贫成因可分为三类：一是因病支出增加；二是因学支出增加；三是因易地搬迁生计支出货币化。以上常态化支出增加导致家庭生计困难，并且常态化支出增加对于脱贫不稳定户及边缘易致贫户的生计影响更为明显。具体分析，直接导致家庭支出增加使家庭入不敷出而发生返贫风险的有以下情形。

第一，因病、因残家庭支出大幅增加导致入不敷出而形成较高返贫风险。脱贫攻坚期间，因病致贫是首要致贫因素，这类致贫因素和救助难点在脱贫后也将长期存在。根据国家卫健委数据，在原建档立卡贫困户中，因病致贫、因病返贫的比例均在42%以上，且年龄在15岁至59岁的主要劳动力患病占农村贫困人口的40%以上。根据课题组的调研，2016—2019年，原属乌蒙山连片特困地区的四川省宜宾县的原建档立卡贫困人口中，因病、因残致贫比例分别高达46%和12%，脱贫后，宜宾脱贫不稳定监测户中因大病、因残分别占41%和22%。2016—2020年，在西海固地区，例如宁夏海原县、彭阳县的原建档立卡贫困人口中，因病、因残致贫比例分别高达33.25%和22.33%。值得注意的是，相对脱贫人口而言，边缘易致贫人口往往缺乏社会保障支持或保障水平较低，因学、因病有可能使其刚性支出大幅增加，是导致"支出型贫困"的高风险因素，如2016—2019年宜宾市边缘易致贫人口存在因病、因残返贫风险分别为40%和13%。

针对因病致贫、返贫问题，我国已实施健康中国战略，进一步加大力度实施健康扶贫，加大了贫困地区医疗保险、医疗补助和医疗人员供给，使脱贫地区人人享有基本医疗卫生服务，脱贫人口大病和慢性病得到保障，然而，政策对象主要针对原建档立卡人口，并实施兜底式帮扶和救助，与此同时，存在一定规模与脱贫户生活水准相当的非政策对象，医疗保障水平较低。这意味着脱贫人口对高标准的医疗扶贫手段存在很强的依赖，而一些存在返贫风险的非政策对象则因救助水平不足而存在较大的新致贫风险。脱贫攻坚完成后，对于较低收入群体而言，家庭成员患大病、重病，高额医疗费用不仅将使家庭刚性支出增加，还可能因为顶梁柱缺失或劳动力陪护而无法就业，以至于家庭支出急剧增加的同时收入也大幅减少，导致家庭在一定周期内持续入不敷出，并影响人力资本等长期投资。

第二，因学家庭支出增加导致入不敷出而形成较高返贫风险。因学带来的支出大幅增加也容易形成返贫风险。脱贫攻坚阶段，国家通过建立并实施学前教育资助政策、义务教育实施"两免一补"政策、中等职业教育实施免学费和国家助学金政策、普通高中免除建档立卡等家庭经济困难学生学杂费并实施国家助学金等政策，加大了教育扶贫的投入力度，充分保障不让一个学生因家庭经济困难而失学。脱贫攻坚完成后，因学支出仍然是低收入家庭陷入贫困的重要风险，根据笔者的调研，2016—2019年，宜宾脱贫不稳定监测户和边缘易致贫人口中存在因学返贫风险比例分别为6%和4%；2016—2020年，西海固地区宁夏海原县、彭阳县建档立卡贫困人口中，因学致贫比例分别为6.96%和5.74%。

第三，因易地搬迁后生计支出货币化、生活支出增加导致入不敷出而形成较高返贫风险。搬迁安置群众在搬迁前通常通过种养殖业维持日常消费的"自给自足"，现金支出主要集中在医疗和子女教育方面，现金消费支出相对单一。搬迁至安置区后，尤其是超过50%的城镇化集中安置的群众，日常消费支出货币化。从消费支出结构看，除了医疗与教育方面的支出之外，自拾柴草燃料转向燃气和电，粮食蔬果和家禽的自给型消费转向现金购买消费，各类现金消费支出增加。

（三）急难型风险因素的影响

从急难型因素的角度来看，返贫成因可分为两类：一是因自然灾害造成财产损失；二是因重大意外事故造成劳动力丧失和支出剧增。

灾害与意外事故具有不可预见性，如突发自然灾害或突发大病，造成家庭财产遭受损失或支出骤增，容易导致受灾家庭生活水平跌至贫困线下重新陷入贫困。台风、干旱、地震、海啸等自然灾害，以及流行病等卫生灾难，主要通过毁坏居民住房、基础设施、农作物生产、居民身体健康，导致受灾人群在短时间内生活水平大幅下降，陷入"急难型困境"。联合国《灾害的代价2000—2019》报告显示，2000—2019年间，中国受灾达557起，是世界上受灾最多的国家。由于脱贫地区往往也是生态脆弱地区和自然灾害频发地区，防灾减灾避灾机制较弱，而脱贫群众的抗风险能力弱，极易因灾返贫。如2016—2019年，四川宜宾市，边缘易致贫人口因灾、突发事件返贫分别占7%、5%，两者合计达12%。2020年初突然爆发的新冠疫情，不仅引发巨大的公共卫生安全危机，对农业生产经营、农民外出务工也造成较大影响，对今后巩固脱贫攻坚成果依然有巨大挑战。

与此同时，交通、火灾等意外事故可能导致家庭主要劳动力丧失劳动能力、家庭财产大幅下降、医疗费用大幅上升、家庭收入突然短缺；或者因失误导致他人遭遇事故，背负巨额赔偿，由此导致陷入贫困。数据表明，我国农村因意外事故导致家庭贫困的比例为4.61%，中西部地区更加严重。根据管庆旭等（2019）的调查，四川省农村贫困家庭中20%遭遇过意外事故，意外事故所造成的支出大约占家庭总支出的20%。因此，意外事故是防范返贫需要重视的重要风险因素。

第三章 缓解相对贫困的战略重点与保障措施

进入新发展阶段，我国农村相对贫困、相对落后和相对差距将长期存在，将跨越不同发展阶段，贯穿于现代化建设的全过程，因此缓解农村相对贫困是一项长期历史任务，必须分阶段、分步骤推进。

第一节　缓解相对贫困的思路与重点

一、基本思路

"十四五"期间是我国从绝对贫困转向相对贫困、从脱贫攻坚转向乡村振兴的过渡期，因此是新发展阶段缓解相对贫困的重要时期。在这期间，要着力巩固脱贫攻坚成果，拓展脱贫攻坚成效，做好解决相对贫困的基础性工作，实现脱贫攻坚与全面推进乡村振兴的有效衔接。在过渡期的前3年，既要保持现有帮扶机制、力度和政策总体稳定，避免因政策变动导致部分不稳定的已脱贫人口返贫，也要适度进行帮扶保障"扩围"，将边缘易致贫户纳入扶持范围，贯彻"精准"原则，分类施策，提升脱贫攻坚成效。同时要持续改善农村地区基础设施，补齐公共服务短板，继续推动改善农村人民生活状况。在过渡期的后2年，要加快推进体制机制改革创新，在公共服务供给体制、户籍制度、土地制度等方面积极寻求创新，激活要素，在此基础上，转变政策供给方式，全面系统梳理当前扶贫工作和扶贫政策，逐步退出其中临时性的、不可持续的、问题较大的政策，保留基本保障类的政策措施，与农村居民最低生活保障制度有机整合，同时应保留并完善基础建设类政策，以及带动能力较好的、具有可持续性的措施。在保留和完善原有政策的基础上，建立起解决相对贫困的新政策、新机制，促进相对贫困状况长期稳定改善，实现脱贫攻坚与乡村振兴的有效衔接。

"十四五"以后，要持续深入推进体制机制改革与创新，破除制约要素流动的制度壁垒，继续提升农村的基础设施和公共服务水平，发展壮大县域经济，全面激活农民致富增收的内生动力，同时也要进一步调整和完善产业、就业、生活保障等方面的政策措施，建立起解决相对贫困的长效机制，从而提高农村人力资本，培育集体经济和乡村产业。争取到2035年，相对贫困明显缓解，城乡基本公共服务均等化基本实现，乡村振兴取得决定性进展，向共同富裕迈出坚实的步伐。到2050年全面解决农村低收入人口与社会平均生活状况的不合理差距，相对贫困问题得到有效解决，助力实现乡村全面振兴，让农业成为有奔头的产业，让农民成为有吸引力的职业，让农村成为安居乐业的美丽家园，基本实现共同富裕。

消除贫困、改善民生、逐步实现共同富裕，是中国特色社会主义的本质要求。"十四五"时期，必须按照十九届五中全会关于"以满足人民日益增长的美好生活需要为根本目的"的总体要求，以缩小发展差距、提升发展能力、共享发展成果、助力实现共同富裕为目标，以提升农村基础设施和公共服务水平为根本支撑，以完善社会保障体系、发展农村集体经济为重点，注重加强普惠性、基础性、兜底性民生建设，同时坚持保障式扶贫和开发式扶贫相结合，建立解决相对贫困的长效机制，实现脱贫攻坚与乡村振兴有效衔接、消除绝对贫困和解决相对贫困有效衔接，为实现共同富裕打下坚实基础。

"十四五"时期，由于我国相对贫困致贫风险因素呈现多元化特征，因此要遵循因地制宜、分类施策的原则，采取相对贫困治理举措与致贫风险因素一一对应、治理政策范围和力度与致贫风险因素影响范围和深度一一重合的思路，对症下药，以此厘清"十四五"期间我国相对贫困的治理逻辑。

加强返贫风险治理，构建防返贫风险治理体系，就是要把防范化解返贫风险、巩固脱贫攻坚成果，纳入国家社会安全风险治理体系，建立返贫风险研判、监测预警、帮扶救助全程风险治理机制，将返贫风险化解在源头、防控在前端，帮扶在关键环节，确保牢牢守住防范返贫的底线。

构建返贫风险治理体系，要以守住防止返贫的底线为目标，以建立返贫风险全程监测预警、帮扶救助和长效发展三大机制为支撑，以增强返贫风险治理能力、促进脱贫攻坚与乡村振兴有效衔接为重点，建立健全巩固拓展脱贫攻坚成果长效机制，为实现共同富裕奠定更加坚实的基础。

二、缓解相对贫困的战略重点

"十四五"及今后一个时期巩固拓展脱贫攻坚成果，主要有以下几个重点需要把握：

（一）巩固脱贫攻坚成果，提升脱贫攻坚成效

多年来我国不断创新体制机制、出台政策措施，致力于消除贫困、改善民生，近年来更是广泛动员全社会力量参与脱贫攻坚，出台多项政策，投入大量人力、物力、财力，于 2020 年实现全面消除绝对贫困。然而部分已脱贫地区产业基础仍然薄弱，扶贫项目存在同质化问题，持续发展能力不足，部分非贫困村基础设施仍然落后，公共服务水平仍然较低，部分已脱贫人口就业不够稳定，政策性收入占比较高，持续发展的内生动力不足，同时还存在部分边缘易致贫人群，由于自身风险承担能力较差，发展能力不足，脱贫攻坚期间又未能得到政策的帮扶，面临较高的致贫风险。尤其是 2020 年突如其来的新冠疫情给已脱贫人口和边缘易致贫人口的收入，以及部分贫困地区扶贫产业的发展带来影响，从而影响到脱贫攻坚工作的质量。因此 2020 年后的首要任务是巩固脱贫攻坚成果，防止已脱贫人口和边缘易致贫人口倒退至绝对贫困状态，同时应注重继续提升产业发展稳定性和可持续性，带动农民持续增收，拓展脱贫攻坚成果，提升脱贫攻坚成效。

（二）构建农村低收入人口识别监测机制

2020 年后，我国贫困形势转为相对贫困，贫困内涵、人群和分布也发生重要变化，应考虑是否需要制定以及如何制定一个新的贫困衡量标准，进而构建起农村低收入人口的识别监测机制，是 2020 年后制定扶贫政策的重要依据，也是扶贫战略的基础任务。在制定我国相对贫困标准和贫困人口识别机制的过程中，应认识到解决相对贫困问题这一任务的长期性，充分考虑我国的发展阶段的变化和特殊国情，建立动态调整机制，为长期持续缓解相对贫困问题打好基础。

（三）提升贫困地区基础设施和公共服务

基础设施不完善和公共服务条件落后是重要的致贫风险因素，也是相对贫困的突出特征。提升基础设施和公共服务水平既可以改善农村低收入人口的生活水平和生活条件，也可以增强相对贫困地区和人群的发展能力。经过长期的扶贫开发以及集中脱贫攻坚，我国农村贫困地区的基础设施和公共服务水平已经有显著的改善，但是部分农村地区，尤其是深度贫困地区、边远地区，其基础设施建设仍然落后，公共卫生、医疗服务、教育水平等公共服务仍处于较低水平，进一步改善基础设施和公共服务条件是贫困地区持续发展的重要前提。

（四）发展集体经济，培育发展能力

产业是稳定脱贫、持续发展的根本之策，脱贫攻坚期间一些地区已经通过发展特色产业，有效带动部分贫困人口脱贫致富。但也存在产业结构单一、技术含量较低等问题，且大量产业仍处于培育阶段，产业链延伸、价值链提升、利益链完善的程度有待提升，一二三产业纵向融合程度不够，产业发展的可持续性较差。未来要以集体经济为链接，因地区、自然资源、发展水平等不同分类施策，发展特色产业，构建现代农业产业体系、生产体系、经营体系，完善和创新销售渠道，打造乡村特色品牌，同时要建立农村低收入人口在产业发展中长期受益的利益联结机制，促进产业益贫式发展，激励农村低收入人口的积极性、主动性和创造性，培育造血功能，为自立自主发展搭建平台、拓宽途径、提升能力，夯实农户致富基础，增强解决相对贫困问题的综合实力。

（五）改革和创新体制机制，优化收入分配，促进城乡融合发展

早期受城乡二元体制和户籍制度的束缚，城市和农村成为封闭性的单位，生产要素的流动受到十分严格的限制，通过工农产品价格剪刀差方式，在城市得以快速发展，也由此建立起更高水平的基础设施和公共服务，给城市的土地资源带来升值空间，城镇居民也获得更高的收益，相较而言农村居民可获得的权利和机会比较匮乏，使得城乡发展差异不平衡、农村发展不充分的问题愈来愈严峻。近年来，通过建立新型农村社会养老保险、新型农村合作医疗保险、为农村贫困人口提供大病和慢性病的专项救治等，完善农村社会保障体系，且不断推进农村产权制度改革、深入农村土地制度改革、健全农村金融体系、实施城乡统一的户籍制度，使得城乡二元体制逐渐松动，但总体而言农村居民的生活条件和水平与城市居民仍有较大差距，农村教育资源较为稀缺，农村居民受教育年限和质量较差，非建档立卡户仍存在治病难、治病贵的问题。另一方面，受地理位置偏远、自然条件恶劣、基础设施落后、教育程度低、思想观念落后等原因，区域之间发展的不平衡问题始终存在，中西部地区发展相对滞后。在我国未来社会经济发展中，只有改革城乡二元体制，才能使得农村居民真正走向富裕，只有缩小区域差距，才能促进国民经济健康发展，利于民族团结和社会稳定，走向共同富裕，因此要不断改革和创新体制机制，强化全方位制度供给，破除造成相对贫困的制度性障碍，促进要素的流动，实现城乡融合发展。

第二节　缓解相对贫困的保障政策与配套措施

有力有序推进巩固拓展脱贫攻坚成果同乡村振兴有效衔接，加快缓解相对贫困，必须发挥制度优势，强化政策保障和配套措施支撑，切实促进脱贫地区发展、群众生活改善，确保全面推进乡村振兴行稳致远。

一、加强党对新发展阶段帮扶工作的领导

消除贫困，改善民生，逐步实现共同富裕，是我们党始终坚持的使命和目标。党的十八大以来，依靠党强大的组织动员能力，集中全党全社会力量打赢脱贫攻坚战，实现全面建成小康社会奋斗目标。当前和今后一个时期，部分农村脱贫人口就业增收困难、返贫和新致贫风险较大，部分脱贫地区发展基础薄弱，巩固拓展脱贫攻坚成果仍然面临较大的风险和挑战。在新的发展阶段，必须进一步加强党对帮扶工作的领导，发挥各级党委在成效保障、监督落实、整合动员等方面的作用，进一步彰显中国共产党领导的政治优势和中国特色社会主义制度优势，为巩固拓展脱贫攻坚成果同乡村振兴有效衔接奠定更加坚实的基础支撑。

二、建立全面脱贫与乡村振兴战略的有效衔接机制

实现全面脱贫与乡村振兴的有效衔接，是高质量稳定脱贫的关键举措，也是深入实施乡村振兴战略的内在要求。要从脱贫攻坚与乡村振兴的总体思路、发展规划、体制机制、政策制度等方面出发，聚焦产业发展、人才培养、文化融合、生态环境、公共服务、生活质量等领域，打通二者的衔接渠道、融合机制，实现相互交融、相互促进。

三、进一步加强东西部协作，凝聚全社会力量构建大帮扶格局

要充分利用脱贫攻坚积累的组织经验和人才资源，持续动员全社会力量，形成并强化新发展阶段政府、社会、市场协同推进的大帮扶格局。首先要跨地区协作，继续加强东部发达地区和中西部脱贫地区的协作，东部地区由于早期国家在资金、政策、人力等各方面支持，发展速度更快，发展模式成熟，在资金、技术、市场、信息、管理、人才等方面优势较大，可以就产业、金融、消费、劳务、教育、文化等方面与西部脱贫地区建立合作，同时创新协作方式，如探索政府引导、企业参与、优势互补、园区共建、利益共享的"飞地经济"合作，为西部脱贫地区注入活力，提高其

发展能力。其次是要跨部门，以政府为引导者，不断加强基层党组织建设的引领作用，提高基层党组织的组织力，加强软弱涣散村党组织整顿，选优配强村党组织书记，健全村党组织领导下的议事决策机制、监督机制；同时要充分发挥市场机制的作用，推动市场主体协同帮扶，利用互联网平台，对接社会帮扶资源与脱贫户帮扶需求，实现困难需求和爱心帮扶无缝对接。最后达到全社会广泛参与，多管齐下提高农村地区的发展水平和农村低收入人口在发展中的主动参与性。

四、强化帮扶责任落实，完善乡村治理体系

建立农村低收入人口的帮扶机制、守住不发生规模性返贫底线，必须强化责任落实机制。首先，明确治理主体责任。实行省级统筹、县负总责、镇村落实的分级负责制，县统筹建立相关领导小组，统筹协调全县工作，压实工作责任，将各级党政主要领导人确定为第一责任人。继续实行蹲点工作组等有效做法，强化责任落实。其次，要在党委领导下，优化治理规则，重构农村基层社会动员机制，充分发挥基层党员、干部的示范带头作用，提高基层干部的治理能力和管理水平，同时要确立村民在乡村治理中的主体地位，为村民构建畅通的利益表达机制、参与机制、决策机制等，增强集体行动能力，达到内在融合性、多元共促性、规则统一性；再次，要发挥多元主体治理作用，充分发挥社会组织的作用，调动城市、学校、企业、金融机构等多元主体，共同致力于推进全面乡村振兴。最后，创新治理方式，促进现代科技与乡村治理深度融合，采用信息化手段，利用乡村电子政务、数字化乡村等，完善信息收集、处置和反馈机制，建设"县—乡—村"基层社会治理信息化平台，形成上下并行多主体治理模式。

五、加强扶贫资金支持力度

要加强对脱贫地区经济社会发展的财政支持和保障，鼓励和引导社会资金参与帮扶工作。一要保障中央、省、市、县各级财政专项帮扶资金，推进涉农资金整合，加大公共财政对农村公共产品和服务的支持。二要通

过建立互助性公益基金、创新帮扶捐助模式等方式，募集社会帮扶资金扶持困难农户，推动公益帮扶常态化。三要对农村集体经济组织给予税费优惠政策。建议在农村产权制度改革之前，农村集体经济组织不用承担税费。要细化落实在农村集体产权制度改革中免征有关契税、印花税的优惠政策，并明确规定农村集体产权确权免收不动产登记费。四要对农村集体经济组织实行金融支持政策。要结合登记赋码工作，加大对具有独立法人地位、集体资产清晰、现金流稳定的农村集体经济组织金融支持力度。

六、加强绩效监督考核评估

巩固拓展脱贫攻坚成果同乡村振兴有效衔接是一项长期任务，应将其纳入省、市县、乡镇各级党委、政府目标绩效管理，按照"公平、公正、公开"原则进行监管、考核和评估。要不断完善绩效考评办法，采取专项调查、抽样调查、实地考核，以及委托科研机构、社会组织第三方评估等方式，定期开展工作绩效考核与评价。

第三节　巩固拓展脱贫攻坚成果长效机制建设的政策重点

建立促进脱贫人口持续增收、脱贫地区稳定发展的长效机制，是巩固拓展脱贫攻坚成果、守住不发生规模性返贫底线的根本支撑。因此，要以增强脱贫人口和脱贫地区内生发展动力和发展活力为导向，以增强产业发展和就业能力为重点，全面推进巩固拓展脱贫攻坚成果的长效机制建设。

一、加快推动乡村特色产业持续健康发展

发展乡村特色产业是实现脱贫地区持续稳定发展的根本之策。要更加注重乡村特色产业发展的质量和效益，建立形成脱贫人口持续增收致富的长效机制。

一要巩固提升脱贫地区特色产业。保障资金、人才、技术等要素投

入，进一步提高衔接资金和涉农整合资金用于特色产业发展的比重，注重产业后续长期培育，把区位优势、资源优势转化为发展优势、竞争优势，提高产业市场竞争力和抗风险能力。

二要以全产业链思维推动特色产业提档升级。要大力发展农产品加工流通业，加快发展现代乡村服务业，引进龙头企业补齐营销、设施上的短板，打造种养、加工、贸易一体化的全产业链，拓展主导产业增值增效空间，为吸纳更多农村劳动力就近就业创造条件。

三要持续推进农村一二三产业融合发展。推动产业发展规划与村庄建设规划、土地利用规划、环境保护规划等有机衔接，通过拓展农业多种功能，挖掘乡村多元价值，发展农产品加工、乡村休闲旅游、农村电商、健康养老等新产业新业态。注重发挥科技的支撑作用，提升农业科技成果转化效率，更好地促进农业提质增效和节本降险。

四要不断强化特色产业发展的基础支撑。完善道路交通设施和农产品仓储保鲜、冷链物流等基础设施建设，支持农产品流通企业、电商平台、批发市场与区域内特色产业精准对接，打通农产品产销堵点；加强农村电商基础设施建设，推动大数据、物联网、5G等技术在乡村产业发展中的应用，提升特色产业电子商务支撑服务水平，培育和发展农产品网络品牌，充分释放农业生产和农村消费的巨大潜力。

二、强化脱贫人口就业增收机制

就业是保障脱贫人口持续稳定增收的基本盘。据统计，目前全国160个重点县脱贫人口收入中工资性收入占比超过70%，外出务工是脱贫人口就业的重要渠道。为此，要根据脱贫人口劳动能力，完善和加强多渠道就业创业政策。

一是完善就业扶持和培训体系，提升就业匹配度。搭建好用工信息服务平台，注重发挥大龄困难群众在畜牧养殖、传统手工艺方面的技能储备，增强人力资本和技能经验就业匹配的有效性；提升就业培训实效，大力推进以工代训、新型学徒制培训等职业技能培训，培养劳动力从体能型向技能型转变，不断提升就业竞争力，帮助脱贫人口实现自我发展。

二是对于有劳动能力和劳动意愿的脱贫人口，要深入开展跨省及市县间劳务协作。输出地要履行好主体责任，完善就业服务体系，打造区域劳务品牌，加大定向、定点、有组织的输出力度，及时与劳务协作伙伴开展劳务对接、技能培训、权益维护等合作交流；输入地要履行好帮扶责任，发挥建筑、物流、电力等劳动密集型行业吸纳就业的作用，鼓励引导用工单位尽量把脱贫人口稳在输入地。

三是对于农村妇女、轻中度残疾人等弱劳力、半劳力和无法外出的脱贫人口，组织其通过公益性岗位、帮扶车间、以工代赈等方式拓展就业，吸纳更多脱贫人口家门口就业。

三、着力壮大脱贫地区县域经济，大力发展新型农村集体经济

县域是城乡融合发展的重要切入点，要以县域为重要载体，发挥好县域辐射带动乡村的作用，促进脱贫地区整体发展。

一要统筹培育本地支柱产业和承接外地产业转移，充分利用劳动力资源，以县域为主阵地发展就业带动能力强的县域富民产业，围绕"一县一业"，打造具有地方特色的区域公共品牌。二要积极引导从农村走出去的人才返乡创业，利用经济发展带动基础设施配套建设、公共服务升级改善、人才资金等要素回流，发挥县域综合承载能力，增强脱贫地区特别是重点帮扶县发展的内生动力和活力。

农村集体经济是守住不发生规模性返贫底线的基础支撑，要全面加强和充分发挥农村集体经济的带动和兜底作用。

一要盘活农村经营性资产和资源性资产，健全联农带农机制，避免简单的入股分红，引导农户特别是脱贫户和监测对象有效嵌入产业链中，实现脱贫人口就地就近就业，让农村集体经济发展的红利更多更公平地惠及全体成员。二要对脱贫攻坚期间形成的新集体资产确权和移交，注重发挥经营性资产的增收效益，积极探索公益性资产的可持续发展机制，促进村集体资产保值增值。三要在集体经济收益分配环节，根据经营情况向困难

成员倾斜，使他们在已有政策性兜底保障基础上，进一步获得集体经济收益的托底支持，形成守住不发生规模性返贫底线的长效机制。

四、着力加强和完善兜底保障政策

要按照基础性、普惠性、兜底性要求，进一步完善兜底保障政策体系。

一要强化防返贫动态监测机制，做到精准识别。精准识别监测对象是兜底保障政策发挥作用的前提，也是维护社会公平正义的需要。为此，要加快推进制定统一的救助对象和低收入人口识别标准与认定办法，简化优化认定程序，审核确权下放，提高识别效率，建立区域内帮扶信息跨部门分享利用机制，促进跨部门信息交换共享、数据分析比对，主动发现、跟踪监测、及时预警困难群众返贫致贫风险，提升政策干预的前瞻性，增强帮扶救助的时效性。

二要加强对重点人群兜底保障。要推动兜底保障政策逐步衔接与平滑过渡，强化兜底保障的制度性供给，对符合条件的防返贫监测对象要予以政策叠加帮扶，有效防止规模性返贫。

三要合理设置保障标准。要根据经济社会发展水平逐步提高保障标准，既要避免陷入福利陷阱、形成新的"悬崖效应"，又要切实兜住民生底线。

四要加快健全分层分类的社会救助体系。一方面，要立足于社会救助制度的兜底性、基础性功能定位，完善基于收入、支出以及急难等因素返贫致贫人口的救助制度；另一方面，在加强物质救助的基础上，强化服务类社会救助供给，通过政府购买服务等方式动员和引导社会组织参与社会救助，探索发展型、关爱型救助。

五、建立易地扶贫搬迁后续扶持机制

促进易地扶贫搬迁安置点持续稳定发展，是巩固拓展脱贫攻坚成果、防范规模性返贫的重中之重。

　　一要设立国家易地扶贫搬迁后续扶持专项资金。现有中央财政衔接乡村振兴补助资金，仅部分资金能用于扶持易地扶贫搬迁后续产业发展，特别是，大型易地搬迁安置区新型城镇化建设虽已纳入国家新型城镇化和城乡融合发展规划，但尚无资金配套。因此，要设立国家易地扶贫搬迁后续扶持专项资金，支持安置区的基础设施和公共服务配套设施维护升级，以及产业发展、就业增收、社区集体经济，重点向青藏高原地区、西南石漠化地区易地搬迁安置区倾斜。

　　二要强化安置区产业配套与就业扶持。推动地方做好东部与西部劳动密集型企业梯度转移对接，针对大型安置区、中小型安置点和"插花式"分散安置的不同特点，分类布局产业园、帮扶车间和灵活加工项目，通过产业发展和以工代赈，同步提升安置区经济活力和就业承载力。同时，在城镇化安置规模较大的县区探索建立劳动力失业保险机制，对城镇化安置劳动力推广"政府＋金融机构"的普惠型"新市民就业险"，在过渡期内实施保费先缴后补政策，用长效机制应对转移就业风险。

　　三要着力提升安置区社区治理能力和参与水平。进一步加快专业化的社会组织培育，在对口帮扶框架下，将帮扶内容拓展到社会组织力量的对口培育支援，形成安置社区社工力量培育孵化和资金保障机制。有序开发增设公共服务类公益岗位，同步解决社区服务供给和就业安置需求，推动社区治理精细精准提升。

第四章　乡村产业减贫的理论与实践

发展乡村产业不仅是贫困地区摆脱贫困的根本之策，也是全面推进乡村振兴的重要基础。脱贫攻坚战胜利后，乡村产业的提档升级与联农带农成为巩固与拓展脱贫攻坚成果同乡村振兴有效衔接的关键环节。面对国际经济发展态势不稳定与不确定因素增多，以及国内大循环为主体、国内国际双循环相互促进的新发展要求，乡村产业发展与减贫面临诸多新挑战，其发展模式的转型与提升势在必行。鉴往知来，推进乡村产业提档升级既需要面向脱贫攻坚与乡村振兴有效衔接的新形势、新要求，也需要尊重乡村产业发展的一般规律、立足中国经验与国际经验推陈出新。改革开放尤其是脱贫攻坚以来，我国乡村产业发展与减贫中形成了大量的模式与经验。总结国内外乡村产业发展的理论与经验，既有助于认识当前乡村产业发展与减贫的形势与阶段性特征，更有助于我们在充分借鉴基础上，推动乡村产业高质量发展。

第一节　乡村产业减贫的理论基础

一、产业经济学理论

产业扶贫以贫困群体的福利发展和升级改善为目标，包含了很强的社会政策属性，但链接市场的路径使得产业扶贫的成效达成必须在"公平"与"效率"之间寻求平衡。因此在考虑产业扶贫的"产业"属性时，就必须遵循市场的基本规律，运用经济学尤其是产业经济学研究的成果。针对当前产业扶贫发展的阶段性特征和主要矛盾，产业经济学中关于产业结构的相关研究对于理解产业扶贫实践具有较强理论指导意义。

创立于 20 世纪中叶的"市场结构—市场行为—市场绩效"（即 SCP）

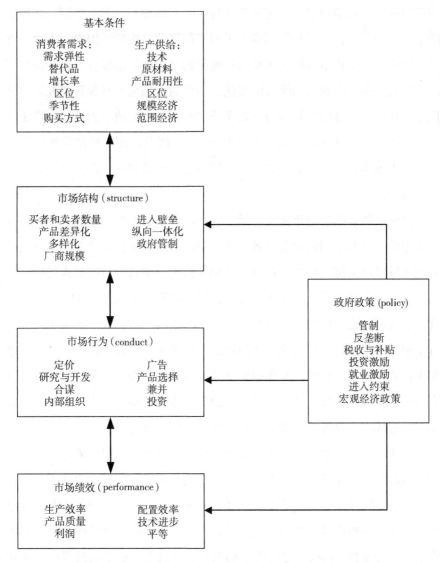

图 4—1　"结构—行为—绩效"（SCP）理论范式

① 于立宏、孔令丞：《产业经济学》，北京大学出版社 2017 年版，第 138 页。

范式是产业经济学最为成熟的分析范式之一。该范式强调市场结构、市场行为、市场绩效之间存在单向因果关系。其理论模型的基本逻辑是：企业的市场绩效（performance）是企业市场行为（conduct）的结果，而企业市场行为又是由市场结构（structure）决定的。一方面，作为市场行为的前提条件，市场结构直接决定了市场行为的具体形态。另一方面，在确定的市场结构之中，市场行为则成为影响市场绩效的决定性因素。因此，在市场结构由完全竞争市场向垄断市场变化的过程中，市场行为也会发生相应的变化，进而引起市场绩效的变化。不良的市场绩效（如资源配置效率低下）往往由不良的市场行为（如企业垄断行为）造成，而这些不良市场行为又源自不良的市场结构（如垄断市场）。因此，该分析范式倾向于通过政府干预来改变不良的市场绩效，提高资源配置效率，维护有效竞争的市场结构。

然而，随着政府对市场经济活动进行过多干预弊端的涌现，一些研究者也提出了截然不同的政策主张。进入 20 世纪 70 年代，产业组织理论的研究领域经历了重大变化。针对"结构—行为—绩效"分析范式的诸多缺陷，一批经济学家将产业组织理论与现代微观经济学的最新成果紧密结合，引入博弈论、信息经济学等分析方法和工具，对传统产业组织理论进行了修正和补充。这种新的产业组织理论打破了"结构—行为—绩效"范式确定的单向传导思维，并在理论基础、分析方法和研究重心等方面都有实质性的突破。此外，新产业组织理论还引进相关新兴分支学科的研究成果如交易成本理论等，丰富了对产业组织的理论研究。

尽管这些理论模型以企业组织为基本的分析单位，但如果考虑到其对于"市场结构"和"政府政策"的重视，就不难发现其对于脱贫攻坚中产业扶贫的实践存在着密切的逻辑关联。首先，这些模型阐释了产业发展过程，市场行为和市场结构的复杂关系，有助于我们理解扶贫产业发展对于市场结构的依赖；其次，这些模型都揭示了政府在产业发展过程中的多重效应，为政府的产业扶贫实践提供了理论基础；再次，这些模型也涵盖了"市场绩效"的多重维度，对于扶贫产业实践创新提供了理论支撑。

二、可持续生计理论

20 世纪八九十年代起，发展型社会政策的理念开始在社会政策以及反贫困领域兴起。这一理念扩展了传统社会政策的边界，并将之理解为"影响人民生活和生计的一切计划及其相关措施"[①]。在这种认识下，社会政策开始关注就业来源、就业稳定性等传统经济学所关注的议题，可持续性生计框架（SLF）作为一种综合的分析工具受到重视。可持续性生计框架将传统上被主流现代化政策忽略的乡村群体的利益置于优先考虑的位置。可持续性生计框架的理念具有整体性，同时该框架还采纳了多机构、参与式的思路。所以，这种新范式为政策制定者和实务工作者提供新思路以满足乡村发展的需要。这种思路的起源可以追溯到"世界环境与发展大会"所提出的"可持续性生计"——"具备维持基本生活所必需的充足的食品与现金储备量以及流动量"。此后，这一理念的运用主要集中在诸如贫困、脆弱性、农场体系、参与性和可持续发展等问题上。

可持续性生计框架整合了包括自然因素与社会经济因素等一系列制约个体发展的因素，因而不仅能够解释人们何以陷入贫困，也为破解这些障碍与约束提供了可行路径。相比传统聚焦于市场收益的反贫困思路，这一框架强调贫困人群自身潜在发展能力及其激发条件。这就意味着贫困人群的发展不仅在于追求一种普遍性的目标，更依托于具体的自然与社会情景，因此干预的措施不在于实现特定的发展目标，而在于维持具有社区型的生计系统。因此，韧性的生计系统不仅能够激发贫困人群自身的发展能力与意愿，而且能够构建一种具有保护性的生态以抵抗市场风险。总之，这一思路不仅为构建产业扶贫的长效机制提供了有益的启示，还拓展了乡村产业振兴的理论内涵[②]。

---

① 安东尼·哈尔、詹姆斯·梅志里：《发展型社会政策》，社会科学文献出版社 2006 年版，第 9 页。

② Anthony Hall, James O. Midgley,Social Policy for Development,SAGE Publications,2004.

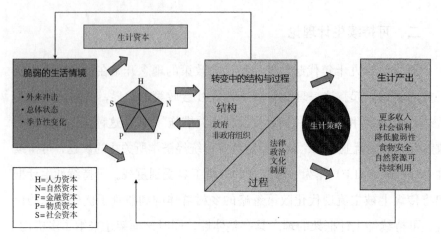

图4—2　可持续生计维持基本框架[①]

可持续生计理论一方面扩展了社会政策的内涵和干预的路径，为反贫困干预提供了更具包容性的政策工具；另一方面，从产业发展的角度，引导政策制定者更加关注产业扶贫实践中"人"的重要性，即产业扶贫不仅是对于经济发展的投资，更是对于人的发展投资。这一思路下，产业扶贫既需要关注产业的属性，注重产业发展的经济收益和竞争优势，也要关注产业发展对于贫困农户长期且多重影响。

第二节　乡村产业减贫的中国实践

一、科技应用提升乡村产业发展

党的十八大以来，"创新驱动发展"成为重要的国家发展战略，科技创新摆在发展全局的重要位置，农业科技以前所未有的力度快速发展。脱贫攻坚期间，各级政府、农业部门和科研单位等充分认识到科技对产业发

---

① Farrington J., Carney D., Ashley C., Turton C., "Sustainable Livelihoods in Practice: Early Applications of Concepts in Rural Areas", Natural Resource Perspectives, Vol.42, 1999.

展与减贫的重要性，出台一系列促进政策、投入大量资金和项目，整合众多科研技术人员建立科技扶贫支持体系。这些举措为发挥科技在扶贫中的作用，尤其是产业发展中的作用打下了坚实的基础。总结其成果和经验主要包括以下几个方面。

第一，增强科技研发投入是基础。科技创新、科技转化以及技术推广，不仅需要政策支持以营造良好氛围，还需要巨大的资金投入。脱贫攻坚期间，农业农村部在全国 832 个贫困县组建了 4100 多个产业扶贫专家组，实施特聘农技员全覆盖和贫困村农技服务全覆盖。2016—2018 年国家累计投入 16.4 亿元支持贫困县健全基层农技推广体系，实现了贫困村农技服务全覆盖[①]。

这些投入不仅增强了贫困地区农业产业质量效益，产生了明显的增收效益；而且也提升了农业产业发展的人力资本，形成了可持续的产业扶贫机制。政府对科技的重视，尤其是对扶贫中科技作用的重视，以及对相关人力、资金投入和相关政策的出台，不仅积极推动了科研人员积极投身技术的研发和转化，调动了政府工作人员、扶贫干部参与科技服务的能动性，更重要的是对脱贫户起到了扶志的作用。脱贫户不仅转变了思想，还掌握了生产技术，从而实现了对贫困户以及农户的"赋能"，让其具有了可持续发展的动力和能力。

第二，推动科研成果转化是核心。科技扶贫工作中，有两个方面的工作是重点和难点：一是如何实现科技成果向产业转化，将科技成果真正应用到扶贫产业发展和贫困户生产中，从而实现增收带贫的效果；二是如何实现科学技术的推广，让广大的贫困户掌握技术、并持续更新技术，以实现持续性的自主发展。着力化解农业科技发展中产学研相结合问题与农业技术推广问题在扶贫产业发展以及扶贫工作中显得尤为重要。

为了解决科研成果转化的问题，各级农业部门、地方政府以及科研机

①　农业农村部新闻办公室：《为产业扶贫注入科技动力——全国农业科教系统助力脱贫攻坚综述》，农业农村部网站，2019 年 8 月 8 日，http://www.moa.gov.cn/xw/zwdt/201908/t20190808_6322358.html。

构、农业高校等都做了积极尝试和探索，以实现产学研相结合。比如中科院作为国家战略科技力量，充分发挥科研单位的优势，勇做科技扶贫的先行者、践行者，积极探索和总结产学研相结合的科技扶贫之路。中科院根据贫困地区的实际情况、充分利用当地资源、同时发挥自身科研优势，探索出适合当地的脱贫之路。在这个过程中，中科院还鼓励科研人员结合扶贫工作推进科研工作，"把科研论文写在脱贫攻坚战场上"①。与此同时，华中农业大学、南京农业大学等农业高校在湖北省和江苏省建立了多个科研基地，并与企业合作积极将科研成果转化为产业发展成果以推动产业发展。

在产学研相结合的过程中，除了科研机构、农业院校的努力外，政府在其中的引导、组织、服务等工作同样重要。比如截至 2019 年，江苏省产学研合作大会已召开了七届，在产学研合作大会的带动下，全省企业已与国内近 1000 家高校院所建立起了稳定的合作关系。在江苏省产学研合作体系的建设中，江苏省政府在其中所起的引导、组织和服务的作用必不可少、功不可没。产学研合作的体系一旦形成，就发挥出不断吸纳科研人员、科研成果、企业以及其他经营主体的效果，从而形成高效促进科研成果转化的组织体系。这对 2020 年后脱贫攻坚成果的巩固拓展以及乡村振兴意义重大。

第三，加强科技成果推广是保证。如果说科技转化是产业发展的驱动力，那么科技推广则是产业扶贫的推动力，也是扶贫成果巩固的重要保证。只有将转化的科技成果普及给贫困户以及农户，才能最大可能提升产业发展的质量、提高贫困户以及农户的收入。科技的转化主要依靠科技工作者、科研机构、大专院校等和企业以及少数生产者对接，但技术的推广却不能依靠科技工作者，技术的推广是与广大农户尤其是贫困户的对接。

我国的农业技术推广是以政府主导为主、自上而下、单向的农业技术推广模式。在政府的技术推广模式中，乡镇政府"七站八所"是直接进行

---

① 白春礼：《把科研论文写在脱贫攻坚战场上》，《中国科学报》2020 年 6 月 11 日。

技术推广、服务农民、接触农民的一线。但从 20 世纪 90 年代开始，在财政困难以及市场化改革的背景下，承担了农业技术推广重任的"七站八所"逐渐走向衰落，大量农技人员离开了推广岗位。在此背景下，创新农业技术推广方式和途径也成为乡村产业发展，尤其是贫困地区的科技扶贫面临的重要任务。

面对数量众多且分散的生产者，有效进行技术推广的最好方式就是通过组织化的方式实现技术的培训和推广。中国共产党具有良好的组织建设传统，同时，中国政府一直也具有良好基层组织基础，结合基层组织来实现农业技术的培训和推广是我们具有的独特组织优势，为科技扶贫提供了强有力的组织保障。

二、金融创新推动乡村产业发展

党的十八大以来，随着脱贫攻坚的深入，金融扶贫逐渐成为我国脱贫攻坚的"重头戏"，为乡村扶贫产业发展提供了强有力支撑。就其本质而言，金融活动本身并不创造财富，而只是资源的配置机制。金融要发挥作用，必须与乡村产业发展紧密配合，才能推动经济的发展。金融扶贫亦是如此。除了资产收益等特殊的金融扶贫等模式外，多数金融扶贫模式要真正有利于贫困农户，就必须和相应的产业结合，或是投入涉及贫困地区发展的领域和产业，或是支持与贫困农户直接相关的产业发展和升级。为此，中央对于金融与实体经济的关系做出了明确的定位，即强调金融业对实体经济的支撑和服务作用。金融扶贫同样必须注重产业导向，只有资金、产业、贫困农民的劳动充分结合，才能够真正推动脱贫攻坚的有效实现。

长期以来，我国金融扶贫的顶层设计尤其重视开发性金融，强调金融对于产业发展的促进作用。延续这一传统，党的十八大以来，金融与产业发展关系得到充分重视。2013 年《建立精准扶贫工作机制实施方案》提出向有创业意愿的贫困农户发放小额贴息贷款用于支持发展特色优势产业，帮助他们"换穷业"。2014 年《关于全面做好扶贫开发金融服务工作的指导意见》（以下简称"《意见》"）则强调金融政策与产业政策结合，"坚持以产业发展为引领"，加强金融与贫困地区区域发展规划和相关产业扶贫规划相衔接，推动经济发展和产业结构升级。《意见》还指出，金融扶贫要积极做好对贫困地区特色农业、农副产品加工、旅游、民族文化产业等特色优势产业的金融支持，不断完善承接产业转移和新兴产业发展的配套金融服务，促进贫困地区产业协调发展。

2015 年，《中共中央国务院关于打赢脱贫攻坚战的决定》明确提出了"加大金融扶贫力度"，不仅为拓展金融扶贫资金来源做出诸多部署，还继续强调在金融扶贫资金的流向和使用中将"支持贫困地区发展特色产业和贫困人口就业创业"作为支持的重点。2017 年 7 月，《关于促进扶贫小额信贷健康发展的通知》进一步明确，"各银行业金融机构要将扶贫小额信贷精准用于贫困户发展生产或能有效带动贫困户致富脱贫的特色优势产业"。脱贫攻坚期间，各地各部门充分利用金融扶贫的优势，以资金要素激活带动地方优势产业发展、转型和升级，有效带动了贫困人口增收和贫困地区社会治理改善，把中央顶层设计与地方实际紧密结合，牢牢把握普惠金融的方向和政府与市场治理的边界，实现了金融益贫与产业可持续发展。这些实践探索打通金融服务的"最后一公里"，将金融活水引流到贫困深处，为当地产业发展提供了有效的资金支持[1]。

三、"扶贫车间"助力乡村产业结构调整

脱贫攻坚以来，各地依据自身经济社会和劳动力特征，深入学习、领会、落实中央关于脱贫攻坚工作精神，因地制宜、科学决策，以扶贫车间的创新做法为抓手，探索出了一条群众就地就近就业与乡村产业发展相统一的工作机制，取得了经济效益与社会效益双丰收的良好成效，助力脱贫攻坚工作建立帮助低收入群众实现"就业脱贫"、积极吸引能人返乡、孵

---

① 叶青、袁泉：《我国金融扶贫的创新与成效——兼论宁夏回族自治区的实践经验》，《福建论坛（人文社会科学版）》2018 年第 1 期。

化创业能人、探索低收入群众就地就近就业与乡村产业发展相融合的工作机制。随着扶贫车间在各地推广，其自身的重要作用不断凸显。

一是解决低收入群众就业难的问题，提升低收入群众内生发展能力。在脱贫攻坚过程中，帮助贫困户实现就业脱贫在脱贫举措中具有重要地位。"授人以鱼不如授人以渔"，激发贫困户内生动力，实现就业观念转换，依靠劳动实现脱贫，不仅脱贫质量较高，脱贫成效具有稳定性和持续性，且能实现地方社会观念转变，社会关系和谐等社会效益。

二是实现人才回流，解决产业发展的人才瓶颈，助推乡村产业发展。能人带动是低收入群众实现脱贫的重要途径，通过挖掘经济能人力量，不仅能起到创业的示范带动作用，还能为贫困群众创造就业增收的机会，从而实现高质量稳定脱贫。在实践中，各地以扶贫车间为抓手，注重发挥创业致富带头人的重要作用，吸引经济能人返乡创业的同时，注重培育本地经济能人，探索"带头创业，创业带动，带动创业，脱贫致富"的新路子。

三是从乡村产业振兴的角度看，扶贫车间的嵌入有助于推动乡村产业的转型升级，助推乡村二、三产业的快速发展。从农民增收的角度看，扶贫车间增加了农村剩余劳动力的就业机会。这些农村剩余劳动力大多是妇女、老人、残疾人等弱势劳动力，他们拥有一定的生产能力，但难以在竞争激烈的城市市场立足，而且这些人往往还承担照顾小孩等家庭事务。扶贫车间的出现，为他们提供了充分就业、增加家庭收入的机会。

第三节　乡村产业发展的国际经验

发展研究的话语中，农村减贫与农村发展尽管存在共通的维度和相似的目标，但也面临多样的发展条件和不同的发展阶段。特定产业发展经验、模式和路径的有效性，很大程度取决于其同地方性传统的契合程度，以及在特定约束条件下的创新程度。地方传统的多样性以及发展约束条件的复杂性，使得全球各国、各地区的发展经验呈现多样化特点。不同国家或地区，在面对"相似"的挑战或困局时，他者或域外的成功经验何以对于本土的发展是有价值的，则成为不容回避的问题。无论是"模仿照搬"还是"转化吸收"，都需要以比较分析为基础开展，从而避免"画虎类犬式"的实践创新。因此，对于国外乡村产业发展经验的借鉴首先要以相似的发展困境和发展目标为前提，即在"案例"与"现实"中进行深入比较分析。

一、英国：从"增产导向"到"生态导向"的乡村产业政策转型

农业是增加农民收入、提高农民生活水平的关键，也是实现农村可持续发展的重要基础。近年来，我国不断加快转变农业发展方式，在守住粮食安全底线的基础上，注重农业产业绿色与可持续发展。然而，长期快速的发展方式深刻地嵌入到农业、农村政策体系当中，与之相伴生的多年积累的环境问题也愈发突出。在这一背景下，如何调整农业政策使得农业发展与生态环境相结合成为解决农业发展问题的关键。英国"生态导向"的农业补贴政策不仅深刻地改变了英国农业发展方式和乡村生态面貌，同时因其具有与我国相似的发展背景，为我国农业产业发展提供了经验启示。

（一）"增产导向"的农业产业政策

20世纪80年代，英国面临着长期的"增产导向"的农业政策带来的环境问题，亟须有效的政策工具调和农业发展与生态环境之间的矛盾。纵观英国农业发展历程，可以发现英国的农业政策经历了从"增产导向"向"生态导向"的转型。尽管20世纪50年代开始的增产导向的农业政策在增加农产品产量、提高农业现代化水平方面取得了显著成效，但同时也造成了严重的生态环境问题。20世纪80年代开始的"生态导向"的农业政策不仅有效地抑制了现代农业的负面影响、调和了农业活动与生态环境之间的矛盾，也为乡村的整体性发展提供了坚实的生态基础。

20世纪40年代前后，欧美等发达国家结束了几千年的传统农业，开启了以机械化、电气化、化学化为特点的农业现代化进程。作为老牌资本主义强国的英国自然也在其中。1947年至1954年间，英国政府直接通过发放补贴和提供贷款的方式，鼓励农场主增施化肥、建立水利设施、采用

良种、更新农机具等。1955 年至 1962 年间，在提供农业基础设施建设和农业补贴基础上，英国政府减少对农业生产的直接控制，运用市场竞争来提高农业效益。1963 年至 1973 年期间，英国政府对农场合并进行补贴，鼓励农场主扩大经营规模，提高农场生产效率。1973 年英国加入欧盟后，欧盟共同的农业政策同样强调扩大生产规模以提高农场生产现代化水平。总之，30 多年的"增产导向"的农业政策大大促进了英国的农业现代化。

但与此同时，以增加农产品产量为导向的政策也带来了深刻的环境和生态危机。特别是农药和化肥大量使用，造成了水土流失、水污染等环境问题；而严重的环境污染又威胁着乡村野生动物的生存环境。此外，农业现代化也破坏了原有的乡村景观。农业规模化要求品种的统一，使得原有的丰富的、多层次的农业景观被单一的农业景观所替代；同时野生动物的减少，进一步破坏了乡村景观的丰富性和多样性。

（二）以可持续性和多功能性为核心的农业补贴政策

20 世纪 80 年代开始，英国制定并实施了一系列"生态导向"的农业补贴政策，包括划定环境保护区域、制定乡村管理和发展规划、实施一般补贴计划等。"生态导向"的农业补贴政策主要表现为对农业多功能性和农业可持续性的重视。在"生态导向"的农业补贴政策中，农业的目的不仅仅是提供农产品，还包括保护当地的生物多样性与生态环境，以及提供审美对象的景观功能。另外，化肥和农药的使用也受到严格限制，以保护农业和乡村的可持续发展。

首先，设立环境保护区域。由于不同地区具有不同的自然生态基础和社会历史积淀，为了保护生态脆弱地区和具有深厚历史积淀的村庄、区域，英国政府在全国范围内划分了不同类型的环境保护区域，包括国家公园、自然保护区、环境敏感区等。为了保护国家公园的乡村景观和生态，英国政府严格限制国家公园内的农业活动，以最大程度降低农业活动对乡村景观的破坏。不同于一般意义上的国家公园，英国国家公园的土地为私人土地且权属复杂。因此，国家公园管理局在制定地方层次的管理规划时需要结合当地社区意见。在限制土地利用发展，满足休憩娱乐需求的同时，鼓励社区制定邻里规划，与社区机构共同参加自然环境提升区域合作计划等项目，并通过补贴鼓励农民采取适宜的耕作方式以保护自然景观①。

其次，制定乡村管理和发展计划。通过设立环境保护区域，英国的生态环境得到有效改善。为进一步改善更广泛的乡村地区的生态与景观，英国政府推出了乡村管理计划、环境管理计划和乡村发展计划。为了改善环境敏感区之外的乡村生态与景观，英国政府于 1991 年推出了乡村管理计划。该计划采取政府与有关农场主签订合同的合作模式，合同有效期一般为 10 年②。由于以往的各类环境计划互有重叠，为了更有效地改善乡村地区生态与景观，英国政府实施统合的环境管理计划。2005 年，英国政府将已有的环境敏感区计划、乡村管理计划和有机农业计划整合在一起，推出了全新的环境管理计划。③。

再次，实行普惠性补贴计划。设立环境保护区域和制定乡村管理规划难以最大程度地覆盖农业生产活动，也难以有效触及每个农场的生产过程。而为了在更广泛的层面和最有效地降低农业生产活动的负面影响，英国实行普惠性补贴计划，通过补贴的方式影响每个农场主的生产过程。为转变以往与农产品产量挂钩的补贴方式，缓解以往实施的与农产品产量挂钩的农业补贴对生态与景观造成的损害，英国政府实施单一支付计划。2014 年英国的单一支付计划资金达到 23.13 亿英镑，其中农业发达的英格兰地区获得 14.88 亿英镑，占总数的 64.3%，苏格兰地区获得 3.82 亿英镑，占总数的 16.5%，北爱尔兰获得 2.46 亿英镑，占总数的 10.6%，威尔士获得 1.97 亿英镑，占总数的 8.5%。这一计划的出台大大缓解了乡村生态与农场效益之间的矛盾④。

由此，在 20 世纪 80 年代以后英国的一系列农业补贴政策当中，增加

---

① 韦悦爽：《英国乡村环境保护政策及其对中国的启示》，《小城镇建设》2018 年第 1 期。
② 任有权：《17 世纪中叶以来的英国农业政策》，博士学位论文，南京大学，2014 年。
③ 任有权：《17 世纪中叶以来的英国农业政策》，博士学位论文，南京大学，2014 年。
④ 毛世平等：《英国农业补贴政策及对我国的启示》，《农业现代化研究》2017 年第 1 期。

农产品产量不再是农业补贴政策的重心。无论是国家公园还是单一支付计划抑或基础支付计划等，补贴内容都与农产品产量无关。特别是进入 90 年代之后，英国的农业补贴政策都不再与农产品产量挂钩。我们可以明显看到，无论是最初的国家公园、自然保护区还是到后来的乡村发展计划，英国政府意在通过农业补贴政策，降低现代农业对生态与景观的负面影响，缓解乡村环境与农场效益之间的对立关系。相较之前的"增产导向"的农业政策，80 年代以后的英国政府更加强调发挥农业的生态功能和景观功能，以期实现农业和乡村可持续发展的目标。

二、韩国："农协"助力乡村产业发展

与大部分西方国家相比，我国乡村产业发展一个重要的不同背景在于，我国乡村社会是一个以小农经营为主的小农社会。我国扶贫对象主要是小农户，发展乡村产业面向的主体也是小农户，这就使乡村产业发展面临小农户整合的问题：一是对分散农户（人）的整合，二是对分散在农户中的资源进行整合，如资金、土地等。我国乡村发展产业面临的一个重要任务是组织和整合分散小农户。对小农户进行组织和整合以发展乡村产业，欧美国家无法提供经验，但同为小农经济的日韩则能为我们提供经验参考。

（一）"农协"在韩国乡村发展中的角色

"二战"结束后，韩国虽然进行了农地改革，让农民"耕者有其田"。但是由于长期战争和日本的殖民统治，农村经济基础薄弱、经济条件极其落后，同时战后韩国政府致力于工业发展，并以牺牲农业为代价推动工业发展，导致韩国城市居民和农村居民收入差距不断加大，引起了农民的不满。为了改善农村的生活条件以及经济状况，20 世纪 70 年代，韩国政府推进了新村运动，同时下大力气促进粮食增产以及提高米价，以增加农民收入。

20 世纪 70 年代是韩国农村农业发展的辉煌时期。新村运动取得了巨大成效，这不仅体现在农村基本面貌的改善，也体现在农民精神状态的改

变，以及农业生产和农民收入的大幅提高。此后，由于保护米价政策的取消以及韩国农业的对外开放，城乡间居民的收入差距又逐渐加大，而韩国农业尤其是粮食生产在国际竞争市场中并不占优势，农村大量人口流失。在此背景下，振兴农业、发展农村成为韩国政府面临的重要问题。

无论是 20 世纪 70 年代的新村运动，还是韩国政府对农业农村发展的推动，都具有一个明显的特征，就是韩国农协在其中起到的举足轻重的作用。韩国农协作为韩国农民最大的经济合作组织，在新村运动以及韩国农业农村发展中扮演了重要角色。从 1961 年正式成立至今，韩国农协的组织体系不断扩大和完善，其功能和作用也不断扩展和延伸，韩国农协不仅与韩国农民的生产和生活紧密相关，也是韩国农业体系的重要组成部分。而韩国农业产业的发展也几乎是依托农协体系推进，也使韩国农业产业的发展呈现明显的组织化特征。

（二）"农协"在韩国乡村产业发展中的作用

韩国农协正式成立于 1961 年，该组织由国家农业协同组合与农业银行合并形成，并主要从事供应与销售业务。农协成立以后，经历了多次的组织重组和业务整顿。2000 年，在对农业协同组合中央会、畜产业协同组合中央会、和人参业协同组合中央会进行整合后，统一构建"统合农协中央会体制"。2011 年韩国以农协成立 50 周年为契机重新修订《农协法》。修正后的《农协法》规定，2012 年 3 月 2 日，为改革农产品流通体系，强化金融竞争力，通过业务分割，将农协原有的垂直组织机构改编为水平组织结构。从总体上说，韩国农协的业务部门可分为三大块，即教育支援、经济部门和金融部门。部门分工明确，各自有其主要业务范围，为韩国农业产业发展提供了组织和制度支撑。

1. 金融部门奠基础

农协的金融部门一项重要的业务就是开展互助金融，提供农村地区农业金融服务，为合作社成员提供便利，激活平民金融。互助金融的出发点是为消除 60 年代在农村蔓延的高利贷，其方式是以储蓄的形式吸纳农村地区的闲散资金和私人贷款资金，将其提供给需要资金的农户，减轻农户对高利贷的依赖。其内容包括：为农民的农业生产提供资金支持；发挥农产品零售流通作用；为农村农协提供资金支援；为农民开发合适的金融产品；在金融贫瘠地区开设网点提供服务，即使没有盈利；经营地区文化福利中心；筹集社会贡献基金；为实践地区社会邻里分享精神，农协推出社会贡献商品，用筹集到的资金为贫困阶层提供支援；扩大定制型平民金融。

从农业产业发展的角度，农协金融部门的设立以及金融业务的发展发挥了两个重要作用，一是为维持农协组织体系的运作提供了经济基础，二是为农业产业发展尤其是农户发展产业提供了便利的资金渠道，为韩国农业产业的发展奠定了基础。综合农协是一个综合性组织体系的建设，其建设与发展需要组织成本，取得成功首要实现的是经济上自足。农协的发展在最开始并不能实现自立，需要依靠政府的财政补贴才能维持劳务支出、机构运转等，经费不足一定程度上影响了农协作用的发挥，许多农协员工需要兼业来获得收入。农协的金融业务发展起来后，不仅解决了自身运作经费的问题，也成为农协最重要的盈利部门，并为广大农民提供发展生产的资金支持，也成为农业产业项目融资的重要渠道。

2.经济部门促发展

农协的经济部门及业务可以说是韩国农业产业发展以及农村发展的关键。农协的经济部门旨在为农产品的生产、流通、加工和消费提供多种多样的经济业务支援，使农业从业者能够安心从事生产经营活动。经济部门业务大体上又可分为农业经济业务和畜产业经济业务，通过扩大农畜产品的销路和改善农畜产品的流通结构，以提高农户收入，节约务农费用。其中农业经济业务主要包括农资供应（肥料、农药、农业机械、免税油等）、产地流通结构改革、开展批发业务、消费地流通业务的活性化、向顾客提供出售安全的农食品等；畜产业经济业务包括开展畜产品生产、屠宰、加工、流通和销售，提供畜产指导（咨询等）服务，开展支援与改良服务，向顾客提供与销售畜产物资（饲料等）。

其业务范围从农资供应到物流运输以及加工销售等，涵盖了乡村产业发展的上下游，为韩国产业体系的建立与完善做出了重要贡献。在农资供应方面，农协通过持续稳定提供价格低廉的肥料、农药、农用器具、燃油类等农业生产所必需的物资材料，帮助农民节约务农费用，尽最大努力提升农民的收入，保证其生活稳定。通过产地的流通改革构建产地生产者组织，实现联合业务的活性化，并致力于通过粮食综合处理场（RPC:Rice Processing Complex）的规模化和设立农产品产地流通中心（APC:Agricultural Product Processing Center）来生产和流通优质韩国大米，提高韩国大米的商品性。农协通过开展批发业务让产地集中精力生产，并给消费者稳定供应个人化产品。农协一直通过"从产地到消费地（Farm to Table）"的系统农食品安全管理，为消费者供应安全的优质国产农产品。在畜产业，为节约畜产农户的生产费用，为消费者提供安全价廉的畜产食品，农协主导从生产阶段到销售阶段进行流通改革，并推进畜产品生产、防疫、加工服务。

总而言之，农协的经济部门以及经济业务从横向上看，涉及范围广，几乎涉及农业产业各领域；从纵向上看，涉及产业链条长，从产前、产中到产后，不仅直接参与经营，还提供各种农业社会化服务，且通过农协的体系和组织，建立起了全国性产业发展体系。在此组织体系下，实现了服务的规模化、系统化，从而提高服务的效率和产业的效益。以其畜产品流通体系为例，农协利用全国700多个畜产品广场、安心畜产精肉店、安心韩牛村和80辆移动售卖车辆，在全国经营着直接交易销售场，构建消费者随时随地都能买到安全廉价畜产品的供应机制。

3.教育支援保动力

从新村运动开始，韩国政府一直比较注重农村发展中农民的内生动力问题。新村运动的基本精神"勤勉、自助、协同"就是为了倡导农民为建设村庄、发展乡村组织行动起来，靠自己的力量来建设。新村运动极大地动员并充分发挥了农民的主动性和积极性。韩国农民在新村运动中所体现的自助自立、协同合作以及奉献精神成为新村运动的重要特征。同样，韩国农协也强调自助、平等、公正与团结的精神。农协通过其教育支援部门一是为农业农村发展培养人才，提供智力支持；二是通过思想动员、社会活动、宣传教育等推动韩国国民爱农支农，动员全社会支持农业农村发展；三是通过强化地区社会的文化与福利服务，推动多数人可从中受惠的福利事业，为农村社会谋求更多福利，并且把农民在务农现场遇到的困难和需要改善的事项积极反映到政策中去，为保护农民的权益展开农政活动。总之，农业的教育支援部的主要目的就是促进农民甚至全社会来发展农业和农村，为持续推进农业农村的发展提供不竭的动力支持。

从 20 世纪 60 年代开始，农协就不断地推进新农民运动、身土不二运动、农城不二运动、爱农村运动、爱食爱农运动、另一个村庄建设运动等各种运动，为农村的发展提供动力支持。新农民运动始于 1965 年，主要是为促进农民积极参与农村建设和经济发展，由农协推动，主要内容是评选新农民奖，对新农民的要求是自立、科学和协作，农协对新农民进行评选、表彰并颁发新农民奖。

农城不二运动、爱村运动以及另一个村庄建设运动则主要倡导的理念是建立城乡共同体，以促进农产品直接交易，强化城市对农村的帮扶责任。农协推进的社会运动更多是一种文化动员、理念宣传，并通过这种宣传影响民众对本土农产品的认识以及消费行为。农协推进各种运动，极大影响了韩国农民以及韩国民众对农业农村的看法，提升了对本国农产品销售的偏爱，不仅促进了本土农产品的发展，也为农业发展提供了动力。

三、巴西："国家农业教育服务机构"培育职业农民

农业现代化发展不仅需要农业技术的研发与推广，更需要有技能的农民掌握使用。提高农业劳动生产率除了继续推进农业科技进步，提高农业技术装备水平外，还必须提高农民的综合能力。只有加快培育一批掌握先进农业生产技能和经营管理知识的新型职业农民，农业现代化才有扎实的人力资源基础。为此，巴西通过设立专门国家农业教育服务机构 SENAR，推动了从事农业服务与农民培育的一体化。

（一）注重农业服务的科技性

作为专门的职业农民培育的教育机构，SENAR 的主要职能包括：组织、管理与实施全国农民的农村职业培训和农村社会发展；支持雇主单位组织和制订工作场所的培训计划；建立和传播农村职业培训和农村社会发展技术；协调、指导和管理农村职业培训和农村社会发展计划和项目；支持政府农村职业培训和农村社会发展工作。[1]SENAR 提供的课程范围很广泛，涵盖了农业、畜牧业、林业、采掘业、水产养殖、服务业、农业综合企业和农林复合经营等领域的 300 多个职业。这些课程内容包括："如何正确地制作一个围栏""如何修剪马蹄或施用农业肥料""如何采用病虫害综合治理""如何用手或用机器挤奶""如何储存雨水、提高土壤中的营养水平"。SENAR 不仅提供科学的农业理论知识，还提供详细的培训课程，涵盖了从人工挤奶到精准农作物管理等过程。自成立以来，巴西 7000 多万生产者和农村工人得益于 SENAR 提供的技术支持与职业课程，受教育水平与生活质量得到了明显提高。

SENAR 在组织管理农村日常事务过程中，逐步发展出自己的技术和管理援助方法。其方法的优先目标是降低生产成本、增加收入。在实践中，职业培训和技术管理援助促进了被援助生产者的经济、社会和生态发展。该方法有其自己的特性，当地人把它称为定制支持，依据每位农户的财产状况定制不同的方法与建议。SENAR 的地区管理部门通过各个地方的雇主协会征询培训的需求，并将需求转化成具有针对性的培训项目。在对农村劳动者进行职业培训的过程中，SENAR 还需承担启动、教学和监督的责任，完成职业培训课程的学习者可以获得 SENAR 颁发的证书[2]。该模式可以在巴西或国际上的不同生物群落中实施，适用于任何农业和畜牧业链或生产系统，从有机农业到传统粮食生产。例如，在 Milk MAPA 项

---

[1] 李逸波、周瑾、赵邦宏、张亮：《金砖国家职业农民培育的经验》，《世界农业》2015 年第 1 期。

[2] 侯翠环、屈书杰：《成人职业教育的重要力量——巴西的 S- 系统》，《内蒙古大学学报（哲学社会科学版）》2014 年第 1 期。

目中，SENAR 就应用了这种方法来执行巴西政府针对小型牛奶生产商的政策，目的是优化牛奶生产方法，以确保牛奶的质量与安全。

（二）注重农民观念的变革

SENRA 注重生态环境的保护与可持续发展，培养农民"绿色种植"的理念，保证农民的生存环境质量。SENAR 以可持续发展为教学理念，向农民传播减少农村生产碳排放的专业方法和技术。这些专业的技术包括：作物—牲畜—森林一体化、退化地区的恢复和森林的可持续管理等等。这些技术帮助农民了解如何在相同的种植面积上生产更多的粮食，如何将气候变化对自然资源的影响降到最低，如何将经济效益与环境保护更好地结合起来等。

此外，SENRA 提供的服务包含了现代性的价值理念，包括对于妇女平等地位的重视，组织的活动包括以"家庭暴力"与"性别平等"为主题的讲座报告等。SENAR 十分注重保护妇女权益，反对性别歧视，以此增强农民的平等意识。农场妇女计划是专门为满足女性公众需求而设计，并由女性领导且为女性服务。在每次的项目会议中，女性农民学习如何规划自家生意，测算作物的生产成本，解释经济指标，寻找最佳交易时间以及规划个人发展。从广泛角度来看，培育了妇女的市场经济意识和经营管理技能，让更多的妇女在农村发展中发挥引领作用。

（三）不断拓展农民服务形式

SENAR 提供课程形式具有多样化特征，不仅仅包括线下的实体课程，同时还利用网络提供线上教学，打造专门的远程教育平台，有助于克服地理障碍、缩短教师与农民之间的距离。并且，SENAR 没有专业培训中心网络和固定的教学人员，而是为每个具体项目临时聘请实训教师。这些实训教师上岗前需要接受为期 40 个小时的培训。一直以来，巴西只提供传统的、单向的远程培训，而 SENAR 为了培训教员，增进他们的技术知识，开始通过因特网开设培训课程。该课程旨在培训农村管理区的教师、SENAR 督导员、技术人员和管理人员。其内容分为 9 个模块，包括农村行政管理、农村经济分析、农业质量管理、农业政策和农村合作社。该课程同时也是一个论坛，参与者可以在这里交流讨论，咨询自己需要补充的知识，分享自己学习的进展与心得。由此，导师成为指导者和促进者，统筹整个进程并超越了单纯的输送知识的作用①。目前，将近6000多名教育者接受了 SENAR 的培训，形成了教师网络——从米纳斯吉拉斯州山区的小咖啡种植者到巴西东部地区的牧场主。这是巴西农业教育的一次突破，它打破了常规面对面的单程教学，把重点放在了教师的培训上并且形成了一个社会网络，让农民们相互交流共享，有利于管理者开展较为真实的需求分析。

四、印度："农民呼叫中心"助力贫困农民发展生产

印度的农业生态环境和耕地的分布状况，使印度农业面临着一些发展限制。占印度全国耕地面积 63% 的雨养农业，产量仅占到全国农业生产的 45%。与灌区相比，灌溉条件较差的雨养农业地区，耕地产量不仅低，而且很不稳定，农业技术的推广与农业发达区相比也有较大差距。

印度农业进一步发展，必须要弥补由自然环境带来的农业发展短板，不断地推动农业现代化。这就需要政府加大对基础生产设施的投入和建设，重视农业技术的推广，在优化生产设备的同时，提高农民的生产技术水平，实现硬件和软件的组合应用。与此同时，农业现代化过程中，需要注重现代信息技术在农业发展中的应用，利用现代信息技术进行农业技术的宣传和推广，实现研究人员、推广人员和农民之间更为高效的信息交流。

随着农业技术的发展，尤其是杀虫剂、除草剂、高产种子品种的选择不断增多，现代农民需要农业专家的直接指导，以解答个体化的生产疑惑。借助电子通信和互联网的普及，印度农业综合企业专业人士协会（ISAP）在中央邦发起的一个开创性的农民信息服务项目——"农民呼叫中心"。2004 年 1 月 21 日，印度农业部与合作部（DAC）将此推广到印

---

① 匡淼娟：《巴西职业教育师资队伍建设述评》，《中国职业技术教育》2009 年第 31 期。

度全国范围。

（一）多层次的覆盖体系

"农民呼叫中心"借助印度广泛的电信网络基础设施为农业社区提供农业技术推广服务，目的是用当地的语言协助农民解决他们可能遇到的各种问题，并训练他们解决问题的能力。该项目的服务范围涵盖了印度全国 50 万个村庄，并建立了 14 个中心。全国各邦的农民都可以在每天 6：00—22：00 时间段，使用全国范围内的免费电话号码获得与农业专家的即时沟通。

"农民呼叫中心"是一个由许多功能构成的咨询平台，是信息通信技术（ICT）与农业技术的结合，需要复杂的电信基础设施、先进的计算机技术、强大的知识库以及丰富的专家资源组成坚实的后端信息管理系统。主要包括研究站、信息处理中心、KVKs（Krishi Vigyan Kendras）[①]、印度国家农业大学和外包供应商。核心环节是一个复杂的语音操作中心，即通过全方位的呼入或呼出电话系统提供包括客户支持、直接协助、多语言客户支持等直接面向农民的服务。整个"农民呼叫中心"的基础设施可以分为三个层次：一级层次是专业的呼叫中心，二级层次是每个组织中的响应中心提供主题专家的服务，三级层次是具体服务微观层次。

目前印度政府已确认 IKSL（Kisan Sanchar Limited）为"农民呼叫中心"项目的服务供应商。目前已经部署了 376 个农场电信顾问（FTAs），农民只需要拨打免费电话，就可以与农业专家取得联系。这些农业专家具有农业专业的背景，或者丰富的经验知识，可以回复来自全国农民的大部分问题。这一层级的回答如不能解决农民的问题，满足他们的需求，问题就会转移到来自州内制定机构的专家，由专家来进行解答回复。如果仍然无法解决，问题将被记录下来，传递到第三层级，农民将会通过邮政信件或者技术人员上门解决他们的问题。"农民呼叫中心"提供全天 24 小时的服务，

---

① KVK（Krishi Vigyan Kendras）：字面含义为"农业科学中心"。这些中心通常与当地农业大学有联系，是印度农业研究机构与农民之间的最终纽带，旨在将农业研究应用于实际。

在人工时间段来电者可以获得即时服务，工作时间以外和节假日的来电则会被记录，并在工作时间内解答，或者以信件方式回复。

2011年4月起，"农民呼叫中心"的呼叫程序进行了升级调整，咨询层次仍分为三层：第一层次为基层到州一级，第二层为州农业大学（SAU），第三层为KVKs（Krishi Vigyan Kendras）。当呼叫中心的农业专家不能回答农民提出的问题时，这些组织的专家会通过电话会议进行联系讨论。升级后第二层次中的每个部门配备至少一名专家，每个区的部门任命一名干事，每个地区的区级指定人员（DLDOS）需要由州级指定人员（SLDOs）启用。农民可以通过公共服务中心的网站查询信息，也可以上传作物的照片描述问题。网站会收集农民的咨询，形成一个资料库，建立起了农民知识管理系统（KKMS），用以记录注册农民的详细信息、所咨询的问题以及给出的答案，以供"农民呼叫中心"代理访问。

（二）触手可及的技术服务

"农民呼叫中心"所提供的服务核心是帮助位于农村社区的农民开展生产。服务人员需要经过培训，以更加亲民的方式提供服务，让印度农民更加便捷地使用咨询系统，实现信息传递的效率最大化。当在第一级和第二级接到电话时，接电话的农业专家需要以本土化的"问候语"欢迎来电者，并通过一些技巧引导来电者提出问题，使来电者能够有重点地提出问题。为了满足不同地区的农民的语言使用习惯，"农民呼叫中心"，在每周工作时间中，使用22种当地方言来回应来自全国农民的问题。

为了使"农民呼叫中心"顺利运营，节点机构定期监测和审查其活动安排。节点机构负责记录"农民呼叫中心"在各级别的日常活动，包括农民咨询的查询和解决、农业专家的解答率、通话掉线率、转到第三级解决的咨询数量以及72小时内对农民的响应。节点机构在每年的前半年，每两周与各农民呼叫中心的各部门负责人举行一次会议，以确保适当地任命和安置第二级工作人员，并根据需求及时做出更换。会议上农业专家也会讨论那些未及时解决的咨询问题。后半年，会议将每月轮流在各个农民呼叫中心举行。

"农民呼叫中心"建立了处理用户投诉的申诉补救机制，要求管理层在两天内通过邮件、电话或短信确认投诉人的申诉。并规定了 15 天的申诉补救期，一旦确定申诉处理方式或者需要更多时间处理申诉，应通知申诉人。由副局长级别官员担任的申诉补救官员（GRO）必须向总干事提交每季度的申诉报告，说明收到、纠正和未决申诉的数量。如果申诉人认为自己的申诉没有得到解决，或对答复和处理方式行动不满意，申诉人可以向总干事提出上诉。

（三）多元化的服务内容

"农民呼叫中心"通过信息通信技术，直接回应农民的生产疑惑，提供的服务包括对区域内的农作物病虫害的防治，帮助农民进行农业、畜牧业、渔业的优质管理，宣传其他州的农业先进案例，发布农业、园艺、香料、种植作物、经济作物等相关信息，提供高产种子、农药、肥料等农业投入品的资料，公示农产品的国际、国内市场价格变动等。

"农民呼叫中心"的建立缩小了个体农民与农业科学技术的距离，使农民可以更加便捷获取对生产有帮助的信息，亲民的服务方式更是为农民提供了很大的便利。农民呼叫中心是农业推广管理的一个新维度，充分考虑并利用了正在进行的信息技术革命。通过印度最大程度地利用通信带宽，将偏远地区的农业社区与最先进的农业科学技术连接起来，让偏远地区的农民也能获得个体化的问题解决方案，从而提高了农业技术推广的效率。

第五章　推进脱贫地区乡村产业提档升级

作为开发式扶贫的核心内容，产业扶贫对实现贫困人口脱贫，提高贫困户的自身发展能力发挥了重要的作用；作为乡村振兴五大目标之一，乡村产业发展是乡村全面振兴的基础和前提。《中共中央关于制定国民经济和社会发展第十四个五年规划和二〇三五年远景目标的建议》明确提出，"十四五"时期经济社会发展要"以推动高质量发展为主题"，并对乡村振兴作出了"提高农业质量效益和竞争力"的部署。随着我国脱贫攻坚战的全面胜利，脱贫地区的产业发展也迎来了新的机遇。克服扶贫产业的局限与短板，使之成为脱贫地区的致富产业，是 2020 年后乡村产业发展的必由之路。因此，脱贫地区乡村产业提档升级要着力在巩固拓展产业扶贫成果的基础上，提升乡村产业发展水平，从而实现从"扶贫产业"向"致富产业"的转变。

第一节　提高乡村产业发展的科技水平

习近平总书记指出，"农业的出路在现代化，农业现代化的关键在科技进步和创新"[1]。《中共中央国务院关于打赢脱贫攻坚战的决定》中明确提出"加大科技扶贫力度，解决贫困地区特色产业发展和生态建设中的关键技术问题。加大技术创新引导专项（基金）对科技扶贫的支持，加快先

---

[1] 《论"三农"工作》，中央文献出版社 2022 年版，第 41 页。

进适用技术成果在贫困地区的转化。深入推行科技特派员制度，支持科技特派员开展创业式扶贫服务。强化贫困地区基层农技推广体系建设，加强新型职业农民培训"①。脱贫攻坚期间，大量科技成果的转换与运用不仅极大加快了贫困地区产业发展的速度，也有力提高了地方产业发展的质量与市场竞争力。科技对于产业发展的支撑作用不仅具有"加速器"的作用，同样也是产业提档升级的"催化剂"。

一、科技支撑乡村产业发展的基本经验

长期以来，科技成果转化与运用在我国农业产业发展以及扶贫开发实践中扮演重要角色，良种与良技的运用在推进农业产业现代化的同时，有效促进了农民收入水平的提升。脱贫攻坚期间，"科技扶贫行动"成为国务院扶贫开发领导小组确立的十大扶贫行动之一，围绕"精准扶贫、智力扶贫、创业扶贫、协同扶贫"，瞄准贫困地区和建档立卡贫困人口的具体需求，通过开展技术攻关、成果转化、平台建设、要素对接、创业扶贫、教学培训、科普惠农等行动。

这一系列行动有力地推动了贫困地区创新发展，不仅产生了短期经济效益，直接助推实现"两不愁三保障"目标；而且通过人力资本的提升、技术环境的改造，为这些地区的长期发展积聚了人力资本与内生动力。具体工作中，科技扶贫以"精准扶贫、精准脱贫"为思路，强调农业科技研发与区域减贫需求的匹配，开展以贫困县为重点、面向区域产业发展的科技扶贫实践。

首先是聚焦贫困县产业发展，科技系统和高校以定点扶贫为抓手，充分链接乡村产业发展需求与科研人员技术供给。脱贫攻坚期间，广大科研工作者走出实验室，深入田间地头了解贫困县产业发展现状，围绕乡村产业发展的一系列急难问题因地制宜、对症下药。通过优良品种的推广、种

---

① 《中共中央国务院关于打赢脱贫攻坚战的决定》，人民出版社 2015 年版，第 23—24 页。

养流程与技术优化以及优质农药、化肥的应用，农业产业不仅进一步节约了成本、提升了产品质量，市场竞争力有了长足的进步。在做强贫困县产业的同时，通过科技人员与贫困农户面对面、手把手沟通交流，贫困农户的能力与素质也得到了提升，为乡村产业可持续发展积累了人力资源。

其次是面向区域产业发展开展科技扶贫实践。针对脱贫地区的科技需求开展技术攻关，解决制约区域产业发展的技术难题，是科技扶贫的重要内容。2016 年 4 月，科技部印发《科技扶贫精准脱贫的实施意见》，强调深入了解片区区域发展与脱贫攻坚规划实施中面临的重大问题，研究提出政策建议和解决意见。同时充分发挥创新驱动对片区扶贫的支撑引领作用，积极动员组织专家、科技人员深入片区调研，为片区优势资源开发和特色产业发展出谋划策。例如科技部会同国家铁路局、中国国家铁路集团有限公司牵头联系秦巴山片区区域发展与脱贫攻坚工作，通过中央引导地方科技发展专项计划和国家重点研发计划项目实施，推动了秦巴山片区新产品、新技术的研究、示范和推广，推动秦巴山片区中药材种植、木耳及珍稀食用菌产业做大做强，持续增强秦巴山片区内生发展动力。可见，开展面向区域产业发展的科技扶贫，既能精准瞄准贫困地区的科技需求，为培育壮大贫困地区特色产业提供智力支持和技术支撑；同时通过把产业和技术留在乡村①，有助于促进现代化的科技资源向贫困地区集聚，为贫困地区产业的可持续发展提供了保障。

二、提高乡村产业发展的科技水平面临的挑战

其一，产业发展中科技的支撑和引领作用还未完全发挥。主要表现为两方面：一是技术的创新和自主性有待进一步加强。不仅一些重要作物育种面临"卡脖子"风险，而且一些重大农业装备进口依赖度较高。比如农机械使用者普遍反映机械质量差，以及很多机械不适合当地地形以及土质等问题。二是产业体系的技术集成不够。当前科技在农业产业发展中的贡

---

① 《科技扶贫：把产业和技术留在农村》，《人民日报》2020 年 12 月 24 日。

献往往只集中在一点或一个环节，且往往是在种植环节、或种植环节中的某一技术点上，未能形成体系性技术集成，对产业附加值的提升以及产业链的延伸贡献不大。比如冷链保藏技术的研发和跟进未能跟上全国性大市场的发展，我国蔬菜、水果、生鲜等在运输过程中的损耗率远大于国外。

其二，农业院校科技扶贫仍需补齐若干短板。一是农业院校与农业企业的产学研合作较多，取得了显著成效，但与农户尤其是贫困户的结合远远不够，影响了科技扶贫作用的发挥。二是专家提供科技服务的动力不足，科技服务供给不足。农业院校的评价体制使相关技术专家缺少提供服务的动力。当前农业院校的职称评审体系中，论文和课题是主要指标，农业技术服务要么未被纳入评审指标，要么所占权重低，对从事农业技术服务也缺少其他有效的激励机制。三是专家提供的技术支持不接地气、实用性有待进一步加强。有的过分学理化，即专家讲座的内容理论性太强，农民难听懂，或者无法指导实践。有的过分技术化，即只注重技术的先进性，而忽略技术实践的条件制约性以及地方性知识。

其三，农业科技服务供给量不足，无法满足产业发展的需求。与面广量大的农业生产技术服务需求相比，科技服务的供给还太少，不仅表现在技术人员、培训力度的供给上，也表现在技术研发力度和速度等方面。比如山西忻州某乡镇，当地山羊死亡率高达30%，给养殖户带来了较大损失，当地兽医也未能解决这个问题，农业院校专家未能及时提供技术服务；同时，还存在一些病虫害发生进化或变异等现象，但相关的防治技术却未能跟上。

其四，技术服务的对接机制有待完善和健全。一是服务内容缺乏有效对接。专家提供更多的是理论性的知识服务，而农民对技术的需求更多是问题导向性的，来自生产实践，这就使专家提供的服务内容与农户的需求难以对接。二是服务方式上对接受限。目前专家与农户对接的主要方式是由政府请专家去当地举办讲座，再组织农民去听讲座，讲座是定时定量定内容。但农户对技术的需求往往是在生产过程中，具有不确定性和紧急性，真正需要技术支持时很难得到帮助，这种供给方式上的无法对接主要在于目前专家和农户之间缺乏对接平台和联结机制，无法实现及时有效的沟通。

三、提高乡村产业发展科技水平的对策建议

第一，进一步提高涉农领域自主科技研发能力。聚焦粮食安全与农民增收，降低核心技术对外依存度，提高技术研发的自主性，进一步提升涉农科研成果与国内农业产业需求的匹配度。一方面要加强基础理论研究，掌握基本理论和方法，将自主权掌握在自己手中。另一方面需加强前沿技术、关键性技术的攻关，取得突破性科技成果。

第二，建立责任机制、完善奖励机制，促进农业院校专家进行科技扶贫和科技下乡。一是建立责任机制。将提供农业技术服务作为农业院校专家和教师必须完成的任务，并纳入科研岗位任务清单。二是完善奖励机制。将科技成果转化率作为考核科研人员的核心指标，纳入考核、评职称、评奖的指标体系，正向激励农业院校的教师和专家积极投身农业技术服务。三是支持农业科研机构与家庭农场、农民合作社以股份合作形式集成转化科研成果。四是引导评价导向的转变，从国家层面鼓励与实践相结合的实用技术研究。

第三，充分利用互联网技术、信息技术等，建立方便、快速、有效的专家与农户对接平台。这一方面可借鉴印度的"农民呼叫中心"技术服务体系。即通过网络平台和现代信息技术建立农业技术服务网络中心，将农户和专家直接联系起来，农民在生产实践中遇到技术难题可直接拨打服务中心的免费咨询电话，直接与专家进行及时沟通以解决问题，并辅助视频、图片等进行诊断。

第四，加强对农民组织化，以组织化推动技术服务的效率提升。一方面由于专家数量有限、时间有限以及不在现场，另一方面因农户数量多以及农户需求的异质性、分散性、不定时性和紧急性。这就需要基层政府、基层组织尤其是村级组织对农民实现一定的组织，以组织化来迎接技术下乡，从而提升技术服务的效率，比如组织农民进行统防统治，组织农民进

行统一培训等都能极大提高技术服务的效率。

第二节　提升乡村产业的市场竞争力

产业经济学研究指出，市场主体的绩效不仅取决于经营主体的市场行为，也依赖其与市场结构的互动和匹配。如何让地方性产品进入更大的消费市场，实现产销的有效对接，是提升扶贫产业效益的关键所在。这不仅需要打破物理空间格局的限制，也需要产品获得更广泛的认同。"互联网+"背景下，电商扶贫、物流发展等为乡村产业发展提供了契机，也为贫困地区产业发展提供了"后发优势"的可能性。将这些优势进一步转换为脱贫地区乡村产业的市场竞争力，则成为2020年后巩固拓展产业扶贫成果以及推动乡村产业振兴的关键环节。

一、提升乡村产业市场竞争力的基本经验

乡村产业的发展不仅需要在生产环节提质增效，也需要为产品提供更广阔的市场。然而，受区位、业态以及规模等因素的制约，贫困地区的产品在获得市场认可上往往面临更多的障碍。脱贫攻坚以来，各地各部门聚焦"贫困地区农产品产销对接"，在扩展产业市场空间方面做了大量工作，一方面充分发挥互联网的作用，构建电商平台，解决了农特产品的销售难题；另一方面，组织开展商标品牌强农行动，促进了贫困地区农业特色化、产业化和品牌化发展。这些措施在提高贫困地区农产品流动效率和降低流通成本的同时，也进一步加强了贫困地区产业发展与外界市场的联系，为乡村扶贫产业的可持续、市场化运作奠定了良好基础。

首先是加强政策支持，创新农产品流通模式，降低农产品流通成本。促进农产品产销对接是助农增收的有效手段，近年来，农业农村部及相关部门不断创新农产品流通模式，加快推进农产品出村进城，《关于实施"互联网+"农产品出村进城工程的指导意见》（以下简称"《指导意见》"）为

解决好农产品"难卖"的问题提供了系统性的解决方案。《指导意见》明确提出,"到 2025 年底,在全国范围内基本完成工程建设各项任务,实现主要农业县全覆盖,农产品出村进城更为便捷、顺畅、高效"。同时,支持建设完善农村电商公共服务和县乡村三级物流体系,进一步降低乡村产业发展的物流成本。截至 2019 年底,累计支持 1180 个县,对 832 个国家级贫困县实现全覆盖。此外,举办贫困地区农产品品牌推介洽谈活动,挖掘贫困地区优质农特产品并予以宣传推广。

其次是加强农产品品牌建设,助力农业高质量发展。农业农村部高度重视农产品品牌建设,出台了一系列政策、措施助力农业高质量发展。一是印发《农业农村部关于加快推进品牌强农的意见》《中国农业品牌目录制度实施办法》《中国农产品区域公用品牌建设指南》等文件,规范农业品牌建设。二是充分利用中国国际农产品交易会、中国国际茶叶博览会等农业展会和产销对接活动,举办推介专场、高峰论坛、品牌大会等一系列高端品牌活动,对塑强中国农业品牌、提升农业品牌知名度和影响力等发挥了重要作用。三是大力开展农业品牌公益宣传推介,相继出版《中国特色农产品精粹》《百强品牌故事:中国百强农产品区域公用品牌故事汇》,组织录制农产品地理标志系列宣传片《源味中国》,并在央视等主流媒体播放,社会反响良好。

再次是搭建助农绿色通道,畅通农产品上行渠道。一是农业农村部坚持疫情防控和农业生产"两手抓""两不误",全力抓好"菜篮子"产品生产,组建"菜篮子"产品保供信息专班,保障疫情防控期间蔬菜产品稳定供应。在农业农村部官网开设"抗击疫情产销对接"专区,动员大型电商企业推出爱心助农计划,帮助产地农民销售滞销农产品。二是商务部着力整合线上线下资源,鼓励创新农产品流通模式,印发《关于进一步做好疫情防控期间农产品产销对接工作的通知》,组织企业和协会搭建信息线上收集发布平台,动员批发市场、超市、电商企业等经营主体,通过扶贫频道、网络直播等多种方式促进蔬菜等农产品销售,有效减少流通环节,提高流通效率。

二、提升乡村产业市场竞争力面临的挑战

尽管脱贫攻坚为乡村产业发展奠定了良好的基础,但提升乡村产业发展的市场竞争力仍面临一些挑战。一方面,城乡融合发展之路尚未完成,农村尤其是脱贫地区要素资源匮乏仍是一个根本性难题。乡村产业发展不仅在基础设施、技术积累等"硬件"方面存在明显短板,而且在人才、市场意识等方面有诸多不足。另一方面,随着脱贫攻坚期间攻坚体制的转型,乡村产业政策性的支持也相应做出调整,此前由政府支持和引导形成的各类"扶贫产业"也将经受更多来自市场的考验。具体而言,2020年后脱贫地区乡村产业发展在市场层面主要面临以下几个方面的挑战。

一是资源要素瓶颈突出,制约乡村产业成本优化。缺少城市的集聚效应,乡村产业发展资金、技术、人才向乡村流动等方面存在障碍,乡村产业发展面临更高的成本。这意味着除了一些特殊的农产品品类和劳动力成本的优势,脱贫地区产业的提档升级往往只能选择差异化的竞争思路,挖掘自身资源、文化等方面的优势,从而构建起特殊的城乡比较优势。然而,脱贫攻坚期间各地扶贫产业追求短期市场利益,同质化发展的同时,也为未来发展埋下了隐忧。

二是乡村网络、通信、物流等设施薄弱,增加产品流通成本。尽管脱贫攻坚期间,贫困地区基础设施有了极大改善,但由于底子薄、欠账多,目前多数脱贫地区尚不足以形成基础设施方面的竞争优势。离开政策性的补贴与支持,脱贫地区产品流通成本可持续性面临巨大挑战。由于区位与人口规模的因素,在脱贫的基础上追加对于这些地区的基础设施投资,必须面对效率的制约。相比于市场竞争所需的基础设施优势,脱贫攻坚旨在提高基本公共服务的投入水平,难以形成后发和比较优势。

三是发展方式较为粗放,创新能力总体不强。除去生产与流通的成本,差异化的创新发展成为乡村产业市场竞争力的重要来源。然而,发展的路径依赖以及有限的资本积累又限制了乡村产业的创新发展,成为其提档升级的关键瓶颈。这意味着从长远看乡村产业的可持续发展需要充分市

场化，但短期内仍需要政府的干预与扶持才可能突破来自市场的制约。

三、提升乡村产业市场竞争力的对策建议

第一，立足实际、科学施策，将脱贫攻坚各项工作充分嵌入区域性经济社会发展实际需要，形成嵌套机制。各项工作推进一方面要严格遵循党中央、国务院作出的统一部署，另一方面在各项具体工作中又要立足区域实际，科学制定脱贫攻坚各项政策制度，不另起炉灶，将乡村产业发展嵌于区域性经济社会整体需求中。如在产业扶贫中，注重以农村产业化和产业融合发展为行动理念，以电商扶贫、农业产业扶贫为具体抓手，助力农村经济结构持续优化调整。针对人财物资源大量外流、农村发展后劲不足等区域性发展困境，将"扶贫车间"作为吸引外出能人返乡创业的平台和本地能人培育的"孵化器"，切实缓解农村人力资源净流出问题，提升了农村发展后劲，为农村可持续发展提供了必要的人才储备。针对市场竞争意识相对薄弱、陈规陋习在相当范围内仍然存在等制约地区产业发展的文化障碍，要以契合当地文化生态的相关活动形式为抓手，切实实现乡风文明，积极引导农村社区内部"正能量"的形成和发展。总而言之，2020年后乡村产业发展要以区域性经济社会整体发展实际为基本立足点，将脱贫攻坚工作深嵌于区域性经济社会整体发展需要之中，构筑了有效解决区域性产业发展和区域性贫困的嵌套机制。

第二，合理统筹、大力创新，推动乡村产业发展与融入区域性经济社会发展全局，形成可持续的融合发展机制。不仅要实现既有扶贫产业同区域性市场的充分融合，尤其是推动脱贫攻坚期间外源性产业在当地的"落地生根"；还需要将扶贫产业发展纳入地方政府产业发展规划全局，实现对扶贫产业从保护性、政策性的支持，到市场化、规范化的引导。具体而言，要通过对各部门资金流向和政策出台的积极合理统筹，对辖区内各县区的有力协调，做到全区域"一盘棋"，实现乡村产业发展与其他方面工作的有效融合和相互促进。要将扶贫产业与其他涉农产业发展相互融合，培育农业农村新产业新业态，打造乡村产业发展新载体新模式。探索乡村

产业发展的共享机制，让转型的扶贫产业与乡村其他产业同步升级、同步增值。

第三节　管好用活产业扶贫资产

近年来，各地纷纷出台扶贫资产管理办法，并在资产权属、运行管护和资产监管等多方面做出规定。但在实际中产业扶贫经营性项目资产管理在基层遭遇到产权界定难、资产管护难和村庄社会监管难等"最后一公里"困境，导致既有管理办法难以落实落地。需要从强化顶层设计、创新利益连带机制和激发农村社会活力等方面优化体制机制，确保产业扶贫经营性项目资产管理落实、落地、落细。

一、产业扶贫资产管理的现状

产业扶贫经营性项目资产表现出资金来源渠道复杂、项目实施主体多元、体量巨大、资金投入方式多元等显著特点。对这些特点的梳理，成为我们认识当前资产管理面临诸种挑战的基本背景。一是资产体量巨大。2016—2018 年，全国 832 个县实际整合资金规模超过 9000 亿元。其中，产业扶贫资金占比在 50% 左右，且经营性投资占据较大比重，这表明体量庞大的经营性产业扶贫资产已经形成。二是资金来源渠道复杂、项目实施主体多元。以项目组调研的某国家级贫困县为例，仅 2019 年，该县产业扶贫资金投入共计 2.5 亿元。其中中央专项扶贫资金 1.1 亿元，实施主体为县扶贫开发领导小组办公室（简称"县扶贫办"）；整合水电、交通、农业等行业部门资金 1.2 亿元，实施主体涉及该县 9 个相关行业部门；企业等社会参与投入 0.1 亿元，东西协作帮扶 0.1 亿元，实施主体为相关市场主体和乡镇政府。同时，在光伏、特色农产品、旅游开发等不同扶贫产业中，资金来源渠道也存在明显差异。三是资产构成多元。除扶贫车间、生产设备等固定资产外，还存在着向市场主体作出的资金、技术等形成的无形资产，且有些产业扶贫项目资产中有形资产和无形资产同时存在。同时，有些产业扶贫项目由政府独立出资完成，有些则是政府、市场主体、社会组织等共同出资完成，资产产权结构复杂。

在决战决胜脱贫攻坚阶段，随着扶贫资产尤其是产业扶贫资产体量的不断增大，各地将资产管理提上议事日程，并出台相应的管理制度。梳理既有扶贫资产管理办法，均从以下方面作出明确规定：

第一，明确了资产分类。扶贫资产分为公益性、经营性和到户类三种类型。公益性扶贫资产是指道路、水利和科教文卫等方面公益性基础设施。经营性扶贫资产包括涉农产业基地、电商服务设施、光伏电站等。到户类扶贫资产包括贫困户借助政府补贴或补助并通过自身发展生产形成的资产等。

第二，规定不同类型扶贫资产的权属。同一县域内跨乡、村组织的项目所产生的扶贫资产，原则上产权归项目所在县级主管部门或乡（镇）政府所有。县级及以下到村项目产生的扶贫资产，产权归村集体所有，纳入"三资"管理。到户类扶贫资产产权原则上归农户所有。扶贫权益性资产根据签订合同（协议）的条款确定产权归属。产权归属不确定的，由县级人民政府按实际情况确定归属。

第三，强调对不同类型扶贫资产的不同管护办法。对村内公益性扶贫资产，由村委会确定管护人；对设施类经营性扶贫资产，村委会负责并由专人进行管护，并实行"谁管护、谁受益"；经营主体负责对投资入股形成的经营性扶贫资产进行管护。村委会按照相关协议要求负责监督运管情况；对专业性强的经营性扶贫资产，可通过购买服务方式，委托第三方机构管护。同时，按照属地管理的原则，县级财政统筹负责公益性扶贫资产管护的经费开支，经营收益用于经营性扶贫资产管护开支，农户承担到户类扶贫资产管护费用。上述类型扶贫资产，县级根据实际情况给予财政补助。

第四，强调资产清算。各地在这方面进行了积极探索，比如在广西，按照自治区党委、自治区人民政府关于稳步推进农村集体产权制度改革的有关要求，对"十三五"规划后形成的扶贫资产，由县政府负责并组织相关部门参与完成资产清算工作。2020年6月以后形成的扶贫资产，要在项目完成后第一时间做到资产登记。

二、产业扶贫资产管理的问题与挑战

在调研中项目组发现，受制于产业扶贫经营性项目资产的实际特点，产业扶贫项目资产管理中产权界定难、运营管护难、资产监管"最后一公里"问题突出等多重挑战，导致地方现有扶贫资产管理政策难以落实落地，产业扶贫经营性项目资产仍面临着流失的风险。

第一，国家层面缺乏统一的经营性产业扶贫资产产权界定体系，基层产权界定困难重重。在各地出台的扶贫资产管理办法中，规定县内跨乡（镇）、跨村组织实施的项目形成的扶贫资产，产权归所在县县级项目主管部门或乡（镇）人民政府所有。但在具体操作中，一方面一个项目往往来自多个政府部门项目投资，主管部门难以明确，另一方面因涉及部门利益，将产权归属到乡（镇）人民政府又面临来自县级部门的阻力。因资产投入资金来源渠道复杂、实施主体多元，而缺乏产业扶贫经营性项目资产产权界定的顶层设计，导致地方在产权界定中法律和政策依据不足，从而出现产权无法明晰，甚至产权界定后难以对相关利益主体形成有效规制等突出问题。

第二，统一的经营性产业扶贫资产管理组织体系尚未形成，地方资产管理组织成本提升导致资产管理绩效降低。以专项扶贫资金形成的资产管理为例，2017年财政部等六部委联合印发《中央财政专项扶贫资金管理办法》，要求资金、管理、核算、责任等方面以项目形式运作，但因实施主体多元，不同部门协同监督管理机制相对薄弱，多头管理极大提高了组织成本，甚至在部分地区，因各级组织之间的权责不明确，多头管理最终演化为无人管理。受制于自身统筹协调能力有限和部门利益等多重因素限制，县扶贫办在产业扶贫项目资产管理中的作用并不显著。"部门甩锅"，但扶贫办自身又"无力监管"等问题存在，弱化了资产管理绩效。

第三，部分经营性产业扶贫资产项目运营主体与管护主体不一致、管护经费来源困难等制约了产业扶贫资产管理效果。在各地扶贫资产管理办法中，均强调受益权与管护权相结合，同时经营性扶贫资产管护经费从经营收益中专项列支。但在实际操作层面，实际经营主体和管护主体并不一致，地方政府实际充当了资产管护者角色。为提高市场主体经营积极性，巩固脱贫成效，地方政府一方面承担了原本由经营主体承担的管护责任，另一方面将扶贫收益金大部分甚至全部分配给村集体和贫困户，这使得在既有的扶贫产业收益中缺少管护经费来源。

第四，因村级资产管理的民主机制缺失，到村产业扶贫经营性项目资产管理遭遇"最后一公里"难题。随着脱贫攻坚工作的持续推进，部分地区甚至出现贫困户与非贫困户之间的隔阂。在村庄集体资产的监管中，非贫困户主动参与度较低，村级资产管理的民主机制难以得到有效构建。到村产业扶贫项目资产管理尽管部分确权到村集体，但村民尤其是非贫困户多持事不关己的心态。由此一方面村庄社会对产业扶贫项目资产管理力度薄弱，另一方面乡村干部因缺少村庄社会内部监督而难以得到有力规制。

三、管好用活产业扶贫资产的对策建议

遵照产业扶贫经营性项目资产的基本特点，并针对当前产业扶贫项目资产管理中出现的问题，才能对症施策，确保 2020 年后产业扶贫项目资产管理落实落地。具体而言，应从以下三个方面入手：

第一，通过完善顶层设计，构建统一的资产产权界定和组织管理体系。在资产产权界定方面，按照"明确所有权、放活经营权、确保收益权、落实监督权"的总体要求，在开展充分基层调研和充分尊重基层实际基础上，强化相关领域的法律和理论建设，科学构建产权界定的统一制度框架；在组织管理体系方面，通过将产业扶贫资产由市级国有资产监督管理委员会统一管理，借此明确监管的业务主体。将工作成效纳入县乡政府绩效考核体系，借此明确监管的责任主体。同时，加强扶贫部门在该项工作中的综合协调职能，建立常态化的部门联席会以促进组织体系有效运转。

第二，优化利益连带机制，激发经营主体管护积极性，确保经营主体与管护主体相一致和管护经费来源稳定，提升资产管护水平。规范政府与市场主体权利义务关系，双方经营合同中应进一步强调细化市场主体在经营性资产管护中的义务，有效规避政府在资产管护中"一兜了之"。在维持贫困户收益水平基础上，跨乡、跨村产业扶贫经营性项目资产管护经费可考虑从市场主体经营收益中列支，并以正式合同形式明确列支金额和列支范围。到村产业扶贫经营性项目资产管护经费可考虑动态调整市场主体与村集体收益分配比重，从村集体收益中专项列支。

第三，规范村民参与产业扶贫经营性项目资产管理渠道，激发广大村民参与资产监管积极性，化解资产监管的"最后一公里"难题。在原有收益分配基础上，产业扶贫经营性项目资产收益向非贫困户尤其是其中的低收入群体倾斜，确保更多群众直接获益，激发村民参与监管热情。用好、用活党领导下的村民自治制度，以制度形式将产业扶贫经营性项目资产监管纳入村民议事范围中，扩大广大村民有序参与资产监管的渠道，并将此作为考核村庄治理绩效的重要方面，确保广大村民在扶贫资产监管中"想去管"且"管得成"。

第六章 提升脱贫地区乡村产业就业增收效能

相较于兜底保障等扶贫模式，产业扶贫兼具经济政策和社会政策双重属性，一方面需要通过产业繁荣来促进区域经济的发展，另一方面需要促进脱贫人口参与发展，从而实现就业增收目标。然而，乡村振兴背景下既有"扶贫产业"扶贫属性淡化，而产业属性凸显，以产业振兴为导向的乡村产业发展思路则面临"产业富，而农民不富"的风险。如果缺少相应的制度约束与机制设计，任由乡村产业在市场规律的驱使下发展，这不仅会排斥小农户的参与，也不利于低收入农民收入的进一步提高。

第一节 巩固拓展消费扶贫成果

从全产业链视角看，消费扶贫实质上是产业扶贫的延伸。随着产业扶贫的深入推进，农产品销售成为制约产业扶贫成效的关键，消费扶贫在脱贫攻坚中的地位日益突出。

一、消费扶贫的成绩与经验

《国务院办公厅关于深入开展消费扶贫助力打赢脱贫攻坚战的指导意见》颁布以来，在政府的强力推动和社会力量的共同努力下，消费扶贫在助推扶贫产业提档升级、带动贫困人口增收致富、提升贫困地区发展能力上发挥了重要作用。总体来看，消费扶贫的成绩与经验突出表现在以下三个方面。

其一，参与主体不断扩展，形成了全社会共同参与格局。消费扶贫从一开始的由党政机关带头示范，如今已经扩展到了全民参与。各地区的消费扶贫经验显示，党政机关、企事业单位、解放军和武警部队、社会组织、高等院校和社会民众都积极参与到了消费扶贫之中。据统计，2019年1月—2020年10月，各方面累计直接采购或帮助销售贫困地区特色农产品近5000亿元，已经形成了"人人皆可为、人人皆愿为、人人皆能为"的全社会共同参与消费扶贫的格局[①]。

其二，帮扶方式日趋多样，线上线下协同营销成效显著。各地各部门针对产业特征与销售问题，不断进行模式创新，形成了定向采购、定制预售、以购代捐、以买代帮、"前店后厂"、"农业认养"、直播带货、团组众筹等一系列新的帮扶模式。消费扶贫的方式从最初的单一订购采购已经扩展为多渠道共同发力，线上线下相结合的营销模式推动了消费扶贫规模的快速增长。

其三，帮扶效益日益综合，多元融合发展态势突出。消费扶贫不仅链接了产业扶贫、旅游扶贫、就业扶贫和文化扶贫，糅合了政策、项目、土地、信息、生态与市场，而且连接了城市与乡村、东部与中西部，融合了生产型消费、生活型消费、娱乐型消费、体验型消费[②]。随着消费扶贫的发展，其综合效益日益突出，与其他扶贫模式之间的融合发展态势也日趋明显。

二、巩固拓展消费扶贫成果的问题与挑战

消费扶贫依靠消费来实现扶贫目标，但面临的问题与挑战并非主要来源于消费群体，还潜藏在扶贫产品从生产、加工、包装到运输、销售等各个环节。这些环节相互影响、互为制约，不仅影响消费扶贫的发展规模，而且影响了整个产业扶贫的质量。具体来说，当前消费扶贫面临的问题与

[①] 《前十月消费扶贫规模超过3300亿元》，《人民日报》2020年11月25日。

[②] 原贺贺：《消费扶贫的实践进展与机制创新———以广东清远市为例》，《农村经济》2020年第12期。

挑战主要表现在四个方面。

首先，产品规模小，质量参差不齐。扶贫产品类别众多，跨区域的大规模的农产品极少，多为区域性的特色农产品，分散在千家万户进行生产。因为大多数贫困户缺少劳动力与生产技术，扶贫产品总体生产规模小，标准化程度低，产品质量不太稳定。由于缺少严格的质量管理标准和科学的产品分级，这些质量参差不齐的扶贫产品常常混杂在一起销售。这不仅使得优质的扶贫产品难以获得长期发展，而且容易被一些不良中间商利用，将其他同类的劣质农产品混入其中进行销售，从而损害了扶贫产品的信誉，影响消费扶贫长效机制的建立。

其次，品牌建设与管理水平低，消费者难以识别。贫困地区农副产品的品牌建设基础较差，优质特色品牌少。扶贫产品的品牌建设未能较好地彰显其作为扶贫产品的特点，常常陷入"有产品没价格、有特色无品牌"的困境。在当前农副产品市场供应充足的形势下，不仅使大多数消费者难以识别哪些产品属于扶贫产品，而且导致扶贫产品的品牌效应难以发挥，难以得到大中型城市或高中端消费人群的青睐。

再次，供应链水平较低，消费体验较差。扶贫产品从贫困农户的田间地头直达老百姓的餐桌，中间需要较为完整的产业供应链体系作支撑。当前，扶贫产品的销售主要存在两个突出问题：一是消费渠道较为狭窄，销售流通渠道不够稳定。欠缺稳定可靠的销售渠道，扶贫产品就难以被消费者所了解与获得，如此一来，消费者即使想要积极参与消费扶贫，也"有心无力"。二是受制于落后的供应链水平，销售服务质量低，消费体验不好。消费者的满意程度、体验情况不仅影响其自身消费扶贫行为的可持续性，而且会通过其社会关系网络影响到消费扶贫的社会动员效果。

最后，消费者主动参与较少，扶贫可持续性不强。虽然消费扶贫的即时减贫效果明显，但大多数消费者的参与具有被动性、临时性等特点，属于"一买了之""一帮了之"。即使是由行政机关与企事业单位发起的消费扶贫活动，大多也是一次性的，很少制定长期购买计划，难以形成贫困地区长期的生产发展动力。整体来看，消费扶贫目前还停留在贫困户"生产什么就消费什么"的阶段，尚未发展到"消费者需要什么就生产什么"的阶段。这导致消费扶贫实际上是为消费扶贫而消费，可持续性不强，难以发挥消费扶贫巩固拓展脱贫成果的长效作用。

三、巩固拓展消费扶贫成果的对策建议

巩固拓展消费扶贫成果，一方面需要让广大消费者在消费中切实得到实惠，另一方面旨在提升农产品的质量，促进贫困群众的增收，确保消费扶贫实现良性可持续发展。

第一，完善供应链，加强流通基础设施建设。打通农村流通基础设施建设的"最后一公里"，是消费扶贫中实现贫困地区扶贫产品和相关服务进入市场流通的关键环节。一是要依靠贫困地区的产业供应链保障优势，扶持一批消费扶贫示范龙头企业，改善贫困地区的流通基础设施。二是加强农产品分拣加工、物流配送、冷链物流体系建设，打造完整的供应链体系。支持县、乡、村三级物流配送体系、农村现代流通服务体系等建设，帮助贫困地区的农产品走出农村、进入市场。三是通过设立贫困地区农产品展示体验中心，建立扶贫产品销售专柜专窗等方式促进新供应链的建立。四是借力"中国社会扶贫网"，强化与相关知名电商平台的合作，大力推进网络扶贫行动计划。利用全国有机食品博览会等展销平台，宣传推介特色农业产业品牌，将优质的农产品推向市场。

第二，加强品牌建设，提升扶贫产品的附加值。一是加强扶贫产品的认定管理。注重品牌保护和规范管理是产品和产业生命力的重要保证，扶贫部门要严把扶贫农产品品牌的认定管理，严格把控产品质量；同时要协调相关部门支持农产品地理标志和质量安全品牌认定，提升扶贫产品的市场认可度。二是通过组织化提升贫困户生产的农产品质量。贫困地区要结合政府采购支持消费扶贫政策，组织动员贫困户加入农民专业合作社，依据市场需求，对贫困户进行生产技术、加工包装、网络营销、电商运营等综合培训，确保其生产符合社会需求的高品质特色农产品。三是在强化发展地区特色优势产业的基础上，推进区域性公共品牌的建设。在充分考虑

农副产品的地域、品质、文化等差异的基础上，依据产品特征，建立区域性的优质特色农产品品牌。四是建立健全消费扶贫的诚信体系。引导企业和贫困群众坚持品质为先，确保扶贫产品的品质，逐渐形成消费扶贫的长期效应。

第三，多措并举，完善消费扶贫长效机制。一是继续发挥政府机关在消费扶贫中的主导作用。各级政府机关要率先探索可持续的消费扶贫机制，同时倡导和推动贫困地区与东部沿海发达地区之间建立长期稳定的农产品供销关系。二是强化企业在消费扶贫中的作用。鼓励企业通过"以买代捐""以购代帮"等多种方式向贫困地区购买产品和服务，扩大贫困地区农副产品的销售。三是通过"六链"联动推动特色农产品市场化。加强资金链、政策链、人才链、企业链、产业链、创新链"六链"的相互衔接，使各种生产要素能够发挥叠加效应，促进地方经济稳步发展。四是建立合理的价格体系，依据扶贫产品的质量不同进行差别化定价。优质优价不仅能够提升贫困农户的收益，推动扶贫产品的质量提升，而且有助于更好地保障消费者的合法权益，促进持续消费。五是强化全民动员全民参与，推动形成可持续的消费扶贫机制。多形式、多渠道强化消费扶贫宣传，使广大消费者充分了解消费扶贫的意义、知情参与，推动消费扶贫向政府、市场、社会多元参与的方向提档升级，由此促进消费扶贫常态、长效开展。

第二节　创新乡村产业发展利益共享机制

党的十八届五中全会提出的共享发展理念，其内涵主要有全民共享、全面共享、共建共享和渐进共享。其中全民共享指的是"共享发展是人人享有、各得其所，不是少数人共享、一部分人共享。"[1] 这一新发展理念对

---

① 习近平：《深入理解新发展理念》，《求是》2019 年第 10 期。

于 2020 年后乡村产业发展亦具有重要的指导意义。构建农业产业发展的共享机制是社会主义的内在要求、是实现共同富裕的有效路径。脱贫攻坚的目标导向下，无论是贫困地区的乡村产业还是非贫困地区的乡村产业发展都包含了较强的益贫目标，尤其是对得到政府大力支持的涉农产业而言更是如此。

一、乡村产业发展利益共享现状

（一）以政府的"偏向性"介入重构产业发展机制

在脱贫攻坚中，产业扶贫作为脱贫的重要手段，时间紧、任务重。这种压力虽然推动了扶贫产业在短时间内的迅速发展，但同样也产生了很多问题。比如产业选择趋同，竞争力弱，缺乏统筹安排和长远规划；对项目依赖强，追求短平快和资本化、规模化，对干部和政策依赖大，可持续性弱；利益联结不紧密，存在"精英俘获"、目标偏离等现象；社会力量参与不足。所有这些问题产生的后果就是扶贫产业本身的可持续性不强和扶贫产业的益贫性弱化。

农业产业的固有发展困境和外在条件制约使产业发展需要政府的大量投入和支持，且产业的培育和发展需要较长时间。但是在脱贫攻坚背景下，扶贫产业的发展面临时间紧、任务重、政治性强的要求，会使地方政府有较强的压力和动力去直接介入扶贫产业的发展，甚至完全依靠政府的力量来推动其发展，因为只有这样才能使其在短期内产生明显的益贫效果。这就容易导致以上扶贫产业出现发展的可持续性、依赖性、共享性等问题。推进农业产业的发展实际上也是解决扶贫产业的以上诸问题，而这些问题的解决也就实现了产业扶贫与乡村振兴的衔接。从扶贫产业看农业产业的发展，产生问题的关键和解决问题的关键都在于政府介入的界限问题。

政府的直接参与会导致产业发展的责任主体模糊化、内生动力弱化，从而导致产业发展在资金上对国家扶持资金依赖、在管理上对干部依赖、在销售上对政府帮扶的特殊"销售"渠道依赖，这又进一步影响产业的市场竞争力以及整个产业的"市场生态"，不利于产业科技含量和市场竞争力的提升。但是政府更不能放手不管而完全交予市场，一是农业是弱势产业，没有政府支持难以发展，二是如果完全让市场（或企业）来带动农民，很容易让弱势的农民陷入被"剥夺"的情况。小农户相较于企业、大户等在市场竞争中本就处于弱势，即使促进农业产业发展的相关政策目标是"产业"，看起来"不偏不倚"，但最终向下输出的资源都很难到达小农户，一是小农户本身竞争不过其他规模化经营主体，二是资源输出的过程中很容易出现"精英俘获"。所以农业产业发展共享机制的构建需要政府的"偏向性"介入。

一是由扶贫产业对产业发展结果的强调偏向对产业培育过程的支持。扶贫产业中对产业结果的强调，产生了诸多"异化"的产业帮扶形式。如直接给成熟的企业投钱，让企业给贫困户"分红"，或者将产业扶贫项目交给经济能人来经营，以避免产业的亏损等。这样的形式虽一定程度上保证了贫困户的"分红"，却并不利于产业的培育和长期发展以及农民对产业的参与。脱贫攻坚后，乡村振兴背景下的产业发展，就需要转变思路，注重对产业培育过程的扶持，鼓励有农民参与的产业的养成，以及容忍产业失败的可能。

二是由主要支持企业转向企业与农民并重，且重点"偏向"小农户。在农业产业发展中，农民是作为"劳动力"要素被整合到产业发展中，还是作为产业发展的主体被培育；农民是作为个体被彻底纳入市场经济迎接市场经济的冲击，还是作为群体形成"对抗"市场的能力和对接市场的主体性，很大程度上都取决于政府对产业发展基本机制的构建。这就需要政府在政策制定、资源输入和整合的过程中，更多考虑农民的利益，对农民角色和地位进行准确定位，并平衡市场与农民的关系。

（二）以农民动员撬动产业发展

已有研究对深度贫困地区的产业扶贫模式进行了详细的梳理和总结。从其总结中可以发现，大部分扶贫产业的发展主体都是企业而非贫困户。以企业为发展主体的产业扶贫模式，往往是政府通过资金与政策扶持企业，然后让企业带动部分贫困户的收入增长①。从项目组在各地调研的情况来看，以企业为发展主体的产业扶贫模式往往存在以下问题，一是企业的动力不足，二是产业可持续堪忧，三是脱贫户脱贫的长效机制难以形成。很重要的原因是企业作为市场主体其本质是追求利润最大化，并没有动力去"帮扶"这些贫困户，即企业发展的市场化逻辑与扶贫的社会道德逻辑之间存在张力②，企业对贫困户的帮扶往往是因为政府的资金和政策支持。这就导致企业和贫困户之间甚至产业和贫困户之间的联结并不紧密，并不能形成利益共同体。

以上的问题同样出现在"企业＋农户"的产业发展模式中，甚至因企业的逐利性，企业会"进一步掠夺农户的劳动剩余，将农民置于发展的附属地位，从而成就企业的资本积累"③，以上种种就使脱贫的长效机制难以形成。从扶贫产业发展的以上经验来看农业产业发展的共享机制建设，就需要完成以下两个方面的目标，既要形成广大农户广泛参与的农业产业发展体系，又要形成产业的竞争力，没有产业竞争力的共享机制是不可持续的，没有广大农户的广泛参与的产业发展对农民是没有意义的。完成以上两个目标的一个有效途径就是以农民动员来撬动产业发展。

首先，从农业产业的减贫功能、农业产业本身发展的资源约束以及脱贫长效机制的建设来说，以所有农民的参与带动产业的发展，再以产业的发展带动低收入群体的增收，是更持续有效的机制。

其次，在当前的土地制度和小农经济的背景下，农业产业发展面临资金不足、土地分散、劳动力缺乏、技术支撑有限的困境。想要系统性解决以上困境以降低农业产业发展的成本、提高农业产业的竞争力，光靠政府和企业的投资以及资源整合，不是长久之计，也难形成内生发展能力。如

---

① 郑双怡、阳维熙、冯琼：《深度贫困地区经济作物产业扶贫的思考》，《西南民族大学学报（人文社会科学版）》2021 年第 3 期。

② 许汉泽、李小云：《精准扶贫背景下农村产业扶贫的实践困境——对华北李村产业扶贫项目的考察》，《西北农林科技大学学报（社会科学版）》2017 第 1 期。

③ 阮池茵：《农业产业化发展与凉山彝族农民的贫穷——对凉山苦荞产业发展的考察》，《开放时代》2017 年第 2 期。

果能动员最广大农民的参与，通过组织农民来组织资金、土地、劳动力以及技术的推广，则会大大降低生产成本和交易成本、提高效率和产业竞争力，并形成内生发展动力，即通过组织动员农民来撬动资源的整合从而撬动产业的发展。反过来，只有农民参与了产业发展成果的共享，才能提高最广大农民的收入、激活乡村社会以及乡村社会的资源和消费市场从而进一步促进农业产业的发展，从而形成一个良性的内循环。

从巩固脱贫攻坚成果、提高农民整体收入以及乡村振兴的角度，促进农业产业的共享发展仍是未来中国乡村产业发展成败的关键。作为基础产业的农业具有显著的乘数效应，农业容纳了我国近1/3的劳动力，农业产业的发展对农业人口的就业以及低收入群体的增收效果明显，对于小农户是主要农业经营主体、农村人口仍占总人口一半以上的中国尤其如此。而从共同富裕、增强农民的获得感和公平感的角度，建立农业产业发展的共享机制则是核心。

二、构建农业产业发展共享机制的机遇与挑战

（一）构建农业产业发展共享机制的机遇

国家政策的支持为农业产业发展提供了基础和资源。从农业税费减免到各种农业补贴，从脱贫攻坚到乡村振兴，这个过程中国家投入了大量的资源来发展农业产业，促进乡村振兴。一是大量的农村基础设施的建设尤其是农业基础设施的建设为农业产业的发展提供了重要基础；二是国家向农村投入了大量的资金和支持性政策为农业产业发展提供了资本；三是向农村输入了大量人才为农业产业发展提供了智力支持；四是这个过程中进行的社会动员和宣传重新确定了农业和农村的价值，树立了知农、爱农的社会风尚，为农业和农村发展提供了社会支持和精神动力。以上四个方面一定程度上弥补了农业产业发展的先天不足和产业弱势。

消费结构变化为农业产业的发展提供了内在需求和动力。一方面因生育率的下降和非农就业的扩增导致的人均耕地面积的扩大，另一方面是居民消费结构的转型，粮食的消费大幅下降的同时肉禽鱼、蛋奶（以

及更高档的蔬菜）消费的大幅上涨，两方面的转变可称为"隐形农业革命"①。与此同时，中国居民的消费结构正在转型升级，更加重视质量和营养②。但我国农产品加工转化率还尚未达到60%，粮食储藏和果蔬产后损耗率分别高达9%和25%，远高于发达国家水平，加工附加值比较低，处在1∶2.3的水平，与发达国家1∶3.4的比例差距较大③，农业产业的发展还有巨大的提升空间。农业人口的变化和消费机构的转型升级为农业产业的发展不仅提供了效率提升的空间，也提供了市场需求和动力。

打赢脱贫攻坚战为乡村产业发展奠定了良好的基础。产业扶贫是精准扶贫的重要手段，在脱贫攻坚中国家投入了大量的资源重点扶持扶贫产业的发展，扶贫产业的发展为脱贫攻坚做出了巨大贡献，成为脱贫攻坚"五个一批"中涉及面最广、带动人口最多的脱贫方式。脱贫攻坚取得胜利后，这些扶贫产业又成为低收入群体增收和乡村产业振兴的重要基础，一是形成了产业发展相关的项目建设经验、人才队伍、组织制度等，二是通过扶贫产业的发展过程积累了大量的经验，这些都构成了发展农业产业的重要基础和资源。农业产业的发展正恰逢以上历史机遇，却也面临发展挑战。

（二）构建农业产业发展共享机制的挑战

农业产业的发展需要在农村这个空间场域内对土地、劳动、资金、技术等要素进行整合、配置，但农业产业对土地的依赖以及土地的不可移动性使农业产业基本只能在限定空间内对各种资源进行整合和配置。这就增加了农业产业发展的外在约束，不仅很难像工业和服务业一样形成各种资源的聚集优势，也不具有工业和服务业调配资源的灵活性，甚至在一些方面因与工业和服务业形成竞争而受到排挤，比如劳动力和资本。就当下农业产业发展的条件来说，至少面临以下几个方面的制约。

---

① 黄宗智：《中国的隐性农业革命（1980—2010）——一个历史和比较的视野》，《开放时代》2016年第2期。

② 中国农业科学院：《中国农业产业发展报告（2018）》，经济科学出版社2018年版。

③ 《正确认识双循环格局下农业发展面临新的机遇》，《上海农村经济》2020年第10期。

一是土地和农户整合成本高。在小农经济背景下，不仅土地具有分散、零碎的特征，农户也具有规模小、异质性大的特征。农业产业发展共享机制的构建，不仅需要整合土地、也需要组织小农户，面临的最大难题是如何组织、谁来组织的问题。

二是技术瓶颈以及技术的可获性不强。2005—2018年，中国农业全要素生产率指数（TFPI）增长32.72%，年均增长率为2.20%。其中，技术变化指数（ETI）增长3.03%，年均增长0.23%，对农业全要素生产率指数增长的贡献仅为10.45%[①]。农业科技进步未能驱动农业TFP实现有效增长是中国农业竞争力总体下滑的重要原因之一，农业科技投入相对不足是农业科技进步未能突破瓶颈的重要因素。

农民参与农业产业发展并成为产业发展的助力的前提是，农民具有发展产业的能力，其中一点就是对相关技术的掌握。但当前因为农业科技投入不足、政府农业技术服务体系的衰退甚至解体、农业社会化服务体系的乏力，而使农民对相关技术的可获力不强，已成为构建农业产业发展共享机制的重要制约因素。

三是下乡资本与农民的融入问题。中国的小农社会具有厚重的"乡土性"。农民的生产生活以村庄社区为基础，形成了生产生活的共同体，也形成独特的乡村文化，企业、个体户等外来经营主体面临来自乡土社会的排斥和融入问题，当这种融入问题与农业生产的特殊性（难以标准化和监督）叠加时，就很容易导致经营的失败。学者将此总结为"资本下乡"的社会基础[②]，而农民也面临如何不被下乡资本"剥夺"的问题。农民与下乡资本以怎样的形式合作以及如何进行利益分配是构建农业产业发展共享机制所要解决的重要问题。

[①] 中国农业科学院：《中国农业产业发展报告（2020）》，中国农业科学技术出版社2021年版。

[②] 徐宗阳：《资本下乡的社会基础——基于华北地区一个公司型农场的经验研究》，《社会学研究》2016年第5期。

三、构建农业产业发展共享机制的对策建议

（一）政府进行"平台搭建"

"平台搭建"是政府利用其优势，在区域内尤其是县域内整合资源，在挖掘产业优势和产业特色的基础上，通过解决农业产业发展的土地、劳动力、技术等难题来降低区域内产业发展的成本、提高产业发展的效益，从而提高本区域产业在全国市场上的竞争力和产业持续发展的能力。政府的主要角色应是做好外围的服务，来提高本区域内产业发展的竞争力。

其中技术流通平台的搭建尤其重要，这就需要再建政府的农业服务体系。政府的农业服务体系搭建不是恢复"七站八所"的配置或者增加相关工作人员，而是需要利用现代信息技术构建一整套服务体系。这套服务体系与前面的平台搭建、组织建设又构成一个相互借力的有机体系。印度的"农民呼叫中心"技术服务体系就是很好的案例。

（二）发挥村级组织作用

构建农业产业发展的共享机制需要动员和组织农民，但组织和动员分散小农户的成本巨大，无论是企业还是农民都无法承担这个成本，而村级组织尤其是基层党组织则具有组织和动员农民的优势。村级组织离农民"最近"，最知道农民的需求、最了解农民经营的实际情况、最容易动员和组织农民，这也就使村级组织能实现低成本、高效率的组织农民、实现农民的合作。组织起来的农民不仅能更好整合土地、劳动力、资本等资源、实现经营和销售的规模效应，还能较快实现新技术的更新以及新技术和信息的有效传播和扩散，从而有效推进农业产业的发展；另一方面，村级组织能有效反馈农民需求并维护农民利益，较容易实现发展红利在村庄范围内以多种形式的再分配。

第三节　激活乡村产业内生发展动力

"产业扶贫绝不仅限于经济层面的意义，它还能让一个人从精神上有

真正做人的独立感和价值感。"①完成脱贫攻坚任务的过程中，产业扶贫较好地发挥了"增收"的经济效应，如何进一步挖掘其减贫的多维效应则成为2020年后产业扶贫要思考的重点。为此，要进一步扩展产业扶贫的内涵，实现"脱贫产业"向"致富产业"，再向"振兴产业"的转化，不仅要面向经济意义上的共同富裕，更要面向人的全面发展，让乡村扶贫产业成为低收入人群发展意愿增强、发展能力提升的重要途径。

贫困地区农业基础设施较差，抗风险能力较弱，实现贫困地区发展必须要依靠内生动力。"一个地方必须有产业，有劳动力，内外结合才能发展。"②激发贫困群众发展的内生动力，使其深度参与到扶贫产业的发展中，实现增收脱贫，是贫困地区由"输血"到"造血"转变的题中之义。"扶贫扶志，扶的是志向，产业扶贫也是扶志的一种重要方式。能够靠劳动养活自己和家人，这对于一个人自我价值的实现和精神气质的影响是非常大的。"③在脱贫攻坚实践中，增强个体产业扶贫发展的内生动力，不仅要"扶其志"，通过健全奖金奖补、培育创业致富带头人等方式，激发贫困群众发展的想法，还要"扶其智"，立足于广大农户尤其是贫困群众的发展需求，强化技能培训，提高其发展的能力和本领。

一、激活乡村产业发展内生动力的基本经验

"一村一品"是培育乡村特色产业、促进产业扶贫的重要举措。在乡村振兴、农业供给侧改革的背景下，"2020后"产业扶贫更须推进"一村一品"的发展。《全国乡村产业规划（2020—2025）》对新时代"一村一品"提出了新要求。作为乡村产业承载者的村庄理应成为推进"一村一品"过程中的主体。在推进"一村一品"的过程中要充分激发本地居民和村庄社

---

① 郝思斯：《让产业扶贫更有生命力——专访北京大学社会学系主任周飞舟》，《中国纪检监察报》2020年5月19日。

② 《做焦裕禄式的县委书记》，中央文献出版社2015年版，第17—18页。

③ 郝思斯：《让产业扶贫更有生命力——专访北京大学社会学系主任周飞舟》，《中国纪检监察报》2020年5月19日。

会主导的智慧，挖掘本地的潜在资源，不能仅仅停留在制造产品的层面，还要广泛涵盖村庄社会的居民参与、人才再造、与环境的共生发展等[①]。

在推进"一村一品"中发挥村庄主体性能激活村庄和农户的内生动力。"贫困地区发展要靠内生动力，如果凭空救济出一个新村，简单改变村容村貌，内在活力不行，劳动力不能回流，没有经济上的持续来源，这个地方下一步发展还是有问题。一个地方必须有产业，有劳动力，内外结合才能发展。最后还是要能养活自己啊！"[②]"一村一品"能否真正成功，取决于能否获得村民的真心支持，这就要尊重农户的自主生产意愿。在发挥村庄主体性推进"一村一品"过程中，通过宣传示范效应，增强农户的信心，吸引和激励他们参与到"一村一品"中，并促使其根据实际情况、效果和环境的变化，因地制宜做出对自身有利的选择。

在推进"一村一品"中发挥村庄主体性能发挥本地资源优势，实现错位发展。"现在，许多贫困地区一说穷，就说穷在了山高沟深偏远。其实，不妨换个角度看，这些地方要想富，恰恰要在山水上做文章。要通过改革创新，让贫困地区的土地、劳动力、资产、自然风光等要素活起来，让资源变资产、资金变股金、农民变股东，让绿水青山变金山银山，带动贫困人口增收。"[③]就农村传统生产模式而言，都是以个体、分散的以家庭为单位的小农户为主，小规模的种植农产品，且销售渠道和模式单一。发展"一村一品"有利于最大程度挖掘村庄独特资源优势来培育主导产业，并大规模组织生产，实现区域特色产业的错位发展，进而通过产业兴旺来壮大村庄集体经济，巩固脱贫攻坚成果。

在推进"一村一品"中发挥村庄主体性能增强农户的发展能力。"摆脱贫困首要任务并不是摆脱物质的贫困，而是摆脱意识和思路的贫困。扶贫必扶智，治贫先治愚。贫穷并不可怕，怕的是智力不足、头脑空空，

---

① 冯川：《日本"一村一品"运动的推动机制与农村社会自主性》，《世界农业》2021年第 10 期。
② 《做焦裕禄式的县委书记》，中央文献出版社 2015 年版，第 17—18 页。
③ 《十八大以来重要文献选编》（下），中央文献出版社 2018 年版，第 50 页。

怕的是知识匮乏、精神委顿。脱贫致富不仅要注意富口袋，更要注意富脑袋。"①"一村一品"的发展离不开农业科技、品牌营销等方面的支持。这需要农户具备多方面的发展能力，推进"一村一品"有助于将扶志和扶智相结合，培养新型农民。发展"一村一品"的过程中，可以避免农产品由于技术问题而造成的质量参差不齐，为以后的品牌推广打下基础。同时使农户不只停留在农产品的生产上，而是实现与其他产业的融合，通过联合文化产业、服务业、旅游业等来扩展市场，实现收益最大化。

二、激活乡村产业发展内生动力的问题与挑战

"一村一品"在我国的发展已有二十余年，培育了一批地域特色鲜明、业态丰富的"一村一品"村镇，引领了乡村特色产业发展。从各地"一村一品"的实践来看，已形成多种发展模式：其一是地方政府主导型，即地方政府引导高校、科研单位对接生产基地共同推进"一村一品"；其二是组织带动型，依托行业协会或农业合作社与基地、农户实行联合协作来推进"一村一品"；其三是龙头企业带动型，即在家庭承包经营的基础上，龙头企业按照市场需求与农户签订产销合同，实现生产、加工和销售一体化，推进"一村一品"。但需要注意的是，在脱贫攻坚过程中，"一村一品"取得了显著成果的同时，与村庄、农户尤其是贫困户的结合还远远不够，"一村一品"在推进的过程中村庄主体性未得到彰显，从而影响了"一村一品"作用发挥与减贫成效。

"一村一品"多以政府自上而下推动为主，存在政府越位和缺位的现象。在地方实践中，一些地区的"一村一品"是由地方政府以扶贫为目标自上而下推进，忽视了本地特有的资源优势，加上无法精准把握市场需求，时常会出现政府越位或缺位的现象。还有一些地区由政府确定发展的主导产业，或是政府脱离本地固有资源和历史积淀盲目模仿其他"成功"的产业；部分地方政府在乡村产业发展中缺乏宏观规划和适当的市场

---

① 《习近平扶贫论述摘编》，中央文献出版社 2018 年版，第 137 页。

引导，放手任由村民发展产业，缺乏应对市场风险的措施。由于未能立足村庄实际进行科学规划，仅将"一村一品"视为产品开发，致使"一村一品"的发展处于自发状态，产品和产业缺乏创新和特色，造成产业同质化严重，既无法满足市场需求，也无法以本地文化创造出全国乃至世界通用的物质和文化。

"一村一品"推进过程中农户的主体性和参与度不强。"一村一品"推进过程中的产品或产业大多停留在种植养殖和简单加工等初级生产的层面，深加工和精加工很少，产品和产业科技含量低，附加值不高，竞争力较弱。在产品或产业的规划和生产中，农户在很大程度上只是被动的参与者和劳动者，无法选择和决定将什么作为"一村一品"的对象并加以培育、塑造和创新，尤其是对于特色资源挖掘、技术研发与推广、品牌培育和市场营销、相关产业产品的服务等认识和投入严重不足，农户与加工或营销企业较少能形成实质性的利益联结。

"一村一品"推进过程中忽视对村庄人才的培育。在"一村一品"的实践过程中，由于参与其中的农户受教育程度有限，缺少相关专业知识，且不能将知识较好运用到产业发展中，易出现产品质量较低、认证通过率低等问题。此外，农户在产业发展中缺少对产品或产业发展的长远规划，造成产业发展可持续性不强。出现这些问题症结在于"一村一品"实践中过多注重经济维度，较少关注社会和精神维度。此外，关注于资金的投入和技术的支持，在开展技能培训方面大多着眼于产品的生产和销售环节，忽略了对农业和农村传统文化和地域性特色文化的传承和吸收，也忽略了培养乡村产业发展的领头人，使他们成为地方经济和社会发展的"领头雁"。

三、激活乡村产业发展内生动力的对策建议

在新时代特色产业扶贫、乡村振兴以及农业供给侧改革背景下，通过充分发挥村庄主体性来推进"一村一品"落实落地刻不容缓。当前面临的主要问题是，"一村一品"基本是以产品和产业链为主，注重经济层面和

技术管理层面的建设和完善，缺乏科技层面和社会经济层面的有机融合。因此，为进一步推进"一村一品"，激活乡村产业发展的内生动力，需要从村庄和农民主体角度入手。

第一，强化"村庄主体性"原则，挖掘地域性特色的经济资源。政府要坚持"村庄主体性"的原则回应村庄社会的现实诉求，明确其在"一村一品"发展中的角色定位，既不能完全放任，也不能过多干预，而应着眼于坚持村庄的主体性，不断提升农民的自我组织、自我管理能力，积极搜集村庄社会内部的自我组织事例，有针对性地给予支持。在产业发展相关决策时，需广泛且充分听取农户的意见，充分考量村庄整体和长远利益。在村庄地方性资源挖掘上，既需集聚分散资源形成规模化经营，也要挖掘农户对于传统乡土社会的情感认同和价值认同的文化资源，聚合农户在农业产业发展中的合力。在"一村一品"产业发展中，政府作为引导者和参与者，既要提供和完善适合乡村产业发展的基础设施，搭建平台；也要加强宣传引导，加强人才培养和知识培育，提升农民的专业技能。最后，需要注重从精神层面激励和引导农户，提升其参与乡村产业发展的积极性。

第二，找准村庄中担当产业振兴的主体村民。"贫困群众是扶贫攻坚的对象，更是脱贫致富的主体。党和政府有责任帮助贫困群众致富，但不能大包大揽。不然，就是花了很多精力和投入暂时搞上去了，也不能持久。"① 政府不能在将农民组织起来之后，代农民做决定，而应在制定政策时，以绝大多数农民的实际需要和具体偏好为核心。找准村庄中担当"一村一品"产业振兴的主体村民，让所有参与者具有主人翁意识，以当地传统文化为傲，通过自我学习、改革和创新从整体上形成改变的愿景，将当地传统文化视为创造产品和产业的资源，从而获得成功。比如留守在村庄中规模经营土地的种田大户、老年人群体等，坚持以地为生、以地养老，相对外出务工的"农二代"或"农三代"而言，对村庄具有更深的情感认同，且对于村庄的优势资源、自然环境、文化传统更加熟知。鉴于

---

① 《十八大以来重要文献选编》（下），中央文献出版社 2018 年版，第 37—38 页。

此，地方政府可以通过支持其发掘具有经济价值的地方资源，以此开发独具特色的村庄产品和产业。

第三，为村庄培育一批在农业、工业和服务业都能够适应新时代要求的人才。"一村一品"不仅仅是生产产品或构建产业链，同时也需以特色产业为抓手，以此推进实现人的振兴，即培养农户自立自强和创新的精神。这对农民的各方面能力提出了较高要求，迫切要求农民尽快提升知识和技能水平。对农民的培训可以专业村为基点，整合地区本土优势及人力资源，邀请专家开展讲座，结合地域特色和生产实践开展专业知识培训和技能培训，调动农民的积极性，带动贫困地区脱贫和推动农业现代化进程。同时，出台激励措施鼓励高学历人才投身到"一村一品"实践中来。在此过程中，不仅要帮助农户掌握生产技术，不断提高农民的生产经营能力，使农民成为"一村一品"的"主角"。更重要的是培养既具生产、管理和销售技能，也能够与农户共享利润、共担风险的领头人。

第七章　乡村治理支撑减贫的经验与挑战

乡村治理是巩固拓展脱贫攻坚成果同乡村振兴有效衔接的关键支撑。厘清乡村治理与减贫间的动态演化关系，是建成农业强国、实现共同富裕、推动中国式现代化的战略基础。在全面建成小康社会后的社会主义现代化建设的长期发展过程中，减贫目标从消除绝对贫困向缓解相对贫困转变，且减贫始终是乡村治理的重要目标，乡村治理则是助力减贫的关键手段。乡村治理在支撑脱贫攻坚取得圆满收官过程中形成了经验基础。2020年后，伴随减贫目标和任务变化，一方面要从战略角度强化新时期乡村治理对减贫的现实意义；另一方面要解决常态化减贫方面存在短板制约，如脱贫地区的乡村治理资源匮乏、组织力量薄弱和公共资源瞄准偏差等问题。对此，立足于中国"三农"工作重心从脱贫攻坚向全面推进乡村振兴的历史性转移，乡村治理需要适应全面脱贫后减贫目标的新要求，及时形成有效衔接乡村振兴的治理支撑。

第一节　乡村治理与减贫的历史经验

新中国成立以来，伴随贫困结构的变化，农村减贫实践在瞄准对象上，经历了从区域到县域到村级再到个体的不断精准化；在扶持手段上，也随之经历了从区域经济辐射到专项资金救助再到村内产业扶贫和村民自主创业的不断精细化；在治理资源上，由内部互助转向国家资源输入与乡村资源对接条件下的嵌合和互动；在治理主体上，从主体责任不明转向政府主导与社会动员、市场带动、农民参与的多主体互动。回顾新中国成立以来的减贫史，主要可以分为五个阶段：1949—1977 年为救济式扶贫阶段；1978—1985 年为体制改革辐射减贫阶段；1986—2000 年为区域性扶贫开发阶段；2001—2012 年为整村推进式扶贫开发阶段[①]；2013—2020 年为精准扶贫阶段。

一、救济式扶贫阶段（1949—1977 年）

改革开放以前的减贫政策，主要来自制度改革以及高度覆盖的基本社会保障[②]。政府通过行政手段对社会资源进行再分配，以包括土地改革、人民公社化运动等社会制度改革方式实现社会发展，致力于切断产生贫富差距或两极分化的经济根源，通过收入分配、改善基本教育和医疗卫生水平，改善群众的生计。但由于中央财政紧缺，自 1958 年前后中央财政和地方财政占比关系出现骤然变动后，中央财政收入在国家财政中占比长期低于 30%，且由于激励缺乏，加之国家工业化过程中基本消费品生产严重不足，该时期未能形成大规模减贫的物质条件，因而没有从根本上改变农村和农民的贫困状况。但另一方面，20 世纪 50 年代以来农村地区经过社会主义改造形成初级社和高级社之后，建立了"一大二公""政社合一"的人民公社制度，并在 1962 年确立了"三级所有，队为基础"的人民公社体制。正是由于人民公社同时是基层政权组织和经济组织，因而对绝大部分农村人力、物力和财力具有很强的调动力，可以在生产队范围内提供公共设施和服务[③]。

总体来说，这一阶段，由于国家财政资源整体匮乏，在"重工业优先发展"的战略任务导向下，有限的国家财政资源主要用于国家工业化进程

[①] 雷明、李浩、邹培：《小康路上一个也不能少：新中国扶贫七十年史纲（1949—2019）——基于战略与政策演变分析》，《西北师大学报（社会科学版）》2020 年第 1 期。

[②] 范小建：《60 年：扶贫开发的攻坚战》，《求是》2009 年第 20 期。

[③] 张军、蒋琳琦：《中国农村公共品供给制度的变迁：理论视角》，《世界经济文汇》1997 年第 5 期。

以及对城镇的相关配套。该时期所谓的以政府为主体、以国家财政为支撑、以财政补贴和实物救济为主要输血扶贫手段的救济扶贫，是服从于当时整个国家工业化发展需要、城市福利优先的制度安排，而解决农村贫困问题的具体国家扶贫责任尚未明确。国家对农村的主要帮扶措施表现为赈济灾荒，是社会整体经济发展水平较低条件下的救济式扶贫；除此之外主要是靠以宗法制度维系的乡村社会治理和以生产队内部网络实现的救济互助。

二、体制改革辐射减贫阶段（1978—1985 年）

1978 年以前，经济体制的结构性因素限制了农村生产力的发展，伴随农村改革的推进，在国家工业化时期积蓄的农村剩余劳动力从土地上得到释放，促进了农业生产率的提升和农民多元收入的增长。在改革开放初期，农村居民家庭恩格尔系数超过 67%，按照当时国家统计局的贫困标准计算，有 2.5 亿农民生活在绝对贫困线以下，占农村总人口三成以上[①]。由于 1984 年推进财政分级包干和全面贯彻农村大包干同步发生以后，农民福利与农村基本公共品开支的负担同步向土地转移[②]。从历史经验来看，直到 21 世纪基本公共开支上升到国家财政负担以前，地区经济差距的扩大带来了地方财政能力的悬殊，产生了农村人口的公共品供给的地区差异，进而客观上导致了贫困人口向中西部欠发达县域集中的特点。

这一时期减贫的主要来源：一方面，确定家庭联产承包责任制，通过生产效率的提升增加了农业产出；另一方面，在针对性的减贫行动上，通过以工代赈、"三西"农业建设和连片贫困地区建设等国家主导的减贫实践推动农村发展。具体而言，首先，农村经济体制改革解放和发展了生产力。安徽省小岗村曾是"吃粮靠返销、用钱靠救济、生产靠贷款"的贫困村，小岗村通过发挥生产小队治理创新能力、推行"大包干"，自下而

---

① 数据来源：国家统计局。
② 王瑜、张俊娜、温铁军：《新中国成立以来财税改革与户籍制度的三个 10 年变迁》，《中国农业大学学报（社会科学版）》2019 年第 5 期。

上地引发了一系列制度改革。1978 年，党的十一届三中全会确定以家庭承包责任制改革为核心的制度创新，解放和发展了农业生产力，促进了农村经济的飞速发展和农民收入的快速增长，形成了农业生产力水平提升所驱动的减贫。按照现行国家农村贫困标准（2010 年价格水平每人每年 2300 元）测算，1978—1985 年，中国贫困人口数量从 7.7 亿人下降到 6.6 亿人[①]，贫困发生率从 97.5%下降到 78.3%。此外，以工代赈、"三西"农业建设和十八个连片贫困地区的建设，通过生产发展与扶贫有机结合带动了地区发展和减贫。以工代赈主要依靠于贫困地区剩余劳动力参与基础设施建设。其治理效果不仅在客观上改善贫困地区的基础设施条件从而创造一种有利于脱贫的硬件支撑，而且切实地提高了贫困人口的非农就业收入，突显了贫困人口的劳动价值，激发了救济对象通过劳动换取报酬的意识，增强了贫困地区劳动力通过自身努力摆脱贫困的信心。由此可见，这一阶段农村经济体制改革和"以工代赈"等扶贫政策的实施不仅直接促进了部分深度贫困地区的经济发展和人民生产生活条件的改善，也为后来实施大规模区域性扶贫开发计划积累了丰富的经验。

三、区域性扶贫开发阶段（1986—2000 年）

开发式扶贫主要通过动员贫困地区群众广泛参与，利用贫困地区的自然资源进行建设，发展商品经济，增强贫困地区和贫困农户资本积累和自我发展的能力，从而帮助贫困地区形成可持续发展的能力。中国的开发式扶贫是在政府主导下进行的，有专门的组织体系、投资计划等一系列政策安排。1986 年，国务院贫困地区经济开发领导小组成立，标志着中国政府进入了有计划、有组织、大规模的减贫阶段。

具体而言，一方面，1986 年以后，中国政府开启了一系列有计划、有组织的大规模农村扶贫开发，制定了"县级瞄准"机制，确定了 331 个国家重点扶持贫困县，从而形成了中国特色开发式扶贫战略的雏形。1992

[①]　数据来源：国家统计局。

年邓小平同志南方谈话以后，中国经济进入高速增长阶段，经济增长的减贫效应成为这一阶段扶贫开发工作的主要推动力：二、三产业的快速发展吸收了农村剩余劳动力，农民工资性收入的增加显著提高了农村居民的收入水平，从而带动一部分群众走出贫困。但另一方面，1994 年分税制改革以后至 21 世纪初农业税减免之前的阶段，地方财政财源锐减，且减收负担向农民转嫁，农村基本公共品供给短缺矛盾突出化，呈现出"三农"问题严峻化的趋势[①]，经济高速增长背景下区域发展不均衡的现象凸显，贫困人口进一步向落后地区"集聚"。同一时期，中国开始实施《国家八七扶贫攻坚计划（1994—2000 年）》，提出在经济不发达地区优先解决贫困人口温饱问题的发展战略：一是到 20 世纪末，使全国绝大多数贫困户年人均纯收入按 1990 年不变价格计算达到 500 元以上，扶持贫困户创造稳定解决温饱问题的基础条件，减少返贫人口；二是加强基础设施建设；三是改变文化、教育、卫生的落后状态，把人口自然增长率控制在国家规定的范围内。"八七扶贫攻坚计划"实施 6 年后，在当时扶贫标准[②]下的农村贫困人口已降低到了 3200 万人。

在此阶段，分税制形成的地方财政财源锐减和减收负担向农民转嫁，以及随着地方经济发展差距的拉大而形成贫困人口进一步向欠发达地区集中，突出了贫困的地理分布特征。而这一阶段的扶贫瞄准从片区向县级聚焦，通过国家财政向贫困县的定向投入形成了扶贫资源的国家供给，相应的，农村贫困的扶贫责任主体上升到国家层面，基层政府成为扶贫责任的具体落实主体。不过，项目的选择、资金的使用和对贫困人口的瞄准等方面的效果很大程度上也取决于地方政府的行为选择，而位于贫困县之外的贫困人口则很难享受到扶贫资源的直接和间接的帮扶作用。

---

① 王瑜、张俊娜、温铁军：《新中国成立以来财税改革与户籍制度的三个 10 年变迁》，《中国农业大学学报（社会科学版）》2019 年第 5 期。

② "每人每年人均纯收入 100 元"的 1978 年标准。

四、整村推进式扶贫开发阶段（2001—2012 年）

2001 年 6 月，国务院印发的《中国农村扶贫开发纲要(2001—2010 年)》提出二十一世纪的第一个十年期间的奋斗目标为"尽快解决少数贫困人口温饱问题，进一步改善贫困地区的基本生产生活条件，巩固温饱成果，提高贫困人口的生活质量和综合素质，加强贫困乡村的基础设施建设，改善生态环境，逐步改变贫困地区经济、社会、文化的落后状况，为达到小康水平创造条件"[①]。这一阶段扶贫实践中的整村推进政策是指，以贫困村为基础，制定扶贫规划，以增加贫困人口收入为工作核心，以完善基础设施和改善农户生产生活条件为工作重点，整合各类扶贫资金，以"提高贫困人口综合素质和贫困村可持续发展能力"。整村推进政策能够整合各方面的资金和力量，体现了社区发展理论的基本精神，从扶贫资源上来看，以 2004 年为标志，"两减免三补贴"改变了 2000 多年以来国家与农民的分配关系，从 2004 年开始逐步减免税收，减轻农民的负担，同时国家对种粮农民进行补贴。"让公共财政的阳光逐步照耀农村"成为新时期国家财政支持"三农"的基本指导思想，这意味着，新中国成立以来城乡和工农关系进入了城市反哺农村、工业反哺农业的新阶段，在整体上绘制了扶贫背后的农村发展底色。

整体上看，这一时期的减贫在开发战略层面经历了两个重大调整：一是在理念上，坚持开发式扶贫的基本方针，强调由"输血式"扶贫向"造血式"扶贫转变；二是在瞄准范围上，由县级瞄准向村级瞄准转变，进一步将扶贫资源投入到村级范围，也聚焦于极贫区域，更加注重村庄内的基本公共服务的供给，着力解决贫困问题相对集中的西北、西南经济欠发达地区的贫困问题。从减贫主体和对象的关系来看，国家对农村贫困的主体责任进一步加强，同时，如何引导贫困群众自我监督、自我管理调动其生

[①]　国务院扶贫办：《关于共同做好整村推进扶贫开发构建和谐文明新村工作的意见行政许可若干规定的通知》，2005 年 8 月 4 日。

产发展的积极性，是自上而下的扶贫资源供给过程中的重要基础，也日益成为难点问题。

这期间，中国农村贫困情况得到了显著缓解。按照 2010 年每人每年 2300 元的不变标准，2000 年至 2012 年期间，全国贫困人口数量从 4.6 亿下降到 9899 万。仅 2010 年至 2012 年期间，全国农村贫困人口减少近七千万人，农村贫困发生率从 2010 年的 17.2% 下降到 2012 年的 10.2%，重点县农民人均纯收入从 2010 年的 3273 元增加到 2012 年的 4602 元，增幅超过全国平均水平。贫困人口的生产和生活条件也得到了极大改善。贫困地区基础设施建设不断完善，重点县自然村通路比例从 2010 年的 88.1% 增加到 2012 年的 92.8%，通电比例为从 2010 年的 98.0% 增加到 2012 年的 98.8%，通电话的比例从 2010 年的 92.9% 增加到 2012 年的 93.2%。农村劳动力素质也得到了显著提高。青壮年文盲、半文盲率从 2010 年的 10.3% 下降到 2012 年的 8.9%。随着减贫的不断深化，贫困人口的分散以及致贫原因的日趋复杂，导致以贫困村为基本单元，以村级经济、社会、文化协调发展为目标的村级扶贫推进方式难以进一步减少剩余贫困人口。这也带来了随后而来的减贫方式向"精准扶贫"转变，并因此与乡村治理有了全面的互动，其中也产生了一些矛盾和困境。

五、精准扶贫阶段（2013—2020 年）

2013 年，党的十八大召开后不久，习近平总书记到湖南湘西考察时首次做出了"实事求是、因地制宜、分类指导、精准扶贫"的重要指示，中国的扶贫开发工作开始从村级扶贫向以瞄准扶贫对象的精准扶贫方式转变。扶贫开发治理工作进入"深水区"，到了"啃硬骨头"的阶段：贫困问题与城乡发展、区域发展、产业发展相互交织，存在于经济、社会、文化、生态等各方面，形成了错综复杂的贫困格局，扶贫开发因此而变成一项艰巨的系统工程。中共中央、国务院印发《关于打赢脱贫攻坚战的决定》，全面部署了"十三五"期间中国脱贫攻坚工作。实现精准扶贫和精准脱贫的基本要求与主要途径是："六个精准"和"五个一批"。六个精准是：扶贫对象精准、项目安排精准、资金使用精准、措施到户精准、因村派人精准、脱贫成效精准。五个一批是：发展生产脱贫一批、易地扶贫搬迁脱贫一批、生态补偿脱贫一批、发展教育脱贫一批、社会保障兜底一批。随后国家出台了一系列政策来加强乡村治理在减贫中的实践作用，以保障脱贫攻坚目标的稳步实现。

组织领导方面，确认了脱贫攻坚责任制。政策依旧延续了前期省负总责的制度安排，明确了省级领导干部在脱贫攻坚当中的责任，并且将扶贫开发工作成效考核结果作为"对省级党委、政府主要负责人和领导班子综合考核评价的重要依据[1]"。确定了市县落实的治理模式，要求县级党委和政府"把脱贫攻坚政策措施落实到村到户到人"，并且"对扶贫资金管理监督负首要责任[2]"。对象瞄准方面，确定了贫困户、贫困村和贫困县建档立卡的标准[3]，将贫困户、贫困村和贫困县纳入全国扶贫信息网络统一管理。首次建立了贫困退出机制，明确了贫困人口、贫困村、贫困县退出的标准和程序。这是中国自 1986 年确定贫困县以来，正式公布贫困县的退出机制[4]。扶贫开发措施方面，公布了易地扶贫搬迁规划，确定"十三五"期间，通过"挪穷窝""换穷业""拔穷根"解决 1000 万建档立卡贫困人口的稳定脱贫问题[5]；加强东西部扶贫协作工作，调整了东西部扶贫协作结对关系，实现对民族自治州和西部贫困程度深的市州全覆盖[6]；促进劳动力就业，通过促进劳动力就地就近就业，加强经济发达地区与欠发达地区的劳务协作，加强贫困劳动力的职业技能培训，促进已

---

① 中共中央办公厅、国务院办公厅：《省级党委和政府扶贫开发工作成效考核办法》，2016 年 2 月 16 日。

② 中共中央办公厅、国务院办公厅：《脱贫攻坚责任制实施办法》，2016 年 10 月 17 日。

③ 国务院扶贫办：《关于印发扶贫开发建档立卡工作方案的通知》，2014 年 4 月 2 日。

④ 中共中央办公厅、国务院办公厅：《关于建立贫困退出机制的意见》，2016 年 4 月 23 日。

⑤ 国家发改委：《全国"十三五"易地扶贫搬迁规划》，2016 年 9 月 20 日。

⑥ 中共中央办公厅、国务院办公厅：《关于进一步加强东西部扶贫协作工作的指导意见》，2016 年 12 月 7 日。

就业劳动力稳定就业① 等一系列措施，带动促进国家现有贫困人口脱贫。扶贫资金使用方面，中央财政在年度预算中安排专项扶贫资金，地方财政每年预算安排一定规模的财政专项扶贫资金，将省级资金投入情况纳入中央财政专项扶贫资金绩效评价内容②。明确了财政支持产业发展等方面的涉农投入所形成的资产可用于资产收益扶贫③。首次明确了财政支出产业发展是所形成收益的分配方法和原则。

在此阶段，减贫在各要素方面超出了原有的乡村治理结构和水平，与乡村治理形成了复杂的互动作用。伴随基本公共服务日渐上升为国家财政承担，扶贫资源也主要来源于中央财政，辅之以地方财政配套，村级组织主要承接自上而下的资源，经济负担减轻，但是行政化的事务负担加重。在脱贫攻坚的强力推进情形下，乡村治理迎来了基层（包括村级）组织领导的强化、财政资源和社会帮扶力量的大规模进入，同时，作为减贫对象的贫困人口也被精准识别出来，在脱贫攻坚责任制下，政府、市场、社会、村集体和贫困户和非贫困户形成了新的互动。这些变化既让大量贫困村有了新的资源来源和组织资源支持，也在客观上出现了原有贫弱涣散的治理基础难以跟上快节奏的脱贫攻坚形势，因而引发了一系列治理视野下的矛盾，包括贫困人口内生动力不足等帮扶对象主体性缺失问题，帮扶失衡的悬崖效应和边缘贫困人口失利问题等。

六、乡村治理与减贫的经验启示

从不同阶段的减贫经验可以看出，因国家治理在不同阶段的经济发展水平和社会主要矛盾的变化，不同时期，减贫在区域和人群范围上、在主体责任上、在资源来源上有所不同，农村贫困所面临的或者承接的治理理

---

① 人力资源社会保障部、财政部、国务院扶贫办：《关于切实做好就业扶贫工作的指导意见》，2016 年 12 月 2 日。

② 财政部、扶贫办、国家发展改革委、国家民委、农业部、林业局：《中央财政专项扶贫资金管理办法》，2017 年 3 月 13 日。

③ 财政部、农业部、国务院扶贫办：《财政部农业部国务院扶贫办关于做好财政支农资金支持资产收益扶贫工作的通知》，2017 年 5 月 31 日。

念、治理资源、对象范围、主体责任和治理方式等在发生变化，并与乡村治理发生了不同形式的互动。

新中国成立以来的一个较长时期内，中国经济建设百废待兴，国家工业化是当时最紧迫的任务，有限财政资源主要负担了城镇居民福利，来源于财政资源的农村减贫主要体现为少量的赈济灾荒式扶贫救济。农村内部的治理与救济主要依靠宗法制度，通过互助方式予以内部解决。

体制改革辐射带动减贫阶段，主要是通过农业生产效率提升形成的农业产出增长，乡村治理与减贫的互动主要体现在生产制度的变革带来的生产效率的释放，形成减贫的内生动力；而"以工代赈""三西"农业建设和连片贫困地区建设等有意识的减贫行动则主要是将投资建设与贫困带动相统一，以贫困地区发展环境改善和建设过程的劳动吸纳来促成部分区域经济发展和减贫的双重目标。

在区域性扶贫开发阶段主要延续发展辐射带动减贫的思路，通过提振贫困地区发展能力带动贫困减少。在整村推进式的扶贫开发阶段，主要依靠完善贫困地区的基础设施建设和提升基本公共服务水平来拓宽减贫基础，并从整村推进开始，乡村治理与减贫开始了紧密的互动。

在精准扶贫时期，为消除经济社会迅速发展背景下过去几个阶段扶贫开发过程难以带动解决的剩余贫困人口，实现全面建成小康社会的底线任务，扶贫进入精准识别、精准施策、精准脱贫的阶段，基本公共服务均等化的推进形成了农村减贫的底色，加上对贫困县和贫困村基本公共服务的强力补短、对贫困人口基本教育、基本医疗和安全住房的"三保障"，确保了 2020 年消除当前扶贫标准下绝对贫困人口的任务得以完成，这个过程中乡村治理与减贫工作有大规模、高强度的互动。

上述经验既反映了不同阶段的贫困性质与贫困结构对减贫的需求，也体现出与之对应的治理资源（包括扶贫项目、基本公共服务等）供给策略和治理手段的演变。这意味着，全面脱贫后，贫困结构变动和减贫转型需要也将对乡村治理提出新的要求，乡村基层需要在全面推进乡村振兴条件下形成适应常态化防贫减贫要求的治理体系。

第二节　新时期强化乡村治理的现实意义

从脱贫攻坚转向全面推进乡村振兴的新发展阶段，巩固脱贫攻坚成果、防止返贫是底线任务，在脱贫攻坚同乡村振兴有效衔接的过程中，乡村依然是基础治理单元。基层治理体系的基础性作用、减贫形势的新动向，对完善基层治理体系建设以支撑"十四五"时期的减贫工作提出新的要求。

一、乡村治理体系的基础性地位

乡村治理在巩固拓展脱贫攻坚成果同乡村振兴有效衔接任务中具有基础性地位。总体上，减贫过程离不开乡村社会与现代社会的对接以及国家与社会的整合[①]。

自精准扶贫以来，减贫政策瞄准同时聚焦于村庄和个体两个层面，但工作实施和动员主要依托于乡村基层组织。防范化解社会风险的关键越来越倚重于村级治理水平，亟须推动"三治"融合、壮大村级集体经济和创新协同扶贫模式[②]。

脱贫攻坚与乡村振兴有效衔接，从治理体系方面来说存在切实的转换难题，需要兼顾和处理好不同群体对社会政策的诉求[③]，需要从根本上着力推进理念方法和治理体系的衔接[④]。围绕全面推进乡村振兴、巩固拓展脱贫攻坚成果等任务，乡村基层是开展农业产业发展、人居环境建设、留守人群关爱服务、基层医疗卫生服务等一系列工作的主要阵地。为了适应

---

① 李小云、徐进：《消除贫困：中国扶贫新实践的社会学研究》，《社会学研究》2020 年第 6 期。

② 汪三贵、郭建兵、胡骏：《巩固拓展脱贫攻坚成果的若干思考》，《西北师大学报（社会科学版)》2021 年第 3 期。

③ 左停：《脱贫攻坚与乡村振兴有效衔接的现实难题与应对策略》，《贵州社会科学》2020 年第 1 期。

④ 吕方：《脱贫攻坚与乡村振兴衔接：知识逻辑与现实路径》，《南京农业大学学报（社会科学版)》2020 年第 4 期。

乡村基层多元而持久的治理任务，必须推动乡村治理体系的重塑，激发乡村内部治理资源，协同社会力量，增进政府治理同社会调节、居民自治良性互动，克服"碎片化"困境，重塑整体性治理，加快从脱贫攻坚的运动式治理转向全面推进乡村振兴阶段的常态化治理。

二、全面脱贫后乡村治理的任务

全面脱贫后的减贫目标变化对乡村治理体系提出新的要求。全面脱贫后，防止返贫的任务、减贫目标和思路的系统性转变，客观上对乡村治理体系提出了新的要求。

从返贫风险看，边缘贫困户和返贫风险户是脱贫地区在过渡期内需要防返贫的重点人群。由于部分脱贫人口收入水平比较低，或收入结构对政策性补助具有较高依赖性以及不可控因素冲击等因素影响，部分脱贫人口仍存在返贫风险[①]。例如，2020 年 6 月在云南省孟连县（2019 年 4 月脱贫摘帽）调研发现，在非建档立卡风险边缘户和脱贫监测户的"两摸底"标注工作中，通过对全县所有农业户籍农村常住农户收入情况进行收入测算和家庭情况核查，共摸排出边缘户 409 户 1311 人，脱贫监测户 630 户 1956 人，两项相加占该县 2013 年底建档立卡贫困人口规模的 11.18%。攻坚式扶贫结束后，减贫任务从过去对象明确、任务时限明确的形式转向对具有一定不确定性和分散性的贫困风险防范，这对乡村基层的风险防控能力、敏捷治理能力提出更高要求，稳定脱贫内生动力的形成需要更长效的反贫困治理机制。

从减贫范式看，在全面建成小康社会后，中国的反贫困工作将转入缓解相对贫困阶段。基于相关学者对 2018 年中国住户调查数据的测算，以农村居民人均可支配收入中位数的 40%确定农村的相对收入贫困线，农村的相对贫困发生率达到12.78%[②]。这些情况表明，防止返贫和减少相对

---

① 吴国宝：《如何有效防范化解规模性返贫风险》，《中国党政干部论坛》2021 年第 6 期。

② 汪三贵、孙俊娜：《全面建成小康社会后中国的相对贫困标准、测量与瞄准——基于 2018 年中国住户调查数据的分析》，《中国农村经济》2021 年第 3 期。

贫困将是长期化的基层治理任务，其化解方式也不同于消除绝对贫困阶段的攻坚式扶贫手段，而是需要常态化的减贫框架，相应地，需要资源持久供给、组织持续有效、反应动态敏捷的基层治理体系形成对常态化减贫的支撑。

三、全面脱贫后乡村治理的重心

面对社会主要矛盾的变化和贫困结构的变动，乡村治理需要尽快转型并适应下一个阶段的相对减贫需要。

从任务分工来说，乡村基层需重塑其功能并找到能够发挥优势功能的主要领域，形成长效减贫的集体功能支撑。贫困程度较深的贫困地区和贫困人群其致贫原因主要源于地区和城乡不平衡态势下的基本公共服务匮乏，伴随脱贫攻坚收官，农村贫困的重点观测对象依然是教育、医疗等基本公共服务长期欠债而形成人力资本低洼区域及相关人群。而通过基本公共服务均等化补短板的资源来源依然将以中央与地方财政事权和支出责任有效划分前提下的国家财政投入为主。这也意味着，从资源来源而言，基本公共服务的供给和分配将脱离乡村层面的治理范畴。进而，在此种形势下的乡村治理对象及对应的治理方式，应转向关注外部资源供给下的乡村内部的人与人的互动关系，包括对乡村内外关系变动情形下的权利关系处理，对留守儿童、老年群体形成有效的集体关照，这些也是乡村治理重塑其功能并发挥优势功能的重要领域。

从资源分配而言，乡村治理需着重处理人与乡村资源资产的关系，形成未来一轮资源资产资本化过程中的益贫性分配。长期以来，由于权能的束缚，乡村内部大量沉睡的资源资产未能共享整个经济发展过程中的红利。近年来的农村产权制度改革，与减贫有了探索性的结合，例如一些贫困村依托"三变"改革的脱贫实践，通过产权权能激活、共享、增收而在村内实现收益分配而实现内生动力激发为主的减贫。特别是消除现行标准下的绝对贫困之后，形成缓解相对贫困的长效机制的本质在于，不断破解过去福利和利益分割的城乡关系和地区关系，逐渐向城乡要素自由流动、平等交换和公共资源合理配置方向转变。与之对应的，乡村治理的重点任务也随之将面对和处理这个过程中乡村内外的人、资本与乡村资源资产的关系，特别是形成农村产权制度改革的带农益农式分配。

第三节　乡村治理体系面临的若干挑战

全面脱贫后，基层治理体系与减贫治理将同步面临现代化转型的困境与挑战。现阶段乡村治理体系的挑战，其根源在于农业税费改革以来农村基层组织治理责任淡化，乡村内部治理资源匮乏、组织力量薄弱，国家资源输入占据主导地位，致使乡村基层成为"为国家分配资源"的代理而非突出主体参与性的治理，行政化趋势凸显。与此同时，精英俘获等问题导致的公共资源瞄准偏差还会进一步侵蚀国家资源下乡的公益性和有效性，这些问题都将对巩固拓展脱贫攻坚成果、继续推进乡村振兴带来挑战。

一、治理资源的适配问题

脱贫地区乡村的治理资源匮乏，存在与治理任务的适配困境。乡村治理资源既包括治理主体资源、也包括经济资源和社会网络资源，与更强调组织功能的组织力量相区分，治理资源更强调可调用的人力、物力、财力等。农业税费改革和城乡资源配置关系的逆转，脱卸了农村基层组织的治理责任，也就是农村基层组织凝聚、配置资源推进基层治理的动力、意愿和职责在消退①，由此导致 21 世纪以来中国乡村治理的历史性变化。

脱贫攻坚过程是资源密集下乡的过程，国家权力以项目、下派第一书记、财政支付村干部报酬等方式全面进入乡村社会②。自上而下的治理资

---

① 杨华、王会：《重塑农村基层组织的治理责任——理解税费改革后乡村治理困境的一个框架》，《南京农业大学学报（社会科学版）》2011 年第 2 期。

② 景跃进：《中国农村基层治理的逻辑转换——国家与乡村社会关系的再思考》，《治理研究》2018 年第 1 期。

源输入占据主导地位，并且进一步加强了基层政府对乡村的控制，乡村内部则缺乏与外部资源输入相协同的治理资源对接，导致乡村往往成为国家资源的单向承载者。以村庄为基本单位的扶贫工作使得其与基层治理发生了密切的关联，国家层面"自上而下"的减贫制度安排和项目资金下达过程中，出现了效率不足、内生动力缺失的治理困境。并且，由于任务的层层加码和治理的协同困境，形成了贫困人口和边缘贫困群体的帮扶悬崖效应，在住房、医疗救助等领域尤为突出①。这些问题的产生，都与乡村缺乏内部治理资源或者资源调动不足密切相关，形成了"为国家分配资源"式的代理，而非突出自主参与性的治理。当前，在多数脱贫地区，脱贫村层面要形成能有效支撑基层治理的村集体经济资源还有待时日，尚不足以形成在国家资源下乡过程中能够密切形成互补的治理资源，导致乡村地区缺少与其治理任务相匹配的治理资源。县域层面，县域经济整体薄弱，脱贫攻坚期间，县级政府配套资金投入大，刚性支出不断增加，县级政府财政收支矛盾突出、债务风险较高，对于乡村产业培育等一系列需要长期投入支持的工作缺乏有效的后期支撑。

从实地调研情况看，例如云南某县（2020 年 11 月脱贫摘帽），从 2014 年到 2019 年，该县一般公共预算收入仅从 4.63 亿元增加到 4.81 亿元，但支出从 29.42 亿元增加到 56.64 亿元，财政自给率从 15.72%下降到 8.49%，与此同时，从 2020 年开始，该县与不少脱贫县域一样，开始进入债务偿还高峰期。这些情形意味着，脱贫地区县域内的脱贫村，不仅村级资源薄弱，也较难获得地方政府的资源支持，在很大程度上依然有赖于中央政府对各方资源的调动。

但是，全面脱贫后的乡村减贫资源输入预期将在政策过渡期结束后减弱，转而以乡村振兴的各类资源投入形式下乡，这就要求脱贫地区及时形成与之适应的治理资源统筹和集约使用机制，进一步支撑常态化减贫和乡

---

① 林万龙、刘竹君：《变"悬崖效应"为"缓坡效应"？——2020 年后医疗保障扶贫政策的调整探讨》，《中国农村经济》2021 年第 4 期。

村振兴。针对后税费时代乡村治理的困境，如何进一步优化基层治理资源的来源结构，形成基层治理与政府权力和资源下乡的合作与融合，是脱贫攻坚与乡村振兴衔接过程中的关键挑战。

二、治理组织的薄弱问题

脱贫地区乡村的组织力量薄弱，存在对外源性组织力量的惯性依赖。现阶段的乡村面临一系列治理危机，其实质是在农村社会结构深刻转型及农村体制急剧变迁背景下，农村集体行动能力的全面衰落[1]。乡村治理作为国家治理现代化的末梢，随着农村人才外流、集体组织功能式微等一系列变化，原有的乡村组织资源遭遇冲击甚至瓦解，处于转型和重塑的过程之中。

在此过程中，党组织成为基层治理的权力主体，是对传统乡村社会精英治理体制的现代替代物[2]。村基层党组织是脱贫攻坚与乡村振兴衔接的组织堡垒，是基层治理的根本力量和治理体系的关键核心，其治理能力对基层治理成效具有决定性的作用。在脱贫地区的基层治理实践中，农村基层党组织同样遭遇青壮年人口大量外流、组织力量薄弱等多种困境，在组织人员结构、治理手段方面面临突出的挑战。例如，国家统计局的调研表明，后进的乡村党组织力量普遍薄弱，村党组织涣散现象严重，"无人管事、无人干事、无钱办事"现象突出[3]，另中组部的调查数据显示，全国农村 54.3 万名村党组织书记中，大专及以上学历的占 20.7%，45 岁及以上的占 70.8%[4]，人员结构、知识结构不合理等问题已经严重制约基层党组织引领功能的正常发挥。

尤其是，脱贫攻坚阶段，不少地区由于扶贫强度加大、速度加快，以

---

[1]　王亚华、苏毅清：《乡村振兴——中国农村发展新战略》，《中央社会主义学院学报》2017 年第 6 期。

[2]　徐勇：《"政党下乡"：现代国家对乡土的整合》，《学术月刊》2007 年第 8 期。

[3]　国家统计局农村司：《"乡村振兴之路"调研报告》，《调研世界》2019 年第 6 期。

[4]　数据来源：《中国共产党党员总数超 9000 万》，《人民日报》2019 年 7 月 1 日。

及脱贫攻坚向乡村振兴过渡转型期的任务叠加，内生动力不足、乡村治理乏力的现象凸显，成为乡村治理中的组织难点。在此情形下，贫困村派驻村工作队、第一书记，作为基层组织的外源性力量嵌入乡村基层组织，形成承接甚至引入各类减贫与发展项目的组织力量，这些都是乡村基层组织力量薄弱的体现，也是对乡村基层组织力量的战略性补充。

但是全面脱贫后，尤其是过渡期结束后脱贫地区和脱贫村或将面临派驻力量减弱的局面，需要更加强有力的内生组织能力形成对常态化减贫的支撑以及对乡村振兴工作的承载，如何提振乡村基层组织的治理能力，依然是乡村治理的基本难题。

三、治理资源的瞄准问题

乡村基层对公共资源承载乏力，存在资源瞄准偏差和内卷化风险。一方面，由于乡村内源性治理资源的匮乏和组织力量的薄弱，在国家层面公共资源不断进入乡村的过程中，基层组织受限于组织能力难以迅速有效承接资源，村庄内的社会关系结构、集体行动的缺乏等因素导致扶贫工作目标发生偏离[①]，致使基层治理政策难以有效落地和资源下乡过程中的耗散[②]，客观上形成了在财政扶贫项目、农贷资金、农村低保、贫困户建档立卡等诸多方面普遍存在的精英俘获现象[③]。

精英俘获致使公共资源分配项目功能错位、目标偏离，引致乡村内部的不公平感、侵蚀乡村治理生态，并进一步导致基层组织的权威性与合法性的下降。另一方面，国家扶贫资源下乡过程的内卷化现象也受到关注，

---

① 邢成举：《村庄视角的扶贫项目目标偏离与"内卷化"分析》，《江汉学术》2015 年第 5 期。

② 张新文、张国磊：《社会主要矛盾转化、乡村治理转型与乡村振兴》，《西北农林科技大学学报（社会科学版）》2018 年第 3 期。

③ 温涛、朱炯、王小华：《中国农贷的"精英俘获"机制：贫困县与非贫困县的分层比较》，《经济研究》2016 年第 2 期；Han H W, Gao Q, "Community-based Welfare Targeting and Political elite Capture: Evidence from Rural China", World Development,2019, No.115,pp.145-159；胡联、汪三贵：《我国建档立卡面临精英俘获的挑战吗?》，《管理世界》2017 年第 1 期。

也就是在政策目标(考核压力和时间压力)的约束下，扶贫资源大量下沉，且以保障性资源或政策为主，与高强度的扶贫投入相对比，乡村基层的内生动力显得尤为不足，并存在一定程度的"等靠要"思想，形成了内部资源使用效率较低但仍向外部或上级索要扶贫资源的一种发展悖论。

过渡期内，如何在巩固拓展脱贫攻坚成果、全面实施乡村振兴的过程中，通过精细化的技术治理，与乡村传统治理结构互补协调，有效承接国家的资源下乡，并修复和完善基层治理生态，这都对乡村治理手段创新提出了挑战。

第八章　强化乡村治理支撑的思路

破解乡村基层治理困境是巩固拓展脱贫攻坚成果同乡村振兴有效衔接的关键。基层治理的核心命题是治理资源与治理任务的匹配，扭转基层治理困局的关键在于匹配权责对等的治理资源，并进而重塑农村基层组织的治理责任，通过创新手段模式提升治理能力。从减贫工作的变化看，脱贫地区需要在过渡期内加快适应治理对象和治理形势的变化，激活内生性的治理资源、培育本地化的组织力量，并通过治理模式和治理手段的创新，逐渐形成乡村内部主体参与性更高、更有效的治理结构。这既是"十四五"时期推动常态化减贫机制形成的基层治理基础，也是全面推进乡村振兴的必要条件。为提升基层治理体系对全面脱贫后常态化减贫和乡村振兴的治理承载力，现阶段的路径选择是，结合当前实践中探索出来的一些重要的典型经验，着重优化治理资源体系，以村社本土的发展资源和低收入人口的发展需求为基础，充分挖掘乡村内部组织资源，培育村民主体性和村社主体性，提升乡村承接资源的能力，优化治理结构与秩序，将制度治理、技术治理与村社内部社会网络治理有机结合，形成优势互补的乡村基层治理模式。

第一节　全面脱贫后的减贫治理形势

全面脱贫后，防返贫工作的政策对象从建档立卡的脱贫户转向具有高返贫风险的人群，治理形势发生了若干明显转变。相应地，这些转变会对乡村治理提出新的要求。

一、治理对象的具体表征

全面脱贫后治理对象的具体表征主要包括多维需求保障不充分、日常生计风险不确定、社会结构障碍不适应，这些特征是强化乡村治理，支撑常态化减贫需要针对的重点方面。

（一）多维需求保障不充分

中国农村已解决了"两不愁三保障"的绝对贫困，但农村客观上存在相对的低收入群体，这些群体在教育、医疗、住房、社会地位和发展机会等方面仍处于相对缺乏的状态。一方面，囿于中国当前尚处于社会加快转型期，在市场经济背景下，广大人力、物力、财力等优势资源始终会选择向城市聚集。另一方面，精准扶贫时期，在中央政策的强力推动下，众多贫困地区迈入了经济发展的"快车道"，但地区之间的发展不均衡问题始终且长期存在，主要集中在深度贫困地区、少数民族贫困地区以及边远山区等。因此，在中国农村尤其是欠发达地区，长期城乡二元结构下，教育、医疗、健康、社会保障等方面的短板问题依然表现突出，全面脱贫后乡村治理的对象应该重点瞄准欠发达地区和相对弱势群体。

具体表现在以下三个方面：第一，深度贫困、少数民族等地区的人力资本存量相对较低，且流动性较大、流失率较高。主要表现在乡村教师的极度匮乏且综合素质不高，以及基层医疗服务人员的缺口较大。第二，住房保障的持续性不足。部分地区的农村危房改造工程存在质量保障性不足和改造不彻底等问题，导致部分危房改造家庭住房的安全保障难以满足长期、可持续、稳定的要求，且在供水、供电、卫生条件等方面保障不充分。第三，易地搬迁群体的后续发展能力不足。易地搬迁对象包括扶贫搬迁户和同步搬迁户两类，不少属临界边缘户，面临整村整组搬迁压力下的非自愿或准自愿搬迁问题，加之扶贫政策"悬崖效应"，易出现生计失败引致同步搬迁户返贫返迁，容易形成后续扶持对象瞄准的政策盲点。

(二) 日常生计风险不确定

在打赢脱贫攻坚战的硬目标约束下，短期内，部分农村居民能够通过"社会兜底"或间接性的务工收入实现收入脱贫，但此类非稳定的收入来源仅仅实现了对脱贫标准的低水平超越，其强度不足以抵御风险，各种社会保障制度碎片化以及贫困地区教育、医疗等支出消费可能超出其实际支付能力。长期而言，收入的不可持续可能引致此类群体日常生计的不确定性风险，最终导致其演变为高脆弱性群体。因此，此类群体应该成为全面脱贫后乡村治理的重点对象。

具体表现在以下两个方面：一是老弱病残妇幼的相对贫困群体。根据《"十三五"国家老龄事业发展和养老体系建设规划》，预计到 2020 年，我国 60 岁以上老人将增加到 2.55 亿人，占总人口的 17.8%左右，独居和空巢老人将增加到 1.18 亿人，预计到 2030 年比例将提高到 25%左右。随着老龄化的不断增长，老人失能将成为显著特征；2017 年建档立卡数据显示，中国剩余贫困人口中因病、因残致贫人口占贫困总人口的 42.3%和 14.4%，此类群体文化程度普遍偏低，缺乏足够的家庭和社会支持。因此，全面脱贫后老弱病残妇幼等特殊群体始终且长期面临日常生计的不确定性风险，将成为乡村治理的重要对象。二是低人力资本的农民工脆弱性群体。在城市化快速推进过程中，此类群体以农村劳动力的形式大量流入城市。在原特定空间内，此类群体并非处于相对弱势地位，但囿于其迁移进入新的生活空间后，生计策略和生活方式发生巨大转变，教育医疗等费用支出增加，缺乏长期稳定的就业和社会保障，可能演变为新生弱势群体。根据国家统计局发布的《2019 年农民工监测调查报告》可知，2019 年农民工总量达到 29077 万人，比上年增加 241 万人，增长 0.8%，占我国总人口的 20.77%。在外出农民工中，进城农民工 13500 万人，占农民工总量的 46.43%。进城农民工大多人力资本水平相对较低，进城后劳动力市场竞争力较弱，以从事劳动密集型行业为主，增收空间小且不稳定。

根据郭君平等[1]的测算结果，若采用世界银行每天消费 3.1 美元这一贫困标准进行测算，2015 年农民工的收入贫困发生率为 2.07%，消费贫困发生率达 12.30%；若采用城镇居民人均可支配收入中位数的一半作为相对贫困线来测算，农民工的贫困发生率为 26.33%。

（三）社会结构障碍不适应

囿于空间地理和亚文化等长期性结构性障碍约束，部分农村居民在 2020 年消除绝对贫困后未能实现社会结构的跃升，其在多维社会结构中的劣势并没能得到根本性的改变。如李小云提出[2]，在深度贫困地区客观上存在着某种超越国家或个人能力，同时又约束国家和个人把握市场机会的一种状态。这里社会结构可以理解为不同的社会结构维度，如二元结构、社会阶层、亚文化结构和空间地理结构等不同维度，正是这些社会结构"桎梏"了此类群体的发展。因此，全面脱贫后乡村治理的对象应纳入此类受社会结构约束的群体。

具体表现在以下两个方面：一是文化水平约束群体。当前，随着农业技术的不断进步和制度的创新，农业生产的规模化、组织化快速推进，而随着传统农业的快速转型升级，农业产业结构越发不利于受教育水平不高的贫困人口参与和占领市场份额，出现了实质贫困人口被排斥在产业发展之外的现象。而随着农业产业现代化水平的提升，贫困人口具有的劳动力比较优势逐步丧失，很多劳动密集型产业发生转移或者对劳动力的需求大幅度减少，这无疑会对贫困地区的贫困劳动力就业造成巨大冲击。而蓬勃发展的现代农业产业对贫困人口的辐射作用甚微，难以有效带动贫困人口就业。加之受到相关土地制度和户籍制度的限制，也在一定程度上压缩了贫困人口参与市场的活动空间。二是信息获取约束群体。在信息社会"无形的信息创造价值、并占据主导地位"，生产活动建立在自动化、信息化、

---

① 郭君平、谭清香、曲颂：《进城农民工家庭贫困的测量与分析——基于"收入—消费—多维"视角》，《中国农村经济》2018 年第 9 期。

② 李小云：《冲破"贫困陷阱"：深度贫困地区的脱贫攻坚》，《人民论坛·学术前沿》2018 年第 14 期。

智能化的基础上，社会经济也围绕着信息、网络、技术来组织，同样作为商品的劳动力获得收入所依赖的要素发生了变化，有机会接触到信息、有能力驾驭信息成为个体在竞争中取胜的关键，反之，那些无法接触到信息、没有能力使用信息进行价值创造的人将成为新时期的弱势群体。因而，全面脱贫后的贫困将转变为因缺乏对信息的占有、缺少信息驾驭能力而形成的信息贫困，并因信息贫困引发社会交往、社会参与等多方面的剥夺。

二、治理形势的若干转变

判别减贫治理形势的转变，对象是全面脱贫后以乡村治理体系支撑减贫的基本前提。清晰、准确地瞄准治理对象，有助于治理资源的精准投放，明确治理主体的责任关系，提高乡村治理与减贫的工作效率，避免治理方式与手段的失灵，提高社会整体福利。

(一) 由绝对性向相对性转变

精准扶贫时期，中国的乡村治理与减贫对象主要以消除绝对贫困人口为主，乡村治理中的扶贫对象一般采用"绝对贫困"标准进行界定，主要体现在家庭收入、生活条件等最基本生存条件方面。下一阶段，乡村治理对象的相对性将主要体现地区、城乡和不同群体之间在收入、社会公共服务、教育及医疗服务等方面的差距。

一方面，全面脱贫后，中国农村的绝对贫困问题已经得到有效解决，但区域间相对贫困问题将日趋显现，原深度贫困地区的人口发展能力不足和发展机会缺失的相对弱势逐渐扩大。经过七年的脱贫攻坚战，中国贫困地区的公共基础设施、生产生活条件得到显著改善，但深度贫困地区和边境地区发展起步晚、底子薄、生态环境脆弱，这些地区的居民物质生活需求远低于全国平均水平，在精神生活、生产生活条件方面依然存在巨大差距。另一方面，相对贫困的治理对象可以通过社会平均收入等测量工具界定出来，但相对贫困群体也不仅仅是一个数量特征（如低于中位数的60%或40%），而是具有差异化的群体特征。相对贫困不再具体表现为绝对贫困时期的"生存温饱问题"或"两不愁三保障"障碍，但仍会表现为不平衡、不充分、不确定性等特点。因此，全面脱贫后，中国乡村治理对象的瞄准应当聚焦于特殊困难（老年人、残疾人、病患家庭等）、脆弱性较高、返贫风险较大等相对弱势群体。

（二）由特惠型向普惠型转变

在精准扶贫阶段，乡村减贫的对象是特定的绝对贫困群体，建档立卡等精准到户的瞄准制度旨在识别出需要特殊扶持的对象，根据其自身的致贫原因及约束条件，针对性地提供帮扶。这一"滴灌式"减贫举措在区域性扶贫开发难以对绝对贫困群体产生"涓滴效应"的背景下是有效的，既能够解决绝对贫困群体的"碎片化"问题，也能够有效缓解减贫工作中存在的大众俘获和被动俘获等现象，进而提高治理资源的利用效率。但是，精准扶贫时期的乡村治理将原本整体存在的村庄切割为建档立卡贫困户与非建档立卡户等群体，一定程度上破坏了村庄原始的熟人关系与村社理性。此外，逐级分类治理也造成治理碎片化，导致弱势群体可能更加边缘化、村民关系趋向紧张等问题。

全面脱贫后聚焦相对贫困的乡村治理在理念上需要转向包容性更强、普惠性更广的发展与福利治理。伴随着乡村绝对贫困问题的解决，相对弱势群体便成为下阶段乡村治理需要关注的对象。但与前者不同的是，相对弱势群体更具有普遍性和动态性，规模更加庞大，基层政府难以有效地识别准确的治理对象。因此，全面脱贫后的乡村治理需要由特惠型向普惠型转变，以保证治理资源在治理对象中的分配更加公平，杜绝贫困身份锁定方式下的扶贫资源集中供给和福利悬崖效应，合理兼顾不同群体利益诉求，尽可能避免引发未受惠群体的不满情绪，提高乡村整体幸福感和获得感。通过对农村道路、通信、供水等基础公共设施的进一步提升，对农村人居环境突出问题治理力度的进一步增强，以普惠性、保基本、均等化、可持续为方向，保障全面脱贫后乡村治理工作的可持续性和可操作性，实现乡村治理与城市治理并轨和标准统一。

（三）由标签化到概念化转变

精准扶贫时期的乡村治理将原本整体存在的村庄划分为贫困户与非贫困户两类群体，为贫困人口贴上了"建档立卡贫困户"标签。这一标签有助于引导减贫资源的精准投放，并实现治理成效的动态监测管理，提高治理效率，但也带来一定的负面影响：一方面，贫困标签化也可能导致贫困的"污名化"问题与社会外界产生的"刻板印象"，将贫困与懒惰、无能挂钩，在一定程度上可能影响到贫困群体的自尊心与摆脱贫困的信心；另一方面，贫困标签化容易在贫困户心中留下政治身份烙印，助长其"等靠要"的心态，给减贫工作带来一定的阻碍和困难。因此，消除绝对贫困以后，乡村治理的对象不再适宜使用"贫困户"等标签进行定义。

伴随着乡村治理进入新阶段，其治理对象也由此发生转变，不再是一个特定的、贴有标签的群体，取而代之的是较为概念化的定义。所谓概念化，是指乡村治理对象的抽象化，可以用来泛指乡村治理的主体，但难以精准地界定。此概念只是用以描述乡村治理工作在理论层面的对象，而非实践操作层面的具体个人。基于此，结合当前中国农村经济社会发展的现状来看，全面脱贫后乡村治理对象则是重点倾向于发展能力受限、临时风险较大、脆弱性较高的特殊困难群体。

（四）由攻坚式向常规化转变

全面脱贫后，中国的乡村减贫对象将从阶段化、目标化转向长期化、常规化。为确保 2020 年全面打赢打好脱贫攻坚战，如期完成全面建成小康社会的目标，中国政府采取了一系列重大举措，广泛动员社会力量，集中人力、物力和财力，如精准扶贫方略下的瞄准机制、帮扶机制以及"十个专项、五个一批"等减贫措施。值得肯定的是，这在乡村治理群体相对比较集中、绝对贫困问题比较突出的情况下是非常必要的。在治理绝对贫困阶段，贫困人口规模大、贫困发生率较高，亟待解决的是生存问题，所以必须在一定时期内完成减贫目标。同时，这种阶段性的广泛动员式的治理方式，在解决绝对贫困阶段容易形成社会共识，容易调动社会资源，能够集中高效地解决"两不愁三保障"这类绝对贫困问题。

全面脱贫后，针对相对贫困的乡村治理，解决的是如何帮助相对贫困群体实现更好生活的问题。一方面，这是一个长期且动态变化的目标，因此相对减贫工作必然伴随着长期化、常态化特点，这也是全面脱贫后中国乡村减贫的重要转变。另一方面，面对相对贫困问题，需要由广泛社会动员向常规制度化减贫转变，与现代农业发展、民生建设、社会保障和区域经济发展一样，把相对贫困的乡村治理问题纳入国家和各部门的常规性治理工作中，构成本级政府的重要日常工作内容。针对相对减贫的多维性特点，全面脱贫后将形成扶贫、教育、医疗、卫生、民政等多部门参与的乡村治理格局，并打破以往乡村减贫工作中"碎片化"的治理困境。

（五）由多维度向特殊维度延伸

自 2010 年联合国公布全球的多维贫困指数以来，世界各国普遍开始关注贫困的多维性，并逐步将贫困标准从单一维度向多维贫困转变。精准扶贫时期，减贫对象通常采用建档立卡标准（即贫困识别标准），主要考虑农户家庭的经济收入，并同时纳入"两不愁三保障"。在基层实践中，基层干部结合地区发展特征进一步将这一标准转化为"几看法"："一看房"，包括住房安全、人均住房面积等；"二看粮"，包括人均经营耕地面积、种植结构、人均占有粮食等；"三看劳动力强不强"，包括劳动力占家庭人口的比例、健康状况、劳动力素质等；"四看家中有没有读书郎"，包括教育负债、教育回报等。这一系列举措有助于我们识别更广范围的绝对贫困群体，以便于为其提供更具针对性的减贫措施，对症下药，提高减贫的准确性和效率。

随着绝对贫困的消除，教育、医疗、住房等维度的外部约束条件逐渐解除，瞄准基本生存保障的多维度界定方法已不再完全适用于新时期的乡村发展要求。信息贫困、临时风险与老弱病残等特殊群体成为下阶段乡村治理的主要对象，既包括信息获取、人力资本等特殊个体维度，还包括社交网络、环境风险等特殊社会维度。因此，全面脱贫后乡村治理对象的界定与识别需要由基本生存保障的多维度转向信息、风险等新时期约束条件的特殊维度。

（六）由重扶持向重预防转变

全面脱贫后，减贫工作将转向更加重视"预警和预防"。长期以来，开发式扶贫一直是中国乡村减贫工作的主要战略，即农村贫困的治理机制始终围绕"扶贫"展开，这一治理路径突出地表现在从区域瞄准到村级瞄准再到精准扶贫"建档立卡"等贫困瞄准制度的变化上。整体而言，农村减贫工作从中央和地方制定的减贫目标到相应减贫措施的配置，都主要集中在解决已落入贫困的目标群体上。而伴随着农村绝对贫困的全面消除，生存性贫困不再是中国农村贫困治理的主要特征，乡村减贫工作除了有少数的特殊困难群体仍然是扶贫目标以外，不再是长期锁定固定人群作为政策对象，而是重视脆弱性，强化"预警和预防"。

全面脱贫后瞄准"预警和预防"目标的乡村减贫工作主要聚焦在两个方面：一方面是预防已脱贫人口的再次返贫。由于脱贫人口具有脆弱性、边缘性等特点，他们仍然是社会经济生活中的相对弱势群体。因此，全面脱贫后的乡村减贫工作要注重部分治理绝对贫困相关举措的延续，形成缓冲期、过渡期，避免出现绝对贫困的断崖式终止，重点体现在易地搬迁户的社会融入治理与基础公共服务的提质升级。另一方面是帮助低收入人群提高抵御风险冲击的能力。部分收入略高于绝对贫困线、生活条件相对弱势的农村居民因缺少足够的发展能力、资产和收入保障，抵御市场、自然、健康等内外部风险的能力非常有限，极易陷入贫困，需要通过教育、就业、医疗卫生方面的干预措施强化预防，并在陷入风险时及时救助。

第二节　新形势下减贫治理思路

全面脱贫后，防贫减贫工作重点转向抑制贫困风险、促进低收入人口增收，扶贫工作方式也由攻坚式作战调整为常态化推进，因此，乡村治理需要面向建立减贫救助常态化机制的目标，加快实现乡村治理对防贫减贫的有效支撑。

一、减贫治理理念的转变

随着当前扶贫标准下绝对贫困人口的消除，贫困问题将主要表现为位于集中连片贫困地区的人口发展能力不足和发展机会缺失的地区间的相对贫困，以及老年人、残疾人、病患家庭等特殊困难群体的相对贫困，低水平基本公共服务水平下的高强度后置帮扶模式将难以应对未来以治理相对贫困为主的治理需求。因此，乡村治理对常态化减贫的支撑方式需转向包容性更强、预见性更远、普惠性更广的治理理念。

（一）减贫理念回归"普惠式"特征

随着绝对贫困人口的消除，减贫策略不再是"啃硬骨头"，而是向"普惠式"减贫回归。较 20 世纪八九十年代而言，随着我国经济社会的发展，城镇产业结构升级对农村转移就业劳动力的素质和技能提出了更高的要求。此时的基本公共服务保障水平进一步升级，并从二元分治式（城市和农村的二元、贫困县与非贫困县的二元、贫困村和非贫困村的二元、贫困户和非贫困户的二元）的特惠式扶贫，走向普惠和包容性的减贫，包括：促进地区和城乡融合发展来缓解相对贫困，依靠基本公共服务固本筑基（普惠式防贫），对风险性的贫困人群进行分类分级救助（普惠式助贫）。

普惠式防贫，是指统筹城乡资源，不断完善城乡基础设施和提升医疗、教育、就业等领域的基本公共服务均等化水平，从而普惠式地降低边缘贫困人群、低收入人群的脆弱性。例如，全面脱贫后农村劳动力的文化素质偏低，转移就业的劳动技能水平层次较低，法制观念和自我保护意识不强，一定程度上制约了农村劳动力的转移就业。须不断完善覆盖城乡的公共就业服务体系，加强农村转移就业人口的职业教育和技能培训，才能从根本上为农村劳动力的顺利转移提供有力保证。

普惠式助贫，则是指在全面脱贫后根据收入或其他评价指标所进行的贫困程度筛查，对相对贫困程度较高或贫困脆弱性较强的人群进行普惠式助贫。对此，助贫方式不仅是最低收入保障或其他类型的物质补贴，还可以拓展扶贫车间的公益性岗位（如乡村保洁员、水管员、护路员、生态护林员等）和就业教育（家政服务、养老护理、医院看护、餐饮烹饪、电子商务等技能培训），让助贫对象提高相关技能，通过合理渠道就业提高收入。同时，健全覆盖城乡的公共就业服务体系，一方面，应充分发挥公共就业服务机构特别是基层平台的作用，主动为相对贫困的劳动力提供政策咨询、岗位信息、职业指导和职业介绍等服务。完善公共就业服务制度，加强基层平台建设和信息化建设，为包括农村劳动者在内的各类劳动者免费提供职业指导、职业介绍、岗位信息等基本公共就业服务[①]。

（二）防贫过程转向多主体治理

贫困人群收入实现可持续增长是一大难题。从现在的数据来看，贫困地区农村居民可支配收入的增长贡献主要来自转移净收入的增长，如果分离转移净收入的贡献，仅靠工资性收入和经营性收入的增长难以实现可支配收入持续增长。如果贫困人群的收入无法实现可持续增长，其贫困脆弱性将大大提高，未来随时可能再度陷入贫困。因此，如何实现较低收入人群收入可持续增长，是未来减贫工作所面临的一大难题。

对此，仅靠政府单方面扶贫将后继乏力，需要多种社会主体参与形成合力。政府是扶贫开发的主力军，是贫困地区实现脱贫的外源拉力，但是随着扶贫开发工作的不断推进，政府投入产生的"边际效益"不断降低，需要刺激贫困地区和贫困人群产生内源推力以消化扶贫资源。市场、社会具备精细化资源并高效配置资源的能力，有助于在贫困主体内部形成内源推力、提升扶贫效率。因此，如何打破政府、市场和社会的扶贫边界，是深化精准扶贫需要探索的重要问题之一。

在精准扶贫阶段，为了实现贫困地区农村人口脱贫，党中央做好顶层设计，建立精准扶贫工作机制，强调"七个强化""五条经验"，严格落实脱贫攻坚报告制度、责任制度、考核制度等保障性制度，坚决完成农村人口脱贫这一最艰巨的任务，保障全面小康如期实现。然而，这种自上而下的减贫，随着科层制的"层层加码"，产生较大的治理成本。在脱贫攻坚

---

① 邱小平：《积极促进农村贫困人口转移就业》，《行政管理改革》2016 第 7 期。

时期，为带动贫困村和贫困户、激发内生动力，逐步形成了以下派第一书记为动力的包村、包户的帮扶模式；随着绝对贫困的消除，自上而下的帮扶方式已完成阶段性历史使命，应开始探索新一轮的升级版的"普惠式"扶贫，减贫逻辑上应从自上而下的扶贫治理向自下而上的多主体治理转变。

从治理主体层面看，各主体的联结方式十分重要，如公益联盟、公益组织与政府的线性或并行关系[1]，或"多元治理"模式，如构建村民、政府、NGO、市场和媒体共同形成的"跨界合作主体"等；从治理渠道角度，有学者认为社会公益组织等政府外部力量嵌入精准扶贫生态系统可从核心支点、基础条件、制度嵌入、技术支撑四个方面着手实现与政府扶贫目标的契合，如"互联网＋公益＋扶贫"的新型模式等[2]；从帮扶效果而言，社会组织参与扶贫规避了科层制的行政异化，在一定程度上担当了扶贫中介者、调和者、创新者和引导者的角色[3]，在公益组织与政府、市场的多主体共同参与的"大扶贫"格局中，弥合了"政府—市场"二元治理中的盲点。

其次，还应发动市场力量参与减贫，需注意这种参与模式并非单纯的自上而下的扶贫项目，或以企业利润为单纯目标的项目投资，而是更为可持续的帮扶方式，一方面是为彰显企业的社会责任而进行的公益性项目投资，盈利目的多以其他形式反馈给贫困户，带动当地就业并实现农户增收；另一方面，是从村集体或乡镇当地"内在需求"出发，给予所需的资金投入和相关指导，其目的在于激发村民内生动力，实现自治。这种市场参与模式，并不干涉项目运营，只是以资金借贷，后期低息还款的方式，给予相对贫困群体创业启动资金，打破其发展束缚。此外，社会力量的公益性帮扶和市场力量的高效化运作，在实现基本公共资源公平性的同时提

---

① 李荣荣：《作为礼物的现代公益——由某公益组织的乡土实践引起的思考》，《文化纵横》2015 年第 5 期。

② 徐顽强、李敏：《公益组织嵌入精准扶贫行动的生态网络构建》，《西北农林科技大学学报（社会科学版）》2019 年第 3 期。

③ 黄承伟、刘欣：《本土民间组织参与扶贫开发的行动特点及发展方向——以贵州省某民间组织为例》，《贵州社会科学》2015 年第 1 期。

高了服务的供给效率，同时也弥补了在正式制度中政府分配公共产品供给效率低等缺陷，有助于实现减贫的长效机制。

除此之外，还应加强高校和相关技术院校与全面脱贫后减贫区域和对象的对接。贫困群体思想观念更新和知识能力提升是脱贫致富的原动力，根本措施是"治贫先治愚，扶贫必扶智，扶智教为重"，开发人力资本，积累社会资本，用好物质资本，增强自主发展能力[①]。尤其是相对贫困的地区农民工子女教育困境是系统问题，教育投入路径的缺乏和教育方式单一的缺陷，以及家庭教育的缺位和社会关注的缺失，仍阻碍着当地教育和经济的持续发展。解决西部地区农民工子女教育问题是接下来促进基本公共服务均等化、公平化，弥合城乡发展差距，实现乡村振兴战略的重中之重。因此，高校教育资源的下沉和高职技术院校的技术推广，将利用人力资本、社会资本、制度规范和教育思想的优势，弥补教育投入的"缺乏"、教学方式的"缺陷"、社会关注的"缺失"和家庭教育的"缺位"，有利于改变相对贫困人口的思维局限，促进自主创新和自我脱贫，实现教育引领的可持续减贫路径。

（三）治理模式转向资源双向互动

在精准扶贫和实现乡村振兴伟大战略的衔接过程中，应格外注重贫困脆弱性较强的区域和群体，减少其致贫和返贫概率，实现"输血式"向"造血式"长效发展的转变。经济发展需要生产力带动，生产力需要资源禀赋支撑。在 2020 年以前的减贫路径中，常以扶贫资源下沉以盘活当地资源存量。全面脱贫后减贫路径则要从资源单项输入向双向互动的城乡融合治理模式转变。

城乡融合发展需要城乡社会保障均等化作为支撑。当前，我国社会保障制度依旧存在城乡差异化。具体而言，城市居民在医疗、养老、工伤、生育等方面具有健全完善的保障制度，而农村居民社会保障项目却十分缺

---

① 曾天山：《以新理念新机制精准提升教育扶贫成效——以教育部滇西扶贫实践为例》，《教育研究》2016 年第 12 期。

乏，医疗、养老、生育依旧是农村居民的心头病。城乡一体的社会保障是城乡融合发展的基础，当前以城镇为主的社会保障制度，割裂了城乡公共服务的均等性，不利于城市要素与农村要素互通互融。一方面，社保资源过度集中在城市，城市社保全覆盖，农村社保资源覆盖面狭窄，抑制了农民参保入保的积极性；另一方面，社保资源城乡配置不均，进一步拉大了城乡居民身份等级，阻碍了城乡融合发展。此外，当前基本社会保障制度已实现城乡全覆盖，但部分富有含金量的社保政策依旧没有普惠农村，农村与城市社保依旧在质与量上存在明显差异。因此，在城乡融合和乡村振兴的综合目标下，具体应注意就业、教育、医疗、基础设施方面的公平性。

二、多层次差异化治理思路

基于对全面脱贫后减贫战略转型与乡村治理转型的分析，可在保障弱势群体基本生活的基础上，以服务供给赋能来缓解相对贫困，减轻弱势群体对现金和实物的依赖，具体包括基础性、防范性和福利性三个服务层面。建议将全面脱贫后乡村治理对象聚焦到能力约束型、风险冲击型和特殊困难型三类群体，提出以基础性服务来防范系统性或者区域性和群体性的能力贫困问题，以防范性服务系统化地化解临时性风险冲击问题，以福利性服务高效保障特殊困难群体的基本福利。

（一）能力约束型对象：基础性服务赋能

全面脱贫后乡村治理工作最核心的是通过基础性服务赋予能力约束型群体的自身发展能力，从数量达标向质量保障转变，调动积极性、培育增收能力、提升人力资本，以更好地实现内外源结合发展，实现乡村治理过程中民生保障的全面提质升级。在进一步强化电力、交通等基础性公共服务设施的基础上，在信息较为闭塞的偏远山区全面普及网络和信息等现代基础设施，扩大电脑和智能手机在农村居民间的普及率，做好互联网和无线网络通信在农村的接入，确保所有农村居民享有初级信息的权利。

一方面，在乡村治理过程中，可以通过基层政府和生产厂商合作的形式为农村居民购置现代信息设备，并在无线网络连接费用等方面给予不同程度的费用补贴和减免，确保在互联网时代农村弱势居民在信息获取方面与其他社会群体拥有平等机会。

另一方面，利用"互联网＋乡村治理"的新契机，在农村开发内容电商等电子商务新业态，完善冷链物流等电商基础设施建设，既能够赋予更多农村居民的发展能力，还能留住更多的外出务工劳动力，有益于解决当前农村空心化、空巢化等社会问题。此外，还要重点关注易地搬迁群体的社会融入问题，进一步完善迁入地相关基础性公共服务设施。

（二）风险冲击型对象：防范性服务保障

在新冠疫情的冲击下，针对常规和非常规突发事件的乡村治理工作愈显必要。

一方面，构建覆盖事前风险防控、事中风险控制和事后风险管理的农村风险管理体系。首先，结合农村和农业大数据，完善灾害风险预警预测机制，构建常规和非常规突发事件的风险评估和信息发布机制。其次，构建村级层面的事中风险控制机制，整合县级部门掌握的风险数据，以行政村为单位，建立"村委＋村组干部"为核心的应急队伍，制定风险控制预案。最后，构建事后抗逆性恢复机制。根据不同家庭结构和抗逆力水平，结合不同的损失程度，构建差异化的恢复性服务平台，进一步巩固乡村治理的保障性功能。

另一方面，要积极充分发挥保险业（社会保险、商业保险等）在乡村治理中的保障功能，建立多层次的农业保险产品体系，推进和扩大成本保险、收入保险、指数保险等试点，结合不同农户的具体需求，设计组合式保险产品。适度扩大保险机构的责任范围，精简理赔流程，提高理赔效率和赔付标准。引入人工智能等现代科学技术，利用大数据优势，更加精准化估算风险损失概率，评估农民家庭经济水平，提高目标群体的匹配精度。

（三）特殊困难型对象：福利性服务救助

全面脱贫后乡村治理中的福利性服务保障应当将弱劳动能力与无劳动

能力群体的救助保障进行区分。要进一步整合现有各项救助制度，构建以最低生活保障、特困人员供养、受灾人员救助、临时救助等基本生活救助为基础的，以医疗、教育、住房、就业等专项制度为支撑的，以精神救助、特色救助为补充的，各项救助制度相互衔接协调的，及时有效的社会救助制度体系，促进乡村治理体系和治理能力的现代化。

首先，针对无劳动能力的老年人口、失依儿童群体，在制度性安排中给予略高于基础养老金标准的常态化救助，以确保其基本生活需要的常态化保障。

其次，针对弱劳动能力的保障对象重在就业扶持。在救助政策设计中，应更加注重受救助对象劳动能力和就业能力的增长，结合其劳动和就业需求，采取就业激励和就业培训等福利性服务。将乡村治理与城镇就业相结合，引导弱劳动能力群体从事环境保护、道路维护等公益性岗位。

最后，应进一步健全临时性救助机制，针对因失业、突发事件、疾病等特殊困难，导致其基本生活暂时出现严重困难的有劳动能力的群体，需要给予及时有效的临时性救助。

第三节 强化乡村治理的路径选择

为巩固拓展脱贫攻坚成果同乡村振兴有效衔接，乡村治理需要在结构要素上形成与减贫形势任务变化相匹配的体系转变。着眼于防返贫常态化的长效机制建设，从乡村层面的着力点来说，现阶段亟待提升基层治理体系对常态化减贫和脱贫地区全面转向乡村振兴的治理支撑力。一是要激活内源性的多种治理资源，提升乡村资源与国家资源下乡的合力；二是要创新乡村基层治理模式，通过传统与现代的组织融合优化组织效能；三是要善用信息化治理手段，克服信息不对称对治理的资源耗散问题。

一、激活内源性的治理资源

通过激活内源性的多种治理资源，提升乡村资源与国家资源下乡的合力，是面向脱贫攻坚全面转向乡村振兴阶段，提升资源下乡效率的关键。内源性的多种治理资源既包括经济层面的农村集体经济资源，也包括乡村的人力资本资源，还包括基层治理的组织资源。

（一）重塑和壮大新型农村集体经济

重塑和壮大新型农村集体经济，是形成乡村基层治理的内源性物质资源的关键。农村集体经济的良性发展是实现农村有效治理的保障。家庭联产承包责任制实行以来，农村集体经济在一定程度上开始萎缩，这一状况在取消农业税以后变得更为突出，村集体失去了将农民组织起来的实体依据，农村治理陷入了混乱，村庄公共事务治理与公共服务供给问题凸显。

农村集体经济是乡村治理的经济基础，也是农村最重要的内部治理资源之一，"十四五"时期，为支撑减贫治理转型，需要从基层治理体系着手，加快创建新型利益联结方式，通过构建互利共赢的产业利益联结机制，使得村集体经济在产业扶贫过程中得到培育，为基层治理增加物质方面的治理资源。比如2020年6月项目组在云南省会泽县、澜沧县、孟连县、西盟县等四县实地调研发现，这些县均已全部消除集体经济空壳村，所有行政村村均集体经济收入达3万元以上。其中，澜沧县村集体经济收入达5万元以上的村已占到行政村总数的1/4左右，西盟县的这一比例更是高达2/3。比如孟连的牛油果产业，在入股专业合作社获得的利润份额中，除去农户以土地入股所占的利润，其余份额在合作社、平台企业、村委会进行3∶3∶4的比例进行再分配，即：合作社占30%，用于合作社业务支出、社员二次分配，平台企业作为出资人占30%，用于还本付息、日常业务开支，村委会作为管理股占40%，用于发展壮大村集体经济和奖励、设置公益性岗位、救助弱势群体等。通过村集体经济的发展，刚走出绝对贫困的人口其生计水平可以在集体层面得到进一步支撑。

（二）强化乡村治理的本土人才培育

通过切实有效的本土人才培育，激活乡村基层治理的人力资本资源，是支撑脱贫地区全面转向乡村振兴的关键。在减贫过程中，资源下乡和技术下乡的过程，需要不断突破人才技术瓶颈制约，形成人力资本对下乡资源的承接，以完善增强扶贫治理效能。

例如，在定点扶贫框架下，中国工程院在会泽和澜沧两县，不仅提供技术支撑，还尤其注重本地人才的培育。自 2017 年开始，朱有勇院士通过院士专家小院，开办"院士专家科技扶贫技能实训班"，在生产基地开展的产业发展技能实训、进行跟踪指导和咨询服务，至 2020 年 6 月调研时点，共培养了 1500 余名新型职业农民，2800 多名基层技术人员和农民群众。这些受训人员正在成为当地农村创新创业的带头人和主力军。项目组于实地走访畜禽养殖班学员发现，其中一位学员学以致用养殖生猪 120 余头，不仅自己家年可支配收入从 1.5 万元左右提高到近 20 万元，还带动了周边农户一同致富。

技能实训短期来看为澜沧县脱贫攻坚培养了一大批实用型的乡土人才、创业人才，促进贫困劳动力实现就业、创业；长期来看实训效果的示范效应，已全面激起贫困群众求知求学的热情，为基层治理积累了乡村本土化的人才资源。实地调查发现，普洱市已计划把院士技能培训班覆盖到澜沧、孟连、西盟三个边境县，以弥补职业教育发展的短板，破解"直过民族"乡土人才培育的难题，为"志智双扶"提供了可推广的模式。本土化乡村致富带头人与乡村能人的培育模式可以有效解决乡村人才资源匮乏的问题，尤其是在城乡人才流动机制尚不健全的时候，激活并赋能乡村内部人力资源，开展本土化人才队伍建设能够为乡村提供更加稳定与可持续的人才保障。

（三）促进乡村基层治理的机制创新

通过治理机制创新，激活乡村基层治理的组织资源，是化解现阶段脱贫地区组织能力不足的关键。在乡村基层治理的现有组织形式和组织要素基础上，创新治理机制是激活组织资源的主要途径。治理机制创新的核心是通过何种途径与模式设计提升相关治理主体的参与意愿，激发参与行为，形成长效参与格局，尤其是在基层治理实践中，多元化的治理需求与纷繁复杂的治理情境迫使基层不断进行创新，以适应变化的治理形势。

例如，积分制是源于基层实践创新、经由中央农办和农业农村部倡导在全国乡村治理中推广的典型机制①。尤其是脱贫攻坚以来，不少地方以积分制为主要抓手，从关乎群众切身利益，同时也迫切需要群众广泛参与的公共事务入手，包括人居环境整治、敬老互助等方面，将重要事项量化为积分指标，以民主形式形成评价办法，对群众的行为进行评价和积分，并根据积分结果予以相应激励。

积分制这一基层治理机制创新将内在的参与意愿通过积分与积分兑换的形式外化，从而激发了群众参与的意愿，在一定程度上实现了村社力量的再组织化，并在本村社会关系网络中形成了一种声誉激励机制。其重要价值在于，将积分制这种社区内部有效性较高的"行为银行"，作为在既定组织资源条件约束下的重要载体，在这一载体上搭载村社内部的治理事务，形成了契合农村社会网络状况和发展阶段实际、实用性和推广适应性较强的治理机制，推动了村社公共性的重建和村社成员自主性的发挥。

二、创新乡村基层治理模式

通过乡村基层治理模式创新，以传统与现代的组织融合、寻找治理连接点，是提升脱贫地区乡村基层组织效能的关键，也是当前脱贫地区现代组织发育不足条件下，以适应性的创新提升乡村组织效能的重要突破口。

（一）传统组织与现代组织整合对接

通过传统组织与现代组织整合对接，创新党建促攻坚工作载体，是脱贫地区激活基层治理能力的关键。减贫本身是现代化的过程，现代组织力量的培育是此过程中尤其重要的一环。在广大脱贫地区尤其是在少数民族

---

① 《农业农村部关于在乡村治理中推广运用积分制有关工作的通知》，农业农村部，2020 年 7 月 27 日。

地区甚至"直过民族"地区，要解决现代组织发育不足等短板问题，在未来很长的一个时期内必须因地制宜地整合传统组织与现代组织两种力量，最大化其组织效能。

例如，云南省孟连县通过深化"宾弄赛嗨"式的民族互帮、村组互助联动机制，在 39 个村开展"帮户联建"，创新党建促攻坚工作载体，取得了显著成效，其经验在普洱市各区县得以推广实践。"宾弄赛嗨"系傣语译音，"宾弄"意为亲戚，"赛嗨"意为朋友，指傣族与周边其他民族在日常生活中长期建立起来的"像亲戚一样的朋友"关系。"宾弄赛嗨"以家庭为基本单元，基于日常的家庭生产生活需要自发结交并代际相承，是孟连及周边县域内沿袭至今的各族群众团结互助的普遍传统。

其做法是，以加强农村基层组织建设为抓手，以推广"宾弄赛嗨"生产互帮、生活互助、经济互通、文化互融四项机制为载体，采取"政府搭台，百姓唱戏，情感联系，社会受益"的方式对"宾弄赛嗨"模式加以引导和助推，建立了党组织领导、村规民约引导、群众广泛参与的互助机制，实现了族际团结互助机制与脱贫攻坚衔接，释放出"宾弄赛嗨"助力脱贫攻坚的生机活力，形成了"小康路上不让一个兄弟民族掉队"的治理模式创新。这一模式跳出了传统与现代的二元对立关系，既保留了传统组织的组织形式与功能，同时又融合了基层党组织的规范引领，实现了传统组织与现代组织整合对接。

（二）通过组织衍生找准治理连接点

通过组织衍生找到治理连接点，创新组织模式，是激发群众内生发展动力的重要方法。充分总结脱贫地区发掘传统组织资源、创新主体性治理经验，通过"党建＋本地传统社会组织资源"的模式，借鉴积分制等基层治理创新的精髓，因地制宜激发基层治理内部活力。

例如云南省西盟县是佤族、拉祜族等"直过民族"世居地，为解决贫困程度深、基层党组织弱化、群众内生动力不足等突出矛盾，该县探索出覆盖全县村民小组的"脱贫工作委员会"组织创新模式。其做法是通过推荐选举，在村民小组范围内成立"脱贫工作委员会"，农户数量在 100 户以下的村民小组设委员 5 名，户数达 100 户以上村民小组设委员 7 名，通常由党员或村民中的先进分子担任，开展脱贫政策宣传、行动组织和监督评价。同时，其评价结果与公益性岗位设置、积分超市、村社内部通报批评和张榜公示等形式的激励约束挂钩，使得"脱贫工作委员会"在实际工作中权责匹配。其组织效能进一步发挥在技能培训、产业扶贫、环境整治等各项工作的参与动员方面。

这样一种通过组织创新模式，探索出了脱贫攻坚与基层党建、基层治理有效融合，贫困群众精神与物质"双脱贫""双摘帽"的新路子。这一组织形式因实效良好，已在普洱市各县（区）全面推行，并在云南全省范围推广学习，为全国各地夯实基层党组织建设、激发群众内生动力提供了可借鉴的思路和经验。

三、加强乡村智慧治理支撑

智慧化治理支撑是数字社会条件下提升乡村基层治理效率的重要路径。通过政务数字化向乡村基层延伸，推进部门数据整合共享和扶贫工作数字化改革，信息化协同推进常态化管理，是深化参与主体的数字化赋权，加强乡村智慧化治理支撑的重要方面。

（一）政务数字化向乡村基层延伸

通过政务数字化向乡村基层延伸，全面提升基层事务治理集约化水平。智慧化治理并非重建一套治理体系，而是在梳理乡村基层社会治理结构和网络的基础上，为基层社会治理提供系统化的技术支撑，通过智慧化手段再造乡村基层社会治理的流程，提升乡村基层社会治理效率。

一方面，要依托全国一体化在线政务服务平台，推动"网上办""码上办""少跑快办"等政务服务向乡村基层和减贫救助体系延伸，通过建立和完善适应于乡村实际需求的基层治理数字化平台，以群众需求和关切为导向，提升信息公开程度和畅通民意，实现数据信息集约化采集和反馈，及时掌握乡村治理中的问题，精准有效为民解忧。例如，宁夏固原市原州区头营镇福马社区是"十三五"易地扶贫搬迁安置点，而安置群众往往是几轮扶贫开发之后的剩余贫困人口，由生产生活条件最恶劣的区域集中到安置点，形成各类"困难群众"的集聚，且老龄化十分突出，管理服务困难。通过整合党建、综治、政务服务等信息资源，安置社区在原有的网格化管理基础上，建立一体化信息系统和综合指挥平台，将关切民生福祉的村民互助、日间照料、交通出行、环境卫生、便民服务等原本分属于不同部门管理的事项统一纳入智能化管理平台，发挥综治中心实体化和集约化的运行作用，实现了"互联网＋村级公共服务"，从而有效提升智治能力，全方位推进搬迁安置点群众的服务管理覆盖和社区融合，对安置点的稳定发展具有重要支撑作用。

　　另一方面，在减贫救助领域，政务数字化可促进对政策对象需求的及时掌握，形成针对性帮扶解困的信息基础，并通过信息化手段创新帮扶解困服务模式，以便于有效减少群众跑腿、信息反馈不及时等治理成本高的问题，形成服务与信息沟通从单向式向互动式的转变。通过村委会集显应用屏和个人操作便利、受众面广、拓展性强的应用小程序，推动村务、党务、财务等方面信息的公开化、透明化、覆盖面，常态化接受和反馈村民诉求，提升群众事项办事的便捷程度，为群众关注和参与乡村公共事务治理提供便捷渠道，强化对村民知情权、参与权和监督权的保障。例如，浙江省缙云县以"小康码"APP 作为衔接大数据的数字化应用窗口，可根据帮扶人员反馈的阶段性帮扶情况，形成诉求快速提交、后台及时受理、部门限时答复、农户满意度评价闭环，让低收入农户"零跑腿"，针对偏远山区群众手机不会用、行动不方便等困难，全面推行"干部代办制"帮助解决。截至 2020 年 10 月调研时点，缙云县已累计为低收入农户办理低保审批、政策咨询等各类问题 200 余个，办结率达 100%。

　　（二）信息化协同推进常态化管理

　　通过信息化协同，推进减贫救助体系的常态化管理支撑，是适应治理对象动态变化和减少基层事务压力的重要手段。为适应脱贫攻坚后扶贫工作常态化转型的现实要求，必须克服扶贫工作数据部门条块分割、追踪更新滞后、挖掘利用不足、基层重复报表等一揽子问题，通过加快探索政府、企业、公益组织等不同主体的纵深合作，开发大数据资源用于对减贫甚至城乡基层各类治理事务的支持，并深化大数据技术在辅助贫困监测预警方面的应用，系统性地提高治理效率、降低治理成本。

例如，在首批国家扶贫改革试验区所辖的浙江省缙云县，通过推动县域范围部门数据破界整合与实时共享，实现帮扶主体和帮扶对象双向协同归集，构建形成动态集成的帮扶大数据系统，该县实现了智慧精准的监测与瞄准。其具体做法是，一方面通过组建工作专班为低收入农户建档立户，将全县低收入农户的基本信息、致贫原因、"两不愁三保障"情况、收支情况、帮扶干部等五类信息数据全部归集到系统，对采集数据进行分析、核实、汇总，推动协同化归集数据重组再造，形成低收入农户全链条、全方位的完整数据目录。另一方面，归集农业农村、民政、人社、残联、教育等 20 个部门共 4 大类 57 项扶贫政策 80 多万条扶贫数据，并完成 98% 的数据重组再造，构建了跨系统、跨领域的横向大数据扶贫系统。在上述两项工作基础上，该县使用扶贫大数据系统，智能化抓取低收入农户享受的政府性补助资金明细，实现低收入农户智能化、动态化和多维动态划分，实时监测贫困风险和预测帮扶需求。

(三) 以互联网思维创新服务供给

利用互联网思维，克服边缘群体服务下沉成本高、可及度低的困境，是乡村人居分散条件下实现防返贫治理的重要途径。通过多主体的优势互补和新型服务模式的应用，可以有效降低针对有特殊需要群体的服务成本，化解保险等服务供给不足的困境。

因病致贫返贫是重要的风险领域，但脱贫人口往往是传统保险排斥的对象，存在逆向选择与道德风险，利用政府或社会组织、互联网平台、保险平台的不同优势互补，可以动员更多社会力量参与，拓展多种融资渠道，弥补单纯市场条件下或政府扶贫资源供给下的防贫保险缺位问题，形成多边互补的具有公益性质的防贫保险机制，为常态化减贫提供更具常规化的、前置性的防返贫手段。例如，顶梁柱健康减贫公益保险项目，由中国扶贫基金会、阿里巴巴公益、支付宝公益及蚂蚁金服保险平台联合发起，以贫困家庭主要劳动力为受益主体，从 2017 年开始为现行贫困标准下 18—60 周岁建档立卡贫困户提供专属扶贫公益保险。三大主体的联合参与和资源优势互补，实现了对建档立卡贫困户的精准对接、支付宝线上高效的审核理赔、区块链技术支持下的信息全透明全链路跟踪、公益保险模式下的理赔最大化，大大简化了流程，即便在偏远山区，通过一个村干部和一部手机便可为村民便捷代办，对降低因病致贫、因病返贫的发生率起到了积极作用。

相比传统的服务提供模式，基于互联网等技术的服务提供具有成本低、可及性强、个性化定制等特点，且具有明显的溢出效应，将互联网思维引入到农村公共治理领域，能够有效弥补传统治理模式的不足，尤其是满足农村特殊群体的需要方面，例如老人照护、医疗等方面具有广阔的应用前景。

第九章　基本医疗保障与健康乡村建设

习近平总书记一再强调，如果不能促进全体国民健康，这意味着中国不可能全面建成小康社会。要加强组织性，推进全面健康国家建设，努力从全局性、全生命周期的角度保障人民健康。基本医疗作为"两不愁三保障"的重要内容，在脱贫攻坚决战决胜之时应予以推进落实。健康乡村建设是乡村振兴战略的重要组成部分。

第一节　健康乡村建设意义重大

一、"没有全民健康，就没有全民小康"

2016 年 8 月，全国卫生与健康大会召开，习近平总书记把推进健康国家发展作为重要指引，积极开创健康国家发展新格局，为人民的美好生活奠定了坚实的基础。习近平总书记指出，要坚持把提升全民身心健康水平摆在优先发展的战略位置，最关键要全面推进构建卫生国家、改善基本卫生服务、加强基础卫生保障、打造世界一流的卫生环境、开发先进高科技卫生产品，通过深入推进卫生中国建设，全民身心健康得到完整、全生命周期保护，为促进中华民族辉煌的中国梦，打下了扎实的卫生根基。

2019 年，习近平总书记在到重庆考察时组织开展了全国破解"两不愁三保障"重要难题座谈会，并在会上表示，防止老百姓患病返贫的重要保证是基础医疗保障、大病保险、医疗救助，最重要的就是这个兜底作用。强调用好相关扶持和保障制度体系，如低保、医保、医疗救助等，保障各类贫困群众早日真脱贫、稳脱贫。

习近平总书记此前最早在 2015 年中国国家扶贫开发的有关研讨会上就表示，从贫困发生的原因来看，因病致贫或因病返贫占有相当一部分。加强社会保障和医疗救治要逐步推进，社会保障和医疗救治体系要建立健全。要加强扶贫工作，开展医学援助、临时救济、慈善帮扶工作，每个贫困人口被全额列入医疗保险重特大慢性病的援助范围。积极将健康扶贫工程落实，着力抓好对流行性疫情、地区病、慢性疾病的综合防控管理工作，全面开展推进贫困学生健康营养状况提升、孕前优生保健免费检测项目建设等重要的基本公众卫生工程，确保全部贫困人口均享受各类基本卫生服务项目。

二、基本医疗保障是"两不愁三保障"的主要条件

"两不愁三保障"的核心内容是落实贫困户基础就医有保证，其要求以及核心目标的重要一点是贫困人口脱贫。基础就医有保证，避免患病致贫、患病返贫，事关贫困人员身体健康权利是否有保证，事关脱贫攻坚战的成败，事关健康中国建设步伐的推进，事关幸福社区建设能否如期全部完成。习近平总书记在扶贫工作检查、会话、座谈等重大场所多次提到，帮扶硬骨头的主攻目标是患病返贫、患病致穷，这是一种长远化的、不随 2020 年我们宣告消除绝对困难之后就会逐渐消失的，要实行整体防治。要尽量提供所有条件，使常见病、慢性病都要有医治、有人管、看得起，使得贫困地区的医疗卫生服务能力也要真正得到提升，要体现精确到每一块地区、精确到每个人、精确到每个病。

从总体的扶贫问题考虑，在扶贫事业中最明显的致贫原因应该是大病。数据显示，脱贫攻坚以来，全国城市和乡村共实现户籍管理 2566 万户、8407 万户，其中因病返贫的有 981 万户、2856 万户，分别占 38.23% 和 33.97%。截至 2019 年底，全国尚未脱贫的 98 万户 266 万人中，因病重返贫困的有 38 万户 97 万人，占总比例依次为 38.40%、36.35%。疾病

仍然是一个非常重要的因素。因病致贫返贫，在给贫困户带来高额医疗费用负担的同时，也会造成家庭成员劳动能力严重受限甚至彻底丧失，从而影响家庭创收。据国家卫健委主任马晓伟的介绍，从脱贫目标来看，要想真正做到人民基本就医有保证，必须一方面解决基层医疗卫生服务的公平性问题，推进基本医疗保险、大病保障、特殊医疗救助三个基础保障制度全覆盖，较好的保护患有大病和慢性病的经济困难群体；另一方面，要统筹解决基层医疗健康卫生服务的可及性问题，服务体系更加健康完备，逐步增强服务能力，使广大人民群众的常见病、多发病都可以就近获得及时且合理的诊治。从中国目前的疾病发展情况和防治规律中可以看出，"病来如山倒，病去如抽丝"，一些疾病的发展出现了突发性，难以预料，甚至一些较慢性的突发性病变也必须在医院长期处理，然而，还是不少病症在短时间甚至较长一段时间内都是无法痊愈的，或者留下了后遗症，而且各种疾病的具体症状也十分复杂、多种多样。仅仅依靠单项措施、简单方法来确保贫困人口脱贫致富的现状无法适应于当今我们的卫生扶贫任务，需要通过落实整体施策，精准施策，统筹兼顾，把卫生扶贫任务纳入卫生健康事业整体当中，整合配套政策措施、务实推进措施、管用实用措施，来保证按期实现攻坚目标。

三、"健康，既是立国之基，又是立身之本"

健康素质是国家经济社会发展实力的一项重要衡量标准，与一个国家经济社会可持续发展水平密切相关。联合国提出的人类发展指数（HDI）共有三个核心指标。第一个是平均预期寿命，它反映了一个国家的整体健康状况。这也标志着中国人民健康拥有强大的综合国力保证和可持续发展实力。加强基层卫生服务，为在国内大周期中积蓄乡村振兴长期势能、扩大内需潜力提供重要支撑。健康有效的人力资源服务是经济增长新动力的重要源泉。从世界上大部分国家的经济长期发展状况和历史轨迹分析，对整个人类社会国民经济长期发展的关键性投资是建设良好稳定的公共卫生。而投资公共卫生，也就是投资生产率的提升、投资经济社会可持续性发展。新时代乡村的振兴，需要健康的广大群众来建设，需要广大健康群众的劳动力、创造性。要通过健康乡村建设使大量的健康合格建设者成为社会主义新农村建设、助力乡村振兴的一股源泉和动力。

健康的身体是促进健康人群素质协调发展的必然要求，是每一个公民的权益所在。目前，开始发生变化的有中国社会生活中的矛盾。将这一问题具体反映在医疗卫生健康方面，主要是群众普遍对健康问题有了一定认识，并有了更高需求，既希望人们能够看得起大病、方便看小病，就医环境更舒适安全、服务对象更体贴温暖，也希望人们不得大病、少生病。大力推广和开展健康工作，既能够促进群众身体健康，提高群众素质，又能够切实缓解民众看病难，消除人民群众看病的后顾之忧，不断为增强人民群众的幸福感、获得感而奋斗。党中央做出健康中国建设的重大战略部署，《健康中国行动（2019—2030 年)》报告指出，到 2030 年，中国居民主要的卫生指标能力将进入发达国家水平，社会卫生健康公平目标初步达成。农村人口在我国人口占比仍然较大，在健康路上"一个不能少"，要确保贫困人口、农村人口与全国人民共同奔小康。

人民充分享有改革发展成果、基本公共服务，进一步增强获得感、幸福感的重要内容是健康。降低了基层民众，特别是经济困难群体的就医压力、提高百姓民生幸福感，保障当前的社会和谐稳定发展的重要制度安排，以及国家治理体系构建的重要内容是医疗保障。因此，卫生健康、医疗保障工作应该在乡村振兴战略中大有作为。建设健康乡村根本目的，在于解决人民群众日益增长的健康问题，以高质量、现代化乡村卫生健康体系建设为主线，以进一步深化医疗卫生事业改革为动力，以公益性为原则，加快实现基本卫生健康和医疗保障的公共服务，面向公众、围绕人民，实现治理体系和治理能力现代化，逐步建立更加公平、更可持续、更加科学、更加合理、更趋稳定的制度体系，促进我国社会主义民生福祉达到历史性新水平，助力乡村振兴。推进健康乡村建设，是贯彻以习近平同志为核心的党中央以人民为中心执政思想的重大行动。

第二节　健康乡村建设的举措与成效

2016 年 10 月，中共中央、国务院办公厅共同发布了《"健康中国 2030" 规划纲要》，确定了中国政府在国内推进卫生发展事业的宏伟发展规划蓝图和具体行动方案。2017 年，习近平同志在党的十九大报告中指出，实施健康中国战略。把健康中国战略视为一个事关全面建成小康社会、推进社会主义现代化建设的社会历史发展任务。2019 年 7 月，国家出台政策，进一步聚焦当前面临以及今后一个社会时期内影响全体人民健康的各类重大公共疾病威胁和热点突出风险问题，作为实施健康中国发展的战略导向。以实施健康中国发展行动计划为抓手，成立了全国健康中国发展行为实施委员会，编制印发了《健康中国行动（2019—2030 年)》，将启动并开展十五个国家重点行动，动员组织全社会全面贯彻落实预防为主方针，把疾病预防、健康促进等提升健康水平的中长期任务进一步深化、具体化，建立政府、社会、个人协同推进机制。近年来，根据"基本医疗有保障"的工作要求，国家卫健委、国家医疗保障局、原国务院扶贫办及相关单位主动开展有力作为、选择好对象精准施策、齐心合力奋力攻坚，促进卫生扶贫全面落实，并取得了决定性进展。

一、国家卫生健康主管部门

坚持任务导向、问题导向和成果导向，围绕使广大贫困人口实现有病人吃上药、有大夫看好病的宗旨，主要措施有：

（一）全面统筹协调，进一步完善贫困地区的医疗卫生保健机构基础设施条件，进一步提高和优化县级医院设置水平和卫生服务能力。组织对中国贫困地区县乡镇的三级医疗卫生机构开展了全面调研，并对医疗服务设施及服务水平进行综合评价，对突出问题进行整改。针对现阶段一些贫困偏远地区县医院能力不足、部分地区基层医疗还存在缺乏优质专业服务医疗机构、缺乏高素质专科医生队伍等严重影响基层就医有保障实现等矛盾突出问题，针对这些矛盾突出问题和工作实践，遵循国家指导标准可衡量、可实施、可考评的指导原则。制定了以下四个角度十个方面的具体指导要求：（1）从建设有一定综合能力的服务医疗机构出发，我们已经确定了涉及以下三方面问题的国家指导标准：每个县都要建成至少一个县级公立医院，每个城镇建设一个地方政府办的卫生院所，每个行政村建设一个卫生室。允许因人数较少或是面积较小而分散居住的乡镇和邻近的乡镇共同设置村级卫生室，或依法出台联合医疗规划，从基层公立医疗机构布局角度来讲，我们进一步明确了"三个一"的具体指导规范。（2）在临床服务执业人员方面，也是明确了三方面的指导标准：县级公立医院各专业科室必须有临床技能考试合格的专业人员，乡镇卫生院必须有考试合格的执业医师（助理）医生，或者全科医生，村卫生室必须有国家规定的农村注册考试合格的医务人员和执业药师等医疗从业人员，这是医疗技术给予"三合格"的指导标准。（3）对基层卫生工作力量制定了包括健康咨询服务功能、遵守各项规定、业务水平和实力三方面的指导标准。（4）与各部门合作实现医疗保险系统全面覆盖。

这十个方面的具体指导要求，构成了基本卫生有保障制度的十条具体基本要求。需要我们针对不同地区的实际情况因地制宜，求真务实，不搞一刀切，引导和促使乡村各级单位，结合实际积极研究提出一系列更加符合中国乡村现实的具体要求，为完成健康脱贫攻坚任务提供了遵循的基本原则。指导各地区提出符合当地实际的、对具体基本医疗有保证的要求。以完善县级医院功能建设、"县乡一体、乡村一体"机构建设、乡村医药卫生机构规范化建设为主攻目标，通过完善经费集中投放、服务项目集中建设、人员专业培训，补短板、强弱点，通过全面落实改善贫困地区医疗卫生机构环境建设等措施，提高整体业务水平。

党的十八大以来，在公共医疗财政投入领域，中央政府已直接实际投放各项补贴项目规模超过 1.4 万亿人民币，各口径平均增加 11.6%。国家卫生健康委牵头组织实施健康扶贫工程，全面实现农村贫困人口基本医疗有保障，累计帮助近 1000 万个因病致贫返贫家庭成功摆脱贫困，取得显著成效。一是乡村医疗卫生机构和人员"空白点"全面消除，历史性解决了部分地区的基层缺机构、缺医生问题，实现农村群众有地方看病、有医生看病，常见病、慢性病基本能够就近获得及时治疗；二是脱贫地区县级医院服务能力实现跨越式提升，城乡医疗服务能力差距不断缩小，每个脱贫县至少有1家公立医院，其中98%的脱贫县至少有1所二级及以上医院，脱贫地区县医院收治病种的中位数已达到全国县级医院整体水平的90%，越来越多的大病在县域内就可以得到有效救治。三是因户因人因病帮扶措施精准有效。建立全国健康扶贫动态管理信息系统，对贫困患者实行精准分类救治，截至2020年底已经累计救治2000多万人。四是重点地区重点疾病防控取得历史性成效。坚持预防为主，实施重大传染病、地方病防治攻坚行动，艾滋病、包虫病和地方病等重大疾病得到有效控制。五是进一步落实人才优惠政策。适当缩短程序和逐步放开贫困地区市县乡三类医药卫生单位面向的全社会招考录用人员的年龄、学位和招聘要求，鼓励部分社区、乡村医师积极申报并参与农村全科执业（助理）医师资格考核，鼓励医学生注册乡村医生，推进专岗培训，并且每人予以定额补助。同时从全国招募全科医生。同样每人予以定额补助。全国城市三级医院对口健康帮扶县级医院，已有1007家三级公立医院已选派医生10万人以上，对全国832家乡镇级别地方公立医院开展了蹲点扶贫，同时支持乡镇卫生院、所和村级卫生室业务发展。远程诊疗范围涵盖了所有国家帮扶资金支持地区并向基层乡镇卫生院所、村卫生室逐步拓展，有效促进了国家的优秀医疗资源向贫困地区和贫困人口倾斜和逐级下降，非常有效解决了贫困乡村医药卫生机构总量和人才短缺的"空白点"问题，基本做到了所有贫困的乡镇和农村都有了一个标准化卫生所和卫生室并依法配置了合格的执业（助理）医师，目前贫困县级公立医院所收治疾病的中位数，已超过了我国县级公立医院总体水平的90%，业务实力发展壮大、取得跨越式提高。

调研了解到，各地的举措成效不同。甘肃省将乡村卫生室全面改为乡镇卫生院的派出机构，作为附属机构，由乡镇卫生院直接和乡村医生个人签约劳动合同，同时对乡村医生身份制度进行了改革，为乡村卫生防疫场所临聘工作人员，乡村医生个人加入了企业职工的基本社会养老保险，主要由乡村卫生所直接和乡村医生个人按比例共同承担企业基本医疗费用。四川省遂宁市在全省首家提出建立了联村卫生室制度，于2017年启动执行。遂宁市实行下派乡村工作人员，并以"乡招村用"的管理模式，招录优秀的临床医师、专科护士、专业检测技术人员，并严格依据国家医学技术标准进行基本医疗临床检查和专门技术培训，大大提高了基层医疗卫生专业能力和服务水平。

贵州省就农村医师加入企业职工基本养老保险的有关问题作出补充和细化并做好地方统筹工作，对当前所有达到农村加入企业人员基本养老保险合格审核条件的优秀社区、农村医师，由地方政府统筹给予缴费补贴并按规定推荐本人参加城乡居民基本养老保险。

（二）因户因人因病精确施策，推进将政策措施贯彻到某一种人、精确到某一个疾病。通过组织动员全国八十余万符合条件的基层医务人员全面调查研究，摸清了各种贫困人员的病情状况，开展了大病集中分类援助、慢病订单医疗服务监管、重病兜底保护等"三个一批"专项行动和攻坚克难专项计划，对困难病人进行分级诊疗，实施"及早察觉、精确治疗、高效保护、动态监控"全过程的精细化目标管理。

实现了对全国贫困地区贫困人口的应治尽治、应签尽签、应保尽保，有效地降低了贫困人口的就医费用负担，已累计分类成功援助了1900余万困难病人。实施了扶贫人口的移动诊疗情况监控，并建设了督战与调度考核监控体系，对全国832个国家重点贫困县及其下辖的12899个城镇和16.6万乡镇在基础诊疗任务有保证完成的情况下进行了移动诊疗监控，并构建了模型，开展大数据分析，引导各地积极寻找攻坚的准确点位，并强化了组织实施等具体的工作举措，在一定时间内实现对贫困地区的乡村二级医疗卫生机构和工作人员空白点的移动清零。

对重大复杂疑难疫病等开展传染病分类工作和监督防控工作。为我国贫困地区组建国家级重点专家组，重大疑难问题及疾病的抢救性诊断，提供了高水平科技保证。中央财政已集中投放健康资金超过 12 亿元，帮助各地实施贫困地区特有传染病、疑难病、慢性病防控政策的贯彻、病人急需医学救护援助、卫生宣传和科普培训及综合健康资源提供服务工程建设等项目。开展了尘肺病防治攻坚活动，已做好重要慢性病的精准防治。完善了民众健康教育、早期慢性病医学综合检测与干预制度以及公民个人医学健康管理体系，贫困地区的癌症临床早诊早治率得到了较突出、较迅速提高。开展"三区三州"传染病、地方病防治攻坚活动。落实全国女性、少年儿童和老年人卫生环境持续发展促进行动计划。开展了面向广大农村女性的宫颈癌早期检测和乳腺癌筛查、免费孕前及生育保健体检等公共卫生工作；开展贫困地区新生儿重大疾病筛查工作，已救助先天性结构畸形和基因代谢疾病儿童 2.6 万名。一些既往已经造成的甚至造成可能威胁群众身心健康的严重疾病问题得以有效干预、控制和缓解，贫困地区卫生条件全面改善且趋于平衡，民众身体健康状况普遍得到较为明显的改善。

（三）加强卫生风险因素管理，促进卫生扶贫关口前移。进一步强调以防治为首、标本兼治的整体综合性防治举措，集中突出防治重点领域、重点群体、重点病情，一地一策、一病一方，如肺部粉尘沉着病人得以及时快速高效的救助。许多长期以来困扰影响着人民群众生活健康安全的重大慢性病问题相继得以全方位且高效的处理，并获得过一些历史性成果。加强妇幼、老年等重大群体健康状况的改善，广泛扎实地组织开展爱国卫生体育锻炼与健身促进，贫困地区卫生条件全方位提高完善，民众卫生管理水平不断取得较明显的跨越式提高，为全力推动健康中国建设打下了坚实基础。

（四）协调开展新冠疫情防治工作与卫生扶贫。在当今疫病防治工作的最着紧关口，及时部署调度和引导了贫困基层一线的全体卫生基层医务人员积极转战于本次疫情防控战场，并充分发挥和综合利用在卫生扶贫工作过程积累的方法和经验，在短暂的困难时期里，全面管控了疫情的传播扩散，完成了确诊病例和疑似病例的迅速清零，有效将疫情危害降至最低点，为加快复工复产、打赢脱贫攻坚战提供了一个重要有利条件。

（五）推进健康中国行动，关口前移"治未病"，提升群众健康素养。加强公民健康的知识技能、促进医疗人员服务工作学习与继续培训等教育，以提升民众总体的健康卫生素质水平。2018 年，国家卫健委、国家发改委、财政部、国家医保局、原国务院扶贫办共同颁布了《贫困地区健康促进三年攻坚行动方案》专项文件，明确提出，到 2020 年，从原来"以治病为中心"转向如今的"以健康为中心"，使全体民众对生命健康保障的关口又一次前移。坚持和严格执行我国人民健康工作的社会主义教育方针。制定卫生宣讲等有效措施和环境整治等其他实际工作，使广大群众逐渐开始养成注重健康和文明的良好生活习惯，并作为维护人民自身健康的首要责任人，从思想根源上自觉避免了因病致贫，甚至因病返贫。

贵州省遵义市桐梓县蟠龙社区是全国 11 个易地扶贫工作转移安置点中规模较大的安置点，在这里现已转移入住了来自该县 25 个村镇的 2157 名易地搬迁人，共 8504 人。在按照规定转移到安置点之后，根据国家卫健系统在 2018 年开展的全国健康素质检测结果调查统计分析数据表明，蟠龙社区的市民总体健康素质水平大大低于全国平均水平。高血压、糖尿病等各类基础慢性病发生率较高，同时市民对个人的卫生预防健康风险意识不足、不良生活习惯等严重危害人民群众生命健康的现象也普遍出现。就这些生活在大山深处移居的普通老百姓而言，能治病、能看病的基本保障条件恐怕还不够好，从长期的卫生发展角度考虑，城市要想真正稳得住脚，就必须加强对广大群众的卫生管理工作，从一些慢性病的预防开始着手。首先是要下决心抛弃过去旧的或不良的生活方法，提倡和确立科学与健康生活的理念。为改善群众持续了数十年乃至上百年的生存方式，政府给每个家庭都提供保健医疗包。通过这种方法，大家才逐步了解和学习了有效的控盐控油，清淡健康科学膳食，加之家庭医师的相关保健干预，当地健康状况大有改善。

江西吉安、四川广元等地，为身患特殊急、慢性病等严重疾病的广大特困群众设立了保健档案，并定时入户进行健康巡访，为其开展了全程的精准医疗服务。培训村民成为"健康明白人""健康第一责任人"，组织群众积极报名并参与到健身队伍行列中。修建并完善基础健身设施，建立各种卫生问题自动筛查检测点、卫生小屋和健康徒步走道，创建文明健康新生活，提升广大人民群众综合健康素养水平和能力。

二、国家医疗保障部门

国家医保局、财政部、国务院扶贫办联合印发的《医疗保障扶贫三年行动实施方案（2018—2020年）》聚焦"三区三州"等深度发展贫困地区，以及乡村因病致贫返贫人员，立足当前、着眼长期，通过精确施策、全面确保，做到基本医疗保险缴纳有补助、待遇提供有倾斜、基本保障体系有边界、管理服务更有效、就诊结算更方便，进一步发挥新型农村合作医疗保险、大病社会保障、特色医疗援助等各项机制功能，切实保持和提高农村贫困人口医疗保障水平，为实现2020年农村贫困人口在现行国家标准基础上脱贫致富的目标提供坚实保障。到2020年，已实现农村低收入居民基本医疗保险、大病保险和医疗救助全覆盖，农村医疗受益能力明显提升，基本大病重病及慢病保障更为有力的工作任务。完成对贫困人口基本城镇居民医疗保险、农民大病保障、农村医疗综合救助全覆盖。基本城镇居民医疗保险待遇政策得到了全域全面全范围实施，随着医疗服务能力和管理水平的整体提高，城乡差异也逐渐减少和平衡。大病保障方面将进一步加大政策倾斜力度，农村贫困人口的大病保障起付标准线将下降50%、总给付比率增加5个百分点、并逐步提高和消灭封顶线。医疗救济托底保障水平提高，实现当年救济总额内农村贫困政策覆盖范围内个人自付住院医药支出救济份额不低于70%，对其他特别贫困的人口继续加强倾斜救济力度。医疗保险经办管理的业务制度经过持续调整不断优化，医药收费结算程序简化更加方便。

2019年，我国普惠性提升大病医疗保险待遇水平，国家统筹和降低大病医疗保险的起付线，并明确国家医保基金将根据上年平均可支配收入的50%决定，医药费用报销比例从政府覆盖范围内的50%增加到60%。同时，全国大病医疗保险对贫困户实施精准倾斜支持政策，起付线下降

50%，总报销比例增加 5 个百分点，并同时相应调整取消封顶线。2019
年度数据看，各类卫生扶贫政策措施惠及全国贫困人口接近 2 亿人次，贫
困人口门诊特慢疾病和住院医疗费的实际报销比例将保持在 80% 左右，
2019 年因病致贫人口较 2014 年相比，人数显著下降，下降 96.6%。2020
年中央财政投入医疗救助 275 亿。

近年来，进一步通过积极举措加大政府资金安排对深度贫困地区的扶
持力度，圆满完成了因病致贫人员脱贫工作，并充分发挥了地方城乡居民
医疗保险扶贫制度兜底的作用，通过逐户、逐人、逐病跟踪核对，全面而
精准地摸清了患病贫困人口的基本生存状况，对每一个特困病人都设立了
工作台账。把中央统筹的有关医疗支出融入了城乡居民基本医疗保险、新
型农村大病保障、医疗灾难应急和救治的一体化医疗保险系统，并采取了
一系列有效支持措施。全面建立起世界上最大的人类生命健康的保护网，
起到了明显的防贫减贫效果。主要体现在：

1. 做到贫困人口应保尽保。一是采取定量补贴和全额补贴的方式，将
其纳入社会保障政策。二是实行动态参保，努力做到"一个不落"，最大
程度减轻农民大病负担。

2. 落实三个综合社保制度，有效产生梯次有序减负的作用。通过改革
不断探索完善政策供给，并完善相应的长效机制，增加相应的筹资制度，
进一步完善相关的社会保障制度管理机制。同时，通过建立全国统筹保障
下的城镇居民最基本医疗福利的综合医疗保障体系，缓解城镇居民最基
本保障的困难，实际医疗报销率基本可以达到 60%。基层医疗卫生和基
本医疗保障进一步完善。贫困低收入人群"三险"报销比例提高 10% 左
右，住院总报销比例达到 80%。符合规定的门诊高血压、糖尿病药品会
计报销比例均超过 50%。在此基础上，将农村贫困人口大病医疗保险起
付率降至上年度当地城乡居民平均可支配财政收入的 25%，报销比例超
过 65%。贫困和低收入人群通过三重体系实现了医疗保险的一体化。

3. 中央扩大对深度贫困投入。2020 年，全国城镇居民医疗保险的每
人财政补助标准达 550 元，比 2012 年提高了 310 元。中央政府和各地财

政部门下达就医救治困难的补偿资金已超过275亿，九成以上投入中西部区域。有力缓解了深度贫困地区贫困人口的基本医疗实际问题。

4.大大降低医药服务运营成本。如推行药品带量收购，实施药物目录的准入谈判，切实减轻老百姓药物成本。前三批的药品带量采购共涉及112个品种，价格总体上下降了54%，全国平均降低（减少）支出539多亿元。如冠脉支架，全国统一的项目招标采购下降超过了93%，从原本13000元的价格直接降到了现在的700元左右，初步估计可以直接降低费用100多亿。

5.增强贫困地区就医的可及性。完善非异地诊疗就医审批程序，确保每个贫困地区至少有一家县级公立医院的直接支付并入全国异地支付系统。健全了互联网＋健康诊疗的费用与服务制度方面的措施，通过互联网把健康带到优质医疗资源所欠缺的地方，大大提高互联网医疗服务的可及性。

6.打赢了抵御新冠疫情影响的攻坚战。在疫情初期即制定出政策，保证病人不因疫情而耽误治疗，保证救治医疗不受卫生总额计划的规定限制收治。此外，政府为进一步引导企业支持新冠疫情暴发期间的复工复产工作，还出台了阶段性减少企业医疗保险等多种优惠措施，重点扶持贫困地区低收入群体就业等。

综合来看，做到了贫困人口就医"有制度保障"，缓解了基本治疗有保证的困难。

案例：安徽省实施农村综合医疗卫生服务全覆盖"三保障一兜底一补助"措施。农民到本区、市、省医疗机构就诊，每年累计自付费用分别不超过3000元、5000元、1万元，俗称为"351"优惠政策；农村困难严重慢性病患儿经基础医疗保险等报销一个年份内门诊药品花费后，其余合规的花费由补助医疗保险再报销80%，俗称为"180"优惠政策。

安徽省金寨县是中国中医科学院中药材产业扶贫的重点帮扶县，其大万村作为因病致贫返贫比重较大的贫困村，通过逐步合理的规划形成了多层次全面配套的健康扶贫体系。建成了2个标准化的农村卫生室，均配有两位专职医学大夫，将家庭医生资源分发配给了每位贫困户，避免了出现"小病不治成大病""小病没发生，大病花大钱"的情况。卫生院还配置专门的专业医务人员，定期开展免费保健咨询服务，并向因疾病或残疾而陷入贫困的特殊人群提供相关的保健援助。

2021年以来，为做好农村低收入人口常态化监测帮扶，进一步提升帮扶精准性和时效性，有效防范化解因病返贫致贫风险，各地立足实际稳妥做好过渡期医保综合帮扶政策优化调整，探索建立防止因病返贫致贫长效机制，全力巩固医疗保障脱贫攻坚成果。动态监测结果显示，农村低收入人口和脱贫人口参保率稳定在99%以上，基本实现应保尽保。三重制度综合保障下，农村低收入人口住院报销水平平稳过渡，待遇应享尽享。

三、中医药健康扶贫成效显著

为有效增强贫困地区中医药卫生业务的综合实力，并积极创造条件助力农村贫困人口的脱贫致富，全国共有712所三级医院（支援医院）与686所贫困县的县级中医医院（受援医院）确定对口帮扶关系。其中根据《关于印发加强三级医院对口帮扶贫困县县级医院工作方案的通知》（国卫医发〔2016〕7号）文件，确定第一批扶持334所困难地区县级中医院，根据《加强三级中医医院对口帮扶贫困县县级中医医院工作方案》（国中医药医政发〔2019〕7号）文件，确定第二批帮扶352所贫困县县级中医医院。同时，根据两份文件的帮扶目标、工作任务要求，制定了对口帮扶工作实施监测指标。监测指标包括六方面内容，分别为派驻人员情况、临床专科建设情况、医疗技术水平提升情况、培养专业技术人才情况、医院管理能力提高情况、开展远程医疗服务情况。

686所贫困县县级中医医院（受援医院）接收由支援医院医务人员组成的派驻人员，包括挂职院长、副院长、科主任，在医院管理上加强指导帮扶，有蔚县中医院、浑源县中医院、喀喇沁旗蒙医中医院、临泉县中医院、颍上县中医院、霍邱县中医院、萧县中医院、灵璧县中医院、寻乌县中医院、鲁山县中医院、贞丰县民族中医院、榕江县中医院等一批 30 万人口以上的贫困县中医院达到二级甲等以上水平。针对贫困县县级中医院的功能定位、建设发展实际，根据当地民众健康状况以及医院业务需要，贫困县县级中医医院建设了相关临床和辅助科室，主要包括康复科、老年病科、治未病科、内科、外科、妇产科、疼痛科、肛肠科、针灸推拿科、皮肤科、重症医学科、放射科、CT 室、胃镜室、手术室等科室，使得受援医院内科、外科、妇产科等常见病、多发病和部分危险重症医院的诊治能力得到增强，同时还增强了针灸科、拔罐疗法科室等中医药特色科室的诊治实力。帮助县级中医医院新增针刺疗法、灸类疗法、刮痧疗法、拔罐疗法、中医微创类疗法、推拿类疗法、敷熨熏浴类、骨伤类疗法、肛肠类技术等各类技术。在贫困县县级医院配套设立国家级老中医传承工作室，发展远程医疗业务，带教培养骨干医生。

整体来看，对照国家公立二级中医医院绩效考核指标，受援医院在医疗服务总诊疗人次数、出院人数、实有床位数、卫生技术人员数、中药处方占比、中医类执业（助理）医师数占比均有不同幅度的提升和巩固。县级医院的卫生健康服务能力是健康乡村建设的高地。通过全面覆盖对口帮扶，县医院的综合服务能力提高，形成了健全的在政府部门主导下的统筹紧密式的管理新机制，有效整合了区域内医院资源、使综合服务能力得到提高，形成部门协调、上下沟通的管理结构，特别是在人力资源调动、技能联合训练、物资统筹使用等方面，有效实现了人财物的统一调度。在当前疫情防控常态化的大背景下，县级公共医疗卫生增强了对区域内公共卫生业务整合协同的工作意识，将与区域内医药健康业务优势资源进行融合，做到医防融合、平战结合，并将形成区域间的卫生共同体，做到大卫生、大健康，让医院服务的质量更加接近人民，因此县级公共医疗卫生今后最主要的工作目标，就是做到"大病不离县、小病不离乡镇"。

四、社会公益组织作用明显

一些社会公益组织积极参与到健康乡村建设中，项目组在四川、云南调研时了解到"中国健康好乡村项目"，该项目是由中共中央统战部牵头，多部门共同参与的全国性大型公益项目，其主要目的是大力促进民族地区的困难村庄脱贫，促进农村繁荣发展，以中医文化产业、卫生产业、传统文化艺术为发展重点，其内涵丰富多彩，涵盖了环境保育、人文历史、保健养老、社会经济提升等，全面促进健康农村建设、中医传统传承文化弘扬与保护的社会公益性建设项目。中国健康好乡村项目 2019 年落地维西塔城戈登村，经过前期调研及规划设计，以中医药基因库培育建设和健康养生文化为主，建设成集中高端度假功能，联动区域发展的宜居、宜业、宜游的中医康养村庄。项目在国内选择 100 座贫困的乡村，通过布局健康产业、文化产业、动态颐养产业、中医药产业、农副产品产业，落实助力各贫困地区实现乡村振兴的伟大目标，真正打造一座健康和谐的乡村、一份永续发展的产业、推动文化的传承、健康的生活。

该项目在 13 年间，组织了 2.2 万名医务志愿者，为 51.4 万人次提供医疗服务，筹集捐赠 4 亿元款物，开展 450 场医疗讲座，4.5 万人次医疗人员培训，600 场健康科普宣传，免费救助 1500 余名患儿，开展白内障、大骨节病、脑瘫等 10000 台以上手术。举办了诸如传播健康知识、完善健康咨询、筑牢健康保障、打造良好健康环境、开发保健产品等项目，倡导"生得优、活得长、不得病、少得病、病得晚、提高生命质量"，大力推进健康扶贫。

第三节　健康扶贫的国际经验

一、美国基层卫生健康建设经验

美国是全球实行医疗市场化最典型的国家，是当前世界上唯一一个没有实现全民医疗保险的国家，这其中的原因与美国自由市场经济制度是分不开的。美国医药卫生体制受到社会主义市场经济的影响，新形成的医疗保险体制主要是以民间私人医院和保险公司为主，并容许各种商务组织开展独立公平竞争。在卫生公共服务领域，政府部门所直接履行的责任也是非常有限的，政府部门主要负责统筹制订有关法律、监管政策以及医疗的基本保障。政府医保计划的覆盖范围很小，通常只涵盖了一个特定人群，即中低收入者、残疾、65 周岁以上老人等。大部分美国人则是采取了自己投保的方法，他们可以去定点医疗单位进行咨询服务，由承保企业为其提供。而美国政府的医保则是由私人医保项目所组成的医疗保障制度，基层民众可以按照自己实际情况参加各类医保，并接受各种相应的医疗咨询服务。

美国的初级医疗服务中广泛采用医疗之家（PCMH）基本医疗护理模式，对于基层民众的基本医疗护理需求得以充分考虑。1967 年首次由美国儿科联合会公开提出该模式。该模式是一种以患者为中心、以医生为指导的基本医疗服务模式。2007 年，全美基本健康医师联盟组织确立了以病人利益为核心的 PCMH 联合原则。2008 年，美国健康国际服务认可理事会启动了美国儿童 PCMH 服务认证计划，在全美 5 个州 65 家的健康服务中心设立以儿童为核心的 PCMH 服务项目。2010 年，随着美国健康教育法案开始立法，儿童 PCMH 计划的规模进一步扩大。PCMH 是由基层医疗机构组建的一个以病人为核心的、个人医生为主的医护组织，医生队伍力量比较强大，主要由家庭医生、专科医生、医务人员、营养学家、药剂师、心理学人员、现代技术工作者和专业人员等组成，承担着对病患自身身体健康的保障以及实施健康指导任务，其主要工作范围包括传染病预防和控制、健康管理、精神健康管理、疾病诊断、转院业务；企业与客户健康数据的交换、共享及控制；健康支出的计量和支付模式的控制等。PCMH 诊疗模式的主要特征是以病人为中心，病人、医生和医疗团队之间形成信任伙伴关系，充分考虑病人的想法、需求和选择。医疗团队还可以根据病人的健康需求，个人定制完整专业的慢性病防护、治疗措施和转诊服务。病人也能够通过网上在线咨询的健康服务方式，和社区医生之间形成良好的信任联系，保证社区健康咨询服务的效率。

二、英国基层卫生健康建设经验

英国是典型的政府主导型医疗健康制度，政府机构主要担负着维护国家基本医疗服务以及对医药供需双方的经营管理任务。英国公立医疗服务即国家卫生服务体系（National Health Service，NHS）始创于 1948 年，但随着英国经济社会的发展和政府有关措施的推行，现已建立起较健全的系统，并成为了英格兰的社会福利制度中最主要的部分，也涵盖了大部分的英格兰市民。全民免费健康服务是 NHS 最大的特色，收入能力不强的一般公民可以成为最大的健康获益者。以公立医院为主导，以无偿或近乎完全免费的方式向广大公民提供一揽子的健康服务，如住院、门诊、护理、康复等。2017 年英联邦基金（Commonwealth of Nations）评估显示：NHS 在全球的健康体系评价中总分第一名，其护理质量与健康公平均名列第一（见表 9—1）。

表 9—1　11 个发达国家的卫生体系排名

项目	英国	澳大利亚	荷兰	新西兰	挪威	瑞典	瑞士	德国	加拿大	法国	美国
照顾过程	1	2	4	3	10	11	7	8	6	9	5
普及程度	3	4	1	7	5	6	8	2	10	9	11
行政效率	3	1	9	2	4	5	8	6	6	11	10
医疗公平	1	7	2	8	5	3	4	6	9	5	11
卫生保健结果	10	1	6	7	3	2	4	8	9	5	11
总排名	1	2	3	4	5	6	7	8	9	10	11

英国 NHS 于 2014 年和 2016 年相继出台了《五年发展规划》和《全科医学发展规划》，对基层的医疗卫生机构进行了人才培养体系、照顾方式、基础设施制度、经费保障等方面改革。

1.为逐步扩大全科医师的总量，NHS 制定了"拓宽全科医生来源"和"减少全科医生工作量"目标。

2.在基础设施制度方面，NHS 预计在 5 年内（2015/2016—2020/2021

年）投资不少于 9 亿英镑，支持地产、基础设施和网络技术革新。

3. 照顾模式的改革，突破了全科医学与专业治疗、医院服务与社区服务、医师与病人的传统界线，并使之更能动地统一了起来。组建多专业的社区服务团队（Multispecialty Community Providers，MCPs），并鼓励全科医师共同参加，合作人包括了专科医师、护士、药剂师、心理医生、管理人员和其他专业人员，共同参加了社区合作。给予家庭照顾人员（carer）、志愿者组织（voluntary organization）更多支持，积极引导社区参与。扩大病人的自主性，使病人能动地参加护理，主动地自我管理。

4. 在资金支持方面，NHS 承诺，英国基本医疗保险投入水平将提高，并争取到 2020/2021 年，将每年投入数额从 2015/2016 年度的 96 亿英镑增加到 120 亿英镑以上。

三、德国基层卫生健康建设经验

德国是目前世界上最早真正形成社区医院体系的国家，德国实行的医院制度属于典型的社区组织领导式的制度方式，是一个具有社团主义与行政联邦主义特点并存的制度，医疗卫生的运作和监管由政府部门与社区联合起来完成。

德国的医疗保健服务体制可粗略分为两个部分，一是以传染病防控为主的基本公共卫生服务体制，二是一般的医疗保健服务体制。这里，公共卫生服务制度主要指德国全国传染病监控和急救的管理，是由联邦、州、市三级人民政府的卫生行政主管部门直接完成的。目前德国的一般医疗服务体系，大致包括了门诊部、诊所、健康管理机构、看护机构四大部门。

德国通过强制性的法定医疗保险与居民个人自愿性参保的私人保险，基本上实现了国家社会保险制度全民化覆盖。德国的医疗卫生资源布局均衡，在城乡与区域之间差异不大，通过改革基本实现医疗制度一体化，由于就医覆盖面较广，投保人士可以随时就近看病，所获得的医疗待遇基本相同，并享有了均等化公共服务，使全体投保人士的利益都得到了保护。德国国民看病个人负担很少，主要是由医疗组织报销，所交费用和个人经济收入直接相关，而无关乎任何利益，各医疗保险基金社会公平性也很高，在社会各个群体之间是互惠共济的。

四、日本基层卫生健康建设经验

日本从 1961 年开始实行国民医疗保险，而日本社会保险制度中的最主要部分就是基本医疗制度。和美国非常类似的是，日本的医院制度也具有很大部分的市场经济成分，同时其医院的经营也呈现了由市场主导、地方政府为辅的混合方式，其中有将近 80% 的诊所和 94% 的医院都是由个人投资经营的。在日本为了给国内全体市民创造一个相对公平的健康保障，病人能够免费地、自由地挑选诊所医师，按照医生的服务情况实行门诊报销。

在日本的社会诊疗体系中，专家、全科医师之间的区别也并非很明确，一般按照人口结构来划分，1 万人以内的社区绝大多数医师为全科医师；而 1 万人以上的社区则会在所有全科医师的基础上，再配置一定数量的专科医生进行社区卫生服务。在交通极为繁荣方便快捷的城市区域，各类规模细小的专科医院设施都相当完善齐备，而专科网点更可谓是星罗棋布、资源合理配置，又或者将专业医院集中在一起开设，以提供专科水准的全科医院和高质量的社区诊疗服务。市民足不出户，便已能够随时随地享用到便捷舒适而且是最优质的专业诊疗服务。

日本政府还通过各地方政府，在部分偏远地区和经济欠发达地方设立的自治医科大学，由地方财政负担学生们全部的学业和生活费用，并规定学生在毕业后听从地方卫生管理部门的安排，在边远地区开展志愿服务 9 年。尽管很多学生在义务服务期满后重返城市担任专科医生，但这个政策还是在很大程度上解决了边远地区医学人才短缺的问题，还有部分学生在服务到期后仍然留在本地进行社会医疗业务。

五、澳大利亚基层卫生健康建设经验

澳大利亚的医疗卫生系统，大致上由初级医疗卫生服务、次级卫生服

务和住院治疗业务三个领域所组成。整个卫生系统的核心，是初级医疗卫生服务；而由专科医生或者医院诊所进行的次级卫生服务，在大部分情形下是经由初次医疗业务转诊所得到的业务。这三类产品的互相配合，使澳大利亚人民达到了更高水平的健康标准。

在澳大利亚，初级卫生系统被认为是"所有卫生系统的最前端"。从大的角度上来说，国家的初级医疗卫生公共服务可以分为二个领域：一是基本卫生公共服务和卫生鼓励；二是病症预防。细化下去，健康服务还可以分为由全科医师提供的健康服务、社会卫生服务中心所提供的专业服务等；而健康促进与疾病防治业务还包括了感染控制、免疫、检测、健康促进等方面的业务，具体见表9—2。

初级医疗卫生的公共服务供给主要涵盖了各种医疗机构，包括政府部门、私人机构以及非营利团体等在内。并不仅限于以全科医师为主导，还涵盖了社区保健中心及其一系列的特殊保健机构（如理疗中心，食疗中心等）。社区卫生服务中心一般是卫生促进与疾病防治方面的综合性组织，有时也会进行某些专业或跨部门的健康项目，但主要是在各州／地区联邦政府和区域政府的资助下（有时也会接受健康部的项目支持）发展的。另外，也有部分地区的服务项目如土著居民卫生监测项目等也可被纳入初级医疗卫生服务体系内。

表9—2　澳大利亚初级医疗卫生服务

健康促进和疾病预防方面	
传染病监测	传染病监测网络对传染病的监测、发作等进行协调，执行相关政策，培养该领域的人才等
免疫	国家免疫项目为儿童、青少年和成人提供免费的免疫接种，由全科医生提供服务，地方政府和社区健康中心负责筹资
筛查	主要负责乳腺癌、宫颈癌、肠癌方面的筛查，由不同的国家项目支持
禁烟、控酒和肥胖等方面的健康促进	国家疾病预防中心负责相关事宜，每个州也会根据实际情况建立相关项目，非政府组织也在该领域有所作为
精神健康	国家行动计划

（续表）

初级卫生服务和社区服务	
全科医生服务	主要由私人全科医生服务，还包括全科护士以及相关的医护人员。通常处理呼吸道、心血管、肌肤骨骼方面的问题，以及一些非特殊性问题，如一般性检查等，该类服务由医疗照顾计划资助
其他初级服务	包括一些私人诊所、医院和社区提供的服务，这些服务也可以通过医疗照顾计划报销
社区健康中心	通常包括一些专业学科或跨学科的医师，服务于特定的社区。由州政府、地方健康服务组织或者社区组织资助

澳大利亚绝大部分地方都存在这样一种情况，即初级医疗卫生人才的匮乏，特别是乡村和边远地区，这样分布不均的人才队伍导致澳大利亚的入院患者量远远超过其他国家。为改变这些状况，澳大利亚政府通过一些方法来改变这一局面：第一，投入超过 11 亿澳元来培训更多的医师、护士以及其他工作人员；第二，成立全国性的研究与计划机构——澳大利亚医务人员（Health Workforce Australia），这个机构重点针对医务人员的健康供给情况做出研究和计划；第三，与州政府和地区当局共同协商设立一个机构代替原有的地方系统，即全国注册和认证系统（National Registration and Accreditation Scheme），这将导致医务人员在国家区域中的流动性提高，以便进行人才的重新配置；第四，为全科医生和助产士制定医药援助待遇和医药补助待遇；第五，改变在现有高等院校中的健康护理学科安排等。

六、韩国基层卫生健康建设经验

韩国全体公民医疗保险覆盖面约为 97%，且不分地区、职位，都能享有国家医疗体系，另外有 3% 的不具有生活技能或人均收入处于全国贫困水平的人口能够获得免费的国家财政负担的医疗援助。

韩国的国家医学行政部门机关为福利部（MOHW），或称国家保健福祉部，为医疗保险系统的最高主管部门。它通过制订医疗政策文件和指导原则，对医疗保险的正常运转进行政府保护以及承担社会监督责任。主要负责医疗保健、食品卫生与防疫、民众健康、家庭医疗保健及国民养老政策、低收入者及残障权利保护、儿童权益以及政策。各地人民政府医疗卫生部门负责管辖范围内的医疗单位的监察与管理工作，由国民卫生保障公团、医学审查和评价组织通过规范治疗过程、评估诊所的医疗收费、评价医疗单位的服务质量、受理医疗单位的保险结算申报等方法对医疗单位实施规范的间接监管。

韩国医疗卫生服务根据规模和功能的不同，可以分为三级医院、综合性医院、小型医院、长期照护医院和诊所，主要由约62000家医疗机构提供，目前韩国医疗院所中以私营医疗院所居多，私营医院和诊所在全国所有医院单位中的占比近90%，由私营医疗院所承担最基本的医疗卫生服务。90%的医师和床位隶属于私人医疗单位，90%以上的专科医生则受聘于私人医疗单位。

在经济合作与发展组织（OECD）国家中，尽管韩国自1989年以来就一直在运行国家健康保险系统，就基层医疗服务而言，韩国是最薄弱的国家卫生系统之一。因为韩国的基层医疗没有把关功能，缺乏把关机制导致了诊所和医院之间的竞争，经营自己社区诊所的医疗专家（多数为单人诊所，2008年为93.5%）直接诊治患者，而没有家庭医生的转诊。

第十章 健康乡村建设现状及政策取向

掌握健康乡村建设情况有助于我们更好地了解基层医疗真实情况，可以让我们更加清晰地找到基层医疗发展的不足。健康乡村建设相关工作近几年有显著的提升，医疗服务水平也有所提升，但同时农村地区医疗资源普遍存在流失的情况。面对基层医疗资源不足的情况，我们需要综合整合资源，从整体出发，积极引导优质医疗资源下沉，实现良性互动。

第一节 健康乡村建设的现状分析

一、医疗资源情况

根据2019年《中国行政区划简册》和《2019年中国卫生健康统计年鉴》，结合本书的研究目的，本章采集的乡村医疗资源数据是指县（包括县级市）医院及公共卫生机构、乡镇卫生院、村卫生室相关数据。乡级行政区包含镇、街道、乡、民族乡、苏木、民族苏木、区公所等。

（一）机构情况

2019年全国县级医院有11007个（2015年有8919个），县级市医院有5168个（2015年有4155个）。分别比2015年增加了23.4%、24.4%。2019年全国乡镇卫生院有36478个（2015年有36178个），比2015年增长0.82%。村卫生室616094个（2015年有640536个），比2015年减少了3.8%。

2019年全国有686个（2015年有761个）县（县级市）级专科疾病防治院(站、所)。1903个县(县级市)级妇幼保健院(2015年有1958个)。比2015年分别减少了9.8%、2.8%。

根据2019年《中国行政区划简册》统计显示：2019年全国有38755个乡级行政区，中华人民共和国民政部统计数据显示，全国（大陆地区）共有行政村691510个，自然村2617000个。从以上机构数据情况看，县（县级市）级医院机构保持了较好的增长。

表10—1　乡村医疗机构数表（2015—2019年）

（单位：个）

机构 \ 年份	2015年	2016年	2017年	2018年	2019年
一、医院					
县医院	8919	9298	9828	10516	11007
县级市医院	4155	4342	4654	4958	5168
二、基层医疗机构（不含社区）					
乡镇卫生院	36178	36118	35929	35841	36478
村卫生室	640536	638763	632057	622001	616094
三、专业公共卫生机构					
县级（县级市）专科疾病防治院（站、所）	761	735	726	700	686
县级（县级市）妇幼保健院（站、所）	1958	1918	1917	1907	1903

（二）人员情况

2019年全国县级医院人员有1839669人（2015年1455619人），县级市医院人员有958797人（2015年741710人）。分别比2015年增加了26.4%、29.3%。2019年全国范围内乡镇卫生院共有执业（助理）医师506250人(2015年440889人)。2019年全国范围内村级卫生室共有执业(助理）医师435471人（2015年309923人）。分别比2015增加了14.8%、40.5%。乡村医生和卫生员有842302人（2015年1031525人）。比2015年减少了18.3%。

2019年全国县（县级市）级专科疾病防治院（所、站）人员21085

人（2015 年 21436 人）。比 2015 年分别减少了 1.6%。县（县级市）级妇幼保健院 233035 人（2015 年 172246 人），比 2015 年增加了 35.3%。

从以上人员情况分析看，县（县级市）级医院、县（县级市）级妇幼保健院、乡镇卫生院、村卫生室人员数都实现了较好的增长。县（县级市）级专科疾病防治医院（站、所）人员数在下降。

表 10—2　乡村医疗人员情况表（2015—2019 年）

（单位：人）

机构 ＼ 年份	2015 年	2016 年	2017 年	2018 年	2019 年
一、县医院					
县级医院	1455619	1541409	1634777	1723831	1839669
县级市医院	741710	786509	841746	910854	958797
二、基层医疗机构（不含社区）					
乡镇卫生院 执业（助理）医师数	440889	454995	466049	479025	506250
村卫生室 执业（助理）医师数	309923	319797	351723	381353	435471
村卫生室 乡村医师和卫生员数	1031525	1000324	968611	907098	842302
三、专业公共卫生机构					
县（县级市）专科疾病防治院（站、所）	21436	20864	20403	19983	21085
县（县级市）妇幼保健院（站、所）	172246	189708	207112	217860	233035

二、医疗服务能力

2019 年全国县级医院诊疗人次为 8.03 亿（2015 年 6.45 亿），县级市医院 4.75 亿（2015 年 3.86 亿）分别比 2015 年增加了 24.5%、23%。2019 年全国乡镇卫生院诊疗人次 11.8 亿人次（2015 年 10.54 亿），村卫生室诊疗人次 16 亿人次（2015 年 18.94 亿）。乡镇卫生院诊疗人次比 2015 年增长了 11.9%。村卫生室诊疗人次减少了 15.5%。

2019 年全国有县（县级市）级专科疾病防治院（所、站）诊疗人次 0.0795 亿（2015 年 0.08 亿），比 2015 年减少了 0.6%。县（县级市）级妇幼保健院（所、站）诊疗人次 1.3 亿（2015 年 1.01 亿），比 2015 年增加了 28.7%。

表 10—3 乡村医疗诊疗人次情况表（2015—2019 年）

（单位：亿人次）

机构 ＼ 年份	2015	2016	2017	2018	2019
一、医院					
县级医院	6.45	6.78	7.15	7.45	8.03
县级市医院	3.86	4.06	4.26	4.41	4.75
二、基层医疗机构（不含社区）					
乡镇卫生院	10.54	10.82	11.1	11.16	11.8
村卫生室	18.94	18.53	17.89	16.72	16
三、专业公共卫生机构					
县（县级市）专科疾病防治院（站、所）	0.08	0.0796	0.0799	0.0798	0.0795
县（县级市）妇幼保健院（站、所）	1.01	1.11	1.18	1.21	1.3

从 2015—2019 年乡村卫生资源与服务情况分析来看，县（县级市）医院资源保持较好的增长，服务能力也在不断提升。但县级公共卫生机构资源不足，服务能力有所下降。并未实现村镇各有相应级别的医疗卫生机构，特别是以村卫生室为代表的村级医疗机构的诊疗量一直下降。我国以村镇卫生院、卫生室为代表的基层医疗服务能力仍不能完全满足人民卫生需求。

三、医疗保障水平情况

2018 年 9 月，国家卫健委开展的第六次全国卫生服务统计调查，合计调查 94076 户居民，覆盖全国（不包括港、澳、台）31 个省（自治区、直辖市）的 156 个县(市、区)，公布《全国第六次卫生服务统计调查报告》（以下简称《报告》）。

（一）农村人口超过 90% 实现县域内就诊，基本医疗保障覆盖率持续提高

《报告》指出，我国居民医保水平持续提高，卫生服务体系建设逐步完善，广大群众的医疗服务需求不断满足，分级诊疗制度成效初显。2018年，在县域内医疗卫生机构诊断治疗的群众达到 87.1%，这一比例在农村人口中更是超过 90%。我国居民看病基本上达到了足不出县。

《报告》表明，我国卫生服务可及性逐步提高，在经济落后地区提高更为明显，比如乡村地区、西部地区。

数据显示，1998 年到 2018 年的十年之间，因为经济原因，应该住院治疗而未住院的比例，城市由 18.3% 下降为 9.0%，农村则从 24.5% 下降为 10.2%。同时，2018 年 15 分钟内家庭就可以到达医疗卫生机构的比例为 89.9%，调查的不发达地区这一比例为 82.6%，相比之下 2013 年这一比例只有 69.1%。同时也应该注意到，调查结果显示 2018 年仍然有 3.2% 的家庭，30 分钟以内不能到达最近的医疗卫生机构。

另外，我国居民住院仍需等候，城市和农村地区居民住院等候时间平均为 1.5 天和 1.3 天，常见病、多发病住院诊疗并不困难。

《报告》认为，我国医疗保障水平逐渐提高，相比 2013 年，调查地区 2018 年的基本医疗保险覆盖率提高了 1.7%，达到了 96.8%。调查地区农村居民的基本医保参保率为 97.6%，超过了城市居民的 96.1%。同时，2018 年住院费用报销水平提高到 55.4%，是自 2003 年以来我国社会医疗保障水平的逐渐提高和医保覆盖面的逐步扩大的结果。

《报告》显示，调查地区 2018 年住院费用平均每次为 10023 元，相比于同期城乡居民收入和国内生产总值，增幅微小。按可比价计算，2008—2013 年的住院费用年增长率为 8.2%，而这一比率在 2013—2018 年则降低为 1.4%。我国医疗费用的增长幅度得到一定程度的控制，其增长速度则逐渐趋于平缓。

（二）病人就诊满意度提升，重点人群健康管理改善

居民对于住院和门诊服务的总体满意度都有所提升，相比 2013 年，

住院和门诊服务总体满意度分别为75.0%和80.0%，分别提升了7.8%和3.5%。其中住院费用满意度提高了5.6%，住院医护人员态度满意度提高了3.6%，门诊就诊费用满意度提高了5.8%，门诊医护人员态度满意度提高了5.2%，门诊环境满意度提高了3.3%。患者的就诊体验进一步提高。

《报告》显示，重点人群健康管理逐步完备，城乡居民可以享受到基本的公共卫生服务。相比2013年，我国99%以上的小于5岁的儿童，完成了疫苗的预防接种建卡，99.2%的孕妇进行了产前检查，98.6%的孕妇是住院分娩，说明我国对于孕产妇和儿童的健康管理服务进一步提升。

再如，与2013年相比，我国大于14岁的人口主动参加体育锻炼的比例增长了22.1%，达到49.9%。近乎一半的适龄人口主动参加体育锻炼，说明我国向体育强国迈进的步伐更加坚定，健康行为逐步普及。

2018年，我国66.2%的65岁以上的老年人参加过健康检查。常见病的随访逐步常态化，如76.1%的60岁及以上高血压患者和72.6%的60岁及以上糖尿病患者都有过12个月内随访经历。说明我国老年人，利用基本公共卫生服务的比例逐渐提高。

当然在取得了辉煌成就的同时，《报告》也指出了我国健康卫生事业所存在的一些不足。如人口老龄化日益严重，医疗卫生机构的压力也与日俱增，分级诊疗制度尚未全面落实，合理控制医疗卫生费用依然是一个重要问题。

《报告》也特别指出，医疗卫生资源分布不合理、公共卫生服务体系不完备、应对突发卫生事件的能力有所欠缺等现实问题依然存在，这些都需要通过卫生服务调查提供依据。

四、公共卫生服务情况

国务院办公厅2018年8月发布的《医疗卫生领域中央与地方财政事权和支出责任划分改革方案》指出，基本公共卫生服务范围包括城乡居民建立健康档案服务、健康教育服务、预防接种服务等主要由基层医疗卫生机构承担的建立居民健康档案的12类项目以及从原重大公共卫生服务和计划生育项目中划入的地方病防治等19类项目（不限于基层医疗卫生机构实施）。基本公共卫生服务项目补贴也有所增长，2018年人均财政补助标准为55元，而仅仅过了一年就人均增加了14元，达到了人均69元。

各地公共卫生服务管理在具体举措上各有特点，尤其体现在对公共卫生服务支付方式上。部分地区将基本的医疗服务和公共卫生服务统一在一起，形成基本健康权服务包。有的地区把重点放在全科医生上，把全科医生作为服务第一关，具体到个人医疗健康管理和服务，按照人员数量预付资金，开创了全科医生守门员制度。还有一些地区，按照不同级别的医疗健康服务团队，将医疗费用和公卫经费捆绑打包支付。还有的地区建设医疗医保全面健康管理系统，将医疗服务和医保支出整合，从预防疾病，再到医疗卫生服务，最后医疗保险，一条龙管理。还有地区将家庭医生签约制度延伸到家庭。

五、健康乡村建设进展与成效

（一）基本医疗卫生服务体系建设取得阶段性成果

1. 消除乡村两级卫生机构"空白点"

"保基本、强基层、建机制"这是新一轮医改的要求。乡村医疗卫生服务体系仍然不健全、不完善，基层医疗卫生服务体系建设需要继续加大投入，完善城市和乡村一体、预防疾病和治疗疾病相结合的，建设标准化的乡镇和农村地区医疗卫生机构，使乡村居民享受的医疗卫生服务更加安全、便捷、价廉和高效。要达到"乡乡卫生院，村村卫生室"，绝大多数乡村做到标准化的医疗卫生机构，使基本医疗卫生服务覆盖到每一村、每一户、每一人。使医疗卫生服务体系不再存在薄弱环节，各方具备相同的医疗卫生服务能力。

我国乡村医疗卫生事业发展成就较为突出。2019年，我国农村设有卫生室的村达到94.8%，比2015年的93.3%提升了1.5%。2019年我国乡村医生中执业（助理）医师的比例达到35.5%，比2015年的24.4%增加了11.1%。乡村医生的比例不断扩大，让服务于乡村居民的医疗卫生水平显著增强。截至 2019 年底，我国大陆地区所有乡村都设有村卫生机构和相关人员。针对一些偏远地区人口和医疗资源分布不均衡，四川省遂宁市创新发展，2017 年全国第一个提出建设联村卫生室，不以村为单位而是以人口分布为基础，在一些缺乏综合性医疗机构的区域建设"小乡镇卫生院"标准卫生室，由所在地的乡镇级别卫生机构管理。联村卫生室，软硬条件都不能疏忽。遂宁市以"乡招村用"为突破口，将乡镇医务人员下沉，培训合格的医护、医技人员，使其可独立开展血、尿、便常规及心电图等常规的检查，并配备 150 种以上的药品。这些举措使得乡村基本医疗服务能力显著提高。

2. 补齐贫困地区基层医疗卫生服务薄弱环节

针对贫困地区乡村两级基层医疗卫生服务能力不高的问题，中央财政下拨资金，专门补齐短板。2019 年，368 个国家深度贫困县享受到了中央财政 11.04 亿元的专项医疗服务资金；2020 年，中央财政 5.96 亿元的下拨资金则让 832 个贫困县的 1915 个乡镇医疗卫生服务有所提升。中央财政下拨资金主要用于设备、房屋等方面支出，让贫困地区的医疗卫生机构不再受限于经济条件制约而难以发挥作用。

3. 全面启动紧密型县域医联体医共体建设

2019 年全国共计 193 个贫困县纳入了紧密型县域医共体建设试点工作范围，加快县域内医疗卫生资源整合工作。进入 2020 年，各地医联体、医共体加快推进。

4. 基层卫生工作比重增加，卫生资源向基层下沉

"优质服务基层行活动"，通过大型义诊周（月）、名医下基层、改善医疗服务行动计划等方便群众就医医疗服务形式，让基层医疗卫生机构有机会向高等级医疗卫生机构学习，寻找自身不足，完善服务体系，通过制定指南、细化标准，让各乡镇卫生院、社区卫生服务中心充分认识到不足之处，自我发展、自我提升。通过这一系列的行动，832 个贫困县中医疗基础比较薄弱、基层医疗机构实力较为欠缺的，达到推荐标准和基本标准的仍然有 16 家和 118 家。

（二）乡村医生队伍建设进一步加强

2018 年《关于改革完善全科医生培养与使用激励机制的意见》印发，乡村医生队伍的增加有了新的"乡管村用"模式，那些经过考试的合格全科医生让他们成为"乡管"并享受相应的待遇，但是去村卫生室工作，就是"村用"。2020 年，国家卫健委《关于允许医学专业高校毕业生免试申请乡村医生执业注册的意见》指出，对于一些医疗卫生发展不发达的省份，可以不需要考试即可让医学专业应届毕业生申请医师注册，让更多高学历人才成为正式的乡村医生执业（助理）医师，提高乡村医生医学专业素质，扩大乡村医生队伍。

据 2019 年底卫生统计报表，医师总数 386.7 万人，增长 83.0 万人，增长 27.2%，这其中 143.7 万人是基层医师，相比 2015 年，基层医师增加 33.5 万人，超过全部医师增长速度，增长了 30.4%。国家卫健委等部门通过各地探索卫生技术人员的人事制度、薪酬制度改革，以及医联体的"县管乡用"等人财物统筹协调举措，基层的卫生技术人员基本达标，卫生人员收入有一定保障。全国各地探索，通过多种途径增加基层医疗人才收入待遇和社会福利，提供更好的工作环境，配备健全的医疗设备，提供便利政策条件，让高层次的医疗卫生人才安心扎根基层，吸引更多的人才来到基层、留在基层、服务基层，带动基层卫生服务人员素质提升。

1.县乡村一体化管理模式

针对乡镇和农村地区缺少医疗卫生人员问题，要创新健全基层卫生服务人员管理模式，通过"县聘县管乡用""乡聘村用"以及优质资源下沉等方式，使更多更好的医疗资源流向基层。2019 年全国共有 99000 人下沉支援基层，其中，48000 人是贫困地区的县级医院派驻到乡镇级别的卫生院，同时 25000 人由"乡"下"村"，还有 26000 名乡镇卫生院医生定期"乡"巡"村"，解决一些村卫生室不能处理的问题。为乡村卫生机构专门培养大学生，这些学生免除相应费用，毕业后直接进入乡村医疗机构工作，既解决了就业问题又解决了乡村医疗人才短缺问题。

2.乡村医生收入稳定增长

政府出台各种办法，让乡村的基层医生有更高的收入，2015 年开始就给乡村医生提供各种补助，如基本公共卫生服务项目，为乡村医生补贴 40 元 / 人，而基本药物则以服务人口计算，每人每年为医生补贴 5 元。到了 2020 年，已经提高到每人 65 元和每个服务人口每年 8 元。为了保障收入，国家卫健委基层司专门建立了督查通报制，充分调动乡村医生的积极性。

3. 乡村医生养老政策逐步完善

以县域医联体、医共体模式，让乡村医生没有后顾之忧，其养老待遇参照城镇职工基本养老保险，各地财政予以支持。

4. 逐步扩大乡村医生在岗培训覆盖面

据不完全统计，共有 30.7 万人参加了中央财政支持 10.2 亿元的基层医疗人员实用技能和能力提升培训。让基层卫生人员有更高的临床诊疗能力和扎实的专业理论素养。

（三）贫困人口慢病签约服务：内涵和质量逐渐提升

慢性病患者签约后，其用药可以采用长期处方，既减少了去医院排队的频率，又节省一部分费用，根据统计慢病签约患者门诊费可减少平均一年每人 828 元，慢性病患者到社区首诊，报销比例高药费少，已经逐渐成为慢性病患者首选。

1. 服务质量不断提升

88.32％的居民首诊意愿是签约的基层（含城市社区）医疗卫生机构。全国 2291.08 万户建档立卡贫困户签约，其中三区三州地区 147 万。95.94％的居民整体满意签约机构的服务，贫困患者的就诊服务进一步提升。

2. 激励机制逐步完善

进一步提升家庭医生收入，"多干活多拿酬"成为了家庭医生优化服务的动力。不完全统计，签约服务费政策已在 27 个省份的 148 个地市落实，此外确定了收费标准的地市还有 249 个。

3. 服务内涵逐步丰富

制定发放了健康教育处方，让慢病签约患者远离不健康、不合理的生活方式，加强前期预防、后期康复等全周期的健康服务。

国家卫健委基层司针对贫困地区贫困人口的具体情况，为 6 种主要慢性病（冠状动脉粥样硬化性心脏病、脑血管病、骨关节炎、风湿类风湿性关节炎、慢阻肺和重型老慢支）增加了服务内容。

（四）特殊群体的健康关怀进一步扩展

以儿童营养问题为例，贫困儿童的营养问题是一个迫切问题，是关乎我国下一代健康成长中的重要问题。我国财政经费专门支持解决这一问题需要。通过免费提供营养包、健康营养知识教育宣传等手段，使贫困地区儿童营养水平显著提高。如 2012 年至 2018 年的 6 年间，持续监测结果显示，6—24 个月的婴幼儿平均贫血率由 32.9 降低至 23.5%，儿童生长迟缓率由 10.1%降至 7.2%。说明我国特别是贫困地区儿童健康营养水平显著提高。对此联合国儿童基金会等国际组织给予了极好的评价，在国际社会产生极大的反响，甚至创造出了中国特色的国际通用的专用名词 YYB（营养包）。

（五）传染病、地方病防治攻坚行动深入实施

我国贫困地区的传染病防治取得了丰硕的成果。在一些贫困地区由于医疗资源欠缺、医疗知识匮乏，对于一些传染病缺少基本的认识，甚至会出现局部流行，传染病、地方病防治攻坚行动深入实施以来，成果丰硕。如四川省凉山州，艾滋病的专业抗病毒治疗由原来的 41.1%提升了一倍多，到现在的 94.8%，母婴之间传播率已经降至 3.89%，以前曾一度高达 9%。南疆四地州，针对结核病的流行，将其加入到日常健康检查中，在 2010 年到 2019 年的 9 年之间，发病率从 0.192%下降为 0.0322%。西藏和四省涉藏州县全员参与、集体重视，包虫病患病率由 74.15%降为 0.24%。

（六）对口帮扶县级医院成效显著，分级诊疗深入推进，辐射带动乡村医疗机构能力提升

1.三级医院对口帮扶县级医院全覆盖

上级医院和下级医院之间展开一对一对口帮扶，医疗专家通过多种形式驻点帮扶，挂职业务副院长及重点科室骨干，开展对口包乡下基层讲

座、手把手带教等业务讲解，对于基层一些实用、急需的资源技术项目给予支持，建立完善远程诊疗及"互联网＋诊疗"模式，让城市和农村居民享受到同等的医疗服务，减少人群健康状况差异。研究抽样看，除三区三州之外，县域内疾病就诊率在 80%—90%。

2.分区域建设国家医学中心、国家区域医疗（诊疗）中心等

分区域建设国家医学中心、国家区域医疗（诊疗）中心等措施，缓解医疗资源不平衡的局面，让不同地区居民享受公平的医疗服务，医疗供给更加公平合理，促进分级诊疗制度的落实，有效减少跨区域异地就诊成本，重病不出省逐渐成为常态。

3.深入推进对口支援

对口支援更加常态化，创新支援模式，以"组团式"支援新疆和西藏，推广"师带徒"和"以院包科"等模式，既提供优质医疗服务又要"授人以渔"，让医疗发展水平落后地区快速发展。如西藏 400 种"大病"、2000 种"中病"、大部分"小病"的创新分级，对标自治区级、地市级、乡镇级卫生医疗机构，让医疗机构更好地为群众服务。在新疆和青海通过对口帮扶支援完成医院等级评审工作。新疆每一个地级市医院都通过了三甲医院评审。青海省通过二级甲等评审的县级医院有 207 家。我国 832 个贫困县全部有对口支援的上级医院。

（七）医药卫生体制改革披荆斩棘、成效凸显

1.公益性导向明显

《中华人民共和国中医药法》和《中华人民共和国基本医疗健康促进法》等相继颁布，医疗卫生有法可依，分级诊疗在全国各地渐次展开。随着《关于深化医疗保障制度改革的意见》出台，让更多的居民都能享受到医疗保障制度的实惠，看得起病、看得好病，制度保障、责任落实、费用合理成为了医保制度的新亮点。

2.更多的人享受到了平等、便捷的医疗服务

我国已经实现了九成以上的人口能够在 15 分钟内到达医疗机构，在家门口享受到更好的医疗服务。医疗卫生服务可及性和质量方面，我国发

展迅速、后来居上,《柳叶刀》公布的基于 2019 年数据显示,全球国家相关排名我国居第 48 位,大幅度提升的排名得到巩固。

3. 以降药价为突破口,药品集中带量采购

药品占比费用居高不下,为此 2017 年我国采取了两级联动、多部门参与的药品集中带量采购,根据不同的情况采取不同的对策和方法,保证人民群众能有质量好价格低的药品。同时通过药品数量监测,通过多方位、多种策略,将生产源头和流通过程对接,让广大居民吃得起药、吃得上药。我国建立起药品短缺清单,通过有针对性的精准对接,让 47 个药品从短缺目录上回归正常,对于一些小品种的而又确实需要的短缺药,通过认定集中生产基地的方式,让生产者放心的同时又有所保障,经过 2 个批次,认定 6 家基地,使 100 种小品种药不再短缺。

(八) 全面覆盖,应保尽保

实现城乡居民基本养老保险全覆盖,基本医疗、大病保险、医疗救助,筑起坚固的三道关隘,保证居民的健康生活。截至 2020 年 6 月底,超过 99.9% 的农村贫困人口参加医疗保险,全国 95% 以上的人口参保基本医疗保险,合计超过 134345 万人。2 亿人次贫困人口享受到医疗保障扶贫综合政策的实惠,帮助因为疾病导致贫困的 418 万人口精准脱贫。对于经济特别困难人员,实施全额资助参加城乡居民医疗保险,对其他贫困人口参加医疗保险采取定额资助。2020 年资助支出金额 134.7 亿元,比 2019 年增加 10.4 亿元。2020 年每人医保缴费补贴总额为 175 元,相比 2019 年提升 13 元。多地先后实行"一站式结算""先诊疗后付费"等措施,也让医疗保障制度更加完善。

大病医保领域,从医保报销比例和起付线两个方面保障被大病所困居民不因病致贫、因病返贫。报销比例由 50% 提高到 60%,起付线降低并统一至上年度居民人均可支配收入的 50%。同时对于贫困人口采取特殊的政策,给予倾斜性补偿,大病起付线降到 25%,报销比例增加 5%。大病医保报销中,建档立卡的贫困人员报销上不封顶。为了防止因病返贫,医保政策提供一定数量的医疗救助。对于满足限额和政策的贫困人口,住

院费用自付部分的救助要高于 70%，对经济困难人员提供针对性的救助。52 个挂牌督战贫困县，贫困患者住院和在门诊治疗慢特病的医保报销比例都比正常情况下有所提高，分别为 83.80% 和 78.80%。

（九）持续投入，优化结算方式

"看病不难""看病不贵"是我国居民最直观的医疗服务体验，随着基本医保的全面覆盖，越来越多的人口享受到医疗改革的成果。三年之间，中央财政持续支出资金 120 亿元，对贫困人口的医疗保障进行重点帮扶。异地结算、"一站式"结算等方式已经在全国 25 个省逐步实现，财政投入持续增加、结算方式更加优化，广大群众的医疗服务体验感更加优化。

（十）集中采购药品持续推进，继续减少药品耗材费用

药品和医药耗材一直是医保费用的一个大的负担，为了减少相关费用，国家药品集采开始实施。自 2018 年启动以来，3 批次药品采购完成，第三批次 55 个中选药价格平均降幅达 53%。2019 年新增 148 个群众急需药品，新纳入目录 70 个药品，价格平均降幅达 60.7%。通过国家集中带量采购，减少相关费用，促进医保费用合理支出。

第二节　健康乡村建设存在的困难及其成因

"十四五"时期，我国已进入新发展阶段。第一个百年奋斗目标已经实现，我国已全面建成小康社会，踏上了向实现第二个百年奋斗目标——全面建设社会主义现代化国家迈进的新征程，当前，我国社会主要矛盾已经转化为人民日益增长的美好生活需要和不平衡不充分的发展之间的矛盾。区域之间、城乡之间、领域之间发展不够平衡、发展质量不高是我国发展中的矛盾和问题的集中体现。

地区之间、地域之间发展不平衡、不充分是医疗卫生领域的重要问题。这些问题相互交织、相互渗透，制约了我国医保事业高质量发展。

一方面是，党的领导和我国社会主义制度优越性进一步彰显，国家综

合国力、科技实力、经济实力跃上新的大台阶，初步形成了覆盖城乡、惠及全民的全民卫生健康体系；另一面是，问题依然存在，我们应该十分清晰地看到，地区之间、地域之间、发展不平衡、不充分是医疗卫生事业的重要问题，服务缺乏效能、区域间不平衡、人口流动不适应、可持续性面临挑战，基层医疗卫生服务能力薄弱和基础建设有待提高，医保基金平衡安全矛盾突出等问题需要注意。

一、医疗服务缺少优质资源，缺少服务健康全周期的能力

基层医疗服务优质资源较少，并且多数只针对疾病的发生发展环节，对于疾病预防、愈后康复的环节缺少相应服务能力。许多需要相应环节的群众不能得到及时满足，不利于分级诊疗制度建立完善的同时，也有可能使患者身体受到伤害，浪费钱、浪费物、浪费人，影响经济发展，不利于推进乡村振兴战略。

二、药品运转缓慢、部分品种供应短缺等问题

需求量较大的常用药保障供应尚可，但品种不齐全；一些非常用药品保障供应不够通畅、群众需要进城买药、基层用药困难。药品零差价是利国利民的好事，但是也导致有些药品缺乏供应动力，有的地区药品、医用耗材周转运行缓慢。另外，对于中医而言，中药饮片的存储和管理也是一个大问题，大部分乡村医疗机构对此能力不足，县级公立医院中药品种少、质量差、不配送等通病，发挥不了"中西医结合、中西药并用"的优势特色。

三、医保基金持续运行面临挑战，支出结构、保障协同效应有待完善

随着我国经济环境的改变，对于医保基金的财政投入必然会受到影响，特别是一些经济欠发达地区的财政投入必然会受到制约，而我国医保基金底子薄、产业不健全，再加上医保基金使用和运营方面的一些欠缺，

而商业保险时限较短、稳定性不够，医保资金持续运行面临一定的挑战。

随着人们对于健康的重视，人口老龄化趋势日益加剧、医疗服务和公共卫生服务需求加快升级，医保费用的负担将更加严重，现阶段这一负担几乎都有政府背负，时间长久则不利于医疗保障体制的高质量发展。

在医疗保障的具体支出方面，支出结构有待完善。比如对因病致贫返贫的补充性保障发展滞后。2017 年的统计数据显示，医疗救助支出是针对贫困人群的特殊帮助，仅占政府医疗保障支出 5%，对那些没有经济能力进行治病的贫困居民远远不够。政府医疗保障支出 2%左右是二次救助，比例非常低，同时占医疗救助总支出比例逐年下降，体现不出叠加的医疗救助的补偿效应，反贫困能力不足。

医保制度和医保相关的各种信息比较零散，各个层级的医保体系对接问题明显，缺乏全方位信息分析整理和层级衔接机制。基本医疗保障权益差异较大，不同人群之间、不同地域的筹资和待遇水平存在明显区别。相对而言基层和经济欠发展地区经营管理能力较差，服务经办水平不高。基本医疗保障制度主动预警致贫返贫机制欠缺，在面对一些突发性、灾难性的医疗事件时，医保支出抗风险的挑战很大。

四、重大疫情防控体制机制、公共卫生应急管理体系等方面具有明显问题

2020 年初开始爆发的新冠疫情考验了基层的公共卫生应急能力，暴露了防控指挥体系不畅、缺少物资、对突发卫生事件应变不够、没有足够的应急人员等问题。目前看，乡村公共卫生体制薄弱，存在聚集性公共卫生事件的风险隐患，没有有效应对突发卫生事件的能力、机制及相关的预案、措施，不能满足现今疫情防控多变复杂的需求。

另外，医疗服务与公共卫生脱节，关注点始终在于医疗临床服务，对公共卫生缺乏足够的重视，缺少专项的经费投入或者经费投入不足，许多医生进行公共卫生服务，如开展预防、康复的指导处置等，没有对应的劳务补偿。卫生院（所）采购的用于改善乡村整体公共卫生环境的消毒等卫

生耗材，无从补偿。

第三节 推进健康乡村建设的思路及对策

一、指导思想

以习近平新时代中国特色社会主义思想为指导，全面贯彻党的二十大精神，充分发挥我国的制度优势、组织优势，坚持以人民健康为中心的发展理念，坚持公益性导向，全面强化健康中国建设，深化医保体制、卫生体制与药品流通体制的"三医"联动改革，强化新医改分级诊疗模式下的乡村卫生服务能力，建立优质高效的整合型的乡村健康服务体系，使人民群众的多层次、多样化的健康需求得到满足，服务乡村振兴战略。

二、全面贯彻新发展理念是基本原则

把完整、准确、全面贯彻新发展理念作为健康乡村建设的基本原则，必须扎扎实实落实到工作中去。健康乡村建设要以改革创新发展为第一动力，将乡村振兴战略与健康乡村建设有机融合，乡村振兴离不开医疗卫生的建设，健康乡村建设也是乡村振兴的重要组成部分。积极推进制度、措施、机制创新，让乡村居民享受到质量优、效率高，更加便捷、公平、精准，新发展理念指导下的乡村健康发展新成果。

健康乡村建设并非是孤立的，而是和其他各项乡村发展工作有机结合发展。协调不同部门、不同领域、不同工作是建设健康乡村的一个新的重要特点，各级财政、民政部门、文化教育、人力资源、就业、社会保障等各方面密切联系，与县域、市域贯通联系，必须把各项改革统筹起来，才能协同推动健康乡村建设发展达到新的水平。

把绿色作为健康乡村建设的新业态。绿色发展是城乡发展的重要载体之一，健康乡村建设要做到全面以健康为中心，改变过去以治病为中心的

传统观念，通过政策支持、健康宣传、优质医疗卫生资源下沉等方式，每一个人关注健康、重视健康、了解健康，对于老人、儿童、孕妇等重点健康人群更加重视，建立起乡村健康生活方式，强化疾病防控意识，减少地方病、传染病等发生发展，发展健康乡村绿色新业态。

把开放作为健康乡村建设的新引擎。秉持"积极支持、包容开放"的方针，引导规范社会资本科学有序投入卫生健康事业。健康乡村建设在政府主导的同时，不能缺乏广泛的开放、参与，特别是市场的参与。如果健康乡村建设没有市场参与，只靠政府作为的话，在一些非重点领域将缺乏渗透性和积极性。比如商业保险就是医疗保险的有机补充，这在城市医疗保险的实践中得到了证明，但是在乡村医疗保险的实践中还缺乏相关的探索。但是市场的参与程度、市场的参与领域以及市场的参与模式还需要政策的指导和支持。

建设健康乡村的根本目的是共享。城乡间医疗服务存在差距是建设健康乡村的直接原因之一，让更多的人共享到改革发展的成果是建设健康乡村的根本目的。这不仅关系到个人健康的问题，更是社会主义的本质要求，集中体现了我国社会主义制度的优越性和中国共产党全心全意为人民服务的宗旨。建设健康乡村就是让更多的人民群众享受到更好的医疗卫生服务，建设惠及全体人民的医疗卫生保障体系，补足乡村医疗卫生建设存在的短板和不足，让医疗卫生保障服务的公平性、可及性、连续性、系统性充分发挥。

三、总体目标

到 2025 年，把健康乡村作为脱贫攻坚成果继续扩大，把好的经验举措进一步制度化、常态化、体系化，使乡村医疗卫生服务有大的提升，健康保障体系逐步完善，乡村居民的健康素养全面提高，初步形成健康的乡村生活方式，为 2030 年健康中国规划全面实现奠定良好基础。

到 2035 年，也就是基本实现社会主义现代化阶段，乡村居民健康素养提高至 35%，城乡居民人均寿命达到 80 岁，主要健康数据指标与中等发达国家的水平对齐，城乡健康差距显著缩小，健康乡村基本全面实现。到 2050 年，乡村全民健康得到全面实现，合理的健康需求得到充分的满足，人民将享有更加幸福安康的生活。

四、政策举措

坚持系统思维、整体思维，着重解决医疗"可及性"问题，推进优质医疗资源下沉；实施医药供给侧改革，保证药品供应质量可控、流通顺畅；解决医保可持续性问题，减轻患者医药费用负担，平衡好保障与约束的关系，确保医保资金可持续。系统谋划、综合施策，全面落实"小病在乡村治疗，大病在县城治疗，重大疑难病症在区域中心治疗"，全民实现"看得上病、看得好病、看得起病"，主动预警及有效控制因病返贫致贫风险。

（一）"加大投入""优化布局"，提升卫生健康资源效能

1.持续增加政府财政投入。优先支持信息化建设、公共卫生建设、绩效支出等，促进信息化基础、公共卫生基础设施设备升级改造。在人口集中的村镇可以配置传染病隔离、防范、控制设施等，以满足重大疫情的流行病学调查、现场应急处置等需要。促进基层医疗卫生人员收入提高，保证基层卫生医疗机构业务支出，保障有关人员"五险一金"、职业年金、家庭服务、预防康复服务等各项补助以及医疗设备更新、基础设施修缮、信息化条件升级。

充分利用"互联网＋"的优势建立创新型线上医疗服务，如将互联网和医疗服务相结合，请发达地区医生网上诊疗等。让互联网技术真正落在基层、用在基层、便在基层，充分利用网上预约、挂号缴费、医保划价、查询打印报告、取药送药、会诊、慢性病管理等便捷服务。

2.在标准化基础上优化布局。谋划好分散建设和集中建设的卫生资源。卫生室（所）的规模、人员配置适应乡村的人口密度与结构、产业发展定位、当地疾病谱等，不能照抄城市社区医疗机构模式，不是所有贫困乡村"千村一面"地设置布局，要针对本地多发病、常见病、经济负担的

实际，科学设置场所、人员配置需求，提高乡村卫生服务体系运行效益，加强信息化等新技术平台建设及应用。

3.完善县乡村一体化工作机制，与县域内医联体、医共体（健共体）紧密结合，与国家及省级区域医疗（诊疗）中心、病种专科协作网（联盟）密切联系，加强针对性业务指导，建立患者转运的绿色通道机制，避免孤岛化。区域统筹药品保障供应，强化乡村药物配备动态管理，确保合理的有需要的药品供应，持续规范药品流通，加强门诊用药便利化服务。加强科学考核，不能简单以挂号量、药品使用量、转诊率等对乡村医疗服务工作进行绩效考核，要体现业务工作全面性，引导乡村卫生技术人员加强改善乡村卫生环境、提高营养水平、开展讲卫生宣传、健康教育、人口计划工作、监测服务妇幼、老年人等重点人群健康状况等公共卫生服务，引导加强慢性病的康复、并发症预防、劳动能力恢复等，引导体现对工作量的绩效考评。要对乡村就诊的诊断正确率、处方准确率进行考核，提升业务水平，加强监管，逐步加强群众对基层就诊的信任感。调动基层卫生技术人员潜力活力。鼓励加强学习、更新知识、提升水平，引导积极参加各种理论学习与实践，探索医联体、医共体内部人才流动机制，给予上升到上级医院的渠道。

（二）坚持以健康为中心，面向全生命周期，全面促进医疗服务发展

1.以健康为中心，面向全生命周期，建设健康乡村。以预防疾病为主，将传统的以疾病治疗为中心的理念转变为全环节的健康理念。加强预防、康复、治疗、安宁、救治与照护等环节，探索主动性、连续性的家庭健康服务模式。

乡镇卫生院、村卫生室等基层机构不仅是提供诊疗服务的场所，更是乡村公共健康保障的第一道防线，要统筹利用好各种补偿渠道。启动乡村"治未病"与预防保健服务工程，让中医真正地走入乡村医疗卫生服务体系，依托国家的政策支持，在乡村医疗卫生机构中建立起中医的根据地，充分发挥中医"简、便、效、廉"的优势，统筹县医院、乡镇卫生院、村卫生室三级医疗机构，让有实践经验和理论水平的医生轮流到基层去，配

合具体措施，深入宣传推广中医"治未病"服务理念，是"治未病"服务实现突破的有效途径。

2.组织实施高水平专家下基层服务计划。鼓励三甲医院高水平医师进驻乡镇卫生院、村卫生室定期指导、带教、讲座、义诊等，鼓励长期驻村服务，带动提升乡镇卫生院、村卫生室人员的医疗服务能力水平。鼓励高水平医师在乡村开办诊所、门诊部等医疗机构。当地政府在土地、税收等政策上给予鼓励和引导。

3.充分发挥中医药优势。中医药和中华民族相伴而生，几千年间深深扎根于这片土地，在建设健康乡村中具有难以替代的作用。充分利用好中医药"简、便、效、廉"的优势，和乡村医疗建设的实践相结合，中西医互相补充，宣传推广中医"治未病"的理念，在疾病康复、大病协同、老年病防治、常见病诊疗等领域，给中医更广阔展示的舞台，推广导引、推拿、艾灸等实用技术，加强村卫生室中医药服务，促进高素质中医人才下沉，努力做到"乡镇有中医馆，村里有中医医生"。

4.弘扬健康文化，提升乡村居民健康素养。倡导乡村"健康优先"新理念，树立"未病先防、已病防变"的"治未病"思想，建立以促进乡村居民健康为核心的乡村治理新思想。在健康乡村文化建设中，要建设有重点、有层级、多样灵活的健康乡村文化体系，对于重点人群、人口集中地区要重点宣传，宣传过程要有创新性、灵活性和针对性，从乡村居民生活实际中的关注点入手，推广一些简便易行的卫生保健技术，转变不健康的生活、娱乐习惯。努力做到2035年乡村居民健康素养提高至35%。

（三）落实药品集采政策，加强乡村地区药品供应保障

1.落实药品集中采购和使用改革的有关政策，加强配送管理。加强偏远地区配送保障。药品集中采购中选企业在配送中，无法及时供应的行为，应当被视为失信违约行为。选择性地对乡村偏远地区配送不及时的，情节严重者取消中选资格。

2.加强乡村医疗卫生机构的药品配备管理，鼓励引导医保定点药店开展连锁经营。基于县乡村一体化的工作机制，针对乡村地区药品使用特

点，建立完善药品短缺监测预警机制和供应保障联动机制，通过不同级别的医疗卫生机构实现药品供应保障，在保证乡村地区居民常用药、多用药的需求之外，着力满足乡村居民个别用药、少见用药的需求，特别是一些急救药物和耗材以及相关的使用方法应该在乡村基层医疗机构普及。

（四）"特惠向普惠""事后向事前"转变，防范化解风险，确保医疗保障政策稳定可持续

1.保证医保基金的可持续发展。立足于我国城市和乡村之间、东部地区和中西部地区发展不平衡的现实，协调不同区域医保基金平衡持续发展。省市县要对医保资金统筹科学管理，找到医保资金使用不合理的"痛点"，精准规划，合理使用，监管到位，对医疗机构避免机械套用"基于往年的医保资金总额"支付。加强基金的运行管理和风险预警，借鉴商业保险的运行管理及技术经验，对资金盈亏有风险防范意识。在医保资金安全基础上，探索提取一小部分基金作为商业保险的保费进行补充再投保。继续实施差异化的缴费政策，根据可支配收入的差异性由地方财政对贫困人口缴费资金填平补齐，匹配个人收入。

2.提升保障政策的精准度、公平性。统筹不同类型人员，医保既要做到公平合理，又要注意实际生活中个人面临的实际问题。既不能浪费医保资金，又不能使应该享受到医疗保障的人民群众在医保实践中面临困难。"大病返贫""特发病、少见病"缺少保障在实践中仍然存在，引入商业保险作为社会医疗保险的有机补充必不可少。商业保险不能直接等同于医疗保险，两者既是相互促进补充又是相互竞争的关系，医疗保险提供基础性医疗保障，商业保险则可以提供基础之上的险种产品的保障。及时科学调整医保目录，逐步把更多确有需要、经济负担大的罕见药品，以及有助于康复、控制减少慢性病复发或并发症出现的药品调整进入医保范围。

3.加快健全疾病费用风险主动预警和触发机制。医疗机构、医保部门协同联动，共同研究明确诊疗方案、规范转诊等方案措施，规范引导贫困人口合理就医、分级诊疗，降低贫困人员的自付比例，减轻贫困群众的医

疗压力，提高医保支付限额。让人民群众真真正正摆脱疾病返贫的可能性，实现有病能看、有病能治。同时，坚决治理医疗保障不合理支出的措施，对于一些已经实行的不合理政策措施，分步、有序做好相关工作，解决群众具体问题，对于一些"不花钱、领补贴""小病大治大养""短病长住"等问题要坚持整治。

（五）"筑牢防控底线"，加强公共卫生事件的防控及应急能力

1.在政府主导下建立集中高效的联防联控指挥体系。乡村地区是公共卫生事件防控和应急处理链条的薄弱环节。人员、机制、物资等多方面都有所欠缺，建设健康乡村要从乡村地区存在的问题入手，针对性地提出解决措施。首先要筑牢防控底线，健全防控机制，做好防控结合、联防联控，提升乡村地区公共卫生事件的防控及应急能力，面对突发事件时可以做到快速转换，做到任务清晰、协同有序、坚决执行，针对乡村基层医疗卫生服务人员进行专门的培训和应急演练，将加强公共卫生事件的防控及应急能力提升和日常工作中的学习、考核等岗位技术培训相结合。加强与传染病救治防控、专病救治网络、健康活动等的外部联系。加强设备配备、物资储备等动态管理，科学储备物资、增加应对公共卫生事件的物资储备，做到物资储备种类齐全、规模合理、结构优化，资金、技术、产能、实物有序结合。

2.建好公共卫生事件的"哨点"，早发现、早报告。培养隐患风险意识及初步甄别判断能力，发挥乡村基层医疗卫生机构"哨点"作用。加强乡村基层医疗卫生人员收集信息、分析信息、利用信息的能力，对于可能具有的重大卫生风险，全流程参与，能做到信息直报、随时发现随时报告，建立健全多级别、全流程、全方位的快速反应体系。

3.医疗保障应急资金，需要各级各地财政兜底。不同于一般的医疗保障资金，应急医保资金需要在面对突发公共卫生风险时能够预拨预付，支付报销比例也应该具体情况具体分析，坚决不能让患者和医疗机构因为医疗费用的问题产生矛盾，影响就医和防控。

第十一章　脱贫地区农村饮水安全与人居环境建设

党的十八大以来，以习近平同志为核心的党中央高度重视农村扶贫工作，做出打赢脱贫攻坚战的重大决策。"十三五"期间，脱贫攻坚取得决定性进展，2020 年如期打赢脱贫攻坚战。在打赢脱贫攻坚战的基础上，"十四五"期间，农村扶贫减贫工作将继续开展。根据《中共中央关于制定国民经济和社会发展第十四个五年规划和二〇三五年远景目标的建议》，在脱贫摘帽地区继续全面推进乡村振兴，进一步巩固拓展脱贫攻坚成果，防止返贫。到 2035 年，农业农村现代化基本实现，农民就业质量显著提高，相对贫困进一步缓解，共同富裕迈出坚实步伐；城乡基本公共服务均等化基本实现，城乡融合发展体制机制更加完善；乡风文明达到新高度，乡村治理体系更加完善；农村生态环境根本好转，生态宜居的美丽乡村基本实现。

中国现代化进程中的一个焦点是关注乡村，尤其是贫困地区。乡村状况的好坏是解决中国一切问题的关键和从事其他建设的根本前提，其中贫困地区人居环境建设现已成为美丽中国建设进程的关键。美丽中国的奋斗目标在农村的体现和实施就是美丽乡村建设，这是农村生态文明建设的目标和最终归宿。

第一节　脱贫地区美丽乡村建设

一、美丽乡村建设的内涵与目标

建设美丽乡村，是建设经济、政治、文化、社会和生态文明协调发展，规划科学、生产发展、生活宽裕、乡风文明、村容整洁、管理民主，宜居、宜业的可持续发展乡村。美丽乡村建设，是解决农业农村农民等关系国计民生问题的必然途径，是新时代"三农"工作的总抓手，农业强不强、农村美不美、农民富不富，决定着全面建成小康社会和社会主义现代化的质量，是实现美丽中国目标的根本途径。

2014 年 3 月出台的《国家新型城镇化规划（2014—2020 年)》中，文件明确提出："建设各具特色的美丽乡村"是稳步解决"三农问题"的主要途径。根据《中共中央关于制定国民经济和社会发展第十四个五年规划和二〇三五年远景目标的建议》，坚持把解决好"三农"问题作为重中之重，坚定走中国特色社会主义乡村振兴道路，坚持农业农村优先发展，坚持绿水青山就是金山银山理念，按照产业兴旺、生态宜居、乡风文明、治理有效、生活富裕的总要求，接续巩固拓展脱贫攻坚成果同美丽乡村建设有效衔接的局面下，提出"完善乡村水、电、路、气、通信、广播电视、物流等基础设施，提升农房建设质量。因地制宜推进农村改厕、生活垃圾处理和污水治理，实施河湖水系综合整治，改善农村人居环境"等美丽乡村建设的方向和要求。

二、农村饮水安全与人居环境改善是美丽乡村建设的重点

美丽乡村建设坚持以人为本和因地制宜的原则，通过农村规划先行，统筹兼顾，发展集体经济，改善公共服务，提升村民生活品质，实现生产、生活、生态的和谐发展。涉及的主要内容包括，村庄规划、村庄建设、经济发展、公共服务及其他方面。其中，村庄建设包含了道路、桥

梁、饮水、供电、通信、农业生产等生活基础设施的建设，工农业污染、生活污水处理等防治、生态保护与治理等生态环境提升，和村容维护、环境绿化、厕所改造、病媒生物综合整治等村容整治，是发展农村经济和完善公共服务的基础保障措施，与脱贫攻坚中"安全饮水，住房安全有保障"目标相辅相成。打赢脱贫攻坚战，并保持巩固拓展脱贫攻坚成果常态化，是实现我国美丽乡村建设和美丽中国建设的首要前提，是逐步缩小发展不平衡不充分、全面建成小康社会的必要过程。

保障安全饮水是落实贫困地区"两不愁三保障"和美丽乡村建设的基本要求。贫困地区农村饮用水安全工程的建设和保障是取得脱贫攻坚战全面胜利的主要攻坚方向，是建设美丽乡村的重要任务。《"十三五"脱贫攻坚规划》提出，到 2020 年，实现现行标准下农村贫困人口"两不愁三保障"，把贫困地区农村集中供水率作为脱贫攻坚的 10 项主要指标之一。2019 年 4 月，习近平总书记在重庆召开的解决"两不愁三保障"突出问题座谈会上的讲话中指出"在饮水安全方面，还有大约 104 万贫困人口饮水安全问题没有解决，全国农村有 6000 万人饮水安全需要巩固提升。如果到了 2020 年这些问题还没有得到较好解决，就会影响脱贫攻坚成色"①。

饮水安全不仅仅包含安全水源地、完善供给水设施等系统的完备，也依赖于农村人居环境质量的综合整治提升，减少农村点面源污染，改善人居环境，从而实现山清水秀，青砖绿瓦的生活状态；在保证青山绿水的前提下，更要带动农村"金山银山"的绿色经济发展模式，拓展绿色产业空间，村民安居乐业，实现"绿水青山就是金山银山"的美丽乡村建设。

贫困地区美丽乡村建设，要立足于本地生态环境资源优势，因地制宜且合理规划和建设美丽乡村，重点内容在如何继续推进脱贫地区农村饮水安全巩固提升，持续改善脱贫地区的农村人居环境，以及发展美丽乡村经济，构筑减贫的产业保障，探索乡村产业振兴新路径。

---

① 田学斌：《让亿万农村居民喝上放心水》，《中国水利》2022 年第 3 期。

第二节　脱贫地区农村饮水安全

农村饮水安全建设是一项关系到农村人口饮水安全、广大人民群众身体健康、促进农村经济发展、造福子孙后代的事业。近年来，我国饮用水水源保护工作取得积极进展，城乡居民饮用水工程建设、农村饮水安全保障水平持续提升，但贫困地区的农村饮水安全问题依然突出。保障贫困地区农村饮用水安全是建设美丽乡村和打赢脱贫攻坚战的重要内容，事关农村经济社会的可持续发展和乡村振兴战略的有效实施。

水利部、卫生部2004年11月颁布的农村饮用水安全卫生评价指标体系（水农〔2004〕547号），将饮用水分为安全和基本安全两个档次，由水质、水量、方便程度和保证率四项指标组成[①]。四项指标中只要有一项低于安全或基本安全最低值，就不能定为饮用水安全或基本安全。

（1）水质：符合国家《生活饮用水卫生标准》（GB 5749—2006）要求的为安全；符合《农村实施〈生活饮用水卫生标准〉准则》要求的为基本安全。

（2）水量：每人每天可获得的水量不低于40—60升为安全；不低于20—40升为基本安全。不同地区的具体水量标准可根据气候特点、地形、水资源条件和生活习惯等确定。

（3）方便程度：人力取水往返时间不超过10分钟为安全；取水往返时间不超过20分钟为基本安全。

（4）保证率：供水保证率不低于95％为安全；不低于90％为基本安全。

[①] 参见2004年11月水利部和卫生部联合下发的《关于印发农村饮用水安全卫生评价指标体系的通知》（水农〔2004〕547号）。

一、脱贫地区饮水安全问题已全面解决

"十三五"期间，中央决定实施农村饮水安全巩固提升工程。2016年，国家发改委、水利部、财政部、卫计委、环保部、住建部联合印发通知，明确提出了"十三五"农村饮水安全巩固提升工程规划及实施的重点，并进一步强化和落实地方政府主体责任，切实强化监督考核。要求各地围绕全面建成小康社会、打赢脱贫攻坚战的战略部署和目标要求，以健全机制、强化管护为保障，综合采取改造、配套、升级、联网等方式，因地制宜加强供水工程建设和改造，进一步提升农村集中供水率、自来水普及率、供水保证率和水质达标率，到2020年全面解决贫困人口饮水安全问题[1]。

水利部数据显示[2]，截至2020年底，全国累计完成农村饮水安全巩固提升工程建设投资1984亿元，农村集中供水率达到88%，巩固提升受益人口2.7亿人，解决了1710万贫困人口饮水安全问题。按照现行标准，我国全面解决了贫困人口饮水安全问题。

尽管贫困地区人口饮水安全问题得到解决，但部分地区仍然存在本底性差、管理薄弱和机制欠缺等方面的问题，尤其是深度贫困地区的饮水安全脱贫成果仍存在不稳定、不巩固、不持续、易反复、水源保障程度不高的问题。

二、部分农村地区安全供水保障水平不高

近年来，通过大规模的农村供水工程建设，已经形成比较完善的工程体系，农村供水保障水平持续提升。但部分工程特别是早期建设和小型工程建设标准偏低，工程质量不高，存在安全隐患，造成供水保障能力不足。由于地理位置、地形、海拔梯度等因素，部分山区、偏远地区或人口

---

[1] 参见《水利扶贫行动三年（2018—2020年）实施方案》。

[2] 参见2021年9月9日在国务院新闻办公室举行新闻发布会上，水利部部长李国英所作的关于水利支撑全面建成小康社会情况的报告。

聚集区面临着因季节性导致的水量供给不足；高海拔高寒地区或者贫困山区分散式供水比例相对较大，持续供水量无法得到保证，缺乏有效的水质净化技术，长期稳定安全的饮水供给问题仍待解决。

从供水水质上，集中式供水工程，生活饮用水水质应符合《生活饮用水卫生标准》（GB5749）的要求。受水源、技术、管理等条件限制的贫困农村地区，饮用水水源点多面广、单个水源规模较小，多数属于"万人千吨"以下的供水规模（Ⅳ、Ⅴ型供水工程），无水质检验室及相应的水质检测设备和人员；由于建设标准低，净化消毒设施简陋，水质监测不到位等原因，饮用水水质执行《生活饮用水卫生标准》（GB5749）中的"农村小型集中式供水和分散式供水的水质标准"，其中部分指标（如微生物指标、化学指标等）低于集中式供水工程的指标要求，存在饮水安全隐患。

受客观条件影响，部分山区、牧区、偏远地区，暂时还不具备供水入户条件。有些农户家中或周边有自备水源或可方便获取的水源，自来水入户要交一定的材料安装费，暂时不愿意入户，降低了集中供水率，缺乏水质净化消毒的集中处理和监测管理保障，饮水水质达标存在部分问题，难以全面保障饮水安全。

三、饮水安全工程管理运维资金不足

贫困地区饮用水安全是一项系统性、综合性的公益工作，需要长期稳定的资金投入。目前，资金来源主要依赖于中央和地方资金，其他渠道资金输入有限，资金投入水平与广大贫困地区高质量饮水安全要求存在一定差距。贫困地区农村经济发展程度相对较低，群众经济收入较低，水价不能完全覆盖成本，设施设备出现大型维修时，运行管理单位没有财力支出，导致农村饮水安全工程维修养护资金不能及时到位。目前尚无有保证的专项资金，维修养护资金不能及时确保落实到位，对工程运行管理以及保障水平的进一步提升造成了困难。

《国务院办公厅关于创新农村基础设施投融资体制机制的指导意见》和《农村饮水安全工程建设管理办法》提出，农村饮水安全工程投资，由

中央、地方和受益群众共同负担。中央对东、中、西部地区实行差别化的投资补助政策，加大对中西部等欠发达地区的扶持力度。入户工程部分，可在确定农民出资上限和村民自愿、量力而行的前提下，引导和组织受益群众采取"一事一议""筹资筹劳"等方式进行建设，可"发行专项债券支持农村供水设施建设，探索发行县级农村基础设施建设项目集合债"。水价是调节供求关系、促进节约用水、保护水资源最有力的经济杠杆，制定合理水价制度和水价收缴机制，是解决运行管理问题的根本举措。

深度贫困地区（如四川藏区）自然地理条件复杂，农村供水工程建设投入和管养成本高，加上农村人口密度小，如果按照实际成本来核算，价格较高。贫困地区村民对用水缴费意识薄弱或不具备、不愿意缴费，水费缴收机制不完善，导致贫困地区资金来源单一。而当中央和地方政府资金不能及时跟补，易导致资金缺口、投入不足等，可能影响水源地供水工程的建设，产生净水消毒设备不完善、工程后期运维管理断裂等一系列问题，影响贫困地区农村饮水安全的有效保障。

四、农村饮水安全工程管护水平有待提升

2019 年，水利部出台的《关于建立农村饮水安全管理责任体系的通知》指出，有些地区农村饮水工程运行管理能力较为薄弱，未建立工程长效管理机制。为确保农村饮水安全管理工作落实到位，实现工程建得成、管得好、长受益，必须建立健全农村饮水安全管理责任体系，全面落实管理机构、人员和经费。健全完善县级农村饮水工程运行管理机构、运行管理办法和运行管理经费三项制度，确保农村饮水工程有机构和人员管理，有政策支持、有经费保障。

目前，部分农村供水工程运行管理机构建设尚不健全，运行管理体制不完善，管理和技术人员选拔、聘用、使用制度不规范，致使管理不科学、不规范、不系统；贫困地区部分县没有建立专管机构和维修养护基金，农村供水技术服务体系建设滞后，安全饮用水供水和环境卫生设施的可持续性维护和水质检测等缺乏有效管理机制。部分工程为了节省成本减

少人员设置，造成农村饮水安全管理组织并不完备，管理人才缺失，制约了农村饮水安全工程的良性发展。

在水源地的保护方面，贫困地区村民缺乏水污染防治和危害的认知，大量随意堆置、丢弃垃圾，长此以往，垃圾渗滤液渗入当地地表和地下水，污染水源地；工业排放污水缺乏有效处理和管理，导致有毒有害化学品的肆意排放，污染水源地水质等。另外，农村集中供水管理相关工作人员，缺乏对其工作内容的专业性和工作力度，环保健康意识弱，缺乏一定法律执行力等，间接对农村饮用水水源地保护工作带来负面影响。

第三节　脱贫地区农村人居环境

我国脱贫地区农村主要的人居环境问题包括生活垃圾污染、生活污水污染、农业面临水源污染和水生态破坏等问题。根据国家统计局公布的第七次全国人口普查公报，截至 2020 年 11 月，我国农村常住人口约为 5.1 亿人[1]，按照农村人均生活垃圾产量 0.8 千克/（人天）计算，全国农村生活垃圾年产生量约为 1.49 亿吨。在生活垃圾的处置方式上，多数脱贫地区村庄分散，生活垃圾倾倒于周边的沟渠、坑塘，随着雨水的冲刷汇集到河湖，破坏周围人居环境和河湖水环境。农村生活污水主要来自厨房、厕所和洗浴排水。在贫困落后地区，由于缺乏有效的迁移收集路径，污水排放散乱。未经处理的生活污水除对受纳水体造成污染外，也严重影响环境卫生，是传染病的病源之一，特别是 SARS、禽流感和新冠病毒等疫情的出现，控制村镇水污染的重要性更加凸显。此外，我国大约 76% 的贫困县分布在生态敏感地区，部分地区存在水生态系统脆弱、水资源的过度开发或水环境污染等复杂问题。生态环境的恶化、人居环境治理问题和贫困发生率紧密相连，这种现状加大了脱贫难度。

---

① 参见 2021 年 5 月 11 日国家统计局发布的《第七次全国人口普查公报》。

一、农村人居环境明显改善，村庄环境基本干净整洁

农村生活污水处理。2011 年生态环境部发布了《农村生活污染控制技术规范》，2014 年住建部发布了《县（市）域城乡污水统筹治理导则》，提出以城乡一体化为导向，以县（市）域为基本单元，按照统一管理、统一规划、统一建设、统一运行的统筹治理原则。至此，我国农村生活污水治理的处理原则基本形成。2016 年 12 月国务院发布的《"十三五"生态环境保护规划》，将农村生活污水治理引入国家规划的层次，使得此类项目有更强的政策支持。2019 年住建部发布了《农村生活污水处理工程技术标准》《污水自然处理工程技术规程》《村庄整治技术标准》确定了我国农村生活污水的处理工程技术规程和相应标准。

农村生活垃圾治理。农村垃圾处理问题在 21 世纪初开展新农村建设和村庄整治时期开始得到关注。2005 年修订版《固体废物污染环境防治法》首次将农村生活垃圾纳入公共管理范围。2014 年，住建部起草了《关于改善农村人居环境的指导意见》，年底启动了"农村生活垃圾治理专项行动"，提出用 5 年时间实现全国 90% 村庄的生活垃圾得到治理的目标，并建立逐省验收制度。2015 年 11 月，十部门联合印发《关于全面推进农村垃圾治理》，明确提出建立村庄保洁制度、推行垃圾源头分类、全面治理、废弃物资源化利用、规范垃圾处理和清理陈旧垃圾等要求。2017 年 6 月，住建部公布了首批 100 个农村生活垃圾分类示范县和资源化利用，提出 2020 年实现农村垃圾减量覆盖所有乡镇和 80% 以上的行政村，并在 2020 年底前将每年组织公布一批农村生活垃圾分类和资源化利用示范县。

2018 年初，中办、国办印发了《农村人居环境整治三年行动方案》后，农村人居环境整治全面推开，部分省市制定了 2020 年需要完成的农村水环境治理的目标，涉及农村生活污水，生活垃圾和厕改等具体措施（表12—1）。根据相关规划可以看出，到 2020 年基本实现：（1）覆盖到村级的生活垃圾集中处理，具备条件的地区可开展生活垃圾分类处理；（2）完成无害化卫厕改造，增加公厕覆盖率；（3）消除黑臭水体，建设或完善生

活污水的迁移和集中处理设施；（4）建成完善的资金投入体系，尝试和鼓励市场化运行。

2020年10月，农业农村部公布"十三五"时期农业农村发展成就，《农村人居环境整治三年行动方案》目标任务基本完成：（1）95%以上村庄开展了清洁活动，村容村貌明显改善。2018年底，启动实施村庄清洁行动，发动农民群众自觉开展"三清一改"，即清理农村生活垃圾、清理村内塘沟、清理畜禽养殖粪污等农业生产废弃物、改变影响农村人居环境不良习惯，集中整治村庄"脏乱差"问题；（2）全国农村卫生厕所普及率达65%以上，2018年以来累计新改造农村户厕3000多万户。（3）农村生活垃圾收运处置体系已覆盖全国90%以上行政村，排查出的2.4万个非正规垃圾堆放点中99%已完成整治，农村生活污水治理水平有新的提高。

表11—1 部分省份《农村人居环境整治三年行动方案 2018—2020》

省份	生活垃圾	改厕	污水处理	资金投入
河南省①	90%左右的村庄生活垃圾得到治理，实施乡镇转运，县市处理的乡镇，要建设转运站；无法转运至县市处理的乡镇，要建设卫生填埋场。	无害化卫生厕所普及率达到85%左右，在污水管网覆盖地区使用完整下水道式水冲厕所，县市处理的乡镇，在污水管网覆盖不到的地区推广三格化粪池式厕所，在山区、丘陵不适宜三格化粪池式的，要因地制宜选择其他厕所改厕模式。	乡镇政府所在地和经济条件较好、居住相对集中的村庄建设使用污水集中处理的村庄设施。城镇污水管网短期内覆盖不到、居住分散的村庄选择建设小型人工（微）动力等污水处理设施，无能力建设污水处理设施的村庄，暂无能力建设小型污水处理设施的村庄，要合理建设污水排放沟渠。	支持收益较好、实行市场化运作的农村基础设施建设项目开展国际股权和债权融资。积极利用国际金融组织和外国政府贷款建设农村人居环境设施。
吉林省②	建立非正规垃圾堆放点工作台账并实行销号制度，到2020年，90%以上的行政村生活垃圾得到治理，基本完成非正规垃圾堆放点整治任务。	完成20万户农村卫生厕所改造；300户以上村庄、规划建设公共厕所或村委会厕所向群众开放。A级乡村旅游经营单位和集中连片发展乡村旅游的村（屯）应建设旅游厕所。开展厕所粪污、畜禽养殖废弃物资源化利用，对病死畜禽进行无害化处理。到2020年，新改造80万户农村卫生厕所，同步推进既有卫生厕所提标，改善卫生条件。	推进重点镇、辽河等重点流域乡镇生活污水处理设施建设，实现稳定运行。将农村水环境治理纳入河湖长制管理，以房前屋后河塘沟渠清淤疏浚，恢复河湖水生态。到2020年，全省114个重点镇和人口1万以上乡镇生活污水得到治理，流域常住生活污水得到治理，城镇黑臭水体基本消除。	实行市场化运作的农村基础设施项目开展股权和债权融资。积极利用国际金融组织和外国政府贷款建设农村人居环境设施。

（续表）

省份	生活垃圾	改厕	污水处理	资金投入
海南省	2018—2020年，与美丽乡村建设同步开展1000个示范村创建工作，资源化利用示范村创建每年分别完成20%、35%、45%的任务量	2020年，所有乡镇至少参照《城市公共厕所设计标准》(CJJ14—2016)新建或改造公厕1座。合理选择改厕模式，完成24.85万户农户厕所无害化改造，同步实施厕所粪污治理，2018—2020年每年分别完成20%、35%、45%的任务量。	到2020年完成173个镇及部分农场、林场部污水处理设施和管网建设，推动污水管网向周边农村延伸覆盖，2018—2020年每年完成15%、40%、45%的任务量。	建立市县、中央补助为辅的政府投入为主、省级投入为主，中通过为抵押担保贷款等方式。引导金融机构依法合规提供信贷支持。采取PPP、第三方治理等形式，引入市场主体开展农村人居环境整治，鼓励各类企业积极参与农村人居环境整治项目。
云南省③	原则上每户要有垃圾桶，每个乡（组）至少有1个以上垃圾收集设施，每个乡（镇）有必要要的垃圾收运车辆和转运站；到2020年农村生活垃圾基本实现全收集全处理。	在乡（镇）镇区和行政村村委会所在地公厕全覆盖建设的基础上，逐步消除旱厕，改进设水冲式厕所。原则上以"水源化利用+装配式三格化粪池+资源化利用"方式为主，到2020年，改造建设250万座以上户厕，实现农村无害化卫生户厕，九大高原湖泊周边的村庄无害化卫生户厕覆盖率达50%以上。	推动城镇污水管网向周边村庄延伸覆盖。加强农村水源头减量和尾水环境治理纳入河长制、湖长制管理。到2020年，乡（镇）镇区生活污水处理设施基本实现全覆盖，旅游特色型、九大高原湖泊周边的村庄生活污水处理设施基本实现全覆盖。	在积极争取中央补助资金的同时，建立省、州（市）和县（市、区）三级政府共同投入的机制。省级通过以奖代补、先建后补等方式支持各地区开展农村人居环境整治。

（续表）

省份	生活垃圾	改厕	污水处理	资金投入
甘肃省④	到2020年，全省乡镇生活垃圾收集转运处理设施实现100%全覆盖，90%以上的村庄生活垃圾得到有效治理。	乡镇、建制村公厕覆盖率达到100%，农村卫生厕所普及率达到70%，全面开展农村户用卫生厕所改造和建设。对城镇污水管网覆盖下，推广使用水道水冲式厕所，对未纳入城镇水管道范围但农村供水全部覆盖的村庄，推广使用三格化粪池、双瓮漏斗式等卫生厕所；对山区或缺水地区，推广使用粪尿分集式厕所。	加快农村生活污水处理设施建设。推动城镇污水管网向周边村庄延伸，积极推广低成本、低能耗、易维护、高效率的污水处理技术，鼓励采用生态处理工艺，加强生活污水源头减量和尾水回收利用。	建立省级补助、市县为主的农村人居环境整治投入体系，加大资金统筹整合力度，保障农村基础设施建设。建设采取以奖代补、先建后补，工代赈等方式给予类补，同时依法发行政债券等筹集农村人居环境整治资金。
内蒙古自治区⑤	村庄重点规划建设垃圾屋、垃圾池或配备垃圾收集箱（桶），推动农村生活垃圾就地分类、减量、再利用。规划建设垃圾处理设施，改造原有简单生活垃圾填埋场。2020年底前基本完成非正规垃圾堆放点整治工作。	城市近郊及其他环境容量较小地区的村庄，加快推进户用卫生厕所建设和改造，同步实施厕所粪污治理；鼓励有条件的地区加快推进农村牧区户用卫生厕所全覆盖，同步实施改厕改厨。到2020年，完成65万户改厕任务，农村牧区卫生厕所普及率达到85%以上。	有条件的村庄可因地制宜采用集中处理或集中与分散相结合的处理模式。其他村庄以分散的处理为主，已与农村牧区改厕相结合，通过分户式、联户式的办法，采用就地处理、简易处理等技术就地处理，鼓励采用生态处理工艺。	进一步提高农村垃圾、污水处理补偿标准，创新投资融资方式，充分发挥政府投资的撬动作用，通过以奖代补、先建后补，以工代赈等方式，引导社会资本参与治理，形成多元投入格局。鼓励各类企业参与农村牧区人居环境整治项目，规范推广政府和社会资本合作模式，大力培育农村牧区垃圾污水治理市场主体。

（续表）

省份	生活垃圾	改厕	污水处理	资金投入
山东省⑥	到2020年，力争实现农膜基本回收，农作物秸秆综合利用率达到92%，实施畜禽粪污资源化利用整县推进项目，全省畜禽粪污综合利用率达到81%以上，规模养殖场粪污处理装备配套率达到100%。	加快全省农村改厕步伐，2020年，全部乡镇（涉农街道）内300户以上自然村所有农村基本完成改造，农村公共厕所无害化建设改造。	到2020年，50%以上的村庄进行处理，其中农村生活污水治理示范县80%以上生活污水治理示范县80%以上的村庄对生活污水进行处理；农村新型社区基本实现污水收集处理。	总体匡算国家投资1500亿元，通过争取国家支持一块、省市县财政拿一块、政府债券筹集一块，社会资本融一块、集体经济投一块、群众自筹一块"六个一块"的方式，多渠道筹集各类资金。其中，省级整合各类建设资金安排不少于300亿元，省里指导市县筹资不少于800亿元。
辽宁省⑦	力争实现90%左右的村庄生活垃圾得到治理	农村卫生厕所普及率达到85%左右，省级及以上卫生县城（乡镇）比例达到5%。	新建生活污水集中收集处理系统150套，全省10%的行政村生活污水实现收集处理，水质控制单元和重点旅游风景区周边村庄生活污水得到有效治理。现有生活污水处理设施装备配套率达到95%以上，村屯基本实现"人畜分离"。	建立"以奖促治"和"以奖代补"相关制度办法，合理保障农村人居环境基础设施建设和运行资金，继续由省市县三级财政分担农村保洁人员工资及年度垃圾治理运行维护经费，经费原则上执行农村居民每人30元标准，其中省市以上财政承担30%，市财政承担40%，县财政承担30%。

（续表）

省份	生活垃圾	改厕	污水处理	资金投入
江西省⑧	重点"三线六边"区域，基本做到"四无、四净"。禁止城市垃圾向农村转移，禁止城市垃圾"上山下乡"。到2020年基本完成非正规垃圾堆放点整治任务。	普及农村户用水冲厕，重点推广三格式水冲厕，每户至少建一个室内水冲厕。在300人以上的村庄，要因地制宜在户以上场所至少新建或改造开放1座三类以上公厕。2020年改厕任务基本完成，卫生厕所利用率达70%以上。	城镇近郊的村庄，采用延伸城镇管网的方式，实行统一处理。运用人工湿地处理系统、曝气生物滤池、淹没式生物膜等技术在人口规模较小的村庄，净化类粪池、生态氧化塘、化槽等技术分散处理。	建立县级为主、省市补助的农村人居环境治整投入体系，统筹整合相关渠道资金加大投入力度，合理保障农村人居环境基础设施建设和运行资金。2018—2020年，全省每年安排新农村建设财政专项资金60亿元，由省市县三级按5：2：3的比例落实。
陕西省⑨	2020年底，农村人居环境质量较大提升，力争实现90%的村庄生活垃圾得到有效治理，建立生活垃圾收运处理制，禁止露天堆放垃圾，全面开展清理村庄内外、道路两侧、庄前屋后的建筑垃圾和生活垃圾。	农村无害化卫生厕所计超过600万户，并实现粪污资源化利用，到2020年，70%的村庄厕所粪污得到有效处理或资源化利用，村西农村无害化户厕建设符合标准有效源化利用，建设标准《陕西省农村无害化户厕建设技术规范》。	推动城镇污水管网向周边村庄延伸覆盖，实现污水集中处理。根据村庄规模，住户集中度等综合比选确定采用分散处理等方式。加强生活污水用生态处理工艺，生活污水源头减量和尾水回收利用。到2020年，南水北调水源区重要饮用水水源涵养区污水得到处理，点区域生活污水基本得到治理，农村黑臭水体基本消除。	省级部门加大国家专项资金取大力度，市县两级统筹整合相关渠道资金，形成市县为主、省补助的政府投入体系。鼓励陕西地方银行把农村"三农"金融事业部作为重点，扩大信贷投放，积极谋划PPP项目，省市县政府在项目安排、申报国家示范、落实奖补资金上优先支持。

注：参见① 2018年3月，中共河南省委办公厅、河南省人民政府办公厅印发的《河南省农村人居环境整治三年行动方案》。② 参见 2018年5月，中共吉林省委办公厅、吉林省人民政府办公厅印发的《吉林省农村人居环境整治三年行动实施方案（2018—2020年）》。③ 参见 2018年5月，云南省人民政府办公厅印发的《云南省农村人居环境整治三年行动实施方案》。④ 参见 2018年5月，中共甘肃省委办公厅、甘肃省人民政府办公厅印发的《甘肃省农村人居环境整治三年行动实施方案（2018—2020年）》。⑤ 参见 2018年5月，中共内蒙古自治区党委办公厅、内蒙古自治区人民政府办公厅印发的《内蒙古自治区农村牧区人居环境整治三年行动方案（2018—2020年）》。⑥ 参见 2018年6月，中共山东省委办公厅、山东省人民政府办公厅印发的《山东省农村人居环境整治三年行动方案（2018—2020年）》。⑦ 参见 2018年4月，中共辽宁省委办公厅、辽宁省人民政府办公厅印发的《辽宁省农村人居环境整治三年行动实施方案（2018—2020年）》。⑧ 参见 2018年6月，中共江西省委办公厅、江西省人民政府办公厅印发的《江西省农村人居环境整治三年行动方案（2018—2020年）》。⑨ 参见 2018年6月，中共陕西省委办公厅、陕西省人民政府办公厅印发的《陕西省农村人居环境整治三年行动方案》。

二、已基本形成适用于脱贫地区农村人居环境治理工程模式

在农村污水治理方面，在技术和工程模式上，已经取得一些突破性进展和显著成效。（1）确定了农村污水治理思路：分区实施、因地制宜；先易后难、梯次推进；资源整合、循环利用；创新机制、监管结合。依照这个思路进行农村治污，实现了农村污水的分散式就地处理及资源化、集中收集处理，改善了人居环境，基本解决了脏乱差、夏季蚊蝇滋生、臭气熏天、污水横流的问题。（2）形成了农村污水处理多元化模式：不同地区农村自然条件、经济水平、生活习惯等方面都存在较大差别，使得污水处理方式不能过于单一，经过多年的摸索和实践，形成了分散处理、集中处理和接入市政管网三种基本模式。（3）确立了农村污水处理工艺：农村污水排放分散、水量较小，管理水平低，对农村污水处理工程方案应要求工艺简单，效果稳定，运维简便。脱贫地区一般人均收入低，设备管理能力薄弱。因此更适宜简单粗放式的分散性污水收集处理技术（表12—2和12—3）。其中表12—3中的4种单项技术适合脱贫地区村户各户使用。此外，脱贫地区村组也可以对农村生活污水进行集中处理，可选择稳定塘、序批式反应器、人工湿地、生态滤池和生物浮岛等这几项污水处理技术，满足不同受纳水体功能区要求，不同回收对象及水质特征，不同地理环境及农民实际需求的治理方法。目前，已基本形成符合农村实际、方式多样的生活垃圾处置体系，推进垃圾就地分类和资源化利用，解决了农村垃圾乱扔乱放的问题。

表 11—2 不同地域的脱贫地区分散型污水收集处理与资源化技术推荐表

地域类型	居住条件	环境要求	可选择的技术	推荐的适宜技术
东北地区	居住较分散	环境要求高	土地渗滤、稳定塘	土地渗滤、稳定塘
		环境要求低	沼气池、厌氧生物膜池、化粪池	沼气池、厌氧生物膜池
	居住集中	环境要求高	生物接触氧化池、SBR、氧化沟、生物滤池、MBR	生物接触氧化池
		环境要求低	厌氧生物膜池、土地渗滤、稳定塘、沼气池	厌氧生物膜池
西北地区	居住较分散	环境要求高	人工湿地、土地渗滤、稳定塘	土地渗滤
		环境要求低	沼气池、厌氧生物膜池、化粪池	厌氧生物膜池
	居住集中	环境要求高	生物接触氧化池、SBR、氧化沟、生物滤池、MBR	土地渗滤
		环境要求低	厌氧生物膜池、土地渗滤、稳定塘、人工湿地、生态滤池、沼气池	厌氧生物膜池
华北地区	居住较分散	环境要求高	人工湿地、土地渗滤、稳定塘	人工湿地
		环境要求低	沼气池、厌氧生物膜池、化粪池	沼气池
	居住集中	环境要求高	生物接触氧化池、SBR、氧化沟、生物滤池、MBR、人工湿地	人工湿地
		环境要求低	厌氧生物膜池、土地渗滤、稳定塘、生态滤池、沼气池	厌氧生物膜池、沼气池
东南地区	居住较分散	环境要求高	生物接触氧化池、人工湿地、土地渗滤、稳定塘	生物接触氧化池、人工湿地
		环境要求低	沼气池、厌氧生物膜池、化粪池、土地渗滤	土地渗滤
	居住集中	环境要求高	生物接触氧化池、SBR、氧化沟、生物滤池、MBR	生物接触氧化池
		环境要求低	厌氧生物膜池、土地渗滤、稳定塘、人工湿地、生态滤池、沼气池	土地渗滤

表 11—3　农村污水户用处理适宜技术推荐表

技术名称	优点	缺点	地形适宜性	技术要求适宜性	适用规模（吨/天）	造价指标
化粪池	结构简单、造价低、维护管理简便、运行费用省、卫生效果好。	处理效果有限，出水水质差，不能直接排放水体，需经后续好氧生物处理单元或生态净水单元进一步处理。污水易泄漏。	适用于所有地形。	农村污水的初级处理，特别适用于旱厕改造后水冲式厕所粪便与尿液的预处理。	2—100	0.17—6.27 万元
厌氧生物膜池	投资少、施工简单、无动力运行、维护简便。	对氮磷基本无去除效果，出水水质较差，须接后续处理单元进一步处理后排放。	适用于所有地形。	技术要求不高，广泛应用于经化粪池处理后，人工湿地或土地渗滤处理前的处理单元。	<10	在化粪池的基础上加上填料费用
土地渗滤	结构简单，出水水质好，投资成本低，低能耗，运行费用省，维护管理简便。	负荷低、污水进入前需进行预处理，占地面积大，处理效果随季节波动。	适用于土地资源较丰富的平原、高原、盆地。	技术要求不高。	<10	100—400 元/m2
沼气池	污泥减量效果比化粪池明显，有机物降解率较高，处理效果好，可以有效利用沼气。	处理污水效果有限，出水水质差；需有专人管理，与化粪池比较，管理较为复杂。	适用于所有地形。	有一定技术要求。	<30（单户）	比普通化粪池高20%—25%

三、脱贫地区的人居环境设施长效运行管理模式不健全

人居环境整治机构不完善。农村环境的整治处于政府管理最末端，由于县级政府环境保护人员相对比较少，管理职能也很难再延伸下去，基层的环境保护与整治工作通常在县区就停止了。大部分村镇还未设置专门的环境整治部门，导致农村环保链条经常断在最后环节，环境监管工作也在基层出现断层。农村环境整治工作范围较广，涉及环保、农林、畜牧、水务、城乡建设等多部门，只是依靠县级环保管理是远远不够的。

运维管理方式存在局限性。基层环保设施与人员均较为欠缺，不能担负起农村环境整治的重要任务。一些污水主管网建成后没有及时建设入户管网，污水处理站运行成本高、技术要求高、缺少专业技术人员，没有建立维护管理制度，造成污水处理设施没有正常运转，形同虚设。

监督体系不健全。部分基础设施（如污水处理站，垃圾收集站等）建成后，并未得到有效充分的利用与维护，尚未形成专业化管理、社会化运营的管理模式，相应的责任主体不明、标准制定欠缺。

四、农村人居环境基础设施建设运维资金筹措渠道狭窄

农村人居环境整治资金没有完善的长期有效的保障机制。农村进行环境整治的资金主要来源于各级政府的财政拨款，但是环保设施设备运行、维护、检修以及相关工作人员的工资等费用却没有包含在农村环保专项支出中，这就需要基层政府自筹解决。受农村集体经济薄弱和农民收入水平低影响，社会资金和农民自身投入很少，现有资金难以满足需求。基层财政困难就很难确保农村环境整治工作长期、有效地进行，普遍产生资源浪费、设备设施闲置等问题。

治理收费未形成统一固定的标准，收费差异明显且随意性极大。由村委会或村级自治组织自行征收的自筹资金，或以"一事一议"制度的名义收费，虽然收费会适当考虑受益人均等原则，但由于收费标准缺乏考究，

容易突破上限。不符合规范，且资金筹集使用公开透明度低①。村民对缴纳费用的收费依据、资金分配及使用范围等信息缺乏了解。

　　脱贫地区基础设施建设一直是美丽乡村建设的短板，是脱贫攻坚的薄弱环节。我国农村排水和污水治理财政投入保持了持续稳定的增长，但投入额度的绝对量却明显低于城市。在我国西南贫困地区乡村建设，受地形、地貌影响和人口和自然资源的制约，环保基础设施投资大但运行效率低，加剧了资金紧张的情况。

---

① 刘奕伶：《农村垃圾治理模式比较研究》，中南财经政法大学，2019 年。

第十二章　脱贫地区饮水安全和人居环境
建设政策建议

第一节　制约脱贫地区饮水安全问题的原因分析

一、脱贫地区农村安全饮水工程建设标准偏低

部分深度贫困地区饮水问题得到基本解决，但仍然面临长期稳定的水量水质保障的担忧。早期供水工程建设标准低，当处于供水管网前端的群众用水量增大时就会发生水压不足、供水量偏小等问题，出现大量的季节性用水情况时，供水量不足。

从供水水质上，集中式供水工程，生活饮用水水质应符合《生活饮用水卫生标准》（GB5749）的要求。贫困农村地区饮用水水源点多面广，多数属于"万人千吨"以下的供水规模；由于建设标准低，净化消毒设施简陋，水质监测不到位等原因，饮用水水质执行《生活饮用水卫生标准》（GB5749）中的"农村小型集中式供水和分散式供水的水质标准"，其中部分指标(如微生物指标、化学指标等)低于集中式供水工程的指标要求，存在饮水安全隐患①。

---

① 吉庆华等：《脱贫地区农村饮用水安全保障战略研究》，《中国工程科学》2021 年第 5 期。

二、饮水安全工程管理运维资金主要依赖财政投入

以现有的政策看主要是从三个渠道筹措工程的运行维护经费。（1）水费。相关规划明确提出农村的饮水工程运维经费主要通过收缴水费解决，但针对原深度贫困地区，收缴的水费不能满足供水工程的运维支出的情况仍然存在。（2）维护基金。部分地区已设立了饮水安全工程维护基金，其主要来源由地方财政和供水单位收取的水费组成。（3）农村一事一议奖补。主要是中央为了解决村级公益事业建设和运维难题，通过中央和地方财政进行奖励或补助，这个奖补资金部分安排到农村饮水安全工程的维修运行上。

水利部同国家发改委通过调整水利投资结构等方式加大了深度贫困地区的饮水工程的中央补助资金，对深度贫困地区饮水安全工程进行资金和政策的倾斜。但是单一中央资金来源和水费缴收机制不健全易导致资金缺口，导致长期供水工程设施设备运维内驱力的缺乏，可能导致贫困地区农村饮水安全的不巩固、易反复。

针对原来的深度贫困地区，除了建设农村饮水工程外，还需落实后期工程运维资金，做好水费定价和收缴工作，以保障农村安全饮水工程正常运转，确保工程效益长久有效。

三、脱贫地区农村饮水安全工程管护机制不健全

部分农村供水工程运行管理机构建设尚不健全，运行管理体制不完善。工程管理和技术人员聘用和工作制度不规范，部分地区未能建立专门的管理机构和运维基金，供水技术服务体系建设滞后，安全饮用水供水设施的维护和水质检测等缺乏有效管理机制。部分工程为了节省成本减少人员设置，造成农村饮水安全管理组织并不完备，管理人才缺失，制约了农村饮水安全工程的良性发展。

脱贫地区村民缺乏水污染防治知识，饮用水水源地保护意识淡薄。长期以来，村民传统的生产方式和乱堆乱放、乱倒乱扔的生活习惯，导致污

染物渗入地表和地下水，污染水源地；部分零散的工业排放污水缺乏有效处理和监督管理，导致有毒有害化学品的肆意排放，污染水源地水质等；农村饮用水集中供水管理相关工作人员专业性不足，环保健康意识弱，缺乏一定法律执行力等，间接对农村饮用水水源地保护工作带来负面影响。

第二节　制约脱贫地区人居环境改善的原因分析

一、脱贫地区农村人居环境长效管理模式不健全

基层人居环境整治管理机构缺失。农村环境的整治处于政府管理的最末端，由于县级政府环境保护人员相对比较少，管理职能也很难再延伸下去，村级的环境整治和人居环境设施管理通常设置在县区一级。大部分村镇还未设置专门的环境整治部门，导致农村人居环境保护链条经常断在最后环节。农村环境整治工作范围较广，涉及环保、农林、畜牧、水务、城乡建设等多部门，只是依靠县级环保管理是远远不够的。

资金投入有限，环境整治成果难以巩固。在政府财政投入有限的情况下，人居环境设施的运行管理、考核监督等机构、人员、经费得不到解决，农村人居环境容易出现反弹现象，治理成果难以巩固。

群众思想认识不够，宣传教育有待加强。部分农民长期形成的卫生习惯和生活方式与美丽乡村建设的要求反差较大，环保意识不强，存在少数人治理、多数人污染的现象。部分地区基层政府对于农村人居环境整治认识不够，对落后的生产生活习惯的弊端缺乏主动改变的积极性。

管理模式与现状不匹配。农村生活垃圾处理、污水治理、"厕所革命"和村庄清洁行动，要根据贫困村地形地貌、人口居住特点，科学探索、合理选择适宜当地的人居环境整治模式。户厕改造宜水则水、宜改则改，不搞"一刀切"，尊重群众意愿。

二、农村人居环境设施建设运维资金保障体系不完善

在资金补贴方面，缺少人居环境治理专项基金，缺少完善的资金保障体系。农村人居环境与城市人居环境相比更加复杂，治理的难度比较大。对农村人居环境进行良好的改善，需要投入大量的资金给予支持。部分脱贫地区人居环境整治的投资不足，尤其是后续运维管理和升级改造，往往出现资金短缺，影响人居环境整治的成效，不利于农村人居环境整治的顺利实施。

社会资本缺乏动力。农村人居环境整治具有很强的公益性，大多数具有非营利性的特征，对社会资本缺乏吸引力。目前，亟须整合社会资本，并建立财政资金和社会资本共同参与的融资机制。

第三节　政策建议

"十四五"期间，要做好规划衔接，推动脱贫攻坚向乡村振兴战略的转型，进一步巩固拓展脱贫攻坚成果，提高脱贫质量。进一步实现农村饮水安全工程水质、水量等保障全面达标，补齐农村供水设施短板，拓展城市供水管网，以"同网、同质、同价"为目标，加快城乡供水一体化进程，提升农村供水保障水平；持续改善贫困地区农村人居环境质量和构建农村环境治理体系，统筹考虑农村人居环境基础设施建设，提升美丽乡村建设水平；推动乡村绿色产业与人居环境整治融合，促进生态产品价值实现和绿色产业链构建，完善"两山"转化路径[①]。

一、推进脱贫地区饮水安全的政策建议

（一）保持脱贫地区农村饮水安全保障政策的稳定性和连续性

坚持"四不摘"的要求。对于脱贫地区和偏远农村供水工程建设，继

---

① 吉庆华等：《脱贫地区农村饮用水安全保障战略研究》，中国工程科学 2021 年第 5 期。

续以政府的投资、补贴和支持的方式，提升饮水安全保障水平。建立有效的饮水安全应急响应措施，继续推进农村水价综合改革和收缴工作，完善农村饮水安全保障管理措施，形成符合当地社会经济特征的饮水安全保障长效机制。

进一步推动饮用水水源、公共供水设施和农村集中式供水设施建设，提高供水设施管理水平。通过政策扶持、财政补贴引导产业资本投入供水工程建设与运维，促进资源配置高效化、运营体系化、投入可持续化、管理专业化，提升农村饮用水的安全。

(二) 修订生活饮用水卫生标准，推动城乡饮水"同网、同质、同价"

优化农村小型集中供水或分散式供水水质标准。以保障人体健康安全为前提，修订《生活饮用水卫生标准》，进一步优化适用于农村小型集中或分散式供水的各项水质标准。

改善供水质量和服务，鼓励有条件的城镇向周边农村延伸供水管网，推动农村与城镇同水源、同管网、同水质、同水价，促进城乡供水一体化，保障农村饮水安全。农村地区饮用水安全保障实现了从源头到"水龙头"全流程水量、水质工程技术体系，设置水源地保护区、设置标志牌、建设水源地保护圈层，严格控制和保护水源地，实施标准化、常态化和智能化水质监测措施，构建集水源保护、水质监测、净化处理、饮用水输配为一体的饮用水安全技术保障体系，全面提升我国饮用水安全保障能力。

(三) 建立水价为重点的农村供水工程长效运维管理政策

合理的水价是农村饮水安全工程可持续发展的重要基础。要解决集中供水和分散供水的水价问题，确定符合市场规律兼顾地方实际情况的水价标准，建立机制促进水费按时收缴，形成长期稳定资金来源渠道，以保障供水工程设施稳定运行和长效管理，促进农村饮水工程的良性发展。农村供水工程的水源地建设、取水、处理、输水等，整个过程需要人力、物力、财力投入，工程建成以后要实现可持续的运行，还需要进行维修和养护。水费收缴工作中，农村供水工程维修养护经费补助纳入财政预算，农村特困人员、低保家庭、贫困户用水户水费予以适当补助。

二、脱贫地区人居环境建设的政策建议

（一）建立有标准、有制度的农村人居环境治理长效机制

完善基层（村级）人居环境整治机构。将县一级的环境管理机构向下延伸到村一级，设立村级水利、环保办公室等机构。构建完整的运维管理体系，并建立起相应的规章制度，确保设施正常运行。在农村建立环境管理合作社，由合作社作开展环境管理工作。发挥政府的主导作用，遵循"政府主导、社会参与、农民自愿"的原则，实现农村环境治理的多元化。

因地制宜制定农村人居环境标准。围绕农村人居环境整治的目标任务，根据农村人居环境发展现状和实际需求，统筹考虑农村厕所革命、农村生活垃圾治理、农村生活污水治理、村容村貌提升等农村人居环境整治有关任务的关键要素，构建内容科学、结构合理的农村人居环境标准体系。

改善农村执法环境，严格执法。厘清脱贫地区农村生活污水等工程的利益相关方关系，促使项目建设落地。重视农村地区环保政策宣传，逐步提高农民的环保意识，发挥农民在环保方面的监督作用。同时，建立群众监督机制，鼓励人民群众参与到农村人居环境监管工作中来。做好群众工作，协调农村住户关系，化解农村人居环境治理工程在建设过程中的阻力。

（二）建立多元投融资机制，完善农村人居环境治理资金保障体系

完善地方财政投入机制，发展绿色生态经济，通过提高生态效益，弥补资金短板；乡村振兴试点示范专项资金、生态功能区转移支付资金，优先保障补助范围内的人居环境治理；优化农村环境治理设施运行用电电价标准，降低运维成本；研究制定农村人居环境治理设施运维税费减免政策，鼓励和引导社会资本参与。

整合资源建立多元投融资机制。在国家层面，加大对脱贫地区的中央财政资金投入，建立完善的监督管理机制，保证资金专款专用落实到位。在地方层面，政府充分挖掘和发挥地域优势，因地制宜开发生态产品、发

展生态旅游等项目。同时，要建立多元投融资机制，吸引社会资本，盘活存量资源，形成人居环境治理工作的良性循环。

农村人居环境整治项目向有条件的脱贫地区倾斜。要加大对有条件的脱贫地区的农村人居环境整治支持力度，农村厕所革命、美丽乡村建设等项目向贫困地区倾斜，因地制宜探索有效治理方式和技术路径。

下　篇

第十三章　巩固拓展脱贫攻坚成果：目前的
形势、基本遵循与关键路径

目前我国处于实现"两个一百年"奋斗目标的历史交汇期，统筹推进巩固拓展脱贫攻坚成果和乡村振兴战略的有效衔接，对全面推进乡村振兴、加快农业农村现代化意义重大。习近平总书记指出，乡村振兴的前提是巩固拓展脱贫攻坚成果，要持续抓紧抓好，让脱贫群众生活更上一层楼。2022 年中央一号文件把巩固拓展脱贫攻坚成果、防止规模性返贫作为底线任务。但是，当前部分脱贫地区的发展基础仍然薄弱，一些农村低收入人口的经营就业增收能力不强、返贫风险仍然较高，巩固拓展脱贫攻坚成果的任务依然十分艰巨。这就需要更加深入研判和准确把握衔接过渡期的阶段特征，分析识别其中的关键问题和短板弱项，进一步增强政策设计和帮扶措施的精准性、针对性和有效性，确保守住不发生规模性返贫的底线。

第一节　巩固拓展脱贫攻坚成果需聚焦的重点人群和地区

习近平总书记指出："脱贫摘帽不是终点，而是新生活、新奋斗的起点。解决发展不平衡不充分问题、缩小城乡区域发展差距、实现人的全面发展和全体人民共同富裕仍然任重道远。"农村贫困人口全部脱贫，为实现全面建成小康社会目标任务作出了关键性贡献，但从区域城乡比较来看，农村人口的整体收入仍然处于较低水平，且城乡居民收入绝对值差距不断扩大。为此，2021 年中央一号文件明确要求，要"开展农村低收入人口动态监测，实行分层分类帮扶"；《中共中央国务院关于实现巩固拓展脱贫攻坚成果同乡村振兴有效衔接的意见》（后文简称《意见》）明确指出，要"将巩固拓展脱贫攻坚成果放在突出位置，建立农村低收入人口和欠发达地区帮扶机制，健全乡村振兴领导体制和工作体系，为全面建设社会主义现代化国家开好局、起好步奠定坚实基础"。

基于此，界定并聚焦于农村低收入人口、欠发达地区，对其过渡期特征进行梳理，是制定新发展阶段扶贫政策的重要基础和依据。

一、农村低收入人口

脱贫攻坚任务完成后，包括脱贫不稳定户、边缘易致贫户在内的农村低收入人口是过渡时期重点监测对象。推进实现巩固拓展脱贫攻坚成果同乡村振兴有效衔接，当务之急是要尽快明确农村低收入人口划线标准、精准识别农村低收入人口。

自全面实施精准扶贫战略以来，我国贫困地区和贫困人口的人均可支配收入实现了稳定持续增长。2013 年中国贫困地区农村居民人均可支配收入 6079 元，2014—2020 年逐年增长，至 2020 年中国贫困地区农村居民人均可支配收入达到了 12588 元，年均名义增长 11.6%[1]。2020 年，全国居民人均可支配收入 32189 元，其中，城镇居民人均可支配收入 43834 元，农村居民人均可支配收入仅为 17131 元。全国居民人均可支配收入中位数 27540 元，其中，城镇居民人均可支配收入中位数 40378 元，农村居民人均可支配收入中位数仅为 15204 元[2]。

---

① 数据来源：《人类减贫的中国实践》白皮书，中国政府网，http://www.gov.cn/zhengce/2021-04/06/content_5597952.htm。

② 数据来源：《2020 年居民收入和消费支出情况》，国家统计局，http://www.stats.gov.cn/tjsj/zxfb/202101/t20210118_1812425.htm。

单位：元

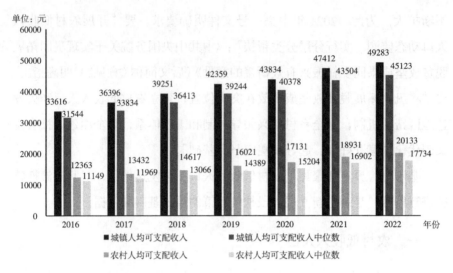

图 13—1　城镇、农村居民人均可支配收入及中位数（2016—2022 年）

数据来源：国家统计局。

　　根据我国的发展背景和国情，可按照农村居民可支配收入确定农村低收入线，进而推算农村低收入人口规模。若按农村人均可支配收入中位数的 45% 作为"十四五"期间的低收入划线区间，2020 年，我国农村人均可支配收入中位数为 15204 元，对应农村低收入线为 6082 元，覆盖的农村低收入人口规模约 8000 万人，占同年农村常住人口（50978 万人）的 15.7%[1]。

　　从农村低收入人口的收入特征来看：首先，农村低收入人口的人均可支配收入显著低于全国农村水平，且与农村中高收入户的人均可支配收入的差距不断加大（参见表 13—1）。从收入五等分组的人均可支配收入看，2013 年，最低收入组的平均收入占农村居民人均可支配收入的 30.5%，2020 年该比例下降到 27.3%；2020 年，中等收入组、最高收入组的平均收入分别是最低收入组的 2.9 倍、7.4 倍；2020 年，倍数分别扩大到 3.1 倍、

---

[1]　杜鹰：《认真总结脱贫攻坚实践经验，切实巩固拓展脱贫攻坚成果》，《宏观经济管理》2021 年第 6 期。

8.2 倍。

表 13—1　全国农村居民按收入五等分组的人均可支配收入

年份	农村居民人均可支配收入（元）	低收入组（元）	中等偏下组（元）	中等收入组（元）	中等偏上组（元）	高收入组（元）
2013	9430	2878	5966	8438	11816	21324
2014	10489	2768	6604	9504	13449	23947
2015	11422	3086	7221	10311	14537	26014
2016	12363	3007	7828	11159	15727	28448
2017	13432	3302	8349	11978	16944	31299
2018	14617	3666	8509	12530	18052	34043
2019	16021	4263	9754	13984	19732	36049
2020	17131	4682	10392	14712	20885	38520
2021	18931	4856	11586	16546	23167	43082

数据来源：国家统计局。

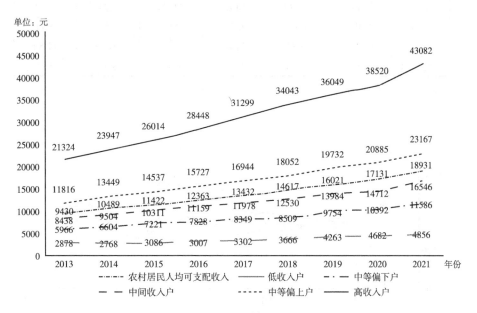

图 13—2　全国居民按收入五等分组的人均可支配收入

数据来源：国家统计局。

其次，农村低收入人口人均可支配收入的增速低、增长稳定性差。从低收入户到高收入户，一方面，各组2014年到2020年的人均可支配收入年均增速分别为7.31%、8.26%、8.26%、8.46%和8.77%，收入水平越低，其平均增速越低；另一方面，各组收入越低，其增长波动越明显。其中低收入户人均可支配收入在2014年和2016年甚至呈现负增长状态。

表13—2　全国居民按收入五等分组的人均可支配收入增速

年份	农村居民人均可支配收入（%）	低收入组（%）	中等偏下组（%）	中等收入组（%）	中等偏上组（%）	高收入组（%）
2014	11.23	-3.82	10.71	12.63	13.82	12.30
2015	8.89	11.47	9.33	8.49	8.09	8.63
2016	8.24	-2.56	8.40	8.23	8.19	9.36
2017	8.65	9.83	6.65	7.34	7.73	10.02
2018	8.82	11.03	1.92	4.61	6.54	8.76
2019	9.60	16.27	14.64	11.60	9.31	5.89
2020	6.48	8.95	6.13	4.95	5.52	6.41
2021	10.51	3.73	11.49	12.47	10.93	11.84
平均增速	9.05	6.86	8.66	8.79	8.77	9.15

数据来源：国家统计局。

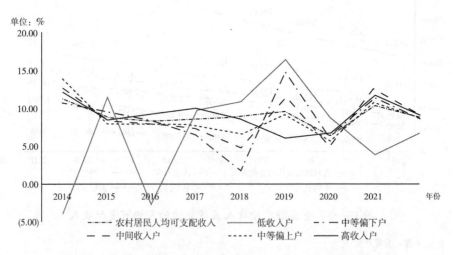

图13—3　全国居民按收入五等分组的人均可支配收入增速

数据来源：国家统计局。

二、需要重点帮扶的地区

2020 年，我国历史性地解决了绝对贫困问题，然而今后一个时期尤其是"十四五"期间，低收入人口的发展和相对落后地区的提升依然是重点任务。从人口上看，按收入分组来看，要重点关注低收入组，并结合医疗、教育等支出情况界定农村低收入人口，聚焦该群体的发展问题；从区域上看，要根据脱贫摘帽县的发展情况继续界定欠发达地区，予以重点支持，继续解决区域发展问题[①]。

本研究认为尤其需要关注的是原深度贫困区，包括西藏、四省藏区、南疆四地州和四川凉山州、云南怒江州、甘肃临夏州（以下简称"三区三州"），共计 135 个深度贫困县；以及贫困发生率超过 18% 的贫困县和贫困发生率超过 20% 的贫困村，共计 334 个县；大型特大型安置区，分别指的是人口规模在 3000 人、万人以上的安置区。值得注意的是，大型特大型安置区是防止返贫的新的地域单元。

第二节　当前巩固拓展脱贫攻坚成果面临的形势与挑战

一、过渡期阶段特征

根据我们对宁夏、广州、云南等脱贫地区的实地调研以及脱贫地区总体情况分析，巩固拓展脱贫攻坚成果过渡期，有以下值得高度重视的阶段性特征。

（一）部分农村低收入人口就业增收困难

目前农村低收入人口收入来源中，工资性收入普遍较低，对转移性

---

① 孙久文、李方方、张静：《巩固拓展脱贫攻坚成果加快落后地区乡村振兴》，《西北师大学报（社会科学版）》2021 年第 3 期。

收入的依赖度较高。如全国农村居民人均可支配收入中，41.1%来源于工资性收入，36%来源于家庭经营收入，20.6%来源于转移性净收入，财产收入占2.4%。而脱贫地区农村居民人均可支配收入中，工资性收入占35.3%，家庭经营收入36%，转移性净收入高达26.9%，比全国农村居民人均水平高出6.2%，财产性收入只占1.4%。

当前尤其需关注的是三类农村低收入人口的就业增收难问题。一是脱贫不稳定人口，其自身就业增收能力较弱，收入水平较低且不稳定，虽然已经实现"两不愁三保障"，但收入水平仍然比较低、收入来源不稳定或因病因灾因意外事故等刚性支出较大，自身脆弱性较高；二是边缘易致贫人口，脱贫攻坚时期没有享受国家的政策支持，往往缺乏社会保障支持或保障水平较低，收入提升较慢，有些人的收入可能已经低于脱贫人口；三是突发严重困难人口，其易因家庭财产遭受损失或支出骤增，导致受灾家庭生活水平容易跌至贫困线下陷入贫困。

值得重视的是，部分脱贫人口就业能力仍然相对较低，难以适应社会就业，就业增收困难较大。一方面，脱贫地区人口长期以来获取的教育资源不足，其知识水平和文化程度较低，素质普遍不高。如2019年，原贫困地区劳动力平均受教育年限仅为7.7年，大部分集中在初中和小学，分别占比为42.3%和41.8%，高中及以上学历的劳动力仅占11%[1]。脱贫攻坚阶段，教育扶贫更多地注重青少年义务教育，高中及以上学历教育存在短板，尤其是高等教育在西部地区普及化程度相对较低。另一方面，在脱贫攻坚时期，虽然各地区重视开展技能培训帮扶，但是培训系统性相对较差，主体需求和培训内容存在差距、课程针对性不强，师资力量薄弱，与社会就业需求不匹配，帮扶效果不明显，在脱贫后仍然存在技能不高、就业困难等问题。目前西部脱贫地区大都是劳务输出大省，许多外出务工人员普遍缺乏专业技能培训，多从事技术含量低、替代性高的工作，收入不稳定。

---

① 数据来源：《中国农村贫困监测报告2020》。

（二）重点帮扶县发展基础薄弱

国家确定的 160 个乡村振兴重点帮扶县，绝大部分都是处于原深度贫困地区，目前发展基础仍然比较薄弱。一是经济发展水平较低。人均 GDP 与全国 GDP 差距较大，如原深度贫困地区人均 GDP 仅相当于全国水平的 20%—21%；产业发展基础差，产业同质化问题比较严重，基础设施和公共服务差距明显；部分地区经济增长迟缓，甚至连续呈现负增长趋势。二是重点帮扶脱贫人口多、收入水平低。目前 160 个重点帮扶县累计脱贫人口占全国总数的近五分之一，脱贫人口收入虽然有较快增长，但与全国及所在省份的绝对差距仍然在扩大，仍是全国发展最落后的地区。三是防返贫任务艰巨。目前全国易返贫致贫人口 438 万，其中 30% 的人在重点帮扶县；全国易地搬迁脱贫人口的 1/3 在重点帮扶县；全国万人以上的集中安置点，65% 在重点帮扶县，是防止返贫任务最集中、最艰巨的地区。四是区位劣势明显，多分布在西部偏远或高海拔、自然环境恶劣区域。据统计，45.6% 的重点帮扶县处在地质灾害高发区，生态脆弱、地质灾害频发，使其巩固拓展脱贫成果，尤其是增强持续发展能力面临较大挑战。

（三）易地搬迁集中安置区是防返贫的突出重点

易地扶贫搬迁从根本上解决了我国 960 多万贫困人口的脱贫问题，成就了人类减贫史上的伟大壮举。但有几个值得高度重视的新情况。

一是从搬迁区域看，青藏高原、西南石漠化地区搬迁群众困难突出，返贫风险较大。如青藏高原地区易地搬迁安置涉及游牧民定居，搬迁群众生计模式跨度大、思想观念转变难，加之扶贫产业基础薄弱，后续生产生活、就业增收存在较大困难。西南石漠化地区人地矛盾突出，搬迁规模大，以城镇安置为主，部分地区城镇安置率超过 90%，如贵州达 95%、广西 94%、云南 91%。搬迁群众从传统农户转变为城镇新市民，大部分群众第一次走出大山，面临地域环境、风土人文、社会关系的重新适应、社区融入等多重挑战，就业增收难度大，返贫致贫风险高。

二是从安置方式看，城镇化安置尤其是特大型安置区困难最为突出。

调研表明，目前易地扶贫搬迁安置中，行政村内就近安置、乡村旅游区安置等方式，虽然存在一定短板和弱项，但后续发展的困难相对较小。困难较为突出的是县城、小城镇或工业园区等城镇化集中安置方式。尤其是安置规模万人以上的特大型易地搬迁安置区，全国多达 70 个，安置贫困群众 105 万人，占易地扶贫搬迁人口超过十分之一。调研表明，特大型易地搬迁安置区就业需求高度聚集，群众就业增收困难较大；搬迁群众从乡村到城镇，生产生活方式跨度大，社会融入困难，使安置社区治理任务艰巨，管理和服务短板显得更加突出，极易形成社会风险点，对保持安置社区稳定不利。

三是从安置点管理看，社区管理与服务仍存在短板弱项。如安置点管理和服务场所缺乏配套，大部分地区在安置点建设前期，未同步规划建设相关街道、社区等服务场所，导致安置点成立的街道、社区无办公场所；安置点建设时未配套设立公共维修基金，后期住房、公共服务设施损坏，将无任何维修资金安排，这是全国易地搬迁安置区建设的共性问题。

四是从搬迁群众看，就业困难、收不抵支问题日益突出。尤其是部分"40+"劳动力（即 40—59 岁搬迁群众）文化程度低，体力劳动缺优势、现代生产缺技能，学习和适应能力弱，就业困难更加突出。与此同时，由于生活开销完全货币化，收不抵支问题凸显，需靠低保等救助措施支持。如西南地区易地搬迁城镇化集中安置人口中，有 1/5 需靠低保来维持基本生活。

（四）脱贫地区特色产业存在短板弱项

脱贫地区特色产业持续健康发展，是巩固拓展脱贫攻坚成果的根本支撑，是促进脱贫地区自主发展的长效机制。但从总体上看，特色产业发展尚存在资金、市场和配套服务短板，尤其是科技、人才等支撑较弱，可持续发展机制尚未建立。需重点关注如下几个突出问题。

一是特色产业可持续性不强，政策路径依赖仍然较为严重。由于过去许多地区帮扶项目选择与当地资源禀赋以及市场需求不匹配，如有些贫困地区在发展产业时一味引进"高精尖"产业，与贫困地区的资源禀赋结合不够密切，脱离了贫困群众的文化水平和相应的市场环境而水土不服，产业带动成效不明显。部分特色产业项目单一化、同质化。部分地区整个村庄、乡镇统一种植某种经济作物，导致产品过剩，未达到预期效益。还有部分帮扶产业长期依赖帮扶单位，缺乏市场竞争力。在脱贫攻坚中，广大驻村工作队凭借资金、人才、技术、管理等方面优势，在贫困地区打造了众多的扶贫产业，其中部分产业高度依赖帮扶单位支持，甚至形成了路径依赖，导致产业对特殊扶持政策的依赖性较强，市场化程度还不高、自主发展的持续性不强。

二是特色产业链较短，产品附加值较低。许多地方重生产基地建设，轻加工物流配套。目前集中在种养环节较多，农产品加工业发展相对缓慢，产业链条延伸不够，产业融合度较低。如西北地区黄花菜、枸杞等特色主导产业，仍以初级加工为主，尚未形成品种改良、科学种植和加工生产的产业链，农产品加工与农业产值之比仅为 1.1∶1，远低于 2.4∶1 的全国平均水平。大部分脱贫地区尚未配套建设产地初加工、冷链物流等基础设施。

三是人才匮乏，科技支撑薄弱。目前脱贫地区有限的人才大多集聚在区域中心，下沉至县乡村的人才较少。高学历、高职称的科技人才深入乡村产业发展一线的数量更少。如西北某脱贫地区，2019—2021 年新增 124 名科技特派员，其中研究生及以上学历仅 5 人，占比 4%。与此同时，当前脱贫地区特色产业仍以传统农业、简单代加工为主，新品种、新技术采用不足，大部分脱贫地区农业科技进步贡献率 40%—50%，远低于 60% 的全国平均水平。

（五）巩固基本公共服务减贫成效面临新问题新挑战

兜底保障体系在整合城乡间、部门间兜底资源方面存在挑战。受制于城乡二元结构，实现城乡一体化一直是基本公共服务与社会救助资源分配工作的重点难点，部分先行先试地区已经率先实现了基本统筹，但是广大脱贫地区的探索仍然比较滞后。此外，各类监测、帮扶数据分散在不同的职能部门，尚未构建统一的、标准化的数据资源库进行统筹管理，难以实现兜底保障的动态管理。

二、巩固拓展脱贫攻坚成果的主要挑战

巩固拓展脱贫攻坚成果是"十四五"时期全面推进乡村振兴的重点任务，是确保全面建设社会主义现代化国家新征程起好步、开好局的根本要求。然而，我国发展不平衡不充分的矛盾仍然突出，脱贫地区发展基础仍然较弱，扶贫产业等重点领域带动能力偏弱、可持续性不强，脱贫不稳定户和边缘易致贫户等群体的返贫风险仍然存在，巩固拓展脱贫攻坚成果的任务依然艰巨。从宏观层面来看，巩固拓展脱贫攻坚成果面临的挑战大致可以分为六个方面。

第一，由收入水平低且不稳定以及因病、因学、因意外事故以及易地搬迁生计支出货币化造成的支出增加而形成较高返贫风险，对巩固拓展脱贫攻坚成果构成较大挑战。

第二，随着疫情变化和国内外局势的复杂多变、不确定性增加，我国经济恢复基础尚不牢固，疫情冲击导致的各类衍生风险不容忽视，今后巩固拓展脱贫成果面临的风险挑战也将随之呈多元、多发特征。新冠疫情对各个产业的经济都产生了不同程度的打击，对欠发达地区农村居民就业也造成了巨大挑战，对贫困地区的农民工、制造业、私营部门和小型企业工作人员的工资收入产生了显著的负面影响，贫困弱势群体比以往面临更大的返贫风险[1]。

第三，脱贫地区产业持续发展仍然存在深层次矛盾。在脱贫攻坚战过程中，因贫困退出的时限紧张，部分地区在制定脱贫攻坚相关政策的过程中，往往缺乏系统思维和长远规划，在选择扶贫产业时，倾向于选择短期扶贫效果显著的产业，相对忽视当地更具比较优势的产业发展。产业存在结构单一、同质化等问题，带动能力有待提升，市场作用发挥不足，无法

---

[1] Wenjin Long, Junxia Zeng, Tongquan Sun,"Who Lost Most Wages and Household Income during the COVID-19 Pandemic in Poor Rural China?",China & World Economy,2021,pp.95-116.

有效且持续地执行已制定的发展目标、道路以及措施，缺乏长效发展产业，是巩固拓展脱贫攻坚成果面临的巨大挑战[1][2]。

第四，部分全国性的支持政策存在地区适应的困难。从乡村基本生产生活环境来看，由于我国地区自然环境与农村经济发展水平差异性大，在巩固拓展脱贫攻坚成果与乡村振兴有效衔接的关键阶段，部分农村地区在畜禽厕所粪污与秸秆农膜资源化利用、生活垃圾分类回收与生活污水治理等方面还存在污染治理率偏低、技术支撑不到位、资金投入缺乏、设施建设不规范、长效机制不健全等一系列问题。例如现有资源化利用技术在特殊地区适应性不强，技术支撑不到位问题比较突出。"三区三州"原深度贫困地区多地处高原、高寒、干旱等区域，农村人居环境整治起步晚、经验积累不够，或照搬城市治理模式、或直接引进内地技术，由于缺乏适宜寒冷、干旱地区和农村牧区的相应技术标准规范，针对性、适用性不强，技术推广隐患大。如市面上常规残膜回收机械在新疆地区使用效果差，膜秆分离不理想，杂质缠绕，导致无法资源化利用。此外，相关环保基础设施的建设、运行、维护缺乏技术力量支撑；农村专业技术人员、农民"明白人"的培训缺失，群众需求考虑不够；村庄自然条件与发展论证不足，废弃物资源化利用与污水处理等统筹不够，经常出现设施建成闲置、重复建设等现象，对特殊地区人居环境质量改善造成较大影响。

第五，脱贫攻坚后兜底保障的常态化衔接面临跨部门统筹协调的挑战。目前农村低保线虽然与扶贫线已经实现"两线合一"，但是认定标准仍分属于民政部门与原扶贫部门，尚未实现部门层面的统一，这在一定程度上降低了政策效力，不利于实现真正的衔接，特别是各分管部门在政策落实过程中以原国务院扶贫办的建档立卡数据为依据，但具体落实的数据主要分布在医保、教育、住建、人力资源等多个部门，各部门的数据信息

① 汪三贵、郭建兵、胡骏：《巩固拓展脱贫攻坚成果的若干思考》，《西北师大学报（社会科学版）》2021年第3期。
② 黄祖辉、钱泽森：《做好巩固拓展脱贫攻坚成果同乡村振兴有效衔接》，《南京农业大学学报（社会科学版）》2021年第6期。

依然相互独立，依靠定期或不定期的跨部门汇总与比对，时效低且沟通成本高，容易使得贫困治理出现碎片化的格局[1]。

第六，部分地区对于巩固拓展脱贫攻坚成果的目标任务和工作思路仍然比较模糊，缺乏长远谋划，对低收入人口和贫困风险治理缺乏积极探索。此外，部分地区的干部对于脱贫攻坚形成了政策路径依赖，风险意识、危机意识不强，在认识上、思想上还没有做好从脱贫攻坚向乡村振兴转型的准备[2]。同时，部分脱贫村和脱贫群众"等、靠、要"的依赖心理严重，存在投机主义心理，认为政府的扶贫资源"不要白不要"，将扶贫视为国家和政府的责任和义务，习惯于被动接受扶贫主体的帮助，而缺乏自力更生、主动脱贫的想法和意愿，内生动力不足，寄希望于不劳而获、坐享其成[3]。

第三节　推进有效衔接的基本遵循

推动巩固拓展脱贫攻坚成果同乡村振兴战略有效衔接，是一项继往开来的系统工程，要在准确把握过渡期阶段特征的基础上，突出战略重点，把握关键路径，推动脱贫人口和脱贫地区全面融入乡村振兴进程，共享经济社会发展成果。

一、基本遵循

推进巩固拓展脱贫攻坚成果同乡村振兴有效衔接，要以实现共同富裕为根本目标，坚持"民生为本、就业优先、严防返贫、突出实效"为基本

---

[1]　左停、贺莉、赵梦媛：《脱贫攻坚战略中低保兜底保障问题研究》，《南京农业大学学报（社会科学版）》2017年第4期。

[2]　檀学文：《巩固拓展脱贫攻坚成果的任务与过渡期安排》，《中国经济报告》2021年第3期。

[3]　萧鸣政、张睿超：《中国后扶贫时代中的返贫风险控制策略——基于风险源分析与人力资源开发视角》，《中共中央党校（国家行政学院）学报》2021年第2期。

方向。

民生为本，就是要坚持把改善民生作为全面推进乡村振兴的基本点和衡量乡村振兴成效的根本标准，把基础设施建设的重点放到脱贫地区，把社会事业发展的重点放到脱贫地区，着力解决脱贫人口生产生活中最直接最迫切的实际问题。

就业优先，就是要坚持把保障脱贫人口充分稳定就业作为乡村振兴的首要任务。一是对吸收脱贫人口就业的企业，特别是脱贫人口直接兴办的企业，予以税收减免、投资补助、成本核减等优惠。二是对脱贫人口创业、对各类经济主体到脱贫地区兴办产业予以奖励补助。三是对支持帮助脱贫人口发展生产、扩大就业的各类技术人才，给予优先晋级晋职的奖励。四是加大财政支持开展脱贫人口职业技能培训的力度，全方位拓展脱贫人口的就业渠道。

严防返贫，就是要坚持全面监测、逐一帮扶、动态清零，坚决守住不发生大规模返贫的底线。一是坚持帮扶领导体系、工作体系和财政金融支持措施不变，严格落实摘帽不摘责任、摘帽不摘政策、摘帽不摘帮扶、摘帽不摘监管的要求。二是持续推进乡村振兴重大计划、重大工程和重大行动，充分考虑巩固拓展脱贫攻坚成果的有关要求，优先惠及脱贫地区和脱贫人口。三是健全防止返贫动态监测和帮扶机制，对脱贫不稳定户、边缘易致贫户，以及因病、因灾、因意外事故等刚性支出较大或收入大幅缩减导致基本生活出现严重困难户，开展定期检查、动态管理，全面建立农户主动申请、部门信息比对、基层干部定期跟踪回访相结合的易返贫致贫人口发现和核查机制，精准分析返贫致贫原因，采取针对性的帮扶措施。

突出实效，就是要坚持发挥各方面积极性，依靠农民辛勤劳动、国家扶持和社会力量的广泛参与，使乡村振兴成为全党全社会的共同行动。继续坚持部门联村制度，派遣机关干部担任村第一书记、驻村工作组成员，打造一支"不走的帮扶工作队"。进一步完善乡镇领导包片、干部驻村工作制度，制定切实可行的工作制度、工作纪律，明确考核目标、奖惩条件。

二、推进思路

当前脱贫人口脱贫基础脆弱、边缘户基础不稳定、脱贫地区发展基础薄弱，决定了巩固拓展脱贫攻坚成果工作的紧迫性和艰巨性。因此，推进巩固拓展脱贫攻坚成果同乡村振兴有效衔接，必须突出重点、把准关键，把脱贫人口作为重点人群，把脱贫地区作为优先区域，加快改善脱贫人口和脱贫地区发展条件，着力提升脱贫人口和脱贫地区发展能力。

（一）坚持把保障脱贫人口稳定就业作为乡村发展的重中之重

就业是民生之本。巩固拓展脱贫攻坚成果，根本出路在于保障脱贫人口充分就业，持续提高脱贫人口收入，确保脱贫人口在脱贫之后稳定迈向富裕的新生活。巩固拓展脱贫攻坚成果与乡村振兴有效衔接，最核心的一条，就是要在推动乡村产业振兴过程中有效保障脱贫人口就业，让脱贫人口完全融入乡村产业发展体系，长期享受乡村产业发展利益。

（二）坚持把加强脱贫地区基础设施作为乡村建设的重中之重

基础设施是乡村振兴的根本支撑，更是改善脱贫人口生活和脱贫地区面貌的先决条件。巩固拓展脱贫攻坚成果与乡村振兴有效衔接，最迫切的一条，就是要在乡村建设行动中优先安排脱贫人口和脱贫地区的水电路气房建设，整治提升脱贫地区和搬迁新社区人居环境，加快提升脱贫地区乡村道路通达率、水电气讯覆盖率、人居环境整洁度。

（三）坚持把改善脱贫地区公共服务作为乡村治理的重中之重

新时代促进乡村善治，必须全面拓展乡村治理的内涵，从社会治理拓展到政治治理、经济治理、社会治理、文化治理、生态治理等全方位治理，从社会管理拓展到政治服务、经济服务、社会服务、文化服务、生态服务等全方位服务。巩固拓展脱贫攻坚成果与乡村振兴有效衔接，最关键的一条，就是要在改善乡村公共服务上着力提升脱贫地区乡村公共服务的充分性、便捷性和及时性，推动乡村公共服务"从有到好"的转变，不断增强脱贫人口的获得感、幸福感和安全感。

第四节　关键路径与推进重点

一、巩固拓展脱贫攻坚成果同乡村振兴有效衔接的关键路径

推进巩固拓展脱贫攻坚成果与乡村振兴有效衔接的总体思路是：构建长效产业体系、改善生产生活条件、提升公共服务能力、加强脱贫资产管理。

（一）大力构建长效缓贫产业体系

一是坚持宏观抓产业、中观抓企业、微观抓就业，立足资源优势、强化扶持引领、培育产业龙头、完善产业链条，把产业链与缓贫链紧密联结，着力把脱贫人口嵌入产业链、价值链之中，确保脱贫人口能够持续稳定受益。二是持续推进农村产业融合发展，积极发展休闲农业、乡村旅游、消费扶贫、农村电商和农产品加工业，延伸产业链条，带动脱贫人口就业增收。三是强化党建引领产业，以"基地＋合作社＋企业＋脱贫人口"模式创建扶贫产业园区，拓宽脱贫人口就业增收渠道。

（二）持续改善脱贫地区基础设施条件

按照乡村建设行动的统一部署，优先支持脱贫地区因地制宜推进农村厕所革命、生活垃圾和污水治理、村容村貌提升。加强脱贫地区农产品和食品仓储保鲜、冷链物流设施建设，支持农产品流通企业、电商、批发市场与区域特色产业精准对接。把安置区后期建设列为美丽乡村建设的一种特殊类型，实施特殊扶持政策，着力解决贫困人口和搬迁群众就近就业。

（三）加快推动脱贫地区公共服务提档升级

在以扶贫为目标的保障措施逐步退出的同时，也要对帮扶政策进行重新评估，一些针对原贫困户的社会保障措施应适当扩大覆盖范围。比如健康扶贫中针对原贫困户的医疗保险和大病专项救治政策、教育扶贫政策，仍需进一步完善，在贫困户退出后，惠及更多的人群，稳步推进公共服务均等化。对完全丧失劳动能力或部分丧失劳动能力且无法通过产业就业获得稳定收入的脱贫人口，全部纳入农村低保或特困人员救助供养范围，并

按困难类型及时给予专项救助、临时救助等，做到应保尽保、应兜尽兜。完善脱贫地区养老保障服务和儿童关爱服务，加强对孤儿、事实无人抚养儿童、残疾人的托养照护服务。

（四）加强扶贫资产后续管理

扶贫项目资产是特殊历史时期、动员特殊资源、针对特殊群体形成的特殊资产。所以不管归谁所有，不管谁来管理，不管采取什么经营方式，都必须首先保证脱贫人口持续受益。针对底数不清的问题，要尽快开展清产核资、建立台账、完善信息平台等工作。针对权属不明的问题，要尽快开展确认权益、记录变更、管理交易等工作。针对管理不力的问题，要坚持市场主导、政府支持、制度规范的原则和方向。具体做好六个方面：一是尽快制定《扶贫项目资产管理实施办法》，为集体收益用于脱贫人口提供法律依据和政策依据。明确扶贫项目资产是一个独立的资产门类，是专门针对脱贫人口的特殊资产。规定扶贫项目经营性资产收益必须主要用于帮扶脱贫人口和边缘易致贫人口。二是严格落实收益分配民主决策制度和公告公示制度，同时对扶贫项目经营性资产的经营管理、收益分配等加强监管。三是支持国有扶贫项目资产划归村集体所有，不能划归集体的，实施委托经营、租赁经营。委托经营、租赁经营的，对经营收益、经营期限、经营费用、风险承担以及帮扶责任等事项，在委托合同、租赁合同中进行约定。四是鼓励、支持村集体扶贫项目经营性资产发展多种形式的合作经营与联合经营，比如村户联合、村村联合、村企合作等。五是严格落实处置国有扶贫项目资产、村集体所有扶贫项目经营性资产的收入，全部再投入巩固拓展脱贫攻坚成果和推动乡村振兴的规定，不断提升脱贫人口和脱贫地区内生发展动力。六是建立脱贫资产经营保险机制，保证资产经营的稳定性和可持续性。可考虑建立专门资金账户，在资产经营遇到困难的时候对经营主体予以支持。

二、推进帮扶政策衔接的重点措施

推动巩固拓展脱贫攻坚成果与乡村振兴战略有效衔接是一项系统工

程，要在准确把握过渡期阶段特征的基础上，必须加强综合谋划、强化政策支持，突出重点难点、分类精准施策，把脱贫人口作为实施乡村振兴战略的重点人群，把脱贫地区作为实施乡村振兴战略的优先区域，加快改善脱贫人口和脱贫地区发展条件，不断提升脱贫人口和脱贫地区发展能力，推动脱贫人口和脱贫地区完全融入乡村振兴进程，共享乡村振兴成果。

（一）聚焦农村低收入重点群体，完善防止返贫监测预警机制

要精准确定监测对象，适当放宽认定标准，将有返贫致贫风险和突发严重困难的人口及时纳入监测和预警；要简化识别程序，确保应纳尽纳，切实做到早发现、早干预、早帮扶。要保持兜底救助政策稳定，进一步落实好教育、医疗、住房、饮水等民生保障普惠性政策，着力提升兜底保障体系与社会安全网的普惠性、均衡性，加快实现兜底保障城乡公共资源均衡配置机制，强化县乡村统筹，逐步实现标准统一、制度并轨。

（二）加快改善乡村振兴重点帮扶县发展条件，增强发展能力

对于乡村振兴重点帮扶县，要以民生为本、就业优先、严防返贫、搞好帮扶。建议按照乡村建设行动的统一部署，优先支持重点帮扶县因地制宜推进农村厕所革命、生活垃圾和污水治理、村容村貌提升。加强重点帮扶县农产品和食品仓储保鲜、冷链物流设施建设，支持农产品流通企业、电商、批发市场与区域特色产业精准对接。加快推进重点帮扶县公共服务提档升级，继续改善重点帮扶县义务教育办学条件，加强乡村寄宿制学校和乡村小规模学校建设，支持城市教师到脱贫地区支教。保持现有健康帮扶政策基本稳定，完善大病专项救治政策，继续开展三级医院对口帮扶脱贫地区并建立长效机制，加大中央倾斜支持重点帮扶县医疗卫生机构基础设施建设和设备配备力度。

（三）加强易地搬迁集中安置区后续帮扶

建议设立国家易地扶贫搬迁后续扶持专项资金，支持易地搬迁安置区基础设施和公共服务配套设施维护升级，以及产业发展、就业增收、社区集体经济，重点向青藏高原地区、西南石漠化地区易地搬迁安置区倾斜。要强化集中安置区产业配套与就业扶持，提升安置区经济活力和就业承载

力；完善就业扶持和培训体系，提升就业匹配度，创新订单式培训、以工代训、以奖代补等形式，提升培训实效，增强人力资本和技能经验就业匹配的有效性。要全面提升安置区社区治理能力，进一步探索社会参与度高的社区治理模式，落实属地管理责任，多措并举、综合施策，确保搬迁群众稳得住、快融入。

（四）加快发展脱贫地区特色产业体系，构建巩固拓展脱贫攻坚成果长效机制

要立足脱贫地区资源优势、强化扶持引领、培育产业龙头、完善产业链条，把产业链与缓贫链紧密联结，着力把脱贫人口嵌入产业链、价值链之中，确保脱贫人口能够持续稳定受益。持续推进农村产业融合发展，积极发展休闲农业、乡村旅游、消费扶贫、农村电商和农产品加工业，延伸产业链条，带动脱贫人口就业增收。强化党建引领产业，以"基地＋合作社＋企业＋脱贫人口"模式创建扶贫产业园区，拓宽脱贫人口就业增收渠道。

第十四章　过渡期帮扶政策的衔接、调整与创新

当前我国正处于脱贫攻坚与乡村振兴统筹衔接的历史交汇期。巩固拓展脱贫攻坚成果既是脱贫户和脱贫地区在新起点继续提高可持续发展能力的客观需要，也是进一步夯实乡村振兴基础的需要。巩固拓展脱贫攻坚成果、压茬推进乡村振兴工作，必须坚持把脱贫人口作为实施乡村振兴战略的重点人群，把脱贫地区作为实施乡村振兴战略的优先区域，处理好新旧帮扶政策的转移接续。

第一节　脱贫攻坚时期的帮扶政策体系

一、帮扶政策的分类

本研究以宏观支持政策、贫困地区帮扶政策、贫困人口帮扶政策为框架（如图14—1所示），对脱贫攻坚阶段和全面脱贫后以来的政策体系及变化进行梳理。这项工作的主要目的是明确政策体系的结构和现有变化，为进一步提出脱贫攻坚与乡村振兴有效衔接的政策建议提供参照依据。需要说明的是，图14—1的重点是给出框架结构，其内容是基于对现有政策变化的梳理，而乡村振兴阶段的政策供给尚处于大稳定、小调整的阶段，是有效衔接的未完成状态。

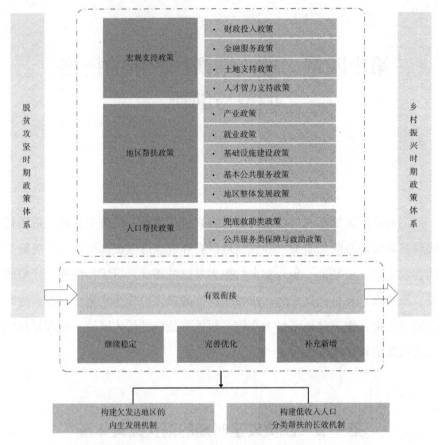

图14—1　政策体系有效衔接基本框架

二、脱贫攻坚时期的帮扶政策体系

脱贫攻坚阶段，从中央到地方，各级政府围绕发展生产脱贫一批、易地搬迁脱贫一批、生态补偿脱贫一批、发展教育脱贫一批、社会保障兜底一批"五个一批"，制定实施了一系列宏观支持政策、贫困地区帮扶政策、贫困人口帮扶政策，形成了"宏观—地区—人口"的多层次发力的政策体系。

（一）宏观支持政策

通过财政投入、金融服务、土地支持、人才智力支持等政策，形成多方投入的宏观支持格局。

1. 财政投入政策

脱贫攻坚，资金投入是保障，政府发挥投入主导作用，强化财政支持，加强资金监管，健全完善财税支持政策。具体措施包括：

中央财政不断加大对贫困地区的一般性转移支付力度；新增脱贫攻坚资金进一步向深度贫困地区倾斜；各级财政部门共同配合，推动扶贫项目资金实施全过程绩效管理，建立扶贫资金"花钱必问效、无效必问责"的管理机制；支持832个贫困县开展涉农资金统筹整合试点；按规定调整规范易地扶贫搬迁融资方式，有序落实支持易地扶贫搬迁的债务限额和贴息补助资金；积极落实相关财政支持政策，推动产业扶贫、教育扶贫、健康扶贫、就业扶贫、生态扶贫、光伏扶贫，支持做好贫困群众兜底保障工作，改善贫困地区基础设施条件；运用税收优惠、财政补贴、贷款贴息等政策工具，调动企业、社会参与脱贫攻坚积极性。

2. 金融服务政策

除了政府主导的财政投入外，多渠道、多样化的金融服务是重要的扶贫工具。具体措施包括：

发放扶贫小额信贷；创新实施产业扶贫贷款，支持贫困地区特色产业发展和贫困人口创业就业，促进金融扶贫与产业扶贫融合发展；创新推出易地扶贫搬迁专项金融债，指导国家开发银行、中国农业发展银行对接项目和资金需求，支持搬迁群众实现搬得出、稳得住、能脱贫；加强农业保险服务，探索发展价格保险、收入保险、"保险＋期货"等新型险种，大力发展农业保险；大病保险向贫困人口实施政策倾斜，配合各地开展针对贫困人口的商业补充医疗保险业务；支持贫困地区企业上市，鼓励贫困地区企业通过发行公司债券和资产支持证券等方式拓宽融资来源；优先支持贫困地区开展"保险＋期货"试点，促进贫困地区农业发展、农民增收和防灾减损。

3. 土地支持政策

土地支持政策在改善贫困地区生产生活条件、促进农民脱贫致富方面发挥了积极作用。具体措施包括：

每年对全国 832 个贫困县专项安排每县新增建设用地计划 600 亩，足额保障深度贫困地区基础设施建设、易地扶贫搬迁、民生发展等用地需求，土地利用规划计划指标不足部分由国家协同所在省份解决，实施特殊用地审批政策；实行土地增减挂钩政策，通过把城市建设用地的增加与农村建设用地的减少挂钩，将拟整理复垦为耕地的农村建设用地地块和拟用于城镇建设的地块等面积共同组成建新拆旧项目区，在确保项目区各用地面积均衡的基础上，采取建新拆旧、土地整理复垦等措施，最终实现建设用地总量不增加、耕地面积不减少、质量不降低、城乡用地布局更加合理的目标；在编制土地整治规划、划定土地整治重点区域和重大工程、安排项目资金时，优先向贫困地区倾斜；在全国 14 个集中连片特困地区和革命老区投入近 100 亿元实施地质调查项目，大力帮助贫困地区地质灾害防治、矿产资源利用、地质旅游资源开发等。

4. 人才智力支持政策

打赢脱贫攻坚战，人才是关键所在。脱贫攻坚的潜力和后劲在于人才智力的强大支持。具体措施包括：

加强乡村教师队伍建设，实施乡村教师生活补助政策，实施特岗计划、银龄讲学计划、国培计划、援藏援疆万名教师支教计划、边远贫困地区、边疆民族地区和革命老区人才支持计划、教师专项计划等；加强义务教育控辍保学工作，全面改善贫困地区义务教育薄弱学校基本办学条件；加快发展贫困地区非义务教育，开展推普脱贫攻坚行动，发展职业教育和继续教育，对建档立卡贫困家庭子女、最贫困群体、贫困残疾人等开展有针对性的教育培训，加强少数民族人才培养，实施重点高校招收农村和贫困地区学生专项计划；加强科技、医学等人才支撑，启动农村订单定向免费医学生培养工作，实现中西部地区每个乡镇卫生院 1 名从事全科医疗本科医学毕业生的全覆盖，组织引导高校发挥人才与科技优势，围绕贫困地区需求开展科技创新和技术推广，动员社会力量积极参与帮扶。

（二）贫困地区帮扶政策

以产业政策、就业政策、加强基础设施建设、提升基本公共服务水平、推动地区整体发展等一系列措施促进贫困地区脱贫。

1. 产业政策

发展产业是实现稳定脱贫的主要途径和长久之策。具体措施包括：

打造特色扶贫产业，因地制宜确定扶贫主导产业；加大科技服务力度，通过选派专家组等方式组织全国农业科技力量投身产业扶贫，在贫困地区全面实施农技推广服务特聘计划，建立贫困户产业发展指导员制度，面向贫困地区开展农村实用人才带头人示范培训；组织开展产销对接，启动实施"贫困地区农产品产销对接行动"及"互联网＋"农产品出村进城等六大工程，搭建贫困地区农副产品网络销售平台，支持贫困地区农产品品牌建设和宣传推介，推进消费扶贫；创新联贫带贫模式，组织大型企业与贫困地区开展对接，推动龙头企业在贫困地区投资兴业，让贫困人口分享产业发展的收益；推进光伏扶贫工程、电商扶贫工程、构树扶贫工程等扶贫工程。

2. 就业政策

增加就业是最有效最直接的脱贫方式。具体措施包括：

开展劳务协作，东部省份围绕"实现精准对接、促进稳定就业"的目标，不断健全劳务协作机制、政策措施，充分运用省内资金资源，采取积极措施吸纳西部协作省份劳动力就业，帮助西部协作省份提升就业服务能力，协助开发就地就近就业岗位；各地积极发展一批扶贫车间、社区工厂、卫星工厂、就业驿站，为贫困劳动力在家门口提供大量的就业机会；开发公益性岗位托底就业；支持创业带动就业；实施贫困人口职业技能提升培训和创业培训，开展有针对性、订单式的技能培训，开展有组织的劳务输出，实现"人岗匹配"。

3. 基础设施建设

人民群众的生产生活离不开基础设施，完善的基础设施才能筑牢脱贫的"根基"。具体措施包括：

开展水利扶贫，启动实施农村饮水安全巩固提升工程，优先解决贫困人口的饮水安全问题；加大农田灌排、防洪减灾、水土保持、重大水利等工程建设，改善水利基础设施条件；通过农村水电扶贫工程收益帮扶、提供水利工程建设和管护就业岗位等实现水利惠民。开展电力扶贫，提升贫困地区电网供电服务能力，大力实施村村通动力电工程；聚焦"三区三州"电网建设，落实易地扶贫搬迁配套电网建设，转化贫困地区资源优势为经济优势，建设大电网外送通道，助力贫困地区清洁能源开发，落实电力援疆、援藏和扶贫交易政策。开展交通扶贫，推进贫困地区加快建设"外通内联、通村畅乡、客车到村、安全便捷"的交通运输网络，大力提升城乡客货运输服务水平，健全农村公路管养体制机制；中央投资重点向贫困地区倾斜，推动交通建设项目更多向进村入户倾斜。开展网络扶贫，扎实推动网络覆盖、农村电商、网络扶智、信息服务、网络公益五大工程向纵深发展。

4.基本公共服务

主要围绕"两不愁三保障"中的"三保障"目标，在义务教育、基本医疗、住房安全等领域提高基本公共服务水平。具体措施包括：

全面改善贫困地区义务教育薄弱学校基本办学条件；实施营养改善计划，资助家庭经济困难学生；发展职业教育和继续教育，广泛开展公益性职业技能培训。提升公共卫生服务水平，逐户逐人开展因病致贫、因病返贫核实核准工作，建立动态管理数据库和信息平台；开展三级医院对口帮扶贫困县县级医院工作，帮助加强针对当地疾病谱的临床重点专科建设，加强临床专业技术人才和医院管理人才队伍建设，积极推进远程医疗全面覆盖所有贫困县县级医院并向乡镇卫生院延伸；提升乡村两级医疗卫生服务能力，推进乡村医疗卫生机构标准化建设，加强乡村医疗卫生专业人才队伍建设，开展疾病综合防控和健康促进。开展农村危房改造，聚焦建档立卡贫困户等重点对象，全面推进农村危房改造工作。搭建科技服务平台，充分发挥农业科技园区和星创天地对创新资源的集聚作用；推动各地因地制宜建设网上农业科技信息服务平台，提高科技服务效率；加强科普宣传，组织科技列车行、流动科技馆进基层等重大示范活动，将优质科普资源送到贫困群众身边。

5.地区整体发展政策

东西部扶贫协作、中央单位定点扶贫、"万企帮万村"等各方参与、多方支持的扶贫，推动了贫困地区综合发展、全面发展。具体措施包括：

加大东西部扶贫协作和对口支援力度，加强资金支持，促进双向人才交流，深化产业合作，引导企业精准结对帮扶，有组织地开展劳务协作；组织中央单位开展定点扶贫，加强组织领导，精心选派干部，充分发挥自身优势，推动贫困地区经济社会全面发展；军队各级积极开展多种形式精准扶贫行动；激励各类企业、社会组织参与扶贫；大力开展扶贫志愿服务活动；积极探索特色区域发展模式，通过"非遗＋扶贫""旅游＋扶贫"等模式，开发特色文化和旅游产品，促进贫困地区产业兴旺和可持续发展。

（三）贫困人口帮扶政策

围绕贫困人口，实施了一系列兜底救助类政策、公共服务类保障与救助政策，全面提升贫困人口的生活水平和生活质量。

1.兜底救助类政策

社会救助兜底保障是打赢脱贫攻坚战的底线制度安排，是脱贫攻坚的最后一道防线。具体措施包括：

发挥农村低保重要兜底保障作用，推动农村低保制度与扶贫开发政策实现有效衔接，将符合条件的建档立卡贫困人口及时纳入兜底保障范围，实现"应保尽保"，督促农村低保标准低的地区逐步提高标准，确保全国所有县（市、区）的农村低保标准均达到或超过国家扶贫标准；健全特困人员救助供养制度，将符合条件的建档立卡贫困人口及时纳入救助供养范围，确保实现应救尽救、应养尽养；发挥临时救助解决"两不愁"问题兜底作用和"三保障"问题支持作用，强化临时救助功能。

2.公共服务类保障与救助政策

针对特殊人群的保障、医疗、教育等多重保障织牢织密民生保障"安全网"。具体措施包括：

加强贫困残疾人保障，帮助贫困残疾人家庭通过劳动就业、产业分红和社会保障兜底政策实现不愁吃、不愁穿，建档立卡的适龄残疾儿童少年接受义务教育、将建档立卡贫困残疾人纳入基本医疗保障、贫困残疾人危房户全部纳入农村危房改造项目，各级残联实施康复治疗、辅具适配、家庭无障碍改造等政策措施；对核准核实的患有大病和长期慢性病的农村贫困人口，根据患病情况，实施分类分批救治；实施倾斜性医疗保障政策，在确保建档立卡贫困人口应保尽保基础上，完善基本医疗保险、大病保险、医疗救助三重制度综合保障功能，梯次降低贫困人口就医费用负担，进一步便捷医保经办服务，综合施策控制成本；落实社会保险扶贫政策，为建档立卡贫困人员落实政府代缴城乡居民养老保险费政策；开展扶贫众筹募集，推进"两病一学"等精准扶贫项目。

第二节　过渡期的帮扶政策调整与转型

中共中央、国务院印发的《关于实现巩固拓展脱贫攻坚成果同乡村振兴有效衔接的意见》明确，脱贫攻坚目标任务完成后，设立 5 年过渡期，过渡期内严格落实"四个不摘"要求，现有帮扶政策该延续的延续、该优化的优化、该调整的调整，确保政策连续性。总的来说，就是要保持现有帮扶政策的"大稳定、小调整"①。保持政策稳定不是生搬硬套，而要根据新的发展阶段外部条件的变化和新的任务导向下的新要求，系统梳理、分

---

① 杜鹰：《认真总结脱贫攻坚实践经验，切实巩固拓展脱贫攻坚成果》，《宏观经济管理》2021 年第 6 期。

类评估、科学借鉴脱贫攻坚时期的经验做法[①]。

促进巩固拓展脱贫攻坚和乡村振兴的有效衔接，关键在于加强针对农村低收入人口的常态化帮扶、持续推进脱贫地区乡村振兴，达到构建欠发达地区的内生发展机制、低收入人口分类帮扶长效机制的政策目标。统筹设计脱贫攻坚与乡村振兴政策的有效衔接，要对照前述脱贫攻坚时期帮扶政策的逻辑框架，将两组政策进行对接，分别从继续稳定的政策、完善优化的政策、补充新增的政策这三个方面对目前的政策转型进行分析。

一、宏观支持政策

（一）继续稳定的政策

各级专项扶贫资金、财税支持、金融扶贫再贷款、小额信贷等政策需要延续并不断加大政策强度。脱贫地区虽然消除了绝对贫困，但发展基础仍旧薄弱，因此，过渡期内仍需在"人、地、钱"投入方面保持总体稳定，确保项目资金落实到位，继续提供多元化的金融产品与服务，鼓励各地因地制宜开发优势特色农产品保险，优先保障巩固拓展脱贫攻坚成果和乡村振兴用地需要，继续实行土地增减挂钩政策，继续加强乡村教师队伍建设、加大教育投入，保障宏观支持的大格局。

表 14—1　继续稳定的宏观支持政策

政策措施主要内容	脱贫攻坚时期	过渡期
	主要内容	
财政资金投入保障	1.中央财政不断加大对贫困地区的一般性转移支付力度。 2.新增脱贫攻坚资金进一步向深度贫困地区倾斜。	1.保留并调整优化原财政专项扶贫资金，2021—2023 年，在脱贫县延续财政涉农资金统筹整合试点政策。 2.现有财政相关转移支付继续倾斜支持脱贫地区。 3.对农村低收入人口的救助帮扶，通过现有资金支出渠道支持。

---

① 黄承伟、杨进福：《中国共产党百年反贫困的历史经验》，《西安交通大学学报（社会科学版）》2021 年第 4 期。

（续表）

政策措施 主要内容	脱贫攻坚时期	过渡期
	主要内容	
财税政策	1.按规定调整规范易地扶贫搬迁融资方式，有序落实支持易地扶贫搬迁的债务限额和贴息补助资金。 2.积极落实相关财政支持政策，推动产业扶贫、教育扶贫、健康扶贫、就业扶贫、生态扶贫、光伏扶贫，支持做好贫困群众兜底保障工作，改善贫困地区基础设施条件。 3.运用税收优惠、财政补贴、贷款贴息等政策工具，调动企业、社会参与脱贫攻坚积极性。	1.确保以工代赈中央预算内投资落实到项目，及时足额发放劳务报酬。 2.过渡期内延续脱贫攻坚相关税收优惠政策。
信贷政策	1.扶贫小额信贷。 2.产业扶贫贷款。 3.易地扶贫搬迁金融债。	1.继续发挥再贷款作用，现有再贷款帮扶政策在展期期间保持不变。 2.完善针对脱贫人口的小额信贷政策。
保险政策	银保监会充分发挥监管引领作用，引导保险公司深入推进保险扶贫，大力发展农业保险，积极开展健康扶贫，充分发挥风险保障作用，防止贫困人口因灾、因病返贫。	1.加大对脱贫地区优势特色产业信贷和保险支持力度。 2.鼓励各地因地制宜开发优势特色农产品保险。
资本市场扶贫	1.支持贫困地区企业上市。 2.自2016年开始优先支持贫困地区开展"保险＋期货"试点，在23个省（市、区）开展了249个试点项目。	1.对脱贫地区继续实施企业上市"绿色通道"政策。 2.探索农产品期货期权和农业保险联动。
用地保障	每年对全国832个贫困县专项安排每县新增建设用地计划600亩，足额保障深度贫困地区基础设施建设、易地扶贫搬迁、民生发展等用地需求，土地利用规划计划指标不足部分由国家协同所在省份解决，实施特殊用地审批政策。	1.国土空间规划为依据，按照应保尽保原则，新增建设用地计划指标优先保障巩固拓展脱贫攻坚成果和乡村振兴用地需要，过渡期内专项安排脱贫县年度新增建设用地计划指标，专项指标不得挪用。 2.原深度贫困地区计划指标不足的，由所在省份协调解决。

（续表）

政策措施主要内容	脱贫攻坚时期	过渡期
	主要内容	
土地增减挂钩政策	土地增减挂钩政策先后经历了县域内试点支持新农村建设、省域内流转助推脱贫攻坚、跨省域调剂实施东西部扶贫协作三个发展阶段。	1.过渡期内，对脱贫地区继续实施城乡建设用地增减挂钩节余指标省内交易政策。 2.在东西部协作和对口支援框架下，对现行政策进行调整完善，继续开展增减挂钩节余指标跨省域调剂。
乡村教师队伍建设	中西部22个省份725个集中连片特困地区县，全部实施乡村教师生活补助政策；实施特岗计划、银龄讲学计划、国培计划、援藏援疆万名教师支教计划、边远贫困地区、边疆民族地区和革命老区人才支持计划教师专项计划等。	继续实施农村义务教育阶段教师特岗计划、中小学幼儿园教师国家级培训计划、银龄讲学计划、乡村教师生活补助政策，优先满足脱贫地区对高素质教师的补充需求。
非义务教育发展	1.开展推普脱贫攻坚行动。 2.发展职业教育和继续教育，广泛开展公益性职业技能培训。 3.启动农村订单定向免费医学生培养工作，规模上实现了中西部每个乡镇卫生院1名从事全科医疗本科医学毕业生的全覆盖。 4.加强少数民族人才培养，帮助民族地区贫困地区学生实现大学梦。 5.实施高校招生倾斜政策（实施重点高校招收农村和贫困地区学生专项计划）。	1.继续实施高校毕业生"三支一扶"计划，继续实施重点高校定向招生专项计划。 2.全科医生特岗和农村订单定向医学生免费培养计划优先向中西部地区倾斜。 3.继续支持脱贫户"两后生"接受职业教育，并按规定给予相应资助。
义务教育控辍保学	落实政府控辍保学法定职责，指导全国2811个县（占比95%）"一县一案"制定了控辍保学工作方案。	进一步加强控辍保学工作，健全义务教育有保障长效机制。

（续表）

政策措施 主要内容	脱贫攻坚时期	过渡期
	主要内容	
人才支持 政策	1. 组织引导高校发挥人才与科技优势，围绕贫困地区需求开展科技创新和技术推广。 2. 组织高校聚焦精准扶贫，围绕贫困地区优势资源，打造特色产业。 3. 组织相关高校通过发挥医学学科专业及附属医院作用，提升当地医疗服务能力。 4. 动员社会力量。	鼓励和引导各方面人才向国家乡村振兴重点帮扶县基层流动。

资料来源：项目组根据相关政策整理。

（二）完善优化的政策

相较于脱贫攻坚时期全力保障资金投入，过渡期的宏观支持政策强调合理安排财政投入规模，优化支出结构，把政策重心从贫困县转移到国家乡村振兴重点帮扶县上来，并逐步提高有关财政资金用于产业发展的比例。针对短期目标，过渡期前 3 年脱贫县继续实行涉农资金统筹整合试点政策；针对长期规划，此后的涉农资金统筹整合试点政策将调整至国家乡村振兴重点帮扶县实施，并鼓励其他地区探索建立长效机制。

表 14—2　完善优化的宏观支持政策

政策措施	脱贫攻坚时期	过渡期
	主要内容	主要内容
财税政策	税收政策在优化土地资源配置、促进农业生产、鼓励新型经营主体发展、促进农产品流通、支持农业资源综合利用等方面实施了一系列优惠政策。	对支持脱贫地区产业发展效果明显的贷款贴息、政府采购等政策，在调整优化基础上继续实施。

（续表）

财政资金投入	1. 中央财政不断加大对贫困地区的一般性转移支付力度。 2. 新增脱贫攻坚资金进一步向深度贫困地区倾斜。	1. 保留并调整优化原财政专项扶贫资金，聚焦支持脱贫地区巩固拓展脱贫攻坚成果和乡村振兴，适当向国家乡村振兴重点帮扶县倾斜，并逐步提高用于产业发展的比例。 2. 2024—2025 年，财政涉农资金整合试点政策实施范围调整至中央确定的国家乡村振兴重点帮扶县，确保平稳过渡。
城乡建设用地增减挂钩政策	利用城乡建设用地增减挂钩政策支持易地扶贫搬迁，允许集中连片特困地区、国家扶贫开发工作重点县将增减挂钩节余指标在省域内流转使用，探索"三区三州"及深度贫困县增减挂钩节余指标在东西部扶贫协作和对口支援框架内开展交易。	各地要用好城乡建设用地增减挂钩政策，统筹地方可支配财力，支持"十三五"易地扶贫搬迁融资资金偿还。

资料来源：项目组根据相关政策整理。

（三）补充新增的政策

过渡期的宏观支持政策突出了对于产业和人才的重视。在国家乡村振兴重点帮扶县对农业科技推广人员探索"县管乡用、下沉到村"的新机制，将基层一线的专业人员编制、人事、薪资等收归至县一级行政单位，由县级管理机构代替村、乡一级管理，这种"岗编分离"的制度为选择农村的人才消除了后顾之忧，真正实现把人才引进来、留下来。

表 14—3　补充新增的宏观支持政策

政策措施	脱贫攻坚时期	过渡期
		主要内容
人才支持政策		在国家乡村振兴重点帮扶县对农业科技推广人员探索"县管乡用、下沉到村"的新机制，推动完善产业技术顾问制度，倾斜支持实施高素质农民培育计划。

资料来源：项目组根据相关政策整理。

二、欠发达地区帮扶政策

(一) 继续稳定的政策

需要持续改善脱贫地区基础设施条件、进一步提升脱贫地区公共服务水平，延续脱贫攻坚时期有效的产业、就业政策。继续发挥电力、水利、交通、网络工程等重大工程建设项目对巩固脱贫攻坚成果的基础支撑作用，补齐基础设施的短板，向进村入户深入发展。特别是对于易地扶贫搬迁，需要继续完善易地扶贫搬迁集中安置区的公共服务和配套基础设施，全力推进产业培育、就业帮扶、社区融入等各项工作，确保搬迁人口"稳得住"。继续改善脱贫地区教育、医疗、住房、饮水等基本公共服务的供给质量，逐步缩小城乡公共服务水平差距，对于发展产业、保障就业的有效措施，总结脱贫攻坚时期的工作经验，进一步深化落实，并在乡村振兴阶段探索建立长效机制。

表 14—4 继续稳定的欠发达地区帮扶政策

政策措施	脱贫攻坚时期	过渡期
	主要内容	主要内容
水利扶贫	1.农村饮水安全。 2.水利基础设施。 3.水利惠民政策。	加强脱贫地区农村防洪、灌溉等中小型水利工程建设。
电力扶贫	1.村村通动力电工程。 2.建设坚强电网促脱贫。 3.电力市场交易扶贫。 4.光伏扶贫接网工程。 5.易地扶贫搬迁配套电网建设。 6.深度贫困地区电网建设。	支持脱贫地区电网建设和乡村电气化提升工程实施。
交通扶贫	1.大幅提高车购税补助标准。 2.中央投资重点向贫困地区倾斜。 3.持续加大对贫困地区交通扶贫投入。 4.推动交通建设项目更多向进村入户倾斜。 5.实施建制村通客车工程。 6."交通＋特色产业"扶贫。 7.农村公路安全生命防护工程建设。	推进脱贫县"四好农村路"建设，推动交通项目更多向进村入户倾斜，因地制宜推进较大人口规模自然村（组）通硬化路，加强通村公路和村内主干道连接，加大农村产业路、旅游路建设力度。

（续表）

政策措施	脱贫攻坚时期	过渡期
	主要内容	主要内容
网络扶贫	实施网络覆盖、农村电商、网络扶智、信息服务、网络公益五大工程。	深入推动网络扶贫行动向纵深发展，强化对产业和就业扶持，充分运用大数据平台开展对脱贫人员的跟踪及分析，保持过渡期的政策稳定，继续开展网络扶志和扶智，不断提升贫困群众生产经营技能，激发贫困人口内生动力。
易地扶贫搬迁后续扶持政策	全力解决搬迁群众"两不愁三保障"突出问题，切实解决好搬迁群众就业问题，大力发展农村搬迁安置区后续产业，全面加强安置区社会治理促进社会融入，稳步推进旧房拆除和宅基地复垦复绿，切实保障搬迁群众权益。	1.进一步提升和完善安置区配套基础设施和公共服务。 2.加强搬迁群众产业就业，持续开展搬迁群众就业帮扶专项行动。 3.完善后续扶持责任体系和工作机制。省级及以下党委政府对易地扶贫搬迁后续扶持工作负主责。
义务教育薄弱学校基本办学条件改善	全面改善贫困地区义务教育薄弱学校基本办学条件，2014—2018年，中央财政累计投入"全面改薄"专项补助资金1692亿元，带动地方投入3700多亿元。	1.继续改善义务教育办学条件，加强乡村寄宿制学校和乡村小规模学校建设。 2.在脱贫地区普遍增加公费师范生培养供给，加强城乡教师合理流动和对口支援。
职业技能培训	发展职业教育和继续教育，广泛开展公益性职业技能培训。人社部于2018年9月至2020年底，在全国组织开展深度贫困地区技能扶贫行动。	加强脱贫地区职业院校（含技工院校）基础能力建设。实施欠发达地区劳动力职业技能提升工程，加大脱贫人口、农村低收入人口职业技能培训力度，在培训期间按规定给予生活费补贴。支持脱贫地区、乡村振兴重点帮扶县建设一批培训基地和技工院校。继续实施"雨露计划"，按规定给予相应补助。
营养改善计划	2011年，以贫困地区和家庭经济困难学生为重点，国家启动实施农村义务教育学生营养午餐改善计划。	深入实施农村义务教育学生营养改善计划，从2021年秋季学期起农村义务教育学生营养膳食补助国家基础标准由每生每天4元提高至5元，持续加强学校供餐管理，切实落实地方支出责任，严格规范资金使用管理。

政策措施	脱贫攻坚时期	过渡期
	主要内容	主要内容
学生资助服务体系	全力推进学生资助工作，实现了各个学段全覆盖、公办民办学校全覆盖、家庭经济困难学生全覆盖。	继续实施家庭经济困难学生资助政策。
大病、慢病政策	2017年4月，国家卫生健康委等6个部门联合制定了《健康扶贫工程"三个一批"行动计划》，对核准核实的患有大病和长期慢性病的农村贫困人口，根据患病情况，实施分类分批救治，推动健康扶贫措施落实到人、精准到病。	过渡期内保持现有健康帮扶政策基本稳定，完善大病专项救治政策，优化高血压等主要慢病签约服务。
三级医院对口帮扶贫困县县级医院	1.三级医院"组团式"对口帮扶贫困县的县级医院，帮助加强针对当地疾病谱的临床重点专科建设，加强临床专业技术人才和医院管理人才队伍建设。 2.积极推进远程医疗全面覆盖所有贫困县县级医院并向乡镇卫生院延伸，通过远程会诊、远程查房、远程示教、远程培训等形式，推动优质医疗资源向贫困地区基层下沉。	继续开展三级医院对口帮扶并建立长效机制，持续提升县级医院诊疗能力。
乡村两级医疗卫生服务能力提升	1.推进乡村医疗卫生机构标准化建设。 2.加强乡村医疗卫生专业人才队伍建设。 3.开展疾病综合防控和健康促进。	加大中央倾斜支持脱贫地区医疗卫生机构基础设施建设和设备配备力度，继续改善疾病预防控制机构条件。
农村危房改造	2013年至2019年底，中央财政累计支持农村1794万户、5700多万住危房的群众住上了安全住房，其中建档立卡贫困户733万户、2300多万人，第三方评估显示农户满意度达97.5%。	继续实施农村危房改造和地震高烈度设防地区农房抗震改造，逐步建立农村低收入人口住房安全保障长效机制。
东西部扶贫协作	东部地区通过资金支持、人才交流、产业合作、劳务协作、结对帮扶等方式带动西部地区发展。	东西部协作和定点帮扶持续深化推进。

政策措施	脱贫攻坚时期	过渡期
	主要内容	主要内容
各方力量帮扶	中央单位定点扶贫、军队参与扶贫、民营企业扶贫、社会组织／慈善社工力量参与扶贫、香港／澳门特别行政区对口扶贫。	1.继续坚持定点帮扶机制，适当予以调整优化，安排有能力的部门、单位和企业承担更多责任。 2.军队持续推进定点帮扶工作，健全完善长效机制，巩固提升帮扶成效。 3.总结借鉴"万企帮万村"的成熟经验做法，接续开展"万企兴万村"行动，开展"回报家乡"专项行动。
脱贫地区村级综合服务设施建设	以村级组织办公活动场所为重点，建设村级综合服务中心。	继续加强脱贫地区村级综合服务设施建设，提升为民服务能力和水平。
品牌建设	支持贫困地区农产品品牌建设和宣传推介。	支持脱贫地区培育绿色食品、有机农产品、地理标志农产品，打造区域公用品牌。
产销对接	1.启动实施"贫困地区农产品产销对接行动"及"互联网＋"农产品出村进城等六大工程，推动营销企业、批发市场、大型超市与贫困地区建立长期稳定的供销关系。 2.组织大型企业与贫困地区开展对接，推动龙头企业在贫困地区投资兴业，不断完善新型农业经营主体联贫带贫机制，让贫困户真正参与产业发展。	1.持续扩大对脱贫地区农产品和服务的消费规模，加快脱贫地区农产品和食品仓储保鲜、冷链物流设施建设，支持农产品流通企业、电商、批发市场与区域特色产业精准对接。 2.现代农业产业园、科技园、产业融合发展示范园继续优先支持脱贫县。
消费扶贫	1.通过运用政府采购政策推进消费扶贫。 2.搭建贫困地区农副产品网络销售平台。 3.将消费扶贫纳入东西部扶贫协作和中央定点扶贫考核体系。	持续推进消费扶贫行动，加强对脱贫地区特色产品和服务销售、流通、生产等环节的扶持，支持特色产业规模化标准化，改善。 乡村物流基础设施，提升产品和服务市场竞争力，加快形成"政府引导、市场主导、社会参与"的消费帮扶可持续发展模式。

（续表）

政策措施	脱贫攻坚时期	过渡期
	主要内容	主要内容
劳务协作	东部省份采取积极措施吸纳西部协作省份劳动力就业，组织贫困劳动力转移就业，由东部地区和省内发达地区提供优质就业岗位，贫困县开展有针对性、订单式的技能培训，开展有组织的劳务输出，实现"人岗匹配"。	搭建用工信息平台，培育区域劳务品牌，加大脱贫人口有组织劳务输出力度。
扶贫车间	各地积极发展一批扶贫车间、社区工厂、卫星工厂、就业驿站，为贫困劳动力在家门口提供大量的就业机会。	延续支持扶贫车间的优惠政策。
科技支撑	1. 充分发挥农业科技园区和星创天地对创新资源的集聚作用。 2. 各地因地制宜建设网上农业科技信息服务平台。 3. 开展科普宣传，全国科技活动周面向贫困地区的发展需求，组织科技列车行、流动科技馆进基层等重大示范活动，将优质科普资源送到贫困群众身边。	1. 强化现代农业科技和物质装备支撑。 2. 加强农业科技社会化服务体系建设。 3. 培育高素质农民，组织参加技能评价、学历教育，设立专门面向农民的技能大赛。 4. 吸引城市各方面人才到农村创业创新，参与乡村振兴和现代农业建设。

资料来源：项目组根据相关政策整理。

（二）完善优化的政策

过渡期的产业政策和就业政策更强调市场发挥作用，注重激发欠发达地区的内生发展机制。产业扶贫与产业兴旺分别作为脱贫攻坚与乡村振兴两大战略的重要举措，过渡期需要实现从产业扶贫到产业兴旺的转变。短期来看，仍需继续优先支持脱贫县发展扶贫产业，大力实施消费扶贫，巩固产业扶贫成果；长期来看，要因地制宜地发展乡村特色产业，完善全产业链支持措施，注重产业后续长期培育，提高产业市场竞争力和抗风险能力。就业空间拓展方面，过渡期内逐步调整优化公益岗位政策，减少直接发钱发物式支持，更多采取以工代赈，推动以工代赈由专项扶贫政策向集就业促进、基本建设、应急救灾、收入分配、区域发展等功能为一体的综合性帮扶政策转变。东西协作关系也调整为原则上一个东部地区省份帮扶一个西部地区省份的长期固定结对帮扶关系，整合脱贫攻坚时期各行业的对口支援，全部纳入新的结对关系中。

表 14—5　完善优化的欠发达地区帮扶政策

政策措施	脱贫攻坚时期 主要内容	过渡期 主要内容
特色产业发展	因地制宜确定扶贫主导产业，促进贫困地区林果、蔬菜、畜禽、加工、手工等特色产业快速发展。	1. 以脱贫县为单位规划发展乡村特色产业，实施特色种养业提升行动，完善全产业链支持措施。 2. 注重产业后续长期培育，尊重市场规律和产业发展规律，提高产业市场竞争力和抗风险能力。
公益性岗位	各地综合开发保洁保绿、治安协管、孤寡老人和留守儿童看护等公益性岗位，优先安置无法离乡、无业可扶、无力脱贫的贫困劳动力就业。	1. 统筹用好乡村公益岗位，健全按需设岗、以岗聘任、在岗领补、有序退岗的管理机制，过渡期内逐步调整优化公益岗位政策。 2. 过渡期内逐步调整优化生态护林员政策。
以工代赈	"十三五"以来，国家累计安排以工代赈中央资金约 300 亿元，地方同步安排以工代赈资金 35 亿元，在中西部地区实施了 2.5 万个以工代赈项目，为贫困群众提供 110 多万个务工岗位，发放劳务报酬近 40 亿元。2020 年，为应对疫情、灾情冲击，以工代赈项目劳务报酬占中央资金的最低比例从 10% 提高至 15%，当年即带动约 30 万滞留农村劳动力就近就业。	1. 拓展实施范围，将以工代赈实施范围拓展至以脱贫地区为重点的欠发达地区，并向"三区三州"等巩固脱贫攻坚成果任务较重的地区和易地扶贫搬迁集中安置区、安置点倾斜。 2. 拓宽建设领域、创新赈济模式，在农业农村基础设施建设领域积极推广以工代赈方式，探索就业技能培训和资产收益分红等赈济新模式。
先诊疗后付费政策	推进城乡居民基本医保（新农合）县域内实施农村贫困住院费用"先诊疗，后付费"，入院时不需缴纳住院押金，由定点医疗机构与新农合经办管理机构之间进行结算，减轻患者垫资压力。	调整完善县域内先诊疗后付费政策。

（续表）

政策措施	脱贫攻坚时期	过渡期
	主要内容	主要内容
东西部协作	实现了对30个民族自治州结对帮扶的全覆盖，加强了云南、四川、甘肃、青海等重点贫困市州的帮扶力量，调整了辽宁、上海、天津的帮扶任务，落实了京津冀协同发展中"扶持贫困地区发展"的任务。	1.调整优化结对帮扶关系，将现行一对多、多对一的帮扶办法，调整为原则上一个东部地区省份帮扶一个西部地区省份的长期固定结对帮扶关系。 2.省际要做好帮扶关系的衔接，防止出现工作断档、力量弱化。中部地区不再实施省际结对帮扶。 3.优化协作帮扶方式，在继续给予资金支持、援建项目基础上，进一步加强产业合作、劳务协作、人才支援，推进产业梯度转移，鼓励东西部共建产业园区。教育、文化、医疗卫生、科技等行业对口支援原则上纳入新的东西部协作结对关系。 4.更加注重发挥市场作用，强化以企业合作为载体的帮扶协作。

资料来源：项目组根据相关政策整理。

（三）补充新增的政策

过渡期的政策注重着力提升脱贫地区整体发展水平，提出了建设乡村振兴重点帮扶县、大力发展县域经济和启动美丽宜居乡村建设的新政策。

全国832个贫困县脱贫摘帽后，由于其发展条件和水平参差不齐，有的地区还没有形成"造血"发展能力，仍需要接续扶持，因此，在西部地区脱贫县中集中支持一批乡村振兴重点帮扶县，从财政、金融、土地、人才、基础设施建设、公共服务等方面给予集中支持，增强其区域发展能力，是缩小区域差距、下好乡村振兴这一大盘棋的重大举措。

地区的整体发展不仅是生产力的进步，更是在乡村经济发展的基础上建设宜居的美丽乡村。2018年启动的农村人居环境整治行动，对标乡村振兴的五大目标之一"生态宜居"，已基本解决了农村垃圾问题，下一步将启动实施农村人居环境整治提升五年行动，支持脱贫地区因地制宜推进农村厕所革命、生活垃圾和污水治理、村容村貌提升。此外，实施"快递进村工程"，打通县、乡、村快递物流渠道，持续改善欠发达地区农村生产生活条件。

表 14—6　补充新增的欠发达地区帮扶政策

政策措施	脱贫攻坚时期	过渡期
		主要内容
乡村振兴重点帮扶县		1.按照应减尽减原则，在西部地区处于边远或高海拔、自然环境相对恶劣、经济发展基础薄弱、社会事业发展相对滞后的脱贫县中，确定一批国家乡村振兴重点帮扶县，从财政、金融、土地、人才、基础设施建设、公共服务等方面给予集中支持，增强其区域发展能力。 2.支持各地在脱贫县中自主选择一部分县作为乡村振兴重点帮扶县。支持革命老区、民族地区、边疆地区巩固脱贫攻坚成果和乡村振兴。支持西部脱贫地区特别是"三区三州"以市（地、州）为单元创建全国欠发达地区振兴发展试点示范区。 3.建立跟踪监测机制，对乡村振兴重点帮扶县进行定期监测评估。
发展县域经济		促进县城公共设施向乡村延伸覆盖，逐步实现城乡空间规划一体化，加强县域商业流通体系建设，促进流通畅通和农民收入、农村消费"双提升"。
美丽宜居乡村建设		以深入学习浙江"千村示范、万村整治"工程经验为引领，以农村厕所革命、生活污水垃圾治理、村容村貌整治提升、长效管护机制建立健全为重点。
快递进村工程		印发《快递进村三年行动方案（2020—2022 年）》，统筹推进脱贫地区县乡村三级物流体系建设，实施"快递进村"工程。

资料来源：项目组根据相关政策整理。

三、农村低收入人口帮扶政策

（一）继续稳定的政策

过渡期内仍需保留具有"救急难"性质的兜底救助类政策。继续发挥农村低保制度的兜底保障作用，完善农村特困人员救助供养制度，对基本生活陷入暂时困难的群众加强临时救助，重点加大医疗救助资金投入，倾斜支持乡村振兴重点帮扶县，健全分层分类、城乡统筹的中国特色社会救助体系，实现应保尽保、应兜尽兜，做到凡困必帮、有难必救，阻断农村低收入人口的返贫风险。

表 14—7　继续稳定的农村低收入人口帮扶政策

政策措施	脱贫攻坚时期	过渡期
	主要内容	主要内容
基本生活救助制度	推动农村低保制度与扶贫开发政策实现有效衔接，将符合条件的建档立卡贫困人口及时纳入兜底保障范围，实现应保尽保。	1. 以基本生活救助、专项社会救助、急难社会救助为主体，社会力量参与为补充，建立健全分层分类的救助制度体系。 2. 加大农村社会救助投入，加快实现城乡救助服务均等化，促进城乡统筹发展。
特困人员救助供养制度	规范特困人员认定，科学制定救助供养标准，优化供养服务，优先集中供养生活不能自理特困人员，全面落实分散供养特困人员委托照料服务，不断提高特困人员兜底保障能力，将符合条件的建档立卡贫困人口及时纳入救助供养范围，确保实现应救尽救、应养尽养。	完善农村特困人员救助供养制度，合理提高救助供养水平和服务质量。
临时救助制度	进一步明确发挥临时救助解决"两不愁"问题兜底作用和"三保障"问题支持作用，以及防范脱贫群众返贫等方面的政策措施。疫情期间，取消户籍地、居住地申请限制，由急难发生地实施临时救助。	对基本生活陷入暂时困难的群众加强临时救助，做到凡困必帮、有难必救，逐步取消户籍地、居住地申请限制，探索由急难发生地实施临时救助。
专项救助制度	将建档立卡贫困人口纳入医疗、教育、住房、就业等专项救助，分别给予专项扶持。	加强社会救助资源统筹，根据对象类型、困难程度等，及时有针对性地给予困难群众医疗、教育、住房、就业等专项救助，做到精准识别、应救尽救。

（续表）

政策措施	脱贫攻坚时期	过渡期
	主要内容	主要内容
养老机构升级改造	《深度贫困地区敬老院建设改造行动计划》以"三区三州"为重点，通过中央预算内投资，推动实现2020年深度贫困地区每个县至少建有1个县级供养服务中心。	强化县乡两级养老机构对失能、部分失能特困老年人口的兜底保障。
医疗救助托底保障	各级政府需在符合年度救助限额和范围的前提下，确保农村贫困人口个人自付住院医疗费用的政府救助比例不低于70%。	坚持基本救助标准和保障范围，延续对特困人员、低保对象、返贫致贫人员70%救助比例，统筹加大门诊慢特病救助力度。
残疾人保障	1. 贫困残疾人家庭通过劳动就业、产业分红和社会保障兜底政策实现不愁吃、不愁穿，建档立卡的适龄残疾儿童少年接受了义务教育。 2. 建档立卡贫困残疾人纳入基本医疗保障、贫困残疾人危房户全部纳入农村危房改造项目。 3. 各级残联通过康复治疗、辅具适配、家庭无障碍改造等政策措施扶持。	加强残疾人托养照护、康复服务。
多层次医疗保障体系	1. 国家医疗保障局联合相关部门在确保建档立卡贫困人口应保尽保基础上，完善基本医疗保险、大病保险、医疗救助三重制度综合保障功能，梯次降低贫困人口就医费用负担。 2. 进一步便捷医保经办服务、确保贫困人口晓政策、知流程、享待遇，减轻贫困群众报销跑腿垫资负担。 3. 综合施策控制成本，确保各项医保惠民政策惠及贫困地区、贫困人口。	坚持基本标准，统筹发挥基本医疗保险、大病保险、医疗救助三重保障制度综合梯次减负功能，实现由集中资源支持脱贫攻坚向基本医疗保险、大病保险、医疗救助三重制度常态化保障平稳过渡。

（续表）

政策措施	脱贫攻坚时期	过渡期
	主要内容	主要内容
养老保险制度	2017年以来，各地人社部门开展入户调查，为建档立卡贫困人员落实政府代缴城乡居民养老保险费政策。	1.完善城乡居民基本养老保险费代缴政策，地方政府结合当地实际情况，按照最低缴费档次为参加城乡居民养老保险的低保对象、特困人员、返贫致贫人口、重度残疾人等缴费困难群体代缴部分或全部保费。 2.在提高城乡居民养老保险缴费档次时，对上述困难群体和其他已脱贫人口可保留现行最低缴费档次。
困境儿童保障	2016年印发的《关于加强困境儿童保障工作的意见》是中央层面在建立孤儿保障制度后，第一次对各类困境儿童保障做出的制度性安排，标志着我国儿童福利制度保障对象范围由孤儿、弃婴，拓展到困境儿童。	加大对孤儿、事实无人抚养儿童等保障力度。完善残疾儿童康复救助制度，提高救助服务质量。

资料来源：项目组根据相关政策整理。

（二）完善优化的政策

乡村振兴的关注目标从建档立卡贫困户扩大到整个农民群体，重点关注农村低收入人口，因此，在贫困户"销号"后，相关政策的对象识别和标准认定需要及时调整。一方面，要科学认定农村低保对象，健全低保标准制定和动态调整机制，鼓励有劳动能力的农村低保对象参与就业，在计算家庭收入时扣减必要的就业成本。另一方面，要通过公平普惠实施基本医疗保障、完善大病保险制度、筑牢医疗救助托底保障防线，建立常态化的帮扶政策与兜底救助保障机制，梯次减轻参保群众医疗费用负担，形成覆盖全面、分层分类、综合高效的三重保障制度。

表 14—8　完善优化的农村低收入人口帮扶政策

政策措施	脱贫攻坚时期	过渡期
	主要内容	主要内容
基本医疗保险制度	国家通过普遍性财政补助与个人缴费相结合，以及对个人参保缴费有困难的给予额外补贴等形式，建立了覆盖城乡非就业人口和农村居民的基本医疗保险制度，确保应保尽保。	1. 将原有的全员定额资助贫困人口参保政策，调整为全额资助农村特困人员，定额资助低保对象，做好参保关系转移接续，确保待遇接续。稳定脱贫人口转为按规定享受居民医保参保普惠性财政补贴。 2. 增强基本医疗保险保障功能。在巩固基本医保住院水平基础上，优化高血压、糖尿病门诊用药保障机制，补齐门诊慢病保障短板。
基本生活救助制度	督促农村低保标准低的地区逐步提高标准，确保全国所有县（市、区）的农村低保标准均达到或超过国家扶贫标准。	1. 扩大救助范围，调整优化针对原建档立卡贫困户的低保"单人户"政策，对不符合低保条件的低收入家庭中的重度残疾人、重病患者等完全丧失劳动能力和部分丧失劳动能力且无法依靠产业就业帮扶脱贫的人员，要按规定纳入农村低保或特困人员救助供养范围，并按困难类型及时给予专项救助、临时救助等。将特困救助供养覆盖的未成年人年龄从 16 周岁延长至 18 周岁。 2. 增加救助项目，在巩固专项救助制度基础上，积极开展司法救助、取暖救助。 3. 健全低保标准制定和动态调整机制，定期核查救助对象，规范基本生活救助标准调整机制。
大病保险制度	2019 年，国家普惠性提高大病保险待遇水平，统一并降低大病保险起付线，明确按照上年人均可支配收入的 50% 确定，将政策范围内医疗费用报销比例由 50% 提高到 60%。同时，大病保险对贫困人口实施精准倾斜支付政策，起付线降低 50%，报销比例提高 5 个百分点，并取消封顶线。	在巩固大病保险普惠性待遇水平基础上，大病保险继续对低保对象、特困人员和返贫致贫人口进行倾斜支付。

（续表）

政策措施	脱贫攻坚时期	过渡期
	主要内容	主要内容
医疗救助制度	各地在做好资助困难群众参保的同时，稳步拓展救助对象范围，加大重特大疾病救助力度，减轻贫困患者医疗费用负担，低保对象、特困人员、农村建档立卡贫困人口等救助对象政策范围内住院费用在年度救助限额内救助比例普遍达到70%以上。	重点加大医疗救助资金投入，倾斜支持乡村振兴重点帮扶县。
重点群体救助	健全留守儿童、留守妇女、留守老人和残疾人关爱服务体系，服务体系建设向贫困地区和贫困群体倾斜。	鼓励通过政府购买服务对社会救助家庭中生活不能自理的老年人、未成年人、残疾人等提供必要的访视、照料服务，积极发展服务类社会救助，形成"物质＋服务"的救助方式。

资料来源：项目组根据相关政策整理。

（三）补充新增的政策

过渡期政策提出要构建三大机制来加强农村低收入人口监测，把返贫风险防控关口前移。具体来说，一是要充分利用民政、扶贫、教育、人力资源社会保障、住房城乡建设、医疗保障等政府部门现有数据平台，加强数据比对和信息共享，完善基层主动发现机制。二是要健全多部门联动的风险预警、研判和处置机制。三是要完善农村低收入人口定期核查和动态调整机制。通过这三大机制，在乡村振兴阶段实现对农村低收入人口风险点的早发现和早帮扶。

表14—9　补充新增的农村低收入人口帮扶政策

政策措施	脱贫攻坚时期	过渡期
		主要内容
农村低收入人口监测		1.充分利用民政、扶贫、教育、人力资源社会保障、住房城乡建设、医疗保障等政府部门现有数据平台，加强数据比对和信息共享，完善基层主动发现机制。 2.健全多部门联动的风险预警、研判和处置机制，实现对农村低收入人口风险点的早发现和早帮扶。 3.完善农村低收入人口定期核查和动态调整机制。

（续表）

防范化解因病返贫致贫长效机制		建立防范化解因病返贫致贫长效机制。根据个人年度费用负担情况，由地方分类明确因病返贫和因病致贫监测标准，实施依申请救助机制，引导社会力量参与，发挥综合保障效能。

资料来源：项目组根据相关政策整理。

巩固拓展脱贫攻坚成果与乡村振兴有效衔接是一项系统工程，考虑到短期内政策衔接、长期性内生发展的目标，要以农村较低收入人口和欠发达地区为对象，抓住过渡期特征和挑战、返贫风险治理、长期发展能力三个层面的重点。

第三节 过渡期帮扶的支持重点

巩固拓展脱贫攻坚成果与乡村振兴有效衔接是一项系统工程，考虑到短期内政策衔接、长期性内生发展的目标，要以农村较低收入人口和欠发达地区为对象，抓住过渡期特征和挑战、返贫风险治理、长期发展能力三个层面的重点。

一、重点帮扶农村低收入人口和欠发达地区

重点关注过渡期结束后因特惠政策调整或取消可能带来的风险，关注常态化帮扶机制的及时有效建立，并应对新冠疫情等事件冲击带来的潜在影响。

其一，"十四五"时期，不同脱贫地区的过渡期到期时间及剩余过渡期年限存在差异，其中，超过半数的脱贫县在2023年就要结束五年过渡期，政策衔接和防止返贫治理体系建设十分紧迫。

其二，原"三区三州"深度贫困地区发展基础还十分薄弱，既是过渡期阶段要防止返贫的重点，也需要长期支持和政策倾斜。此外，原贫困发生率较高的县和村、大型特大型安置区也是防止返贫的重点。

其三，农村低收入组的收入增长慢、稳定性差、政策依赖度高，是防止返贫的关键，其中，要高度关注返贫风险较高的脱贫不稳定人口和边缘易致贫人口。

其四，脱贫地区乡村产业面临一系列挑战，产业链条短、产品附加值增加难，科技人才供需失衡、产业发展内生动力不足，科技成果转化效率不佳、产业转型升级缓慢，利益联结机制不健全、科技支撑乡村产业发展难落地等，亟须在过渡期内进一步增强脱贫地区乡村产业的可持续性。

二、加快构建返贫风险治理体系

以"收入—支出—急难"为返贫风险因素分析框架，既可以与脱贫攻坚阶段"两不愁三保障"顺畅衔接，也有助于从返贫风险防控的角度开展分层分类救助，实现贫困风险的常态化治理。

构建返贫风险治理体系，要以守住防止返贫的底线为目标，以建立返贫风险全程监测预警、帮扶救助和长效发展三大机制为支撑，以增强返贫风险治理能力、促进脱贫攻坚与乡村振兴有效衔接为重点，建立健全巩固拓展脱贫攻坚成果的长效机制。

在救助瞄准层面，关键是要在困难家庭识别和救助政策瞄准方面统一使用"收入—支出—急难"的框架，并加强数据信息的跨部门协同。

三、推动建立脱贫地区长效发展机制

要坚持把脱贫人口作为实施乡村振兴战略的重点人群，把脱贫地区作为实施乡村振兴战略的优先区域，加快改善脱贫人口和脱贫地区发展条件，不断提升脱贫人口和脱贫地区发展能力，让脱贫人口和脱贫地区完全融入乡村振兴进程，共享乡村振兴成果。在基本原则上，必须贯彻落实"民生为本、就业优先、严防返贫、搞好帮扶"。在关键路径上，要构建长效产业体系、改善生产生活条件、提升公共服务能力、加强脱贫资产管理。

第十五章　过渡期返贫风险治理与重点工程

进一步巩固拓展脱贫攻坚成果，接续推动脱贫地区发展和乡村全面振兴，要以守住防止返贫的底线为目标，以建立返贫风险全程监测预警、帮扶救助和长效发展三大机制为支撑，阻断和降低返贫风险，进一步优化和完善帮扶政策，着力提升政策效能，建立健全巩固拓展脱贫攻坚成果同乡村振兴有效衔接的长效机制。

第一节　返贫风险治理的思路与逻辑

"十四五"时期，巩固拓展脱贫攻坚成果同乡村振兴有效衔接，当前最基础、最紧迫的任务是加强返贫风险治理，必须加快构建返贫风险治理体系，牢牢守住防止规模性返贫的底线。

一、返贫风险治理的思路

加强返贫风险治理，构建返贫风险治理体系，就是要把防范化解返贫风险、巩固脱贫攻坚成果，纳入国家社会安全风险治理体系，建立返贫风险研判、监测预警、帮扶救助全程风险治理机制，将返贫风险化解在源头、防控在前端，帮扶在关键环节，确保牢牢守住防范返贫的底线。

构建返贫风险治理体系，要以守住防止返贫的底线为目标，以建立返贫风险全程监测预警、帮扶救助和长效发展三大机制为支撑，以增强返贫风险治理能力、促进脱贫攻坚与乡村振兴有效衔接为重点，建立健全巩固拓展脱贫攻坚成果长效机制，为实现共同富裕奠定更加坚实的基础。

返贫风险治理应遵循如下原则：

一是坚持预防化解为主。要建立健全返贫风险监测机制，建立返贫风险预警体系，对风险早识别、早预警，将返贫风险化解在源头、防控在前端。

二是坚持分层分类精准施策。要根据返贫风险成因，因地制宜、对症下药，分类施策、精准治理。

三是坚持普惠保障、促进发展、兜底救助相结合。对脱贫地区，要继续提升教育、医疗、住房、饮水等领域的均等化程度，对低收入人口中有劳动能力的，要以提升发展能力为主，通过改善生产经营条件、创业就业环境等，促进依靠自身劳动增收致富，对劳动能力缺失的，要纳入社会救助保障范围，实现应保尽保，对于急难型事项要开展实时救助。

二、返贫风险治理的基本逻辑

以风险治理范式加强返贫治理，必须建立从返贫风险研判、监测预警、帮扶救助全程风险治理体系，确保牢牢守住防止返贫底线，有效巩固脱贫攻坚成果。基于此，"十四五"时期加强返贫风险治理，应构建以监测预警、帮扶救助和长效发展三个机制化设计为核心支撑的治理体系，具体如图 15—1 所示。

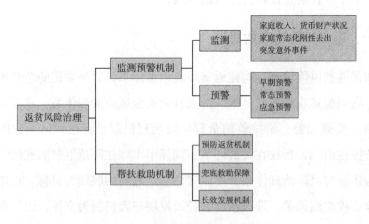

图 15—1 返贫风险治理的基本逻辑

（一）监测预警机制

监测预警机制是加强返贫风险治理的前提和基础，按照"全面覆盖、实时监测，及时预警、源头防控"要求，使返贫风险化解在源头、防控在前端，同时也将及时准确识别返贫的风险成因和特征，为帮扶救助提供科学支撑和决策依据。其要点包括：

一是加强和完善返贫风险监测体系建设。要以低收入家庭受益政策广泛知晓为前提，推动低收入家庭申请体系建设，通过主动授权完善潜在政策对象的家庭收入和财产状况、家庭常态化刚性支出以及突发事件的动态监测体系建设；建立以"两不愁三保障"等为基础的风险征兆特征指标，重点监测具有高返贫风险人口的收入、支出以及生计模式变化。要建立健全农村发展大数据系统，汇集整合农村教育、就业、医疗、社会保障等跨部门协同的大数据支持体系。

二是建立返贫风险预警体系。主要包括：

1. 早期预警。即要在监测的基础上，开展农村低收入人口返贫风险评估，及早发现和识别返贫的早期风险征兆，建立健全早期预警机制。如当农村低收入家庭主要劳动力出现失业、家庭人均收入下降幅度超过去年同期的30%—40%、家庭消费支出超过去年同期的1.5倍、或家庭进行了城镇化搬迁导致生计模式发生重大改变时，则需预警其为返贫高风险人口。

2. 常态预警。即建立返贫风险常态化监测和预警框架，针对不同级别返贫警情和风险，开展常态风险预警和提示。如当农村低收入人口的收入下降至低于低保标准的一定倍数之下且家庭人均货币财产低于当地同期年最低生活保障标准的一定倍数或者消费支出高于收入的一定倍数，则需进行常态风险预警提示，一旦家庭经济财产状况低于脱贫标准，则需给予相应的政策扶持。

3. 应急预警。针对重大疾病、自然灾害、公共卫生危机等突发事件，由于具有无预兆性和骤然性，对返贫的冲击后果难以精确预料，因此，要建立相应的非常态返贫风险预警机制，作为启动应急帮扶救助的前置条件和实施基础，一旦监测到农村低收入家庭遭遇急难型突发事件，应简化家庭经济状况核对，直接予以相应救助。

（二）帮扶救助机制

帮扶救助机制是化解和阻断返贫风险的关键和支撑，要按照分层分类、开发保障相结合的原则，建立帮扶救助机制。

一是建立返贫风险预防机制和政策体系，将返贫风险化解在源头、防控在前端。要把现有帮扶政策总体稳定落到实处，切实做到摘帽不摘责任、摘帽不摘政策、摘帽不摘帮扶、摘帽不摘监管。1.要提高农村人口教育水平，实现农村义务教育学校及职业学校办学条件标准化，提高农村人口就业能力。2.要促进脱贫地区产业提档升级，实现高质量、可持续发展。尤其要强化扶贫产业科技和人才支撑，增强扶贫产业创新驱动发展；推动扶贫产业拓展产业链、提升价值链，促进市场营销体系提档升级。3.要完善产权制度和要素市场化配置，通过发展农业适度规模经营带动小农户，降低小农户的经营风险，提高农业经济效益。4.要加大易地扶贫搬迁后续扶持力度，进一步加强扶贫搬迁安置社区治理，加强就业支持服务，提升就业增收能力，完善公共服务体系，确保搬迁群众"稳得住"和"逐步能致富"。5.要加快建立因病返贫预警系统、完善农村居民医疗保险及大病保险等医保体系，对全部农村人口医疗自付费用实行动态监测，努力解决农村人口尤其是高返贫风险群众"看病难、看病贵、病返贫"等问题，减轻群众医疗负担。6.完善失能人口照养机制，通过建立失能人口供养中心、乡邻照养补偿机制等，对有意愿集中供养的失能人口进行集中供养，对有条件就地照养的给予补偿。7.要对农村适龄儿童进行跟踪监测，强化落实控辍保学政策，继续推进家庭经济困难生补助，保障农村儿童各教育阶段入学和毕业率。8.对于急难型返贫风险，要简化各项程序，直接给予相应救助。9.要坚持发挥党的领导政治优势和社会主义制度优势，进一步建立健全有效巩固拓展脱贫攻坚成果的管理体制机制，更加注重加强普惠性、基础性、兜底性民生建设。

二是创新防返贫机制，强化兜底保障。要创新类似"政府＋保险"防贫保险等机制，构建返贫风险防护带和安全网。要以低收入人口为重点，加快推进县域社会救助城乡一体化衔接，加强分类监测、分类干预。对无劳动能力的低收入人口，要进一步强化低保、特困人员救助供养等兜底措施；对支出型贫困、急难型困境等家庭及时开展救助帮扶，保障基本生活，有效阻断风险传导放大，防范演化为规模性、长期性返贫风险。

（三）长效发展机制

建立脱贫地区长效发展机制，是守住防止规模性返贫底线、巩固拓展脱贫攻坚成果的根本路径。要加快推进体制机制改革，强化脱贫地区制度供给，推动激活主体、激活要素、激活市场，着力补齐公共服务供给和基础设施建设短板，从根本上缓解发展不平衡不充分的矛盾；要进一步将脱贫攻坚工作中形成的组织推动、要素保障、政策支持、协作帮扶、考核督导等工作机制，逐步转化运用到推进乡村振兴，实现与乡村振兴的有效衔接，建立常态化的帮扶政策与社会兜底保障机制；要充分发挥脱贫地区资源优势，加大资金、人力、技术等支持力度，促进优势产业提质增效、高质量可持续发展，大力发展县域经济，加快壮大村级集体经济，建立带动低收入人口增收致富的新兴产业发展与地区经济增长机制。要建立完善低收入人口就业创业促进机制，加大劳动技能培训，坚持"志智双扶"，有效激发低收入人口的内生动力和发展潜力。

第二节　巩固拓展脱贫攻坚成果的保障工程

进一步巩固拓展脱贫攻坚成果，接续推动脱贫地区发展和乡村全面振兴，要系统谋划，从多个层面阻断和降低返贫风险，并在做好防止返贫的同时，继续实施有助于改善脱贫地区发展条件和提升脱贫人口发展能力的政策举措，激活脱贫地区发展动能，让脱贫人口和脱贫地区完全融入乡村振兴进程，共享乡村振兴成果。为此，建议实施五大重点工程。

一、实施"安置区后续扶持工程"，促进易地搬迁集中安置区持续稳定发展

促进易地搬迁集中安置区持续稳定发展，是巩固拓展脱贫攻坚成果、防范规模性返贫的重中之重。必须加强综合谋划、强化政策支持，突出重点难点、分类精准施策。建议采取如下政策措施：

第一，设立国家易地扶贫搬迁后续扶持专项资金。这是安置区持续稳定发展的基本保障。现有中央财政衔接乡村振兴补助资金，仅部分资金能用于扶持易地扶贫搬迁后续产业发展，缺乏安置区基础设施维修、公共设施运维等资金。特别是，大型易地搬迁安置区新型城镇化建设虽已纳入国家新型城镇化和城乡融合发展规划，但尚无资金配套。由于目前脱贫地区大多财政紧张、债务压力较大，易地搬迁安置区后续发展面临较大的困难。建议设立国家易地扶贫搬迁后续扶持专项资金，支持易地搬迁安置区基础设施和公共服务配套设施维护升级，以及产业发展、就业增收、社区集体经济，重点向青藏高原地区、西南石漠化地区易地搬迁安置区倾斜。

第二，强化安置区产业配套与就业扶持。这是促进搬迁群众稳定发展的根本举措。为此，一要通过产业发展和以工代赈，同步提升安置区经济活力和就业承载力。推动地方做好东部与西部劳动密集型企业梯度转移对接，针对大型安置区、中小型安置点和"插花式"分散安置的不同特点，分类布局产业园、帮扶车间和灵活加工项目。大力实施以工代赈，积极推广福建宁德市"工料法"等项目机制在城乡产业项目中的运用。二要完善就业扶持和培训体系，提升就业匹配度。建议在当前就业培训广覆盖的基础上，加快创新订单式培训、以工代训、以奖代补等形式，提升培训实效，特别是利用好技能储备基础，对40岁以上劳动力要注重发挥畜牧养殖、手工业等传统技能优势，增强人力资本和技能经验就业匹配的有效性。三要加快探索建立安置区劳动力失业保险机制。创新保险化解失业风险机制，对城镇化安置劳动力推广"政府＋金融机构"的普惠型"新市民就业险"，在过渡期内实施保费先缴后补政策，用长效机制应对转移就

业风险。建议在城镇化安置规模较大的县区先行先试。

第三，着力提升安置区社区治理能力和参与水平。这是促进搬迁群众稳得住、快融入的重要途径。针对易地搬迁安置社区治理的复杂性和艰巨性，建议在系统梳理总结贵州黔西南州新市民计划、六盘水市"两个社区"、毕节市"党建＋积分"等经验的基础上，进一步探索社会参与度高的社区治理模式。一是进一步加快专业化的社会组织培育。建议在对口帮扶框架下，将帮扶内容拓展到社会组织力量的对口培育支援，形成安置社区社工力量培育孵化和资金保障机制，重点培育本土专（兼）职社会服务人才，全面提升安置社区多元共治的协同效应。二是有序开发增设公共服务类公益岗位。针对当前大量安置区多元服务供给不足的问题，有序开发社区亟须的公共服务类公益岗位，加快专业能力培训，同步解决社区服务供给和就业安置需求，以社区服务联动，推动社区治理精细精准提升。

二、实施"乡村产业科技支撑工程"，促进脱贫地区特色产业提档升级

当前脱贫地区乡村产业发展面临产业链条短、科技人才供需失衡、科技成果转化效率不佳、利益联结机制不完善等现实问题。科技支撑对促进脱贫地区乡村产业转型升级、实现高质量发展具有重要意义。

第一，科技支撑产业结构优化调整，促进脱贫地区产业融合。围绕脱贫地区特色乡村产业，对标市场需求，提供农产品精深加工技术及科技人才支撑。以县域为单位，选准1—2个主导产业，推进"生产＋加工＋科技"一体化发展，贯通供应链，提升价值链，促进全链条增值，提高产业效益和产品竞争力。

第二，加强本土科技人才培育与激励，强化乡村产业科技人才支撑。完善科技人才培育配套政策，通过定向委培、学历提升、专项培训等多种方式提升其职业素养。赋予科技人才成果所有权和市场参与权，鼓励其以市场主体身份参与脱贫地区乡村产业发展的各个环节，采取岗位分红权和项目收益分红两种方式激励科技人才投身关键技术研发和乡村产业发展。

第三，着力培育乡村"科技二传手"，增强科技转化交易保障。成立专门的技术转移部门，培育一批既懂技术又识市场的"科技二传手"团队，搭建科学家和企业家的沟通桥梁。构建脱贫地区信息化科技服务平台，畅通"科技二传手"在科学家、企业、农户三方的供需对接，加速推进脱贫地区科技成果产业化、市场化。鼓励科研机构与乡村产业共同承担成果转化风险，加强科技成果转化交易保障。

第四，加强政策规制与民主监督，完善利益分配机制。制定相关政策，明确企业、合作社、农户等科技参与主体的权利与义务，以及在产业链、利益链上所处环节和所占份额。以利益共享、风险共担为原则，发展企农契约型合作模式，吸引脱贫农户入股，激发脱贫农户参与乡村产业创新发展的积极性。另外，建立科学民主的管理监督机制，对企业、合作社等科技主体实施监管，让脱贫农户不定期对科技主体的服务效能进行评价，有效保障科技支撑乡村产业持续发展。

三、实施"乡村医防融合推进工程"，提升脱贫地区乡村公共卫生能力

筑牢脱贫地区乡村医疗服务的基础支撑，是夯实脱贫地区群众健康资本、为产业发展提供稳定外部环境的重要举措。过渡期要以乡村医防融合为着力点，重点提升脱贫地区乡村公共卫生能力。

第一，依托县域医共体、医联体建立联防联控网格。既重视本地的网格化防控，也重视与周边的协调。县域内应设立公共卫生总师，有力协调卫生健康、预防疾控、检验检疫、市场监督、农村农业等职能部门，完善出台应急预案，组织定期开展指导培训、监督检查，实现管理、信息、人员、服务、绩效等要素互通。乡村卫生技术人员，能有效融入乡村治理，与专业机构建立业务联系，掌握基本公卫知识，有防控警惕性、专业判断能力、组织协调能力，做好信息报送及舆情处置，发挥好"哨点"作用。

第二，立足大卫生大健康，坚守公益性定位，构建全周期的健康服务体系，覆盖"预防—治疗—康复—养老—临终关怀"每个环节，落实"预

防为主""关口前移"，惠及所有人群。发挥好中医药"一根针""一把草"的特色优势，推广使用简便廉验的中医药技术。

第三，明确功能定位，科学设定岗位编制与工作量，"有岗、有编、有责、有权"，强调抓小、抓细、抓实。"激励与约束并重"，"有保障、有培训、有考核、有奖惩"，做好绩效考核。

第四，落实总体国家安全观，滚动预留专项经费，保障做好生物安全工作。因疫情防控应急管理而采取的扑杀、检验检疫等，要及时合理补偿，从而减少投机蒙混的几率。对有关从业人员，有体检补助等基本保障措施，对职业伤害有专业鉴定与合理补偿。

四、实施"乡村废污资源化工程"，深入推进人居环境质量提质增效

实施"乡村废污资源化工程"，探索开展污染物减量化、无害化、资源化协同处置体系建设，深入推进人居环境质量提质增效。

一是加强无害化、资源化处理新技术、新材料、新装备的创新研发与专业技术服务，特别是处理效果好、运行成本低，适合西部高原、高寒、牧区、干旱地区的治理技术，建立和完善全国农业农村环境治理技术、成果、经验共享服务平台与技术人员服务体系。

二是因地制宜地探索农村多种废弃物回收与再利用协同处置方式与途径，建立政府主导、企业主体、市场化运作的废污治理与资源化利用有效模式，做好产业布局优化，促使废污无害化、资源化、规范化利用向市场化、产业化、法治化方向发展。

三是构建成系统、可复制、可推广的废污资源化利用与长效运维管理机制。加大中央专项资金向西部地区，特别是原深度贫困地区倾斜，提高中西部地区省级配套资金支持力度，同时构建多渠道投融资机制，统筹做好粪污资源化、废弃物回收与生活污水治理环保设施的建设、运行、维护工作，制定运维管理、监督、考核制度，建立工作台账，构建责任明确、运管协调、齐抓共管的长效机制。

五、实施"县乡村兜底保障一体化工程"，强化低收入人口的贫困风险兜底

实施"县乡村兜底保障一体化工程"，着力提升兜底保障体系与社会安全网的普惠性、均衡性。兜底保障是基本公共服务的基底，解决兜底保障类公共服务发展不平衡不充分问题是实现基本公共服务均等化的基础。建议在重点帮扶县实施"县乡村兜底保障一体化工程"，在过渡期内加快实现兜底保障城乡公共资源均衡配置机制，强化县乡村统筹，逐步实现标准统一、制度并轨。

第一，强化中央财政稳定提升县乡村统筹的兜底保障支持机制。兜底保障领域的中央财政新增支出适当向基础薄弱的农村、基层倾斜，向乡村振兴重点帮扶县倾斜，向脱贫不稳定户、低收入群体、特殊困难群体倾斜，形成兜底保障的区域协调和城乡均衡发展的财政保障机制。

第二，重点解决兜底保障城乡区域间的差距问题，形成县乡村统筹的资金保障机制和工作协调机制。加快建立县乡村三级兜底保障统筹工作机制，分地区推进县域内低保标准的城乡统一，推动县域内资源和力量的整合。可尝试由省级统筹推动县域范围内城乡救助水平统一，在城乡差距较大的县域可先通过比例式城乡衔接（根据本地城乡生活成本设定乡村低保水平为城镇的某一比例）再逐步实现标准统一。在各类救助服务方面，比如特困人员供养、特殊教育、失能群体照养、农村困境人群关爱服务等方面，加快健全县乡村联动的三级服务网络，在县域内逐步实现标准统一、制度并轨、一体共享。

第三，以数字化改革深化放管服改革，着力破除兜底保障领域的突出矛盾和关键堵点。针对兜底救助类信息数据孤岛、静态滞后和效能低下等现实问题，推动数据信息跨部门整合与同步共享，形成大数据系统协同的智慧化瞄准与监测。通过平台化集成等途径加快部门数据整合共享，探索形成区域内帮扶信息分享和利用的制度和机制，重点破除过去部门条块分割、信息孤岛的困境。通过数据协同化归集，健全社会救助家庭经济状况

核对机制，优化简化审核确认程序，全面推行"一门受理、协同办理"，同步建立完善主动发现机制，促进减贫救助工作常态化转型着重将"一窗受理、集成服务、一次办结"的服务模式推广应用到兜底保障领域，加快兜底保障服务管理的转型升级。

第十六章 科技支撑与脱贫地区乡村产业发展

乡村产业发展离不开科技支撑，要坚持以伟大事业为导向，着眼提升乡村振兴的支撑力，将科技赋能贯穿全过程，为全面推进脱贫攻坚与乡村振兴有效衔接注入强劲的动力。在双循环新格局下，由于发展目标的转变与国内外经济社会环境的不断变化，脱贫地区乡村产业发展面临着新挑战、新机遇。明确科技支撑在乡村产业发展中的重要作用，总结科技支撑乡村产业发展的现状，凝练科技支撑乡村产业发展的典型经验，对脱贫地区乡村产业高质量发展具有重要意义。

第一节 科技支撑脱贫地区乡村产业发展的重要性

乡村产业发展是乡村振兴战略的重要抓手，加强科技对脱贫地区乡村产业发展的支撑作用是实施乡村振兴战略的题中之义。乡村产业高质量发展离不开科技创新、科技人才与科技体制机制改革协同发力。

一、科技创新推动乡村产业高质量发展

科技创新作为农业现代化的战略支撑，是促进我国乡村产业发展，实现乡村振兴与农业农村现代化的重要途径。优化科技资源布局，增加科技有效供给，以科技支撑脱贫地区乡村产业发展，对推动脱贫地区乡村产业提质增效、助力实现乡村振兴具有重要意义。

在实现脱贫攻坚伟大目标的过程中，贫困地区基于其资源优势与现实

基础，建立了符合其经济发展需求的扶贫产业，通过产业扶贫带动当地减贫脱贫。但部分扶贫产业小而散，抗风险能力低，助力增收与经济发展功能弱。在脱贫攻坚期间，部分扶贫产业自身的脆弱性需要科技支撑，从而提升扶贫产业的市场竞争力，带动扶贫产业提档升级。今后，在总体稳定并优化完善现有扶贫产业的基础上，运用科学技术解决扶贫产业可持续发展的"卡脖子"难题，才能真正实现脱贫地区乡村产业高质量发展。

目前，我国农业产业的发展目标已由增产增收转向提质增效。科学合理的现代生产技术能够提高农业产业的发展水平[①]。一方面运用科技手段能够评估最佳的施肥量，对于土壤肥力出现的不同的变异情况，采用科学技术手段进行测试分析，从而达到精准施肥、促进农作物生长发育的目的，对于实现高质量增产而言，具有重要的意义。另一方面，通过科学用药、科学防治、生态控制等各种方式减少有害生物对农作物造成的影响，最大限度地缩减有害病虫爆发的几率，从而推动农业产业绿色有机、高质量发展，提高农业产业的市场竞争力。另外，先进科学技术的引入还可以提高农业生产效率和质量。目前，不少脱贫地区的乡村产业虽然已具有一定基础，但仍存在着生产方式粗放、生产质量不高、资源利用损耗高以及经营管理效益较低等问题，亟须通过科技手段改善农业生产方式、提高资源利用效率、推进生产全程机械化的发展，提高农业生产的效率和质量，真正带动脱贫农户增收致富。在实施乡村振兴战略的过程中，引进现代科技成果，将其运用到农业产业的生产活动中，使先进的科学技术真正转化为有助于脱贫地区农业产业发展的生产力，让农业生产充分利用自然资源，在一定程度上能够缓解农业生产效率低、生产质量不高的问题。

科技对脱贫地区非农产业发展也具有重要意义。科技可以助推脱贫地区三产融合，使得市场需求、资源、技术以及要素重新整合配置，衍生出乡村产业新业态[②]。把先进的科学技术作为推动乡村二、三产业发展的推动

---

① 张明涛：《强化农业科技创新助力乡村产业振兴》，《人民论坛》2019 年第 27 期。

② 江泽林：《农村一二三产业融合发展再探索》，《农业经济问题》2021 年第 6 期。

力。通过引入先进的科学技术，简化当地乡村产业的生产流程，提升其生产效率，引导乡村非农产业由传统生产转变为智能化生产，助推脱贫地区乡村产业提质增效，实现高层次发展。另外，脱贫地区二、三产业发展是助力农户增收、推动乡村经济社会全面发展的重要路径，是推动乡村全面振兴的重要保障。因此，将先进的科学技术融入乡村产业发展，既能为脱贫地区的乡村振兴发展注入新动力与血液，又能够促进乡村产业的快速转型发展，是新发展阶段下实现乡村振兴伟大愿景的关键路径与重要举措。

二、科技人才赋能乡村产业可持续发展

（一）科技人才引领乡村产业发展方向

乡村振兴的首要任务是产业振兴，产业兴旺是乡村振兴的重点，是解决农村一切问题的前提。人才振兴是产业振兴的关键，抓好科技人才队伍建设就是抓住了巩固拓展脱贫成果、牵牢乡村振兴的"牛鼻子"。当前乡村产业在政策、市场、技术三重驱动力影响下，迎来前所未有的发展机遇。为全面提升乡村产业质量效益，延伸乡村产业链条，丰富脱贫地区乡村产业发展新业态，需要建设一支文化层次高、人才结构优、总体规模大的科技人才队伍。乡村产业具有经营主体多元、资源禀赋多元、产业形态多元的三大特征，科技人才具备的专业知识与专业技能在一定程度上能够综合脱贫地区资源禀赋、发展优势与市场潜力，延伸脱贫地区乡村产业链的同时提高其市场化程度，丰富产业发展业态并提升产业经济效益，引领脱贫地区乡村产业高质量发展方向。

（二）科技人才带动乡村产业变革创新

随着时代的进步与新时期乡村发展的现实需要，乡村产业逐步从传统农业拓展到加工业、乡村旅游、休闲农业等新业态。党的十八大以来，乡村产业面临翻天覆地的变化，农村营商环境不断改善，产业类型不断丰富，乡村产业快速发展，对促进农民减贫增收、繁荣地方经济发展起了重要作用。当前乡村产业发展面临经济全球化的不确定性增大、资源要素瓶颈依然突出、创新能力总体不强、外延扩张特征明显等挑战，这些难题需

要科技人才来解决。建立完善的人才激励保障机制，以保障机制解决科技人才的后顾之忧，以激励机制提升科技人才的积极性，进一步驱动科技人才投身于脱贫地区乡村产业建设之中，是破解乡村产业发展难题的重要法宝。强化科技人才队伍建设，形成政府、产业与人才的三位一体，攻克产业发展科技难题，推动科技成果转化应用，培养群众科学工作能力，提升乡村产业科技含量，进而带动乡村产业变革创新，是科技人才赋能乡村产业可持续发展题中之义。

（三）科技人才促进乡村产业提质增速

人才兴，则产业兴；产业兴，则乡村兴。科技是国家强盛之基，创新是民族进步之魂。人才是创新的根基，是创新的核心要素。在农业农村现代化进程中，乡村产业不仅承载着乡村经济发展的重任，更是乡村功能价值的集中体现。科技人才为乡村振兴战略的实施提供有力人才支撑，培养农业农村高科技领军人才、农业农村科技创新人才、农业农村科技推广人才、发展壮大科技特派员队伍等重要举措的实施能够明显提高乡村人才队伍质量。未来乡村产业的发展将以一二三产业融合发展为路径，以科技创新为驱动力，以人才创新为原动力，延长产业链和提升价值链为目标，促进乡村产业提质增效。

三、科技体制机制改革助力乡村产业新优势发展

党的十九届五中全会通过的《中共中央关于制定国民经济和社会发展第十四个五年规划和 2035 年远景目标的建议》指出把完善科技创新体制机制作为坚持创新驱动发展、全面塑造发展新优势的重要内容，强调了以改革促创新、以创新谋发展的重要性与紧迫性，明确了进一步深化科技体制机制改革，已成为区域、产业等实现转型升级、创新发展的关键所在。

科技是第一生产力，科技为乡村振兴注入了强大的科技力量，是推动脱贫地区乡村产业赢得创新竞争优势的制胜之道，也是其提质增效、转型发展的动力之源。科技驱动脱贫地区乡村产业创新发展要求资源配置更有

效率，科技资源有效配置是科技体制机制改革的根本目的①。首先，科技供给主体改革将优化乡村产业资源配置，助推脱贫地区乡村产业建立新优势。科技供给主体改革能精准识别不同主体的资源需求，实现科技资源的各尽所能、按需分配，将各类科技资源聚集于先进生产力，发挥科技资源的最大效用，进一步将科技与脱贫地区乡村产业紧密结合，引导脱贫地区乡村产业建立新竞争优势。其次，科技支撑载体改革将改善乡村产业技术支撑环境，助力脱贫地区乡村产业发挥新优势。科技支撑载体改革将依托各类科技资源特性，为各类科技资源提供专属平台维护、资源转移综合调动与技术运行管理等服务，打破各类科技资源与脱贫地区乡村产业的合作壁垒，改善乡村产业技术引入、应用与推广环境，实现新技术的有效运用与新成果的有效转化，为发挥脱贫地区乡村产业的新优势创建良好氛围。最后，利益联结机制改革改良乡村产业分工协作格局，赋能脱贫地区乡村产业稳定新优势。利益联结机制改革将基于产业发展的新业态与新模式，明确企业、合作社、农户等各方科技参与主体的权利与义务，平衡各利益主体的利益分配方式，重塑脱贫地区乡村产业发展的产业链与价值链，让各方参与主体共享发展成果，形成稳定、长效的共同体，为脱贫地区乡村产业的新优势发展形成长效机制。

在经济"双循环"的新发展格局与实现乡村振兴的美好愿景下，应充分认识到深化科技体制机制改革对于脱贫地区乡村产业发展的紧迫性与必要性，要着眼于中长期，经由科技供给主体、科技支撑载体、技术的推广与应用、产业利益联结机制构建的共同作用，进一步优化乡村产业资源配置、改善乡村产业技术支撑环境、改良乡村产业分工协作格局，整合构建脱贫地区乡村产业发展的新增长源，助力脱贫地区乡村产业实现新优势发展。

---

① 刘波、李湛：《中国科技创新资源配置体制机制的演进、创新与政策研究》，《科学管理研究》2021 年第 4 期。

第二节　科技支撑脱贫地区乡村产业发展的现状

自我国实施脱贫攻坚战略以来，各地区根据当地经济发展实际情况和资源禀赋，出台各种专项政策帮助脱贫地区乡村产业发展，使脱贫地区乡村产业发展中的科技水平稳步提升、科技协同机制有所完善、科技创新优势日益凸显。

一、科技政策体系不断完善

实现乡村振兴，行之有效的治理方法是基础，现代化科技创新为乡村产业转向现代化治理提供了战略支撑。2018 年中央一号文件提出，应大力建设具有广泛性的促进农村电子商务发展的基础设施，基于互联网的新型乡村产业模式，深入实施电子商务进农村综合示范[①]。同年印发的《乡村振兴战略规划（2018—2022 年）》，对科技支撑乡村产业作出专项部署，制定一系列科技创新、人才保障等方面的支持政策，引导各类人才到乡村投资兴业。2021 年中央一号文件指出，强化乡村产业科技和物质装备支撑，坚持农业科技自立自强，深入开展乡村振兴科技支撑行动，加强乡村产业科技社会化服务体系建设，深入推行科技特派员制度[②]。坚持立足区域资源优势与空间布局，以建设区域公共品牌的模式发展特色产业，并鼓励当地通过科技应用开展特色产品的密集初加工与精深加工，以农业科技产业园、农业技术创新联盟等形式强化乡村产业与技术供给方交流合作。加快推进农村三产融合发展示范园和科技创新示范园区建设。中央及各省市政府的相关法规与政策文件，不断完善乡村产业的科技计划布局和管理，改革乡村产业科技创新项目管理制度，加速推进乡村产业科技治理体

[①] 《关于实施乡村振兴战略的意见》，中国政府网，2018 年 1 月 2 日，http://www.gov.cn/zhengce/2018-02/04/content_5263807.htm。

[②] 《关于全面推进乡村振兴加快农业农村现代化的意见》，中国政府网，2021 年 1 月 4 日，http://www.gov.cn/zhengce/2021-02/21/content_5588098.htm。

系与治理能力现代化，用好乡村产业发展发展中"看得见的手"，努力形成政府鼓励乡村产业科技创新的强大推动力，为助力实现乡村振兴提供了良好制度环境。

二、科技水平稳步提升

近年来，我国各省、市一大批先进适用技术和成果得到了转化应用，乡村产业科技水平大幅提高。当前，农业科技进步贡献率超过60%[①]，乡村产业综合生产能力大幅提升。例如，2016年至2020年间，四川省聚焦科技助力产业扶贫，累计共投入5.97亿元财政资金用于省域科技扶贫工作中，组织建立省级科技扶贫项目1295项，科技扶贫产业示范基地建设数量达到171个。四川省坚持乡村产业推动区域发展，通过培育推广农业科技改良品种实现减贫增收，2016年至2020年间共育成农畜新品种300余种，转化并推广1000余种新品种、新技术，直接带动4.8万人口脱贫，取得了很好的减贫益贫成效[②]。湖北省坚持体制机制创新与科技创新的"双轮驱动"，推广实施"企业（合作社）+基地+农户（贫困户）+科技"的科技减贫模式，进一步提升其减贫效应，为脱贫地区乡村产业高质量发展注入源头活水。2016年至2020年，湖北省共投入科技精准扶贫专项资金4650万，2020年将继续实施1000万元的科技精准扶贫专项，组织实施145个科技扶贫专项项目，鼓励"政产学研用"一体化，依托华中农业大学科研技术成功转化羊肚菌、食用菌等优良品种[③]。各省市对乡村产业的科技投入对全国的经济社会发展起到了积极的推动作用，科技支撑乡村振兴战略的基础不断坚实。具体表现如下：

---

① 杨舒：《我国农业科技整体实力进入世界前列》，《光明日报》2021年11月22日。

② 《田云辉介绍我省在推进科技扶贫方面、做了哪些工作及取得的成效》，四川省人民政府网，2020年5月13日，https://www.sc.gov.cn/10462/c102692/2020/5/13/025c13b2e9cb43e599881cf72bd38e4f.shtml。

③ 《省科技厅因科技助力脱贫攻坚成绩突出被通报表扬》，湖北省科学技术厅网站，2020年11月17日，http://kjt.hubei.gov.cn/kjdt/kjtgz/202011/t20201117_3034088.shtml。

（一）科技助力基础设施建设，乡村产业机械化生产有效推广

乡村产业依托于农业农村资源，主基地仍在乡村，农业在乡村产业中仍占据核心地位。受乡村交通不便、设备不齐等发展基本要素影响，农业生产效率一直处于较低状态，基础建设是长期以来乡村产业优化升级的重大短板。自提出乡村振兴战略以来，党和政府始终重视乡村基础设施建设与乡村产业机械化生产推广，现阶段，以农业为核心的乡村产业基础设施逐步建设完善。以农田水利建设为例，截至 2019 年底，我国农田有效灌溉面积达到 10.3 亿亩，较 2018 年发展高效节水灌溉面积年增幅达 2000 万亩，大力建立灌溉排水设施保障农业生产，有效提升了农业生产的经济效益、社会效益与生态效益[1]。"十三五"以来，我国大力推进农业机械化，针对主要农作物积极创新并示范推广"机械化＋数字化"等新型机械化服务模式，实施深松整地作业面积累计 1 亿亩[2]，农业机械化水平显著提升，对以农业为核心的乡村产业生产效率起到正向促进作用。

（二）科技助力农产品精深加工，促进乡村产业转型升级

近年来，我国农产品加工业总体呈现缓中趋稳、稳中向好的态势。就农产品加工业营业收入而言，与 2019 年相比，我国 2020 年该项收入增长近 1.2 万亿元，收入总值超过 23.2 万亿，是农业产值的 2.4 倍[3]。在农产品加工业的发展过程中，科技发挥着重要作用。从科学技术支撑角度看，我国科技创新对农产品加工产业发展的贡献率达到 63%[4]，体现了科技创新在我国农产品加工长效发展中的重要贡献，为延伸我国农业产业链条、促

---

[1] 《农业现代化辉煌五年系列宣传之二十三：大力推进农业节水保障国家粮食安全》，中国政府网，2021 年 7 月 13 日，http://www.gov.cn/zhengce/zhengceku/2021-03/01/content_5589458.htm。

[2] 《农业现代化辉煌五年系列宣传之二十三：大力推进农业节水保障国家粮食安全》，中国政府网，2021 年 7 月 13 日，http://www.gov.cn/zhengce/zhengceku/2021-03/01/content_5589458.htm。

[3] 《2020 年我国农产品加工业营业收入超过 23.2 万亿元》，中国政府网，2021 年 3 月 25 日，http://www.gov.cn/shuju/2021-03/25/content_5595481.htm。

[4] 《2020 年我国农产品加工业营业收入超过 23.2 万亿元》，中国政府网，2021 年 3 月 25 日，http://www.gov.cn/xinwen/2021-03/25/content_5595481.htm。

进农业产业发展提供了强有力的科技支撑。

在我国农产品加工业蓬勃发展的同时，脱贫地区产品加工业也取得了快速发展。"十三五"时期，全国 4500 余户扶贫产品经销样本企业销售收入年均增长 9.4%[①]。2020 年，农副加工产品销售收入占扶贫产品的比重达 35.7%，比 2017 年增加了约 5%。且明显高于初级农产品销售收入的比重，例如米面粮油销售收入占扶贫产品的比重为 29.2%、禽畜蛋奶销售收入占扶贫产品的比重为 17.6%、新鲜果蔬销售收入占扶贫产品的比重为 9.3%，中药材销售收入占扶贫产品的比重为 2.8%。从产品销售增长速度看，向好趋势明显，近两年农副加工产品销售收入分别增长 12.8% 和 31%；水产品、菌类等销售收入增长速度也较快，平均每年增长 67.4% 和 56.2%[②]。

（三）科技助力商品营销模式，乡村产业经营效益提升

"互联网 + 农业"融合发展的新模式，创新了传统农业的生产与经营方式，助推我国 20 万家农副产品企业实现转型升级，迈入农业智能化、信息化发展之路。各区域基于当地乡村资源，围绕着充分利用当地资源并实现综合效益最大化的行动目标，发掘乡村新价值，创新乡村产业发展模式，使乡村产业呈现新业态，采用新型营销模式，推动特色产业快速发展。"互联网 + 农业"新跨界与"电商 + 直播"的兴起，为乡村产业振兴注入了新能量。截至 2020 年底，我国现有登记在册的农副产品相关企业已达到 219 万家，与 2019 年数量相比增幅超 62%，其中"电商 + 农副产品"相关企业数量已超 21 万家[③]。2020 年《政府工作报告》指出为拓展农村消费、

---

① 《增值税发票数据显示："十三五"时期我国产业扶贫、消费扶贫成果丰硕》，中国政府网，2021 年 2 月 25 日，http://www.gov.cn/xinwen/2021-02/25/content_5588846.htm。

② 《增值税发票数据显示："十三五"时期我国产业扶贫、消费扶贫成果丰硕》，中国政府网，2021 年 2 月 25 日，http://www.gov.cn/xinwen/2021-02/25/content_5588846.htm。

③ 《天眼查大数据：新农村经济，你看得见的变化》，央广网，2020 年 12 月 9 日，http://tech.cnr.cn/techph/20201209/t20201209_525357180.shtml。

满足民众需求，应大力支持电商、快递进农村①。天眼查专业版数据显示，相较 2019 年，2020 年间我国登记在册的"电商＋农副产品"相关企业数量增幅达到 10 万，增幅已超 90%②。

在"电商＋农副产品"相关企业数量快速增长的同时，网络零售额也取得了较大增长。2020 年全国 832 个国家级贫困县网络零售总额 3014.5 亿元，同比增长 26.0%。其中，实物类网络零售额 1769.7 亿元，同比增长 48.0%；服务类网络零售额 1244.8 亿元，同比增长 4.1%③。此外，农产品电商发展也较为迅速。2020 年，贫困地区农产品网络零售额为 406.6 亿元，同比增长 43.5%，越来越多的农户将农产品销售从传统的线下销售转向线上销售。截至 2020 年底，832 个国家级贫困县网商总数达 306.5 万家，较 2019 年增长 13.7%④。与农产品传统线下销售渠道相比，线上电商渠道具有交易成本低、交易链条短等优势。"电商＋农村"的跨界融合，缩短了乡村产业商品的销售链条并拓展了销售范围，使乡村特色产品销售不再受限于时间与空间。科技驱动新型营销模式的发展，极大地提高了乡村产业经济收益与社会效益。

（四）科技助力信息技术应用，乡村产业信息化发展日益加快

科技创新是农业现代化的战略支撑，乡村产业的现代化发展离不开信息化与智能化。随着脱贫攻坚任务的完成与乡村振兴战略的逐步深入，信息技术应用更加广泛，乡村旅游导游机器人、农业土壤传感器、智慧农业大数据平台等智能设备不断优化创新，我国乡村产业信息化、智能化水平日益提升，逐步建立了乡村产业智能信息化科研体系。如"十三五"期间，四川省建成"四川科技扶贫在线"平台，平台推广范围辐射四川省 88 个

① 《2020 年政府工作报告》，中国政府网，2020 年 5 月 22 日，http://www.gov.cn/guowuyuan/2020zfgzbg.htm。

② 《天眼查大数据：新农村经济，你看得见的变化》，央广网，2020 年 12 月 9 日，http://tech.cnr.cn/techph/20201209/t20201209_525357180.shtml。

③ 《2020 年全国 832 个国家级贫困县网络零售总额超 3000 亿元》，中国政府网，2021 年 1 月 28 日，http://www.gov.cn/shuju/2021-01/28/content_5583360.htm。

④ 《2020 年全国 832 个国家级贫困县网络零售总额超 3000 亿元》，中国政府网，2021 年 1 月 28 日，http://www.gov.cn/shuju/2021-01/28/content_5583360.htm。

脱贫县，平台注册上线 2.1 万位专家学者、5.6 万余名信息员，累计解决 66.17 次乡村产业发展相关问题[①]。依托"物联网"技术，安徽省着力开发了"惠农气象"APP，便于农户获取气象信息[②]。农户在移动设备上安装"惠农气象"APP 并向 APP 授权位置信息后，"惠农气象"APP 将智能推送周边天气、农业生产信息、灾害预警与应对指南等信息，为农户生产经营提供个性化服务。智能化、信息化平台具有交流快、信息全等优势，创新了科技扶贫信息服务体系，让乡村产业从业者足不出户、不限时地获取生产经营信息，真正打通了信息服务的"最后一公里"。5G 网络、云数据中心等新基建与智慧农业、数字乡村的发展，极大地改变了农村的生产、生活面貌，新技术的应用打破了乡村产业的信息获取壁垒，随着数字技术的不断发展，我国乡村产业智能化、信息化水平将稳步提升，科技创新也将催生更多新技术来支撑乡村产业高质量发展，加快实现乡村产业兴旺、共同富裕。

三、科技协同机制有所完善

以产学研合作平台为基础，积极创新并开发多种合作渠道，多方引进乡村产业生产科技专家与经营管理人才，依托智能化信息平台与线下定点帮扶实现产学研平台的双线延伸。"十三五"期间，农业科教系统积极开展产业科技创新与优质科研成果转化合作，取得丰硕成果，农业科技进步贡献率已突破 60%[③]，显著提高了乡村产业的经济效益与生态效益。地方政府与高校、科研机构主动探索并推广了"农业硅谷"、科技小院、院士工作站等特色模式，打造了 14 个可实体运行的国家农业科技创新联盟，

---

① 《覆盖广、服务全、反应快这个平台在科特派与农户间架起"金桥"》，《科技日报》，2022 年 8 月 10 日。

② 《安徽省气象局：惠农气象 APP》，中国气象局网站，2017 年 11 月 29 日，http://www.cma.gov.cn/2011xzt/2017zt/20171128/2017112807/201711/t20171129_457133.html。

③ 《农业科技创新和成果推广应用取得标志性成果》，中国政府网，2021 年 1 月 1 日，http://www.gov.cn/xinwen/2021-01/01/content_5576039.htm。

在线上构建产学研合作交流平台，在线下派驻专家学者在乡村产业基地集中示范培训并实地指导生产经营问题，实现乡村产业发展与科研成果转化、新技术应用有机结合。华中农业大学自觉肩负"服务三农"的责任，组织并开展"111"服务新农村建设行动计划与"双百"科技支撑企业发展计划。华农"111"计划实施范围覆盖42个村镇，围绕乡村特色产业与经济发展需求，建设科研成果转化、新技术推广、信息服务等产学研一体化合作平台，与乡村产业经营人员开展结对帮扶。高校科研新成果、新技术的转化与应用为乡村特色资源开发提供科技供给，专家学者的精准帮扶能够打通科技与传统乡村产业的应用壁垒，缓解新科技投入乡村的"最后一公里"困境，为乡村特色产业发展提供智力支撑，显著提升乡村产业创新能力，为实现乡村产业可持续、高质量发展提供动力。科技小院模式以大学为依托，推广现代农业技术，中国农业大学在云南省镇康县设立科技小院，教师和研究生长期驻扎"木场乡科技小院"，为农民提供技术服务。在科技的助力下，乡村产业、高校、科研机构的联结机制逐步构建，以实现乡村产业转型高质量发展为目标，以乡村特色资源与高新科技要素互通、信息共享、优势互补为基础，以协同合作、责任共担、利益共享为原则，充分挖掘"科技＋乡村"的联系与价值，积极探索并不断创新支撑乡村产业的科技要素，推进成果转化，形成"政产学研用"各类要素的融合发展。

四、科技创新优势日益凸显

天眼查2020年底发布的企业大数据报告《新农村经济，你看得见的变》显示，在832个国家级贫困县脱贫攻坚的奋斗历程中，"第三产业"企业数量显著增加。2016年至2020年间，脱贫地区新增企业集中于"第三产业"，其中新增挂牌上市企业超过60家，新增高新技术企业已超500家，已申请专利的企业数量已达3.8万。脱贫地区地方政府关于农民工、大学生、技术能人等返乡创新创业出台一系列政策，将创业理念、创业资本、创业模式移植到贫困地区，显著提升了在外人员返乡创业就业热情。

2020 年，全国各类返乡入乡创业就业人员的总量达到 1010 万，较 2019 年度数据增长了近 160 万。在返乡入乡创新创业项目中，属于农文旅教等三产融合项目的比例达到 85% 以上，约 55% 的返乡入乡创业项目使用了"互联网 +"技术[①]。创新创业活力有效进行了释放，科技创新优势不断显现。乡村振兴，产业兴旺是重点，科技创新作为农业现代化的战略支撑，应充分挖掘科技创新的价值，通过科技支撑实现乡村产业现实生产力的最大化，促进乡村产业转型升级，实现高质、高量、长久发展，进一步提升乡村产业的益贫带动效应，提高农民收入并有效带动区域经济发展，防止出现乡村凋敝的现象，为乡村产业振兴注入源头活水。

第三节　科技支撑脱贫地区乡村产业发展的经验

实施脱贫攻坚战略以来，不断加强专家团队、科研院校等主体对乡村产业的科技支撑，是实现产业脱贫与产业振兴有效衔接的必要措施。近年来，也涌现出了一批具有代表性的实践经验。这些实践经验，为巩固拓展脱贫攻坚成果，实施乡村振兴战略，统筹推进区域经济发展提供了新参考。

一、稳定各项政策支持，促进脱贫地区乡村产业发展

产业发展离不开政府的政策帮助和资金支持。一方面，政府要严把政策规定，优化顶层设计。《创新驱动乡村振兴发展专项规划（2018—2022年)》等政策措施指出要加强乡村产业的科技支撑，调动科技人员积极性、创造性。深入推进从科研院校向贫困地区输送科技特派员进程，加强乡村产业科技社会化服务体系建设，提升关键核心技术创新能力，为农业农村

---

① 《乡村产业保持良好发展态势，预计 2020 年返乡入乡创业创新人员达 1010 万》，中国政府网，2020 年 12 月 30 日，http://www.gov.cn/xinwen/2020-12/30/content_5575414.htm。

高质量发展提供有力的政策支撑；另一方面，在对标地区产业发展上，不仅要精准对接脱贫地区发展的科技需求，加强不同农产品品种适用技术的应用和集成示范，还要提高相关产业支持资金的精准性和目标性、防范相关产业助农过程中的风险性。

二、培育特色产业，提升科技成果转化率与经济效益

科技是第一生产力，依托高校、农科院等科研机构丰富的资源与人才优势，为脱贫地区乡村产业发展组建专家项目团队，立足脱贫地区特色资源与发展需求，为其打造合适的、特有的、优质的科技成果并实施落地转化，促进脱贫地区乡村产业长久运作、提质增效。乡村特色产业是以地域特色资源禀赋和独特的历史文化资源为基础，植根于农业农村、具有乡村价值的乡土经济活动，以及以乡村元素作为融合发展条件的新产业、新业态。发展乡村特色产业是培育乡村消费热点、拉动内需的有力抓手，是加快推进农业农村现代化的重要举措。高校、专家团队在助推脱贫地区乡村产业发展时，应以培育特色产业、助推乡村振兴为发展目标，重视脱贫地区资源禀赋，挖掘不同地区的优势资源，选择或培育适配度优、覆盖面广的科技成果，坚持因地制宜的原则，鼓励脱贫地区乡村产业走出特色之路，发展特色产业，充分发挥其乡村资源的最大效用并提升其综合效益，以特色创优势、以优势谋发展。脱贫地区乡村产业发展，产业富农是目标，产业发展本质上是一种经济活动，在培育推广特色产业时，要坚持市场导向，重视脱贫地区经济发展要求，遵循产业发展规律，选育市场化程度高的优良品种。进一步发挥产学研用协同作用，畅通生产、学习、科学研究与实践运用间的信息交流渠道，及时识别科技成果转化中的关键问题，把握关键点有的放矢、靶向发力。强化科技创新引领特色产业跨越式发展，瞄准乡村特色优势产业关键环节，围绕品种选育、特色产业机械化装备、农产品质量安全追溯、营养健康食品开发与保鲜物流等领域，在科技人才提供智力支撑与科技工具提供技术支撑的双重支持下，强化脱贫地区乡村产业科技创新优势，提升科技成果转化效率与乡村产业生产效率，

引导传统的要素驱动脱贫地区乡村产业生产模式逐步变革为科技驱动模式。继续推进农业创新驿站建设工程，提档升级农业科技园区，强化特色农业科技支撑，引领乡村特色产业发展。强化脱贫地区乡村产业科技支撑的同时，依据市场消费群体的反馈择优培育、适时改进特色产品，持续提升科研能力、科技成果转化率与经济效益，推动科技支撑脱贫地区乡村产业稳中向好、长期向好发展，进一步巩固拓展脱贫地区乡村产业脱贫攻坚成果，助推脱贫地区乡村产业实现产业振兴的新发展目标。

三、整合多学科力量，助推脱贫地区乡村产业协调发展

乡村产业作为一项系统工程，要谋生存、谋发展，需整合多方资源。"三农"科技的突破与创新，越来越依赖交叉学科，发展交叉学科也是应对新一轮科技革命和产业变革、实现重要科学问题和关键核心技术革命性突破的必然要求。脱贫地区乡村产业承载了带动地方经济的重要使命，仅依靠单一学科难以实现长久发展，只有将分散的资源有效整合，多学科交叉融合助力，才能增强脱贫地区乡村产业发展的合力，提升减贫效果。首先，应始终围绕国家战略需求与脱贫地区乡村产业发展的实际需求制定学科交叉融合规划，为促进交叉学科间交流互通应积极筹建交叉学部，切实解决学科融合管理过程信息不对称、管理效率低等问题。交叉学部突破了单一学科对人才培养的局限，扩大了高校院所对创新人才培养的空间，在创新人才培养方面具有优势。交叉学科门类的设立，是解决目前乡村产业发展对于复合型人才需求的重要举措。其次，建立学科、人才、科研一体化的创新生态系统，集合农业经济管理、资源环境与建设、植物科学等多学科优势力量，研发脱贫地区乡村产业标志性成果，用高品质实现高效益，培育和推广兼具经济效益、社会效益与生态效益特色产品，提升产品的市场竞争能力，推动脱贫地区乡村产业高质量发展。再次，进一步优化涉农专业建设，加大传统涉农专业改造力度，推进农工交叉、理工融合、文理渗透，将农业新理念新技术融入专业课程教学，不断提升学生专业素养和农业科技创新技能，并围绕产业链改革教学链等方式，强调理论与实

践相结合的教学模式，将课堂搬进田间地头，以课堂理论指导农科实践，借助农事实训更好理解农科理论，提升学生农业技术与管理水平，同时培养其爱农意识与务农积极性，培育符合新时代发展需求的新农人。最后，乡土文化是乡村的历史积累，是脱贫地区独特性的体现，在乡村产业发展中融入当地文化因素对建立产业发展长久机制具有深远影响。应充分挖掘地方历史资源、传统文化与艺术创意的联系与价值，在环境资源开发、乡土文化产业培育、特色产品经营等方面持续发力，建立"科技＋产业＋文化"的产业发展新模式，助力提升脱贫地区乡村产业文化品牌及影响力，推动"一乡一业""一村一品"乡村振兴战略的发展。

四、发挥人才优势，激发脱贫地区乡村产业内生动力

随着时代的进步与社会的发展，低成本劳动力的优势逐渐减弱，传统的劳动密集型行业在新一轮科技革命的浪潮中将逐渐被高技术水平行业所替代。受资源环境等限制，脱贫地区的抗风险能力低，脱贫地区乡村产业未来必然要转向高质量发展，更加需要人才添智助力，更加需要科技创新力量。乡村产业发展是系统工程，需要各类人才全面建设，各高校、科研机构、专家团队汇聚了大量的科研型人才、技能型人才等优秀人才，为乡村产业振兴构筑了坚实的智力基础，能够在这项系统工程中发挥人才优势。一是继续加强高校、科研机构、专家团队对脱贫地区乡村产业的科技人才输送。在脱贫攻坚与乡村振兴衔接的关键时期，农林高校应围绕"培养什么人、怎样培养人、为谁培养人"这一关键问题，以国家战略和脱贫地区乡村产业实际发展需要为导向，以强农兴农为己任，培养更多知农爱农新型人才，在推进脱贫地区不返贫、乡村产业高质量发展、实现共同富裕伟大征程中勇于担当、积极作为。鼓励校园科研人才"走出去"，避免"纸上谈兵""闭门造车"现象的出现，让校园科研走进乡村产业，加强科技供需双方深度交流，互相学习指导，以实践检验理论，提升科研人员的管理能力与乡村产业的技术水平。在人才引进中，脱贫地区乡村产业应分类识别各类人才，因人施策制定培养方案，强化脱贫地区乡村产业的人才

支撑。二是积极探索并不断创新乡村产业人才培训模式，实行科研专家与产业技术人员双向选派制度，充分发挥科技人才在成果研发与技术攻关上的专业优势，加强对乡村产业技术人员、农业大户等专题培训，基于脱贫地区乡村产业实际发展问题定期开展项目攻关讨论会，基于脱贫地区乡村产业实际发展需要定期开展项目讨论会，对于难解决的生产问题成立攻关项目组，选派专家学者入村指导，切实解决实际发展问题，助推脱贫地区乡村产业高质量、可持续发展。以学习资源为引擎，加强乡村科技人才教学系统的建设与维护，针对广大乡村科技人才总量大、分布广、学习需求不一致的特点，依托网络平台逐步开发适合不同层次人才的微课程、微视频等教学资源，借助互联网直播实现各地乡村科技人才的互动交流与集中答疑，满足脱贫地区乡村科技人才、能人大户等的差异化需求。以移动网络为核心，推进教学过程实施，脱贫地区乡村产业受其资源禀赋影响，其乡村产业本土人才存在文化基础相对薄弱等限制，可借助"一村一名大学生"乡村人才培育计划的典型经验①，在借助互联网工具开发线上教学资源的基础之上，对于有线下授课需求的学员们集中开设专题田间课堂。采取线上线下相结合的授课模式，以线上自学课程提升学员信息检索能力并培养学员自主学习意识，以线下授课强化学员学习记忆，提升送教下乡教学质量。三是培养本土化专家或科技带头人，培养一批"二传手"，建立一支覆盖产区技术推广的本地队伍，把对贫困区域的帮扶模式升级为靠外部培养内部人才的帮扶模式，引入乡村产业较发达地区的人才培养优良方法，结合贫困区域当地的发展特色，形成合适的、特有的系统学习模式，开拓本土人才的学习视野，采取生产技术、市场分析、经营管理等多方位培训，培育懂技术、会经营的新型本土人才，全面提升本土人才综合素质。四是紧密结合技术帮扶与思想帮扶，建立"专家＋农户"党建融合发展新模式，以党支部为纽带，将专家与农户连接成对，畅通专家与农户

---

① "一村一名大学生"培育计划，指通过遍布全国的国家开放大学体系，利用线上学习平台、智能学习终端等，将优质教育资源送到田间地头，个性化培养乡土人才。

的沟通渠道，实现专家对农户的"一对一"帮扶，切实解决农户在创业、就业中的问题，打通帮扶服务的"最后一公里"。在培养高层次农业人才的过程中，尊重人才成长规律，从产业需求导向出发，帮助学生厚植"三农"情怀，强化学农爱农意识，引导学生到乡村基层、农业生产一线去干事创业。技术与思想的双重帮扶，为脱贫地区乡村产业的发展提供了坚强保障与根本动力，为实现乡村产业振兴的有效衔接提供强大助力。

五、设立攻关项目，提升脱贫地区乡村产业发展效率

受脱贫地区基础设施不健全等影响，乡村产业发展面临多方面的限制，抓住产业发展的关键点靶向发力，精准施策，才能助推产业振兴。针对脱贫地区乡村产业发展的制约因素，设立攻关项目，成立技术团队，以项目为纽带，将科技人才、脱贫地区特色资源、乡村产业、龙头企业紧密联系起来，能够有效提升脱贫地区乡村产业发展效率。依托互联网技术与数据工具获取农业发展前沿资讯，畅通农业关键信息获取渠道，聚焦脱贫地区乡村产业科技领域技术工程、管理工程等环节的优化，基于前沿信息及时调整脱贫地区乡村产业发展方向；针对制约脱贫地区乡村产业发展的问题，要分类识别关键问题的技术需求，并按需引进前瞻性先进技术，对于难解决的发展问题要成立项目组，加强关键技术攻关，推动乡村产业创新链条纵向延伸，为其发展提供技术保障；把握新一轮技术革命机遇，围绕脱贫地区乡村产业发展现实需要，用智慧农业、功能食品、生物智造等农业新业态代替传统的劳动密集型农业，引导脱贫地区乡村产业向智能化、现代化、高效化发展；围绕乡村特色产品的市场化需求优化脱贫地区乡村产业链布局，构建以企业为核心的"产学研用"商业化成果转化联合体，加速高校、科研机构的科技成果落地转化效率并提升其经济效益，推动脱贫地区乡村产业提档升级，培育新型乡村产业，做到以科技促创新、以创新谋发展。一方面，受各方面资源制约，科技资源与脱贫地区乡村产业无法时时紧密联系，在科技成果转化过程中难免出现目标不清晰、沟通不畅、成员积极性不高等现象，针对各主体沟通不畅等问题成立攻关项目

小组，以项目为纽带，以攻关问题为目标，通过明确的团队目标加强成员联系，调动脱贫地区乡村产业发展各参与主体的积极性，提升团队合作效率与效果；另一方面，针对制约脱贫地区乡村产业发展的问题成立攻关项目，能够精准捕捉产业发展的关键问题，有的放矢开展科技攻关，解决脱贫地区乡村产业发展的"卡脖子"难题，在原品种、原技术的基础上积极探索并不断创新，培育并推广改良后的新品种、新技术，提升特色产品的综合效益，进一步提升脱贫地区特色产业发展效率。

第十七章 脱贫地区乡村产业发展的
科技人才支撑

乡村振兴的基础在于产业振兴，产业振兴的关键在于人才振兴。加强科技人才对乡村产业发展的有效支撑，激发脱贫地区乡村产业发展的内生动力，对赋能脱贫地区高质量可持续发展具有战略意义。建设高质量乡村产业科技人才队伍，提升乡村产业科技水平，对实现巩固拓展脱贫攻坚成果同乡村振兴有效衔接，促进脱贫地区乡村产业转型升级具有极端重要性和现实紧迫性。加大引进高水平专家型人才的力度、吸引返乡创业青年人才、培育乡土科技人才，建设一支科研能力强、科技素养高、服务能力优的科技人才队伍，为乡村产业发展提供智力支持、技术支持和人力支持，在乡村产业提质增效的进程中形成稳定、高质量的有机力量，延伸乡村产业链条，发挥乡村产业优势，实现乡村产业兴旺发展，进而带动农户减贫增收、辐射区域经济发展。本章基于理论和实践基础，深入分析脱贫地区乡村产业发展中科技人才面临的问题，并提出相应对策建议。

第一节 脱贫地区科技人才扶持现状

科技人才是助力脱贫攻坚事业圆满完成、推动乡村振兴战略顺利实施的关键主体，作为科技创新体系构建的核心力量，科技人才现状一定程度上是我国科技创新能力和科技创新水平的重要体现。深度探析脱贫地区科技人才的数量、质量以及扶持政策，把握当前脱贫地区科技人才发展的堵点和难点，对实现脱贫地区人才振兴、完善脱贫地区科技人才队伍建设具有重大意义。本节将重点从资金支持、政策内容、扶持对象三方面阐述脱贫地区科技人才扶持现状。

一、资金总量充足但人均金额较少

"十三五"时期，我国科技事业取得巨大成就，主要体现在科技创新体系经过长足发展更加健全，具体体现在科技创新主体多元化、科技创新基础设施建设不断增强、科技创新资源不断丰富、科技创新环境不断优化、科技与经济社会等外部因素的互动不断加强。国家科技创新能力大幅提升，科技创新治理能力显著提高，综合科技实力和国际影响力日益凸显，向科技强国稳步迈进。科技在实施乡村振兴战略、全面建成小康社会、促进经济社会高质量发展进程中进一步凸显支撑引领作用。2015年11月23日，中共中央政治局审议通过《关于打赢脱贫攻坚战的决定》。11月27日至28日，中央扶贫开发工作会议在北京召开。2015年以来，中国脱贫攻坚工作的成就举世瞩目。得益于脱贫攻坚期间中央和各级政府对贫困地区的精准扶贫政策，针对科技人才的帮扶资金总量充足。如表17—1所示，我国研究与试验发展（R&D①）人员数量逐年增多，2020年人员总数相比2015年增长37.8%。如表17—2所示，2015至2020年我国研究与试验发展（R&D）经费内部支出呈现明显上升趋势，由2015年的141698846万元增长至2020年的243931123万元，同比增长72.1%。根据《中国统计年鉴》的数据测算，2015年我国研究与试验发展（R&D）人员的人均经费为25.8万元，2020年我国研究与试验发展（R&D）人员的人均经费为32.3万元，同比增长25.2%。在同时期内，我国研究与试验发展（R&D）人员的总数增加速度较快，经费总额大幅度提高，但是人均经费增长速度相对缓慢。值得关注的是，表17—1显示，从2015年

---

① R&D人员指在科学技术领域，从事基础研究、应用研究、试验发展三类活动的人员。

到 2020 年间，虽然东部地区、中部地区、西部地区、东北地区的研究与试验发展（R&D）人员数量都有显著增加，但东部地区的研究与试验发展（R&D）人员数量明显多于其他地区，科技人才区域分布的不均衡一直存在，科技人才集聚一定程度上影响区域经济的发展。此外，依据表17—2 的数据测算可知，中西部地区近年来加大对研究与试验发展（R&D）经费的投入力度，与 2015 年相比，2020 年中部地区研究与试验发展（R&D）经费涨幅为 101.7%，西部地区则为 85.5%。

表 17—1　2015—2020 年各地区研究与试验发展（R&D）人员变化情况

区域	2015 年	2016 年	2017 年	2018 年	2019 年	2020 年
东部地区	3447546	3684795	3925007	4208674	4505896	4795589
中部地区	985246	1034186	1112803	1179062	1332568	1417749
西部地区	749132	811130	874589	905407	986233	1025200
东北地区	300604	300630	301228	278229	304559	314448
合计	5482528	5830741	6213627	6571372	7129256	7552986

资料来源：国家统计局，《中国科技统计年鉴》，历年各期。

表 17—2　2015—2020 年各地区研究与试验发展（R&D）
经费内部支出变化情况

（单位：万元）

区域	2015 年	2016 年	2017 年	2018 年	2019 年	2020 年
东部地区	96288831	106893836	118848464	131899248	146140133	159682844
中部地区	21469134	23781377	28201677	32872691	38676425	43302112
西部地区	17316145	19443390	21966359	24906426	28585257	32129411
东北地区	6624737	6648880	7044796	7100929	8033959	8816756
合计	141698846	156787484	176061295	196779294	221435774	243931123

资料来源：国家统计局，《中国科技统计年鉴》[①]，历年各期。

《科学技术部 2020 年度部门决算》显示，2020 年度支出总计 5935809.09 万元。科学技术（类）支出 5379378.25 万元，主要用于基

---

① 　本书中因小数取舍而产生的误差均未作配平处理。

础研究、应用研究、技术研究与开发、科技条件与服务、科学技术普及、科技交流与合作等方面。其中用于技术研究与开发的支出金额为214905.85万元，用于科技条件与服务的支出金额为180498.33万元，用于科学技术普及的支出金额为1624.00万元，用于科技交流与合作的支出金额为96255.80万元。在"十四五"开局之年，2021年我国国家创新能力综合排名上升至世界第12位[①]。科技创新创业纵深推进，纳入全国科技型中小企业信息库的企业数量达到32.8万家，众创空间、孵化器等创业孵化载体超过1.4万家，覆盖95%县级以上地区，创业带动就业近500万人，"百城百园"行动转化推广2800项技术成果[②]。值得关注的是，《科学技术部2020年度部门决算》显示，用科技型中小企业技术创新基金的支出金额为317.24万元。全国共有832个脱贫县，虽然对科技人才和科学技术的资金投入总量较大，但是平均到县级和人均金额则较少。考虑到东中西部脱贫地区经济发展速度不一，中西部地区的科技投入资金相对不均衡。

二、扶持政策内容丰富但针对性和即时性不足

实现脱贫攻坚与乡村振兴的有效衔接，关键在于人才振兴。2016年至2020年间，脱贫地区新增企业集中于第三产业，其中新增挂牌上市企业超过60家，新增高新技术企业已超500家，申请专利的企业数量已达3.8万[③]。脱贫地区地方政府关于农民工、大学生、技术能人等返乡创新创业出台一系列政策，将创业理念、创业资本、创业模式移植到贫困地区，显著提升了在外人员返乡创业就业热情。2020年，全国各类返乡入乡创业就业人员的总量达到1010万，较2019年度数据增长了近160万。在返

① 《科技部：我国创新能力综合排名上升至世界第12位》，中国政府网，2022年2月26日。
② 《2022年全国科技工作会议在京召开》，中华人民共和国科技部网站，2022年1月6日。
③ 《大数据在说话：看看新农村背后的数字，有你们村吗?》，新华网，2020年12月9日。

乡入乡创新创业项目中，属于农文旅教等三产融合项目的比例达到85%以上，约55%的返乡入乡创业项目使用了"互联网＋"技术[①]。

当前科技人才方面的相关扶持政策种类丰富，但是内容较为分散，关于乡村产业中科技人才的培育政策针对性和即时性不足。总体来看，针对科技人才的政策内容主要有三个方面，即事业支持政策、资金支持政策和生活保障政策。其中事业支持政策的内容涵盖身份认定、专项培养、持续发展、团队支持等，内容丰富但缺乏纲领性文件，各项内容分散不聚焦。资金支持类政策的内容涵盖科研经费补助、项目奖补和生活补助等，从县级层面内容详细分类具体但可获得性较差，区域间不平衡现象严重。生活保障政策的内容涵盖社保政策、住房政策、交通政策等，而实际情况中科技人才下乡兼职或专职下乡，社保政策由原有单位承担，住房政策和交通政策则大多依靠个人解决，尤其是脱贫地区的偏远乡镇，生活基本保障得以解决，但生活品质保障难以满足，科技人才长期工作需要极强的吃苦耐劳精神和甘于奉献品质。

三、扶持对象覆盖全面但市场竞争能力较弱

科学技术部2021年5月发布的《2019年我国R&D人员发展状况分析》可以看出，我国R&D人员总量在2019年仍然呈现出增长的趋势，共计480.1万人年，R&D研究人员总量共计210.9万人年，R&D人力规模处于全球第一位，与西方发达国家相比，R&D人力投入强度相对较低，但整体而言，差距已经有所下降。从R&D活动人员在执行部门的分布看，高校和各大研究机构容纳了我国大部分的科研人员，从事试验发展活动的R&D人员主要集中在企业。当前针对科技人员的扶持政策，覆盖范围全面，涵盖农林牧副渔各行各业，但基层中涉及乡村产业发展的乡土科技人才由于其自身职业能力和身份局限，市场参与能力和竞争力

[①]　《去年返乡入乡创业创新人员达1010万，比2019年增加160万人》，《人民日报》2021年3月16日。

较弱。当前我国乡村产业中涌现的乡土科技能人整体文化素质偏低，各地存在人才紧缺和人才流失问题，愿意长期投身乡村产业发展的高层次人才和大学毕业生总量较少，部分思路开阔、能力较强的产业能人逐渐转向第二产业和第三产业就业，导致乡村产业发展缺乏高素质、高水平的劳动力，产业发展水平较低，容易遭遇市场风险冲击。越来越多的农户选择种植简易农作物或经济作物保障家庭粮食稳定，将生产关键环节委托给社会化服务组织或个人，以外出务工为主要增收手段。乡村劳动力数量减少、质量不高，在乡村产业发展进程中市场竞争能力较弱，抗风险能力偏低。

第二节　脱贫地区乡村产业发展中的科技人才困境

科技人才在促进脱贫地区城乡融合发展、促进巩固拓展脱贫攻坚成果同乡村振兴战略有效衔接发挥重大作用，但由于脱贫地区乡村产业发展基础薄弱、发展类型单一、科技水平较低等原因，科技人才在助力脱贫地区乡村产业发展过程中面临多重困境。从内部来看，科技人才总量供给不足、结构不合理，导致科技人才培育质量欠佳、整体素质有待提升；从外部来看，科技人才保障机制不健全、评价体系不完善，导致科技人才队伍不稳定、科技人才工作成效有较大提升空间。

一、科技人才总量供给不足，人才培育质量欠佳

（一）科技人才总体数量短缺

脱贫地区乡村产业在带动群众减贫增收、带动区域经济繁荣、增强市场发展活力等方面发挥重要作用，对实现乡村产业振兴和农业农村现代化建设具有关键影响力。"十三五"期间，农村人才资源种类不断丰富，多类型人才到乡村创新创业，包括高校毕业生、科研院所人员、退役军人等。截至2019年底，我国约有850万返乡创新创业人员，2020年返乡

创业人员比 2019 年增加 18.82%，高达 1010 万人①。在返乡创业人数增长的同时，本土人员的创业热情也十分高涨，涌现出一批"土专家""田秀才"等本土创业人才，例如 2019 年本土创新创业人员达 3100 多万②。产业融合呈纵向延伸、横向拓展的趋势，实体产业 87% 分布在乡镇及以下，80% 以上通过企业合作发展产业融合项目③，利用现代化通信技术进行创新创业的人员占返乡创业人员一半以上。从经营组织形式上看，合作社已发展成主流的现代农业经营组织。全国农民合作社总数已超过 220 万家，农民合作社成员高达 6682.8 万个④。

脱贫地区乡村产业发展所需的科技人才缺口较大，普通劳动力的回流虽然一定程度上增加了乡村地区人力资源的数量，但其在外所学的专业技能与当地乡村产业发展的需求匹配度较低，产业升级依然存在较大的难度。以宁夏回族自治区吴忠市红寺堡区葡萄酒产业为例，该区种植葡萄 10.8 万亩，打造区域公用"红漠"葡萄酒品牌，每年加工葡萄酒达到 3.5 万吨，年产值近 4 亿元，年解决就业劳动力 56 万余人次⑤。但受地域环境、技术条件等原因限制，葡萄酒产业转型升级缺乏专家型人才和专业技术团队，导致葡萄酒产业发展过程中科技人才支撑力量相对薄弱，产业高质量发展的硬实力不足。吴忠市其余的黄花菜、牛肉、枸杞等产业也缺乏专家型人才、专业顾问和技术团队，致使该类产业的发展还停留在起步阶段，缺乏市场竞争力，产业升级难度大。

（二）科技人才培育质量欠佳

随着脱贫攻坚目标的实现，脱贫地区乡村产业的发展目标由"谋生存"

---

① 《农业农村部有关负责人就〈关于深入实施农村创新创业带头人培育行动的意见〉答记者问》，中国政府网，2020 年 6 月 19 日。

② 《全国新农民新技术创业创新博览会开幕，我国在乡创业创新人员达 3100 万》，人民网，2019 年 11 月 20 日。

③ 《农业农村部乡村产业发展司："十三五"时期农村新产业新业态发展情况报告》，腾讯网，2021 年 6 月 7 日。

④ 《全国农民合作社数量已经超过 220 万家》，新浪网，2020 年 8 月 29 日。

⑤ 《当葡萄酒第一镇遇见西湖：宁夏红寺堡赴杭州推介佳酿》，中国新闻网，2021 年 6 月 14 日。

转为"求振兴",科技人才掌握的传统技术知识需与时俱进,技术推广方式也应灵活多变,以适应乡村产业发展的新需求。截至 2020 年,全国先后成立农业科研教学单位 4400 多个、参与产业扶贫的专家有 1.5 万多名,贫困县组建技术专家组 4100 多个、招募特聘农技员 4000 多名、选聘产业发展指导员 26 万名[①]。新型经营主体与 70% 以上贫困农户建立利益联结关系,贫困农户人均可支配收入从 2015 年的 3416 元增加到 2019 年的 9808元、年均增长 30.2%,产业带贫增收效果十分显著[②]。通过广泛的技术培训和产业赋能,培养了超过 130 万人的产业发展带头人[③]。另外,针对贫困地区贫困村,农业农村部培养"一村一名产业扶贫带头人",帮助更多有丰富知识、有专业见识、有发展志向的贫困农户学习、掌握专业的生产技术,了解产业发展的市场行情及最新动态,通过技术驱动产业发展、从而让更多贫困农户增产增收。

科技人才培育体系的建立需要更加精准的培育体系、更加丰富的培育内容、更加广泛的覆盖群体、更加多元的力量参与。然而在当前的科技人才培育体系中,部分相关支持政策缺乏有效性,在实际执行过程中"变形""走样",不利于科技人才培育工作的开展。脱贫地区乡村产业发展中的科技人才群体在参与培育过程中,相较于传统农民应当扮演好"领头羊"的角色,从学习态度、学习能力、学习成效等方面为普通群众做好表率,以吸引更多的农民参与职业培训,通过自身发展和进步成为发展乡村产业的中流砥柱,从而带动经济社会发展。但在实际培训参与过程中,受传统思维影响,科技人才的个人职业素养不足,能力供给失衡。在学习态度方面,部分科技人才虽然接触了互联网发展模式,依靠新的经营发展渠道获得红利,但是在接触新事物时思维相对固化,持谨慎怀疑态度较多;在学习能力方面,受自身知识水平局限,更多侧重于产品生产,在产品营销部

---

① 《兴于产业,不困于穷——各地产业扶贫成效综述》,新华社,2020 年 11 月 19 日。

② 《产业扶贫效果显著!接下来,如何巩固脱贫成果?》,澎湃新闻网,2020 年 12 月 16 日。

③ 《兴于产业,不困于穷——各地产业扶贫成效综述》,新华社,2020 年 11 月 19 日。

分虽然积极参与互联网营销，但很难达到预期成效，因而逐渐丧失对互联网的信心；在学习成效方面，乡村产业中的科技人才群体积极参与各类培训，但在实际运用中不够灵活，不能灵活适应快速发展变化的经营模式，导致培训成效不显著。

此外，当前针对脱贫地区乡村产业中科技人才的培训以短期集中培训为主，培训内容多为传统种养技术，对精细加工技术和数字电商技术涉及较少，缺乏现代市场经营理念和先进生产方式的培训，整体培育质量欠佳，导致乡村产业转型空间狭窄，不利于脱贫地区乡村产业的全链条式发展。以宁夏回族自治区西吉县为例，2020年全县共选50名"三区"人才科技人员，培育科技示范户1150多户，带动农户2340户[1]。返乡就业科技人才以大多以公务员职位为目标，工作重心偏向行政管理，脱离基础科技工作。科技人才占比大且未经系统的学习，短期、形式化的培训效果甚微，科技人才培育效果不佳，未经系统学习的"土专家"难以通过短期培训对新技术、新管理理念等融会贯通，严重影响脱贫地区乡村产业的转型之路。此外，青年科技人才的培育时间长、培育成本高、培育成效不显著，农学相关专业的学生"学农不务农"。

二、科技人才结构不合理，整体素质有待提高

（一）科技人才结构不合理

从地域上看，脱贫地区的资源禀赋不一，自然资源不同，各脱贫地区的科技人才分配不均，资源条件较差的地区科技人才欠缺。从产业类型上看，脱贫地区由于资源差异，发展的乡村产业类型并不一致，据统计，2019年全国832个贫困县中，休闲农业带动257万人就业，其中有217万人是农村居民[2]。截至2020年底，832个国家级贫困县电商总数达306.5

---

[1]《西吉县实施"十百千"人才培育计划锻造领军人才队伍》，西吉党建网，2021年1月23日。

[2]《农业农村部：我国9899万农村贫困人口脱贫，832个贫困县全部摘帽》，北青网，2022年6月27日。

万家，较 2019 年增长 13.7%[①]。农村电商的发展不仅增加了农副产品的销售渠道，还提供了更多就地就近创业就业的机会。与此同时，脱贫地区乡村产业中的新兴产业、行业的高层次人才紧缺，产业链条薄弱问题亟待解决。从人才学历结构上看，脱贫地区乡村产业科技人员学历水平普遍偏低，而具有高学历的科技人员大部分都位于行政部门，高学历、高职称的乡村科技人员未深入到最基层环境中，乡村产业的全方位发展受限。从年龄结构上看，受农村工作环境的影响，年轻的科技人员不愿到基层一线工作，随着乡村科技人才中老一代人员的成长，乡村产业科技人员趋向老龄化，年轻科技人才缺乏，后备力量不足。从人才类型上看，脱贫地区普遍缺乏既懂技术，又善于经营管理的复合型、创新型科技人才，复合型和创新型科技人才的缺乏将对乡村产业的长效发展产生不利影响。总体而言，脱贫地区科技人才结构失衡，难以为脱贫地区乡村产业的发展提供有效的科技人才基础，不利于乡村产业科技人才队伍的建设。

（二）科技人才整体素质有待提高

高素质的乡村科技人才队伍对脱贫地区发展乡村产业与实现产业振兴至关重要。自 2013 年教育部启动直属高校定点帮扶工作以来，累计培训基层干部和技术人员 77.76 万人次，帮助制定规划类项目 1352 项，落地实施科研项目 1949 项，很多帮扶县村集体产业实现了从无到有、从弱到强，切实推动产学研一体化建设，发挥科技引领作用，带动脱贫地区乡村产业发展，2020 年底 75 所高校对口帮扶县已实现全部脱贫[②]。然而，从整体而言，脱贫地区科技人才队伍整体文化素质偏低，尤其是农业产业的科技人员，其主要有两类来源，一类是 20 世纪 60 年代到 90 年代中期国家分配的大专毕业生和中专毕业生，另一类是经过工作岗位的锻炼，自学成才的人员，而这两类科技人员普遍存在着文化素质不高、知识技能老化的

---

① 《2020 年全国 832 个国家级贫困县网络零售总额超 3000 亿元》，中国政府网，2021 年 1 月 28 日。
② 《教育部：75 所直属高校定点扶贫贫困县全部脱贫摘帽》，中华人民共和国教育部网站，2020 年 11 月 26 日。

问题。

　　受农村工作环境的影响，脱贫地区乡村产业自主招聘高层次科技人才的难度较大，科技人才的招聘往往通过政府主导来实现。一是脱贫地区政府主动向乡村产业推荐科技人员，经录用后作为该乡村产业的科技人员；二是由各乡村产业主动上报人员，政府对其进行专业指导培训，培训结束后再作为该产业的科技人才。前者大多经过系统的职业技术教育，整体学历水平较高。而作为脱贫地区乡村产业科技人才主要人员的后者极大部分是靠实践或者自己学习获得的相关技能，这部分人员主要是乡村的生产和经营人员，他们往往只掌握了单项技术，技术技能缺乏系统性。在中级职业技术院校和高级职业技术院校中，专门涉及农业相关的专业相对较少，大部分以计算机、财务、机电等实操型课程为主，紧跟市场需求，学生在完成学业后能够进入社会工作。在传统教育理念中，受社会就业氛围和评价氛围影响，中职和高职被认为是学习不好的出路之一，在择业时受实用主义思想影响，学生们更多偏好高薪工作。与乡村产业相关的工作，对专业知识的学习要求具有系统性和创新性，对综合业务能力的培养前期投入较大、见效周期慢，学生初入社会抗风险能力较低，容易使刚毕业的年轻人理想受挫。专业系统的、完整的职业教育基础的缺失，将导致乡村产业科技人才对于新兴技术、新知识的学习效率与效果大受限制，局限了乡村产业科技人才的模范带头作用，继而影响了乡村产业减贫项目在农村地区的推广与实施。

三、科技人才保障机制不健全，人才队伍不稳定

（一）科技人才保障机制不健全

　　对科技人才的有效保障是乡村产业发展可持续性的重要推力，脱贫地区乡村产业发展中的科技人才要"引进来"，更要"留下来"。在对于科技人才的资金支持上，培育科技人才的专项资金虽然总体体量大，但我国地大物博、人口众多，人均专项支持资金较为缺乏；在人才培育、引进相关政策上，出现"门槛高、待遇少、引不来、留不住"的尴尬境地；在基础

设施建设上，虽然经过前期发展有飞跃式进步，但仍难以满足现代乡村产业生态环境保护与可持续发展方面的需求。在调研中发现，部分脱贫地区生活工作条件较为艰苦，各类保障机制不健全，保障内容落实难。短期内依靠科技人才的工作责任心和积极性，但长期坚持需要面临极大挑战，对乡村产业的可持续性造成双重影响。以宁夏回族自治区中卫市海原县高台村为例，该村为自治区科技厅对口帮扶村，该村的第一书记是远近闻名的"白发书记"，扎根高台村近五年时间，该村干旱缺水交通不便，其出差开会只能搭老乡便车或乘坐城乡中巴转车，回家探亲机会极少，理发洗澡等基本生活需求只能去镇上完成，出差补贴和生活补贴报销困难。同时，从外地引进的科技人才还需面临与家人、朋友长期分离的心理挑战，一定程度上会影响科技人才长期服务当地的决心。此外，一些偏远地区的网络设施不完备，网络覆盖率不高，给科技人员的远程技术指导带来一定难度。上述问题的客观存在给科技人才的工作生活带来一定困扰，不利于其长期稳定支持乡村产业发展。

（二）科技人才队伍不稳定

稳定的科技人才资源可以推动乡村产业的稳步发展，而科技人才的流失使得乡村产业难以实现高质量、可持续发展，脱贫地区亟须稳定的科技人才队伍来实现乡村产业扶贫向产业振兴的转变。科技人才队伍的不稳定主要体现在以下两个方面。

一是科技人才流失严重。脱贫地区乡村产业由于业务经费不足，乡村基础设施、设备还不完善，乡村科技推广项目难以正常开展，乡村科技人员下乡补助难以全面推行，各方面条件存在的局限性致使脱贫地区现有的科技人才无法发挥其真正的作用，以至于出现科技人员流失、跳槽的现象，使得科技人才队伍流失严重，建立稳定科技人才队伍的难度不断加大。

另外，部分乡村产业抗风险能力较弱，经营风险的出现会造成人才流失。部分乡村产业发展过于依赖个人影响力，产品生产、加工和销售集于一人，完全依靠个人人脉资源，极易出现经营风险。以宁夏回族自治区固原市西吉县火石寨乡蕨菜产业为例，该产业充分利用当地自然资源，对野生蕨菜进行采摘和初级加工，通过网络渠道远销韩国、日本等地。在当地政府的帮扶下，该产业带动当地妇女就业二十余人，年产值百万元以上。但在调研中发现，该产业产品种类单一，对自然生长条件依赖度较高，以家庭作坊式生产为主，销路完全依靠老板个人资源，在后续生产经营中缺乏产业升级能力。一旦出现意外，该产业资金链与产品链随时会出现断裂的现象，该产业负责人面临破产风险、工人面临失业风险。科技人才的风险控制、风险规避倾向性明显，人才流失现象严重，更多投身于传统建筑业和服务业，该乡镇的农业品加工产业在接续发展方面出现风险预警。

二是科技人才作用难以发挥。由于脱贫地区缺乏教育资源，难以实现科技人才的培养，科技人才的流入成为乡村产业重要的科技资源。乡村科技人才普遍存在学和用脱节背离的现象，机关和事业单位是科技人才占比最高的部门，而只有不到三分之一的科技人员下到基层做研究和提供相关的技术服务，尤其是大部分科技人才下乡后未能发挥其应有的作用，往往会被安排去从事一些行政管理相关的工作，不利于科技人员专心开展乡村科技研究，造成人才浪费。

四、科技人才评价体系不完善，激励制度不健全

（一）科技人才评价体系不完善

当前致力于脱贫地区乡村产业发展中科技人才类型多样，包括政府科技部门的工作人员、外聘专家、高校学者、科研院所和科研团队、本土科技人才等，针对不同类型的科技人才需要因人而异建立科学合理的考核评价体系，从指标选取到赋权比例、从工作职责到成效评估、从项目设立到项目检验，都必须坚持公平公正原则，体现科技人才考核评估工作的严肃性。一定程度上，科技人才评价考核体系的科学性与合理性不仅影响科技人才的工作成效，更对脱贫地区乡村产业发展的提质增效具有关键影响力。当前脱贫地区的各级政府均依据当地实际情况构建科技人才参与项目的评价体系，其评价指标内容丰富、分类详细，但在评价体系的完善性和

合理性方面有待优化。如宁夏回族自治区 2020 年出台的科技扶贫项目支出绩效目标申报表中[①]，将项目的绩效分为一级指标、二级指标和三级指标，其中一级指标 3 个，分别指的是产出指标、效益指标、满意度指标，二级指标在一级指标分类下共 8 个，产出指标包括数量指标、质量指标、时效指标、成本指标，效益指标包括经济效益指标、社会效益指标、可持续影响指标，满意度指标包括服务对象满意度指标，三级指标为空白。针对脱贫地区乡村产业中科技人才参与的科技扶贫项目的绩效指标虽然类目丰富，但科学性和合理性不足，各类目缺乏明确的权重占比和计算方法，影响科技扶贫工作的成效评估，科技人才创新动能不足，乡村产业创新力不强。同时，该项目对创新型科技人才的评价指标和绩效考核仍然沿用传统评价办法，缺乏适当容错机制和扶持机制，致使内部口耳相传"干得越多，错得越多"的错误坊间经验，导致科技人才积极性和创新性受挫，风险控制、风险规避倾向性明显，在项目选择方面更倾向于"舒适区"，在生产技术方面更倾向于"老方法"，在工作方式上更倾向于"不犯错"。更有甚者，部分科技人才利用科研项目的资金和资源从事更有利于个人利益的生产经营活动，部分科技人才在脱贫地区乡村产业发展中缺乏强烈的创新意识和探索意识，创新能力和创业能力都相对偏低，一定程度上阻碍了乡村产业创新发展能力的提升。

（二）科技人才激励制度不健全

脱贫攻坚期间贫困地区全面推行农技推广服务特聘计划，全面设立贫困户产业发展指导员制度，有效解决部分贫困地区农技推广服务人才不足的难题，探索创新农技服务供给方式新路径。在调研中发现，脱贫地区的特聘农技员在技术指导、品种优化、种养改良等方面具有丰富经验，能有效提升乡村产业发展效益。但由于受地域条件、岗位性质、政策手续等因素限制，针对脱贫地区乡村产业发展中科技人才的激励制度不健全，影响

---

① 《2020 年自治区科协部门项目支出绩效目标自评表》，宁夏回族自治区科学技术协会网站，2021 年 3 月 23 日。

科技人才队伍的稳定性。以部分产业发展指导员为例，原有帮扶政策和技术指导的岗位性质带有一定公益性，帮扶对象范围局限于贫困户，由于贫困户个体资源禀赋和能力限制，产业规模较小，抗风险能力较弱，创新动力不足。再如脱贫地区乡村产业发展中涌现的科技能人，其本身的产业带动能力较强，但受政策限制能够申报的各类奖补政策和帮扶政策较少，严重影响其扎根乡村的信念，形成乡村科技人才短缺而城市人才过剩现象。上述科技人才激励制度的不健全，导致科技人才服务乡村产业的内生动力不足。

第三节　加大脱贫地区乡村产业科技人才扶持的对策

为促进脱贫地区乡村产业高质量、可持续、绿色发展，需要鼓励更多乡村产业积极参与市场竞争，提升脱贫地区乡村产业的核心竞争力。人才是未来经济发展和市场竞争中最关键、最重要的资源，加大脱贫地区乡村产业科技人才扶持的对策，从根本上提升科技人才专业能力和创新能力，鼓励更多科技人才参与乡村振兴，是未来脱贫地区乡村产业发展的必然选择。

一、加速科技人才培育流动，激发乡村产业内生动力

（一）构建科技人才流动长效机制

在脱贫攻坚阶段过渡到乡村振兴阶段的过程中，脱贫地区乡村产业的发展应具有前瞻性，科技人才的引进应具有多样性，从而激发乡村产业的内生动力。针对脱贫地区乡村产业中的特色产业、文化旅游、农产品加工等领域薄弱环节，加大引进高层次人才、高技能人才、急需紧缺专业人才的力度，突出高层次人才在技术带动方面的作用。引进一批既懂技术，又会经营管理的科技人才，为后续科技人才的引入及其发挥最大的作用搭建稳固的基础，保障乡村振兴战略实施进程中的复合型人才需求，推动乡村

产业兴旺发展。并定期开展脱贫地区科技人才的职业评级，积极开展生产经营型、专业技能型科技人才认定工作。根据科技人才工作能力、工作成效等方面进行全面考核，通过考核的科技人才，授予相关专业技术职称，为其提供同等学力基础上的学习深造机会，提高科技人才为脱贫地区乡村产业服务的积极性。

构建高效健全的科技人才流动机制，最根本的是要从制度上保障其长期性、科学性和有效性。在新型城镇化趋势下，城市经济发展相对较快，基础设施建设和公共服务供给能力相对较强，农村富余的劳动力资源不断向城镇转移，寻求更高的经济收入和更好的生活方式。而建设社会主义现代化国家，不仅需要城市经济繁荣发展，更需要通过实施乡村振兴战略实现农业农村现代化。乡村振兴的重要任务之一是实现乡村人才振兴，建立一支懂农业、爱农民、爱农村的"三农"工作队伍，吸引更多优秀人才留在乡村、返乡就业创业，用专业的科技文化知识和新鲜文明的思想改变乡村现状，实现乡村绿色发展。上述两种趋势中，人才资源尤其是乡村科技人才资源的走向至关重要，解决这一矛盾的关键在于顺应城乡融合发展的大趋势，实施乡村人才振兴战略，使乡村人才成为城乡融合发展的根本动力，促进人才资源在城乡之间的双向流动。首先，对于现存影响人才流动的相关制度，需要尽快依据乡村振兴战略要求做出调整，充分发挥农业部门、人社部门及民政部门在人才培育和人才流动过程中的统筹协调功能，完善人才流动制度，尽快出台相关指导意见和政策措施，保障科技人才自由流动的权利，不因档案、社保等因素限制科技人才发展。其次，在科技人才的工作成效方面，依据当地实际情况设置科学合理的绩效考核机制，将考核指标量化细分，把技术研发、科技成果转化和社会经济效益作为脱贫地区乡村产业科技人才考核的重要考核指标，提升科技人才服务乡村产业振兴的效能。

（二）完善脱贫地区科技人才培育体系

乡村产业科技人才队伍肩负传播技术、引领思想、致富带头的重要使命，对激活脱贫地区乡村产业内生动力、促进脱贫地区乡村产业可持续发展有重要作用。在互联网时代，科技人才培育需要充分吸纳运用大数据平台的信息技术优势、数据分析优势、传播时效优势、受众广泛优势，融合多元服务力量，建设云课堂平台，形成"云端＋地面"双层培育模式。遵循合理分配优质教育资源、吸纳多元主体参与、严格把控科技人才培育质量原则，吸引更多科技人才参技能培训，适当采用慕课、微课等形式开展技术传播工作。

教育是社会进步的源泉、是提高国民素质的根本法宝，重视人的全面发展就是重视社会的全面发展。教育在国家创新系统中占有极其重要的基础性、全局性、战略性地位。促进科技人才与乡村产业发展有机衔接，提升科技人才培育质量。优化脱贫地区科技人才培育体系，搭建服务平台是关键，创新培育方式是重点，拓展发展空间是核心，开设田园课堂是亮点。首先，搭建科技人才服务平台，以县域为中心，以产业为抓手，通过线上社群、线下社团等方式增强科技人才之间的联络与交流，相关部门工作人员为服务者、引导者，共同服务于县域内外乡村产业发展。其次，创新科技人才培育方式，短期培训指导和长期学习相结合，线上线下教学相结合，探索联合培训模式，鼓励大型科技企业、专业技术协会等积极开展科技人才培养，发挥科技企业带动作用。再次，拓展科技人才发展空间，鼓励乡村产业多元化发展，吸纳培育各行各业的科技人才。开展脱贫地区科技人才的职业评级，对科技人才的职业技能、工作成效等进行全面考核，对于考核合格者，授予相关专业技术职称，为其提供同等学力基础上的学习深造机会。最后，鼓励专家学者走入田间地头开展实地调研和田园课堂，定期开展思想交流工作，分享最新乡村产业发展资讯，组织学习前沿科学技术，多角度、多维度丰富科技人才的思想，使其具有独立工作、勇于创新的能力。另外，还需重点关注乡村科技人才的挖掘与培养，每个县重点扶植 2 到 3 个重点乡村产业中涌现的科技企业，在每个乡镇重点扶植 2 到 3 个乡村产业中科技含量高的合作社，在每个村重点扶植 2 到 3 户科技能人大户，将小型生产引入现代乡村产业发展轨道。

二、优化科技人才队伍，助力乡村产业升级

（一）优化脱贫地区科技人才结构

注重科技人才队伍结构的合理配置，以科技人才结构的优化助力乡村产业结构升级发展。一是完善科技人力资源的配置，优化科技人才分布结构。受到资源、环境、经济等各个因素的影响，我国各脱贫地区科技人才的人力资源分布不平衡。相关部门应鼓励科技人才到科技人才欠缺的地区工作，同时通过提高基层科技人才的工作待遇，创造更好的工作条件，给予精神和物质上的奖励等，提升科技人才扎根脱贫地区、服务脱贫地区乡村产业发展的意愿。二是增强高科技产业和重点新兴产业相关的科技人才培养引入力度，优化科技人才的行业结构。针对各个脱贫地区发展的新兴产业和行业，对现有各类科技人才进行合理的分配，大力推进新兴产业、行业科技人才的引进，将科技人才的作用发挥到最大，促进乡村产业的转型升级。三是健全青年科技人才的培养体系，优化科技人才的年龄结构。脱贫地区加强与高等农业院校及相关科研机构合作，培养一批既懂理论又会实践的青年科技人才，为实现乡村产业升级发展提供后备力量。四是重视高学历复合型科技人才的引进，优化科技人才的层次结构。对于具有高学历和高职称的复合型和创新型人才，脱贫地区要加大引进力度，充分发挥高层次人才的带头作用。互联网背景下，科技人才队伍建设需要借助云平台、大数据等科技化手段进行精准定位、跟踪培育。在搭建科技人才信息服务平台过程中应当充分吸纳运用互联网平台的信息技术优势、数据分析优势、传播时效优势、受众广泛优势，融合多元服务力量为科技人才成长提供支持。

（二）提升科技人才整体素质

提高脱贫地区科技人才各方面综合素质，形成一支高素质的科技人才队伍。一是根据脱贫地区的乡村产业发展规划，对生产和经营人员开展相关的专业技术技能培训，使得脱贫地区的科技人才整体素质得到提高，支撑乡村产业升级发展。在培养乡村科技人才时，要根据各类型科技人才的

特点开展培训。例如，对于农业生产方面的科技人才，可以将课堂理论教学与田间实践操作相结合，将农业生产的理论知识运用到实践中，能够有效解决参与培训的农民文化水平不高而出现的培训效果欠佳的问题。二是注重脱贫地区初高中阶段的教育，积极引导学生对生产实践活动产生浓厚的兴趣，有利于全面提高脱贫地区乡村居民的专业技能水平。三是完善科技人才培育配套政策，设立脱贫地区乡村科技人才培育专项资金，对脱贫地区乡村产业发展中的科技人才给予一定的教育补贴和生活补贴，通过定向委培、学历提升、专项培训等多种方式提升其职业素养，提高乡村科技人才的整体素质。

在本土科技人才教育进程中，通过村组网格和自愿参与筛选符合基础条件的本土科技人才群体，进行实名注册和职业素质测评，根据学员特质、能力和需求进行分类教学授课；在参与培育课程中实现线上线下课程学分互认，跟踪学员学习情况，及时调整授课内容；在学员完成阶段性课程学习和实践锻炼后，根据学员的技能掌握情况进行科技人才等级认定，以便学员参与就业或进行下一阶段的学习；参与乡村产业科技人才培育的职业院校和专门机构通过平台展示学校优势学科和特色专业，吸引学生参与课程学习；参与乡村产业科技人才培育的专家教授通过平台机构认证后，通过展示自身教学内容和教学水平，获得学生和第三方机构的评教认证，从而提升个人教学覆盖面；各地农民协会和公益组织机构根据平台提供的教学信息为当地学院筛选适合地方发展需求的专家团队进行指导，同时上传该地乡村产业科技人才培育的先进经验供他人学习；第三方评估机构根据后台流量数据和实际考察，对参与乡村产业科技人才培育的院校机构和专家团队进行成效评估，及时优化培育资源。

更为重要的是，明确各级政府在科技人才培育过程中的权责清单；鼓励政企合作，引入当地龙头企业参与实践课程培训和科技人才的长线培养计划；鼓励社会资本有序进入科技人才培育行业，为科技人才培育注入市场活力，通过社群化、信息化服务为科技人才提供行业最新发展资讯；鼓励科技人才社会团体健康成长，增强科技人才的组织归属感和职业认同感，通过本土化、组织化的管理引导督促科技人才不断提升自身的职业技能，形成科技人才终身学习模式。

三、健全科技人才保障机制，赋能乡村产业绿色发展

（一）健全科技人才保障机制

增强脱贫地区科技力量，建立完善的科技人才保障制度，加快脱贫攻坚阶段过渡到乡村振兴阶段的步伐，赋能乡村产业可持续发展。突破乡村发展科技人才瓶颈，必须加大培育本土科技人才培育力度、提升科技人才福利待遇和完善整体科技人才评价机制，有效盘活科技人才资源、激发科技人才创新活力，发挥科技人才潜能作用，释放科技人才发展红利。一是优化脱贫地区乡村的办公生活环境，改善脱贫村硬件配套设施，规划公共休闲和健身场所，提高驻村科技人员的工作生活质量。二是提升脱贫地区的网络覆盖率，依托互联网向农户传输先进生产方式、病虫害防治方法和最新市场信息，搭建农户与专家、市场实时沟通桥梁。三是有重点、分批次协助解决科技人才的生活困境，如配偶就业问题和子女教育问题。根据科技人才服务乡村的绩效评价和稳定程度，鼓励支持其配偶主动到当地就业，协助其子女在当地入学。四是提升各类科技人才补贴标准，完善科技人才的生活保障，引导科技人才扎根乡村，赋能乡村产业可持续发展。在增强科技人才保障资金方面，严格遵守公开透明原则和科学统筹原则，划拨乡村产业科技人才保障专项资金，为经过严格资格认定的科技人才提供科研经费支持，为表现突出科技人才提供政策性奖励，为创业型科技人才提供低息贷款和启动资金支持。科技人才保障资金的渠道应当多元化、稳定化，在政府财政资金作为主要力量的基础上，鼓励民间资本和企业资金进入科技人才保障资金系统，鼓励部分非营利机构为科技人才提升补充保障服务。同时，在社会保障制度方面，继续推进基本公共服务均等化，使高质量的医疗资源、教育资源、就业机会、创业资源等由中心城区向农村地区扩散，实现社会阶层流动，营造社会公平氛围，吸引更多科技人才投身乡村产业振兴的伟大事业。

　　（二）稳定科技人才队伍

　　科技人才队伍建设是一项系统工程，资金政策、土地政策、社会保障制度为科技人才的成长和发展提供稳定基础，以保障科技人才在参与乡村产业发展过程中的基本权利。在科技人才队伍建设的长期规划中，需要更为详尽的就业政策、产业政策、信贷政策、风险防控政策来促进科技人才队伍稳定。科技人才队伍的建设要关注人才早期发展，提升各项制度与环境对青年人才的普惠性支持力度与效果。明确脱贫地区科技人才的重要地位，加强脱贫地区科技人才队伍的稳定性。首先，挖掘脱贫地区科技人才，从发展潜力大、带动能力强的家庭农场、农业合作社带头人中选取科技带头人进行系统性培育和综合性扶持，采取人才优选、技能培训、经费支持、制度保障等措施，最大限度地支持乡村产业科技人才队伍可持续发展。其次，挖掘脱贫地区乡村产业科技人才的带动孵化功能，围绕农技服务、理论提升、就业指导等方面开展脱贫地区科技人才长效培育，形成科技人才的凝聚力和向心力。再次，鼓励科技人才走出去，学先进经验，学典型案例，学关键技术，学核心理念，培养科技人才的学习能力和服务能力。最后，树立脱贫地区科技人才先进典型，增强其社会影响力，提高其社会地位，保障其社会福利。

　　打造高水平乡村产业科技服务团队，提升科技人才专业能力，延长科技人才服务链条，助力乡村产业可持续发展是未来科技人才的前进方向。延长乡村产业科技人才服务链，从单一的技术支持到全方位产业链支持，在生产、加工、深加工、经营和管理的各个环节为乡村产业发展提供专业服务，在智慧农业、生态农业、文旅融合等新业态方面给予乡村产业更多专业帮助。在信息公开透明的背景下，针对萌芽阶段的乡村产业进行重点扶持，针对发展阶段的乡村产业提供关键帮助。处于萌芽阶段的乡村产业在产出优质产品的前提下，面临的最大困境是对市场信息把握的不及时不全面和对产品营销工作的不专业不完善，针对该问题，科技人才要充分运用后台数据及时进行市场信息梳理和分析，出于对农产品的产品特质考虑，该报告应当具备一定的前瞻性和风险预判，为乡村产业发展提供借鉴；对于乡村产业的产品营销，可以进行适当引流和重点宣传，为产品提供更多推广机会。针对发展阶段的乡村产业，其产品规模和经营模式已经相对成熟，面临的最大困境是扩大生产规模、优化产品品类、保持竞争优势，针对该难点，科技人才要及时提供线上线下的案例分析和课程培训，必要时进行实地指导和远程指导，以便为乡村产业的长期发展提供关键帮助。

四、实施科技人才分类评价，健全科技人才激励制度

（一）实施科技人才分类评价

脱贫地区乡村产业的发展是带动区域经济和社会进步的重要载体，创新型科学技术支持乡村产业发展需要长期支持机制和适当"容错"机制。一是鼓励分类识别关键技术，精准支持科技创新。二是建立乡村产业科技人才长期发展机制，加快破除硬性时间限制和短期经济效益等不合理的要求，完善科技人才相关支持政策。三是构建适当"容错"机制，为科研机构和科技人才建立系统发展清单，从"正面清单""负面清单"两方面找准研究目标，开展科技创新。四是将绩效考核分类评价，一般性技术用产量和效益考核，关键指标用创新程度考核，核心指标用科技成果转化率考核。

（二）健全科技人才赋权激励制度

探索脱贫地区乡村产业发展科技人才赋权激励制度，从经济效益、社会影响力两方面激励科技人才服务乡村，实现乡村产业高质量发展。一是赋予科技人才成果所有权和市场参与权，尤其是对科研院所的科技人员，鼓励其打破身份桎梏，以市场主体身份参与脱贫地区乡村产业发展的各个环节。二是建立县域内全乡镇科技人才服务站，在公共服务机构，基于其具有公益性的性质，应该有针对性地设立一些从事公共服务的岗位，例如：区域性农业技术推广、农产品质量检查监督、动物和植物疫病防控等公共服务机构。三是具有市场行为的科技人才全面实行聘用制，推行县主管部门、乡镇政府、农民三方考评办法。四是可以从与企业进行联合研究

开发、企业人员与科技人才互派交流、股权合作等形式入手，在企业互动的过程中形成合作关系，从而有助于科技人才利用企业这个平台转化相关的科技成果。五是采取项目收入按比例分红和按照岗位进行分红两种方式激励科技人才投身关键技术研发和乡村产业发展，进而降低科技人才的人员流动率，减少掌握核心技术的关键人才流失率，实现乡村产业的高质量发展。

第十八章　脱贫地区乡村产业发展的科技支撑机制

　　乡村振兴关键在于产业振兴。促进脱贫地区乡村产业可持续发展，是巩固拓展脱贫攻坚成果同乡村振兴有效衔接的关键和工作重点。在我国脱贫攻坚的伟大实践中，科技扶贫和以科技为支撑的产业扶贫发挥了极其重要的作用，也积累了丰富的乡村产业基础和实践经验。全面实现脱贫攻坚任务后，以科技为支撑，促进脱贫地区乡村产业持续发展，是巩固拓展脱贫攻坚成果，实现全面乡村振兴的重要战略措施。科技支撑脱贫地区乡村产业可持续发展，离不开科技供给主体、支撑载体、科技推广应用、利益联结机制的共同作用。梳理上述四部分的运行现状，挖掘该部分的特点与问题，对强化科技支撑脱贫地区乡村产业发展具有极其重要的现实意义。

第一节　乡村产业的科技供给主体

　　实现科技成果转换应用，促使科技与脱贫地区乡村产业紧密结合、实现乡村产业资源的优化配置离不开多方科技供给主体的努力。我国现有乡村产业科技供给主体主要分为政府主导型、科研院校以及涉农企业三类[1]，各个乡村产业科技供给主体具有差异化优势，共同服务于乡村产

---

① 姚升：《农业科技助力乡村产业发展模式研究》，《渤海大学学报（哲学社会科学版）》2021 年第 2 期。

业发展。

一、不同科学技术供给主体的类型

(一) 政府主导型

政府是促进科技进步、实现乡村产业振兴的重要参与者和领路人。政府凭借其公信力和雄厚实力，对科技进步具有重要的影响力。政府不仅是科技研发的支持者，还承担着引导科技进步方向、支持其他科技供给主体、协调各主体行动和资源、优化乡村产业发展路径、提供社会公共服务等诸多职能。在以政府部门为核心的乡村产业科技供给模式中，依托各级政府部门实现自上而下的多级联动和跨区域的横向联动，为乡村产业最大范围地提供科学技术供给，属于科技供给最基本的类型。

(二) 科研院校主导型

农业科研院所和农业高校是推动乡村产业科技进步的核心力量，对科技进步和科技创新起主导作用，有助于实现科技助力脱贫地区乡村产业发展。农业科研院所主要包括中国农业科学院、各省（市）农业科研院以及各地农业科研院三方构成的三级研究院结构。涉农高校包括综合性大学以及农业大学，它们不仅肩负着推动技术进步的重任，还承担着培养高层次农业科技人才的任务。涉农高校在推动科技进步、加强科技人才培养、提高科技人才知识水平、助力新技术推广、带动农户增产增收等方面发挥重要作用，真正做到"取之于农，用之于农"。农业科研院所和农业高校以科研团队为基本单元，支持各地科技创新和乡村产业发展，是主流的科技供给主体之一。

(三) 涉农企业主导型

涉农企业是指依托科技依法成立的、具有独立法人资质的经济社会组织，主要从事农业高新技术产品的研发生产。涉农企业凭借其市场导向性、易转化性、高效性、对科技资源使用开放性等特征在科技创新领域占据了重要的地位，其不断发展顺应了科技创新模式的未来趋势。涉农企业在脱贫地区乡村产业的科技供给中起到了举足轻重的作用。在促进科技创新之际，涉农企业还承担起重要的中介作用。在技术推广过程中，涉农企业成为农业科技研究所、涉农高校和农民之间技术沟通的重要桥梁，有效地解决了科技成果转化率低的问题。因此，涉农企业成为乡村产业科技供给主体是重要的也是必要的，必须重视和提升涉农企业在农业科技领域的地位。

二、不同类型科学技术供给主体的优缺点

政府主导型、科研院校以及涉农企业三类科技供给主体的优缺点如表18—1所示。

表 18—1　科技供给主体的优缺点

科技供给主体	优点	缺点
政府主导型	交易成本低； 具有财政资金保障； 乡村产业对科技拥有较强的剩余控制权。	科技供需不匹配； 市场竞争力较弱。
科研院校主导型	针对性和契约性较强； 乡村产业对科技拥有较强的剩余控制权。	需要平衡基础性研究与应用研究之间的关系。
涉农企业主导型	科技供给更加高效； 科技供需的匹配度更高； 科技创新动力较强。	契约性弱； 乡村产业对科技拥有较强的剩余控制权； 科技创新基础条件薄弱。

（一）政府主导型的优缺点

政府主导型模式具有以下三个方面的优点。第一，交易成本较低。由于政府主体具有较强的公信力和权威性，政府主体进行技术推广时更容易和农民达成一致意见，降低许多沟通成本和推广阻力。同时，相较于其他主体，政府能够从宏观层面进行资源调配和战略统筹，能够最大限度地减少交易过程中不必要的成本。第二，财政资金的保障充足。技术的研发和推广需要大量的资本投入，相较于其他主体，政府背靠国家财政，拥有雄厚的资金实力，能够有效避免因资金不足、收益不佳导致项目被迫中断的情况，为脱贫地区乡村产业发展提供坚实保障。第三，乡村产业对科技

拥有较强的剩余控制权[①]。政府主导的科技供给存在公益性和公共性，承担了更多的社会责任，尽可能减少了脱贫地区农民的负担，辐射范围更广，乡村产业也具有更强的技术剩余控制权，更能促进乡村产业的可持续发展。

但是，该模式也存在部分缺点。第一，科技供需不匹配。相较于其他主体，政府部门的行为受到更多的规则约束，技术创新步伐相对滞后，因此政府的科技供给与乡村产业的科技需求之间容易出现不匹配的情况。第二，市场竞争力较弱。由于政府主体需要承担较高的社会责任，且政府主体的资金来源来自财政，而非技术变现，因此政府主导的科技供给存在盈利能力弱，市场竞争力弱的问题。

（二）科研院校主导型的优缺点

科研院校主导的科技供给主体的优点主要在于以下三个方面。第一，针对性和契约性较强。科研院校与乡村产业方两者间具有良性互动，科研院校立足于农业问题进行技术创新，对乡村产业给予技术支持；同时，乡村产业也为科研院校提供试验基地和应用场所，二者相辅相成，共同发展进步。科研院校可以通过专项课题研究，针对某一乡村产业进行科技探索，同时反哺乡村产业；乡村产业主体也可以根据自己存在的问题针对性地寻找不同科研院校寻求帮助，双方均可以达成匹配度较高的合作，具有较强的针对性和契约性。第二，科研院校的科研行为同样具有公益性，使得脱贫地区乡村产业主体具备一定程度的科技剩余控制权，所达成的社会效益也相对较高。

该主体的缺点在于，由于科研院校还承担着教书育人、突破科技前沿的职责，既需要注重基础性研究的突破，又需要加强应用研究的推广，任务庞杂且工作繁重，需要在基础性研究和应用研究之间寻找平衡。

[①]　姚升：《农业科技助力乡村产业发展模式研究》，《渤海大学学报（哲学社会科学版）》2021 年第 2 期。

（三）涉农企业主导型的优缺点

涉农企业具有较强的商业价值，以市场为导向，其优缺点也十分显著。该主体的优点在于以下三个方面。第一，科技供给更加高效。由于涉农企业具有组织严谨、结构简单、专业化程度高等特点，因此针对市场需求能够更加快速地做出相应生产调整。第二，科技的供给与需求之间的匹配度相对较高。由于涉农企业面临一定的市场竞争压力，促使涉农企业敏锐把握和适应市场的需求变化，涉农企业更注重与乡村产业主体的对接，及时获取乡村产业发展的技术需求，并随之调整技术研发行为。第三，科技创新动力更强。自主创新能力是涉农企业的核心竞争力，为了实现自身的良好发展，涉农企业会投入更多的资金人力用于提升其科技创新能力。

但该模式也存在明显的不足。第一，契约性较弱。相较于其他两类主体，由于涉农企业和脱贫地区乡村产业方之间多是商业合作，因此涉农企业主导模式主要根据双方的商业契约进行技术供给，在各主体中契约性是最弱的。第二，由于涉农企业的非公益性和商业性，相较于其他两类主体，涉农企业科技供给主体模式下的乡村产业对科技的剩余控制权较弱。因此在这种模式下通常需要政府部门发挥一定的监督作用。第三，科技创新基础条件薄弱。相较于其他产业，我国涉农企业在科技创新基础条件上尽管得到了显著的改善，但仍然处于较低位置。在我国农业科技创新领域，政府的资金投入更多涌向政府机关和农业科研院所及高校，对涉农企业的扶持力度较小，导致涉农企业一直存在着资金不足、人才匮乏、扶持政策较少等问题。

三、提升不同类型科学技术供给主体能力的建议

（一）提升政府科技供给能力的建议

第一，理顺政府主体运行机制。针对政府主导模式存在的技术供需不匹配问题，协调政府各部门间的工作职能，减少信息传递中存在的阻碍及办事关卡，提高运行效率。同时，政府部门需要发挥在脱贫地区科技推广中承担的引导、协调和监督作用。另外，政府部门还需要统筹全局，协调

各主体之间关系。从内部体制创新出发，实现科技推广体系多元化建设，为科研院校和涉农企业提供补助和激励政策，使得各方主体可以在良性竞争的大环境下实现共同进步，从而为科技创新以及科技助力脱贫地区乡村产业发展提供有效的服务保障机制。

第二，提高科技竞争力。政府主体要让科技供给紧跟市场发展，善于发现具有潜在经济价值和广阔市场需求的科技创新需求，并投入人力物力资源进行研发推广。政府部门要树立一定的竞争意识，完善内外部考核制度，对做出卓越成绩的个人或单位给予一定的奖励，调动工作人员的科研热情。注重和科研院校、涉农企业的合作，做到取长补短，吸收其他主体在科技研发方面的经验，以他山之玉，攻己之石。

（二）提升科研院校科技供给能力的建议

第一，加强科研成果在乡村产业发展中的应用。农业科研院所和农业院校要从源头抓起，摆脱闭门造车的陈旧思路，立足乡村产业发展探索科研立项课题，使得科技成果转化能够满足乡村产业发展的需求。一方面赋予科研人员经费使用的自主权，技术路线的选择权，激发科研院校的创新活力，提高科研院校的创新实力。强化产学研合作，盘活科研资产，让科研院校成为科技成果转化的聚宝盆，提高科技供给能力，充分发挥科技引领作用[1]；另一方面，要鼓励科研人员走入企业，加强和涉农企业的合作，通过共建共享机制与涉农企业一起制定市场紧缺的研究方向和研究计划，将研究成果直接应用于企业生产环节，实现科技成果与农业生产经营活动的紧密联系。

第二，制定人才培养激励政策。要加大对科研院校的财政补贴，要适时适量提供物质奖励和精神奖励用于表彰在科研领域具有优异表现的工作人员。鼓励和支持科研人员采取技术要素等多种形式入股的方式参与到科研成果转化的收益分配中来。农业高等院校需要注重产学研一体化建设，帮助学生在掌握农业基础知识的同时，提高实践能力。政府和高校要合力

---

① 《增强科技供给能力，打造科技创新高地》，《湖南日报》2021 年 5 月 11 日。

推进农学毕业生就业，将人才输送到真正需要的地方去。

(三) 提升涉农企业科技供给能力的建议

第一，促进涉农企业与乡村产业主体多方合作。针对涉农企业和乡村产业在科技供给中存在的契约性弱的问题，要促成企业和乡村产业主体的多元化合作，拓展合作内容，创新合作方式，形成相互扶持共同发展的良性模式。涉农企业可以加强与乡村产业的研发合作关系，在当地建立农业科研基地，利用当地的资源环境和人力物力推进科技研发，同时将成果快速地应用到实践中去。

第二，加强政府监督职能。针对涉农企业非公益性导致的乡村产业方对科技的剩余控制权较弱的问题，引入内外部监督力量。在涉农企业内部要完善相应的规章制度，规范企业员工的行为，维护涉农企业和乡村产业双方的共同利益。在外部监督方面，政府作为制定相关法律和政策的主体，需要加强对科技供给主体行为的监督和调控机制，保障各方利益，充分发挥公平合理的竞争机制作用，为乡村产业发展营造良好环境。政府部门还要继续完善对科技成果转化项目的考核机制，强化项目实施中的监督和考核程序，确保涉农企业项目的正常推进，促使科技成果能够真正适应脱贫地区乡村产业发展的需求。

第三，加大对涉农企业的扶持力度。首先，政府要重视涉农企业在科技创新中发挥的重要作用，尊重涉农企业在技术创新中的主体地位，加大对涉农企业的政策扶持力度，激励涉农企业进行科技创新活动，尤其要注重行业内龙头企业的带头示范作用，鼓励大企业与中小企业联动，分享自己的管理和研发经验。其次，要提高对涉农企业的激励补贴，对于在科技创新领域做出重大建树的企业要给予一定的财政补贴和税收减免支持；对于涉农企业在开展科技研究的相关活动时所需要的土地、仪器等资源提供一定的协调帮助，助力涉农企业进行科研创新活动。再次，要完善涉农企业人才培养体系，人力资源是企业进行科技创新必不可少的要素，但是目前我国涉农企业在专业人才的培养上仍存在较大的不足。为此，政府和企业双方要联合助力人才培养，用完善的培养体系和激励机制吸引人才，对在科技领域具有突出才能的人才给予一定的补助帮扶。注重人才的持续发展，利用企业大学、校企合作等模式帮助员工不断学习新的知识，取得新的进步，为进一步的科研创新奠定基础。

第二节　科技支撑乡村产业发展的载体

科技支撑乡村产业发展需借助不同载体的支撑作用，支撑载体主要有项目载体、园区载体、基地载体以及合作社载体四种类型[①]。各类载体承担提供平台、综合调动以及运行管理的职责，从而保障脱贫地区乡村产业的有效运行。

一、科技支撑乡村产业发展的载体类型

（一）项目载体模式

项目载体模式以科研项目为导向，通过聚集优秀科技人才和多方资源合力，为乡村产业发展提供科技支撑。按照项目牵头方的不同，可分为政府主导类的项目和非政府主导类项目。前者根据牵头政府的层级不同又可分为国家级、省部级和市厅级项目，依托政府平台促进项目的顺利实施，如国家科技重大专项、863 计划等[①]。在农业领域则以国家农业科技创新联盟为典范，以期在政府的牵头下调动多方资源为科技创新提供平台，指导国家级或地区代表性的科技创新项目；非政府类项目的牵头方多为非政府组织，为促成项目的顺利进行提供强大的资金支持。

（二）园区载体模式

农业园区是科技赋能乡村产业发展的重要载体。依靠产业以及各农业经营主体的空间聚集带来创新的规模效应，园区运转以科技创新和扩散为

[①]　姚升：《农业科技助力乡村产业发展模式研究》，《渤海大学学报（哲学社会科学版）》2021 年第 2 期。

核心，是集中展现新设施、新技术、新品种的农业集成区。借助地理集聚优势和现代化的园区运营模式赋能农产品科技含量以及生产效率，从而实现科技成果的产业化发展。

在多年探索发展下，我国现代农业园区规模显著、功能逐步完善，在科技助推乡村产业发展中显现出愈加明显的效能。从最初的农业科技园区，再到现代农业示范区，以及近年来孕育出的现代农业产业园，各种园区载体模式经过多年的发展始终承载着绿色引领、产业培育、技术扩散、辐射带动的功能[①]，如今呈现出科技供给数量众多、科技转化效果加快的特征。不同级层的企业相互配合形成网络体系为乡村产业提供科技供给，在聚集效应的加持下为改造传统乡村产业提供推动力。

园区载体模式的优点在于借助园区内自主产生的技术溢出效应为乡村产业发展带来示范带动作用。一方面，农业园区依据当地资源禀赋和生产情况引入"合适的技术"，根据园区内技术创新源头与周围空间的技术势能的高低差产生技术溢出效应。另一方面，园区同样是区域创新要素聚集的组织载体。各创新要素紧密关联则更容易发展成联结各主体的创新网络，极大地降低园区内科技供给主体的学习成本，带来更为浓厚的"创新氛围"，明显的"外部性"特征进一步吸引更多"创新源"加入园区。在产业和企业不断聚集的过程中，农业产业通过空间整合形成特色产业链体系，并在园区的辐射扩散作用下培育乡村产业发展的新动能。在政策的支持下，我国现代农业园区更好地发挥培育人才、转化科技成果的作用。如今，部分园区功能不断健全、规模不断扩大，已逐渐成为先进技术集成载体和乡村产业发展的新经济增长点。

（三）基地载体模式

基地载体模式和园区载体模式在促进科技成果转化和落地上效果类似。农业科研试验基地等基地载体具有连接原始创新成果和实现成果转化

---

① 罗其友、刘子蘐、高明杰、刘洋、杨亚东：《现代农业园区发展机制探析》，《中国农业资源与区划》2020 年第 7 期。

落地的关键作用，为实验室科研成果试验和单项技术的研究推广提供科研支撑。在农业科研试验基地的支撑下，新成果、新技术源源不断地创造出来。

农业生产的复杂多变性、时空变异性等特征，决定了支撑乡村产业发展的科学技术需要具备区域性和长期性的特点。近年来，为更好地发挥科学技术对乡村产业的支撑作用，作为农业科研单位的主要组成部分，试验基地多往农村迁移，为农业、农村的发展起到了带动和示范作用。

（四）合作社载体模式

农民合作社是推进国家农业农村现代化的重要力量[1]，在科技赋能乡村产业发展的过程中发挥上传下达和组织协调的作用。一方面利用自身的组织性吸纳外来技术、资金等重要资源，成为了科技服务的供给者。另一方面，合作社发挥凝聚、团结个体农户的作用，代表着农民的科技需求，更好地将这一信息反映给政府机构、科研单位、企业，是科技服务需求者，在科技支撑促进乡村产业发展过程中更多发挥着管理与协调的作用。

合作社载体所发挥的科技支撑作用体现在如下三个方面。一是统一指导助推技术扩散，实现标准化生产。合作社发挥自身的组织作用，可以形成统一经营管理、统一引进新品种、统一组织培训、统一技术标准，将个体分散的农户组织成协调一致、行动统一的有序组织，从而帮助成员进行规范化生产，再通过组织化程度的提高加强成员交流沟通，加快科学技术在成员间的传播速度。二是整合多方科技资源要素，实现技术创新，推动乡村产业升级。以合作社作为专门的对接组织，更有助于连接个体农户、农业企业、涉农高校、科研单位进行合作与科技要素整合。如今一些合作社发挥其天然的成本优势，创新发展模式，作为科研实验基地，为新技术和新品种的应用提供示范，利用乡土资源进行内部技术创新。三是搭建平台为乡村产业发展培养更多科技人才资源。广泛吸纳和聘用当地生产经营

---

① 赵泉民、刘纪荣：《乡村农民合作社组织发展的制度逻辑——基于"制度场域"视角的分析》，《兰州学刊》2022年第6期。

精英，按照对不同类型人才的需求，寻找与发展一批致富带头人、农民经纪人、土专家等人才，与此同时强化科技培训，鼓励本地乡村人才学习生产新技术，从而提升社员整体素质，为乡村产业发展提供科技人才储备，从而从原动力上更好发挥科技对乡村产业的支撑作用。

二、不同载体类型发展过程中面临的挑战

（一）项目载体发展面临的挑战

第一，项目立项相对少，科研经费紧张。以项目为载体实现科技对乡村产业发展的支撑作用反映在对科技资源的合理配置上，然而目前在国家五个领域重点专项中，农业科技领域的立项数和资助经费数都明显更低，农业科技领域重点专项投入少并且下降幅度更大。第二，区域科技发展水平差异大，乡村产业发展水平失衡。由于区域间经济社会发展水平不同，导致区域牵头承担项目的能力差别大[1]，从而导致区域科技发展水平由此产生发展不平衡的趋势，对各地乡村产业发展差异带来影响。

（二）园区载体发展面临的挑战

第一，融资方式单一且依赖性强。如今农业园区建设仍未形成较为完善的融资方式，资金来源单一，总体上仍然依赖政府的专项投资，在金融贷款和招商引资上发展力度小，园区融资对政府资金依赖性大，容易受到外界不确定因素的冲击。此外，在园区建设过程中需要大量资金投入，而园区自身的"爱大嫌小"也成为了资金缺乏的一个原因，在融资服务、项目手续审批服务等方面存在桎梏，加之一些园区跟风追求"高大上"硬件设备，其购买、运行及后续维护占用大量资金，影响着园区的长远发展。

第二，园区持续发展能力薄弱。在农业园区获得国家支持进而快速扩张背景下，各地争相效仿进行园区建设，而重建设、轻发展成为影响农业园区持续发展的重要原因。多数园区在建设前缺乏对相关法规、市场定位

---

[1] 董艳、石学彬、陈荣、陶书田：《重点研发计划立项分析及对科技计划管理的启示》，《科技管理研究》2021 年第 22 期。

和资源配置的详细研究，在建设过程中缺乏对园区科学明确的定位和规划，各地对园区模式的简单复制最终带来结构单一的乡村产业。在政府政策方面仍需进一步完善，注重农业园区建设中的前期优惠而忽略建成后的灵活运转，使一些农业园区发展路径较短，更容易受到外界冲击，可持续发展能力弱。

第三，创新动力后劲不足。尽管农业园区呈现出有效的技术溢出效应和辐射带动作用，但是缺乏强大的技术支持以及创新动力后劲不足问题较为严重。一方面，园区内缺乏具备专业素养和经验丰富的人才团队已成为普遍存在的问题，同时在园区后续发展中缺乏管理人才，创业型人才辐射带动能力有限，对农技人员的专业培训不成体系，无法有效吸收先进农业科学技术是科技成果转化率低的主要原因。另一方面，农业园区与科研技术单位联系不紧密，缺乏长效机制构成技术支撑体系，制约科技形成对乡村产业发展的示范带动作用。

（三）基地载体发展面临的挑战

第一，缺乏统筹指导，布局小而分散。农业科研试验基地多基于研究团队的现有基础由各科研单位承办，从整体上看基地的建设往往在一个区域范围内具有重复性和碎片性，缺乏统一单位或部门的政策性布局和整体规划。从基地规模来看，受科研单位自身资金条件限制，部分试验基地存在建设规模小、选址不当、结构不合理等问题，试验基地建设从整体上不成体系，造成了基地中存在资源闲置以及资源浪费等问题。

第二，缺乏科学合理的运行管理机制。基地运行缺乏科学合理的管理机制，存在较大发展空间。一方面，基地中的管理人员中当地农民的比例偏高，缺乏高级职称人员的支撑，管理团队整体上学历不高、年龄较大、结构松散。受基地地理位置偏远以及部分科研单位的重视程度不高等因素影响，专业管理人员不愿去基地从事管理工作，基地管理人员面临断层风险；另一方面，科研基地同样面临着"重建设、轻运行"的问题，基地建成后，管理工作归口分散，管理职能所处划归部门没有固定，尚未形成成熟的管理体系，基地规划和后期建设不挂钩。

第三，开放共享机制仍待加强。基于基地的建设多来自本科研单位的需要，试验基地往往以承担本单位或者项目组的科研项目为主，基地与基地之间，基地与周边环境，甚至基地与其他产业化生产主体间缺乏开放共享机制，从而影响基地对乡村产业发展的科技支撑作用。例如缺乏与农业龙头企业、农业园区等的合作联系，当产业链延长、基地无法进行单独生产时，科研成果转化难度加大，转化效率下降，受本单位资源限制，难以进一步推进标准化生产，从而影响乡村产业的形成和发展。

（四）合作社载体发展面临的挑战

第一，发展规模小，市场竞争力弱。合作社作为新型农业经营主体，发展规模较小，多数专业合作社仍在初建环节，产销渠道单一，市场竞争力较弱。另外，其产品往往直接推入市场，由经销商自行包装，间接导致合作社自身利益受损。品牌培育意识薄弱是制约合作社市场竞争力的另一因素。

第二，科技服务水平较低。普遍来看，合作社人才数量不足、质量不高、缺乏高层次人才，合作社理事长管理合作社业务能力欠缺，缺乏专业科技人才辅助。小规模合作社受限于信息渠道和人脉等，难以聘请相应技术专家进行指导，阻碍了科学技术的培育推广。如今多数专业合作社发展水平较低，组织凝聚作用较弱，大多数农民仍坚持独自生产经营的小农生产模式，从而导致新技术的推广应用受阻。

第三，缺乏资金支持。产业化经营需要大规模的资金支持，包括建立初期土地规模化的成本，经营过程中的农业机械、水利灌溉等投入的成本，产品加工、存储、销售、品牌建设等成本。因此，合作社对资金的需求贯穿其生产经营的全过程[①]。目前，我国脱贫地区专业合作社股本有限，资金不足无法灵活运转，限制着合作社的发展。

[①] 马太超、邓宏图：《从资本雇佣劳动到劳动雇佣资本——农民专业合作社的剩余权分配》，《中国农村经济》2022 年第 5 期。

三、完善不同载体科技支撑乡村产业发展的对策建议

（一）基于项目载体的对策建议

发挥政府引导作用，形成完善立项体系。加大政府在农业科技领域重点专项资金支撑，引导企业积极争取基础研究项目，加大配套投入；鼓励目标相同的高校、科研院所、企业等组成联盟，发挥更多合作方资源优势，产生更大效能。科技立项加强将基础研究项目成果续接进行开发应用项目研究，将开发应用项目研究中的问题再反馈到基础研究项目进行研究，形成循环式的大协同、大创新[1]。

加强网络化合作，构建多层次项目支持。在强调乡村产业的科技支撑中要重视多学科的交叉融合，加强单位间、区域间项目开发的合作交流，为项目实施构建更加优质的建设团队，鼓励区域之间依托各自的资源禀赋协调发展。例如经济发达地区着重攻克基础、原创以及颠覆性农业关键技术的立项，其他地区偏重强化农业产业化和应用研究类项目，形成自己独有的发展优势。

（二）基于园区载体的对策建议

第一，完善资金扶持政策，形成多元化融资格局。我国对农业园区的资金扶持政策需要更具有引导性，要进一步发挥财政资金"四两拨千斤"的撬动效应，鼓励社会资本以及资源合理合法地为园区建设和发展增添资金支持。园区的资金来源既要有政府的核心辐射作用和主导带动力量，也需要有企业、科研院所和社会个人参与其中带来的生机和活力。要形成多元化融资格局，提升园区融资结构和资金使用效率。

第二，注重科学运行管理，培育可持续性发展能力。园区建设要依据当地资源禀赋，因地制宜创建园区。在园区规划时要对未来发展的总体布局、功能定位和主导产业形成科学分析和明确定位，对园区的经济、生

---

[1] 董艳、石学彬、陈荣、陶书田：《重点研发计划立项分析及对科技计划管理的启示》，《科技管理研究》2021年第22期。

态、社会等各方效益要有全方位认知和综合评判，以找准定位和发展方向作为打造园区特色品牌的先决条件；在园区发展中以科学宏观管理为指导，园区运行要有系统可行的管理办法和规章制度。在园区评价的各个环节中，从立项审批、到运行管理，再到各期效益估算都要构建一套明确的综合评价体系，以科学化和制度化为目标构建园区可持续发展方向。

第三，强化人才支撑，增强创新动力。针对园区内现存的创新动力后劲不足问题，要从源头上增强园区人才支撑作用。通过定期培训、参观学习、绩效考核等方式提高园区工作人员的科技素养。此外，与高校订立合约，通过高校招生，定向培养一批具备专业技能的管理人才和科技人才，并依托园区内的特色产业和主导产业建立创新创业孵化中心，发挥创业孵化器对人才的吸引作用，为农业园区建设培育一批高素质的人才队伍，通过人才创新带动产业创新；另一方面，发挥政府引导作用，增强园区在与相关科研院所以及高等院校建立交流合作关系时的积极性和主动性。深化产学研联盟的构建，将科技研发、成果转化与规模化应用连成体系，为技术创新提供平台，增强技术创新的支撑作用。

（三）基于基地载体的对策建议

第一，加强顶层设计，完善整体布局。农业主管部门要依据"一盘棋"思路进行顶层设计，避免基地建设碎片化，减少区域内同类型基地建设的过度重叠。同时科研单位的选址布局要优先选在农业主产区以适应产业发展需求、优先选在利于科研创新的独特地理区位以满足科研需求。基地发展要与驻地农村生产特色紧密结合，基地规划、建设要将现有资源与当地实际情况进行衔接。在基地规划设计上合理划分功能区，通过跨单位合作等多种形式适当扩大建设规模。

第二，构建人才培训体系，提升团队管理技能。在以本土科研单位为主，联合园区或企业的模式下构建人才培训体系。立足于基地的人才需求层次，通过培训合作在基地、园区、企业开展实践培训活动，让培训对象在接触一线工作的同时丰富经验、提高专业素质，有针对地培训具有不同技能的管理人才，旨在促进培训人员掌握生产化流程和关键技术要点，以及掌握产业生产全局要素的能力。以政策支持、系统培训、岗位流动、跨级聘用、定期考评等措施不断培养起一批有技能、懂业务、会管理、负责任的管理运营团队。

第三，形成开放共享机制，提高科研成果转化效率。科研单位的立项要密切围绕着"课题来源于实践、成果应用于生产"的宗旨构建有效运行机制。将基地发展着眼于科研成果转化对整个产业链的发展效果，保证理论上可靠、现实中可行，促进学科带头人间的交流和各科研单位间的合作，同时加强科研单位和产业化生产主体间的密切联系，通过多方合作共享加强创新、在开发共享中提高科技成果转化率。另外，开放共享机制需要信息化、数字化的支撑，加强基地间信息网络建设，通过平台设备搭建以及统一的数据库使用提升基地资源利用效率、降低各主体信息交换成本，有效促进科技成果转化落地。

（四）基于合作社载体的对策建议

第一，打造区域特色，提高市场竞争力。政府加强顶层设计，引导推进区域品牌建设，在深度加工中提高农产品附加值，以天然品质打造区域特色品牌，用品牌效应提升合作社市场竞争力。同时探索多种产销对接模式，充分利用"互联网＋"模式，拓宽产品销售渠道，鼓励合作社建立第三方特色农产品电子商务平台，使生产者直接对接消费端，减少中间环节成本，在拓宽销路的过程中以着重培育乡村产业为导向。

第二，加强信息双向流通，提升科技服务水平。合作社要发挥好信息传递、沟通协调作用机制，有效构成科技服务的供需匹配，提高农技推广效率。一方面，收集合作社中农民生产上的真正科技需求，并传达给相关科研单位；另一方面，通过合作社的组织体系引进新品种、新技术，并对其进行推广应用，实现有效科研成果在应用中的生产规模化。

第三，整合多方资金来源，加强资金支撑。一是鼓励农民用技术、实物等多种形式入股，优化合作社融资方式。二是积极响应国家对"三农"的扶持补贴政策，并申请科技研发专项资金，提高科技资金在投入结构中的比重。三是政府通过政策引导鼓励社会资本向合作社提供资金，支持合作社的技术开发和技术推广。

第三节　技术推广应用赋能乡村产业发展

科技进步成效如何，关键在于科技成果推广与应用环节。在巩固拓展脱贫攻坚成果同乡村振兴有效衔接的新形势下，脱贫地区乡村产业高质量发展离不开技术的推广应用。总结分析技术推广过程中存在的问题，提出行之有效的对策建议，有助于乡村产业实现创新发展和内生增长。

一、乡村产业发展中技术推广应用的现状

乡村产业的兴旺和发展为解决"三农"问题创造了条件。运用科技手段推动产业升级，在农业生产和乡村产业发展中具有战略性地位。科学技术推广应用的目的在于将先进的科学技术应用到乡村产业的建设过程中去，从而实现生产方式的不断改良和农民收益的不断增加。在新时期，随着乡村振兴战略的实施和农业供给侧结构性改革的不断推进，乡村产业的发展需要科学技术推广应用的同步发展作为支持。

科学技术推广是助力我国乡村产业发展的重要举措，其重要性主要体现在以下几点。第一，科技是支持我国经济发展的重要原动力，科技成果转化和推广效果影响着我国乡村产业发展的效果，先进技术的推广应用将成为经济发展、乡村产业发展的重要保障。第二，"三农"发展水平的提高，需要科学技术推广应用体系的不断改革，使农业生产和乡村产业更符合新时期的要求，对"三农"发展形成良好的促进作用。换言之，"三农"发展需要科学技术的不断推进和应用作为支撑。第三，科技现代化是农业现代化的先行条件，为了实现乡村产业升级，需要先进技术推广工作的不断支持，让科技更好地应用于生产中，从而提高乡村产业的发展水平，帮助农民致富。第四，技术推广和乡村产业发展具有相辅相成的关系，技术的推广应用在助力乡村产业发展的同时，还可以验证科技成果转化率，从

而实现科技的不断完善和发展。

实施脱贫攻坚战略以来，科技成果的转化应用加强了对乡村产业的科技支撑，为实现产业脱贫与产业振兴有效衔接提供技术保障。近年来，涌现出了一批具有代表性的实践经验。例如，在甘肃省金昌市永昌县进行的水稻技术基层推广工作，帮助农民实现现代化农业生产，促进了当地粮食作物的生产，助力农民致富；在山东省济宁市兖州区进行的水产、农机、谷物等农业生产技术的推广，有力推进了乡村产业发展，提高了农民的收入水平，推动了乡村振兴的步伐。

我国现行的技术推广应用方式主要采取"政府主导、多方联动"的模式。首先，依靠政府发挥主导作用，承担起公益性推广的重任；其次，背靠科研院校提供科技支持，推进产学研一体化进程，实现良性发展模式；再次，吸引涉农企业参与，引入市场资本助力，培养新型经营主体，实现农业技术的盈利。

二、技术推广应用过程中存在的问题

（一）科学技术推广基础薄弱

目前全国超99%的行政村和脱贫村接通了4G和光纤[①]，脱贫地区通信难问题已经得到历史性解决。身处于信息化浪潮之中，脱贫地区农户群众可以通过电视、网络等媒介接收到越来越多的信息和知识，人们的思想也越来越开放，对科技的运用也越来越认同。但与此同时，科技推广过程中所需的文化基础依旧薄弱。一方面，封建愚昧的落后思想依旧是脱贫地区的沉疴旧疾，当地群众对于新型科技的认识不够准确，运用也不够熟练；另一方面，许多民众对科技的应用和推广仍采取怀疑的态度，自发学习先进科学技术的积极性和主动性都明显不足，接受新技术比较被动，存在迟疑和观望的心态，大大降低了科学技术推广的速度和效率，增加了科

[①]　《好消息！我国行政村、脱贫村通光纤和4G比例均已超99%》，光明网，2021年9月13日，https://politics.gmw.cn/2021-09/13/content_35161060.htm。

技推广的阻力。

（二）高素质科技推广人才短缺

科学技术的不断提高和突破，使得大量的新科技成果和新实用技术被研发出来并运用于市场。科技推广人员作为科技成果、实用技术与市场、群众之间的中介桥梁，关系着科技成果转化的效率和效果。优秀的专业推广人才是实现科技高效推广的必要条件。科技推广需要更多专业的推广工作者扎根基层进行推广工作，更多了解前沿技术，掌握技术运用的基层干部在技术推广的过程中承担起中介和带头的作用。

虽然原国务院扶贫办动员科研单位和技术部门 4400 多个、产业扶贫专家 15000 余名，在各地贫困县组建了 4100 多个产业扶贫技术专家组，入村入户开展技术服务[①]。但高素质技术推广人才依旧短缺，部分脱贫地区缺少专业从事技术推广工作的工作人员，许多情况下是由其他部门的人员兼职承担技术推广工作，其工作内容也常常受到行政方面的约束，缺乏灵活性，不能很好地适应市场需求。同时，农村基层领导干部大多存在着不懂技术的普遍问题，难以因地制宜落实推广工作。农业相关院校也面临着生源减少的困境，受到科技推广工作待遇差、工作环境差等问题的影响，大批毕业生不愿意到脱贫地区发展。上述问题使得脱贫地区的技术推广人才短缺，严重影响了技术推广的效果和进程。

（三）科技成果转化效率不高

科技成果转化是提升科技成果经济效益的有效途径。在"双循环"的发展格局下，更加需要科技成果在国内大循环中实现产业化。但科技成果转化并非易事，目前我国科技成果转化率不足 30%，远低于发达国家的 60%—70%[②]。科技成果转化效率不高、成效不佳也是脱贫地区乡村产业发展面临瓶颈问题。一是实验成果难转化，科技成果难入村。科技成果多为科学实验成果，但由于科学家和企业家的专业差异，缺少专门团队进

---

① 汪洋：《高质量办理建议切实尊重代表主体地位》，《中国人大》2021 年第 4 期。
② 许可、张亚峰、肖冰：《科学与市场间的边界组织：科技成果转化机构的理论拓展与实践创新》，《中国软科学》2021 年第 6 期。

行技术转移，致使企业或脱贫农户对科技成果"接不住、用不了"，部分科技成果生产所需的先进技术在实际生产过程中难以应用。脱贫地区乡村产业受制于科技基础不高、科技人才队伍缺乏、抗风险能力弱等，尚未具备实现科技成果有效转化的实力，对于科技成果转化"心有余而力不足"。二是脱贫农户种植技术偏传统，科技成果有效需求难提升。当前脱贫地区乡村产业仍以传统农业、简单代加工为主，受制于生产惯性，依赖于生产经验，脱贫农户对新品种、新技术接受的意愿不强，一些良种良技等科技成果尚未广泛推广应用。例如宁夏吴忠市红寺堡区的黄花菜、枸杞等主导产业多以初级加工为主，尚未形成品种改良、科学种植和加工生产的产业链，对科技成果需求较小，影响了科技成果转化规模与质量。三是脱贫地区科技成果市场化低，经济效益难体现。已实现转化的科技成果推广过程中，脱贫地区受限于信息闭塞或地处偏远，乡村产业信息获取与沟通交流渠道较少，缺乏相应的信息传播平台，不少已转化的科研成果没有得到充分宣传与有效推广，导致科技成果无法及时有效地商品化，经济效益相对低下，不利于脱贫地区乡村产业的长效发展。

三、提升技术推广应用能力的对策建议

（一）提高农户对新技术的接受程度

第一，提高农民的科学素养和文化水平。作为科学技术的使用主体，农民对技术的接纳程度，决定了技术推广应用程度。因此，技术推广要深入基层，切实了解农民需求，充分结合农民的实际问题，不断提升农民培训工作成效。不断革新推广方式，例如现阶段多媒体的应用场景不断增加，推广人员可以考虑借助新颖的多媒体设备帮助脱贫地区农民更好地了解基础技术知识。在形式上可以采取当下比较火爆的短视频、公众号推文等创新传播方式，以更加生动的教学方式帮助农民掌握农业技术。此外，还应该建立起一支专业的技术培训队伍，扎根基层，真正做到将技术推广到田间地头，推广到农民身边，从而建立起一支具备科学意识，掌握科学技术的农民队伍。

第二，要改变农民的传统农业观念。观念不变，行动不前。当前我国部分农民观念仍然陈旧，排斥新技术的引入。县、乡、村、组一级的基层干部，要发挥自己扎根基层的优势，走入田间地头，走到农民家中，真正了解农民的痛点，用切实行动给予农民帮助，鼓励农民摆脱陈旧观念，接受新技术的应用。同时，让掌握科学技术的高水平人员下到基层，实地解决农民问题，为农民提供培训。政府可以通过补贴奖励等政策吸引技术人员、高校教师、涉农企业专家定期走入基层，为农民开展全方位的培训工作。同时，政府部门要重视宣传推广的作用，合理利用公益广告、传单、新闻等形式，加大宣传力度，给脱贫地区农民科普前沿的科学知识和技术，向农民宣传技术革新和乡村产业转型的重要意义和价值。

第三，积极培养宣传典型。充分发挥榜样的力量，对在技术推广应用以及乡村产业发展中表现优异的农户代表，给予物质和精神奖励。并通过新闻采访、表彰大会等方式宣传优秀典型，充分发挥这些优秀案例的示范作用，为农民树立一个可参照的努力方向，也激励农民尽快接受新型技术，实现乡村产业升级。

第四，建立完善的信息服务平台，为解决农民在日常农业工作中长期存在或频发的问题，政府部门要牵头建立起一个完善高效的技术推广信息服务平台。在信息服务平台上设立人工客服或 AI 客服，对于农民在平台上提出的问题及时地给予反馈。对于部分经常出现的问题，可以汇总起来制作成一套"电子百宝箱"以供农民查询参考。同时，要善于运用社交平台，通过 QQ、微信等社交软件建立信息帮扶社群，在群里安排专业的技术推广人员实时解决农民遇到的问题。也可在基层设立流动的服务资询站，集中解决当地农民的困难，做到全方位的信息帮扶。

(二) 加强技术推广人才的选拔培养

科学技术的推广需要更多专业人才的支持，提高推广人才素质，解决人才短缺问题可从以下几个角度出发。

第一，完善技术推广人才的招聘选拔机制。在选拔推广人才时，可通过考试等方式考查其专业能力和综合素质，保证推广人员具有推广科学技术所需的基础知识和基本技能，能够将最新的技术应用到农业生产和乡村产业的发展中去。要适当提高选拔门槛，提高从业人员的综合素养，积极引入具有创新品质的复合型人才。同时，要用完善的人才培养体系，给予高层次人才更优质的待遇水平，吸引更多优秀人才加入。

第二，要重视推广人员的长线培养。农业高等院校需要对人才进行基础知识和实践技能教育，为推广人员奠定坚实的专业基础，为社会输送更多人才储备。重视继续教育，建立终身学习制度，在推广人员进入实地工作后，仍要定期开展职业培训，进一步提高专业人员的综合素质，及时更新工作人员的知识结构，促使推广人员不断进步，以跟上技术的快速发展。同时，建立完善的"导师制"，重视经验丰富老专家的作用，以老带新，帮助推广人员更快地掌握所需知识技能，从而快速开展工作。

第三，要完善技术推广人员的激励机制。实施技术推广和绩效挂钩的机制，制定合理完善的推广人员考核制度，给予在技术推广中取得优异成果的工作人员一定的物质与精神奖励，使得推广人员的收入和工作成绩相匹配。健全推广人员的晋升制度，完善技术推广人员的职业规划路线，为优秀人才提供更明朗的职业发展道路。除此之外，由于技术推广人员需要长期扎根乡村大地，远离城市和家乡，因此还要注重给予推广人员更多的情感和生活关怀，让一线人员感受到温情和被重视。

（三）优化科技成果转化应用体系

第一，政府部门要承担起引导作用，制定科学的助力技术推广应用的优惠政策，明确乡村振兴、农业经济发展和乡村产业发展对社会经济发展的重要影响。加大对科研院校、技术创新型涉农企业的资金投入力度，一方面鼓励各方主体加快技术创新的步伐，不断推进科学技术的发展，为乡村产业发展提供持续动力；另一方面，减少技术推广中存在的阻力，推进技术推广中现有问题的解决。

第二，构建信息化科技服务平台，畅通供需对接交流。加快建立"互联网＋科技"的综合信息服务平台，推动"科研与产业""产业与市场"间数据资源的互联互通与信息共享，依托互联网推动科技成果的推广与转化，通过技术咨询服务降低脱贫地区乡村产业的技术壁垒。

第三，成立专门的技术转移部门，促进实验科学向实践科学的转移，同时培育一批既懂技术又识市场的"科技二传手"综合团队，整合多方力量，搭建起科学家和企业家沟通的桥梁。然后构建信息化科技服务平台、脱贫地区乡村产业宣传展示平台等，推动科技落地于乡村，畅通"科技二传手"在科学家、企业、农户三方的供需对接渠道，加速推进脱贫地区乡村产业科技成果的产业化、市场化。

第四，提升成果转化有效需求，增强科技转化交易保障。重视科技成果转化的产前工作，以脱贫地区龙头企业为主体，积极开展培训，提升其科学素养与接受科技成果的能力，围绕经济效益与社会效益的双重目标，提升乡村产业承接成果转化的积极主动性。发挥科技成果转化引导基金的"汲水"作用，降低科技成果转化的资金压力，鼓励科研机构与乡村产业共同承担成果转化风险，加强科技成果转化交易保障，为脱贫地区乡村产业进行科技成果转化解决"后顾之忧"。

第五，建立科学的激励政策。涉农企业，尤其是在农业现代化，技术推广过程中成长起来的具有突出贡献的龙头企业等都是推进我国科学技术运用的重要力量。政府部门需要提供各类物质、精神激励，促使他们投身到技术的推广应用中去。对于优秀企业可以实施奖项表彰，宣传优秀企业、优秀项目，为行业内其他成员树立标杆，同时也能提升涉农企业自身的自豪感和责任感。此外，在物质上要给予一定的补助，对涉农企业的知识产权、创新技术给予一定的保护措施，支持企业以技术盈利。

第四节　科技支撑优化利益联结机制

在科技支撑乡村产业发展中，科技从研发到落地生根于产业发展是一项投资大、周期长、环节多的工程，且涉及的责任主体较多、利益主体复杂，需要合理完善的利益联结机制，以推动科技支撑乡村产业的可持续发展。

一、构建利益联结机制的重要性

农业农村部等六部门联合印发的《关于促进农业产业化联合体发展的指导意见》明确提出"培育发展一批带农作用突出、综合竞争力强、稳定可持续发展的农业产业化联合体"，这种农业产业化联合体需要全面纳入各新型经营主体的力量，并帮助构建各主体间的分工协作关系，从而在彼此融合下形成农业经营组织联盟，形成规模经营使各方受益。在此过程中，完善利益联结机制、明确利益共享原则是核心。

乡村产业持续发展需要依靠发展方式变革下的产业集聚效应。乡村产业发展和产业效益的提升不应只依靠小农户的单打独斗，更需要借助新型经营主体的培育和参与，从而带来乡村产业发展的新业态和新模式。新型经营主体带来新的产业经营方式，这是今后乡村产业发展与传统产业发展的不同之处。构建乡村产业体系，培育产业新业态，在农业资源要素整合的过程中形成集聚效应。在丰富产业链的过程中，促进乡村产业发展的关键在于平衡各利益主体的利益分配方式，使各方利益分配参与者同心协力，形成乡村产业发展合力，为乡村产业发展形成长效机制。

发展乡村产业要以农民共享增值收益为出发点。在实践中多数农民仍通过打工获益，而不是作为资源的供给者分享应有的红利，因此致力于将农民纳入乡村产业发展的利益分配圈是利益联结机制构建的关键所在。

二、构建利益联结机制的挑战

乡村产业发展中的利益联结机制以市场交易联结、合同契约联结、代理利益联结、价格联动联结为主，企业在其中发挥主导带动作用。连接企业和农民的利益联结机制一开始由简单的"公司＋农户"模式构成，农户是乡村产业链上产品价值的直接创造主体，是带来乡村产业增值的直接动力，企业是联结"小农户＋大市场"的主要推动者，以及促进农业提质增效的主要执行者。随着多种农业经营主体的出现，"龙头企业＋合作社

(或大户）＋农户”"公司＋基地＋农户"等多种模式不断出现。然而在多种利益联结模式发展中，乡村产业利润被商业资本截取行为多有发生。

农业企业以利润最大化为行为逻辑，尽管在此过程中带来技术扩散、辐射带动乡村产业发展等正外部效应，但不断扩大的竞争优势使得企业垄断了上游产品的供给，从而挤压其他农户的利润，保证自身获得更大的垄断利润。随着乡村产业中参与的利益主体越来越复杂化，涉及的利益联结机制问题也越来越突出，主要体现在两个方面：其一反映在乡村产业经营主体间松散的利益联结关系，其二反映在市场化运作下一些缺乏约束的市场行为。

（一）利益联结关系松散薄弱

多种农业经营主体间的利益共享关系屡弱，例如一些企业落户到脱贫地区，农户依靠将土地租给企业或者直接参与企业的生产过程以此来获得土地租金或工资收入，这种利益联结模式多呈现出短期化和松散化的特点，龙头企业出于降低成本和提高盈利的目的，对脱贫农户或小农户的带动意愿较弱。

新型经营主体发育不足，一些合作社缺少规范化，仅流于形式，无法发挥对农户的带动作用。由于农民合作社、基地建设等规模较小，基础设施不完善，以及受制于观念意识和资源禀赋条件，合作社之间、基地之间，及其与农业龙头企业之间联系不够紧密，对农户的辐射带动能力较弱。

从农户自身角度来看，除观念落后的问题外，较低的经营管理能力和谈判能力也使得小农户对利益联结、产业扶贫等参与意愿较低，无法形成与企业和其他经营主体间的长期稳固的利益联结模式。

（二）市场化行为缺乏有效监管

缓解相对贫困问题是发展乡村产业的主要目标之一。促进脱贫地区乡村产业发展，在收益分配机制中保障农民利益，是缓解相对贫困的主要途径之一。但现存的利益联结机制中存在一些缺乏约束的市场行为，影响着产业扶贫的实施效果。产业扶贫具有市场化行为的特征，其本质是追求利润最大化。在利润分配过程中，由于缺少完善的监督和协调机制，钻空子、搭便车等行为时有发生，挤压着集体和农户的利润分配空间。例如，一些企业主导的扶贫产业，在市场经济条件下，扶贫并不是其核心功能和责任，追求利益最大化才是资本的必然选择。一些企业通过资本下乡，喊着扶贫的口号，谋取着个人的利益，在一定程度上消解了扶贫产业的社会功能，挤压了小农户的利益空间，阻碍了农村经济良性发展。这种情况大致体现在三方面：

首先，部分企业、商人为了获得政府的扶贫资金或助农资产，以扶贫的名义进入产业扶贫领域，成立一个临时的农业公司，通过一些临时运作寻找商机，先将项目拿下，分红之后再仓促结束项目，扶贫产业难以持续发展[①]。不仅违背了政府推动扶贫产业持续发展的愿景，而且侵犯了脱贫人口应该享有的知情权和监督权，损害脱贫人口的主体利益。结果是企业、商人获得了大部分的利益，脱贫人口却被排除在分享利润之外，使国家资金和优惠政策遭到企业的截留，无法发挥原有效力。

其次，由于一些扶贫项目具有长期性、可资本化的特点，"地方精英"往往利用自身优势在扶贫项目中截取扶贫资源，从而达到谋取私利的目的。而脱贫农户往往处于弱势地位而没有话语权，多数脱贫农户往往通过打工赚得固定工资或出租土地获得流转费，获取的报酬相对较少，真正低收入人口的利益就被边缘化。由于在扶贫对象瞄准中的偏离和资金使用中的"低命中率"问题，导致扶贫资源无法有效"落地"，致使"地方精英"俘获多数国家帮扶资源，"富人愈富、穷人愈穷"的现象不断蔓延[②]。

再次，在扶贫产业发展过程中，公司、企业与脱贫农户通过契约合同产生利益联结，但这种利益联结机制较为松散，加之脱贫地区尚未建立较为完善的诚信监督机制，违约现象时有发生。当市场价格低于合同约定的价格时，公司企业可能发生违约行为，反之，农户可能违约。企业与农户

---

① 陈天祥、魏国华：《实现政府、市场与农户的有机连接：产业扶贫和乡村振兴的新机制》，《学术研究》2021 年第 3 期。

② 孙冰清：《精准扶贫实践中"精英俘获"现象及其治理》，《领导科学》2018 年第 35 期。

很难彼此信任，不愿签署长期的合作协议。由于违约风险的存在，企业和农户也很难建立长期持续的合作关系、一些扶贫产业也很难实现常态化发展。

三、优化利益联结机制的对策建议

乡村产业发展涉及多方经营主体，相互融合、互惠互利的发展模式使得利益联结机制成为维系合作、促进乡村产业产生持久活力的重要环节。稳固的利益联结机制需要保障所有参与主体的合法权益，遵循激励相容、互惠共赢的原则，在总体设计上既要保障各方均受益，尤其保障小农户应有权益，又要确保各参与主体的利益和整体利益相一致[①]。

（一）发挥政府的服务功能

政府需做好中间服务，为小农户和新型经营主体搭建合理的利益联结机制服务平台。利益联结机制的搭建不能只依靠各主体自身的自觉行为，也无法依赖力量不对等下的博弈结果。政府的顶层设计以及政策引导是完善各经营主体间利益联结关系的前提保证。

第一，政府主体提供政策保障，完善相关法律制度建设。构建科学合理的利益分配机制，通过科学的制度设计和模式设定，明确企业、合作社、村集体、农户等各参与主体的权利与义务，以及在产业链、利益链上所处环节和所占份额，形成企业和农户在产业链上优势互补、分工合作的格局，从而吸引更多科技资金、技术、人才投入脱贫地区乡村产业发展中。

第二，基于人才支撑导向提高农民的生产技能和发展主动性。政府需依靠科技人才支撑战略，着重培养职业农民群体，培养家庭农场主以及职业工人，对于具备经营能力的小农户而言，要加强对其农业经营管理能力培训以及专业技术培训，培养其成为家庭农场主及新型经营主体；对于经

---

① 李玉双、邓彬：《我国乡村产业发展面临的困境与对策》，《湖湘论坛》2018 年第 6 期。

营能力欠缺的小农户，保障其通过稳定的工资带来收入提升①。因此，在发挥科技支撑作用中，政府既要通过资金保障提供专业培训，又要加深企业在提升农民学习科学技术兴趣中的参与感，引导农户以更强的主体地位和更专业的认知水平参与到利益联结的构建机制中。

第三，培育和发展新型经营主体的带动作用，加强各主体间的协调合作关系。鼓励工商资本下乡以及企业家下乡，发挥创业孵化器的作用，形成资本、聚集人才，培育新型经营主体。此外以项目为支撑强化各科研单位以及新型经营主体间的协同研发和生产关系，通过构建区域监测数据共享平台加强各方主体间的交流和联系，基于政府顶层设计优化各经营主体间的资源配置，在合作中实现各方主体成本最小化、利益共享化。

第四，创新利益联结机制，以利益共享、风险共担为原则，发展企农契约型合作模式，吸引脱贫农户入股，推广利益分红型利益分配方式，通过"订单收购＋分红""保底收益＋按股分红""土地租金＋务工工资＋返利分红"等方式，激发农户科技生产的积极性，带动广大农户参与现代化乡村产业发展。

（二）强化技术的支撑作用

信息技术具有敏捷性、透明性和快速性特点，通过大数据技术和网络平台等技术的应用可以约束市场主体行为，完善乡村产业发展中的利益联结机制。

第一，使用大数据强化资金监管，利用大数据技术实现对政府资金流向和使用情况的追踪和预警，降低监管成本，提升监管效率。根据本地具体情况构建信息系统，进行政府间以及政府和企业相关部门信息平台之间的扶贫信息共享的有效对接，方便政府对企业扶贫资金使用的监督，在大数据技术的使用下形成对数据深度挖掘和分析的机制，明确每一笔项目款项的使用和流向追踪，防止助农资金被截取瓜分，保障助农资金对农户和

---

① 李静：《产业扶贫关键在发展新型经营主体完善利益联结机制》，《中国发展观察》2017年第24期。

乡村产业形成有效帮扶。

第二，利用网络平台促进信息公开共享。建立包含消费者、新型经营主体、农业企业、中间商、农户等产业链各节点成员在内的信息管理系统，实现对物流、资金流和信息流的实时监控和管理，实现信息共通共享。该信息管理系统可以成为相关企业到农村找资源、找基地，农业主体找市场、找服务的对接平台。这就相当于建立一个"微市场"，将小规模农户聚合成一个有机整体，促使供需双方高效匹配。农户可以通过该平台进行市场交易并参与利润分配。政府可以借助该平台，通过政策倾斜等形式让小农户拥有更多的谈判机会和自主性，使其获得更加公平的利润分配，从而带动农户增收①。

第三，建立一套科学民主的管理监督机制，对农村合作社、龙头企业和公司等科技主体实施监管，牢牢把握企业、科技人员与农户利益捆绑条件，对科技服务情况开展后续调查，让农户自己评价科技主体的服务情况，确保科技到户，保障科技支撑乡村产业的可持续发展。

---

① 陈天祥、魏国华：《实现政府、市场与农户的有机连接：产业扶贫和乡村振兴的新机制》，《学术研究》2021 年第 3 期。

第十九章　新时期兜底保障面临的挑战

　　做好巩固拓展脱贫攻坚兜底保障成果同乡村振兴有效衔接工作，是确保脱贫基础稳固、成效可持续的重点任务，也是实现乡村全面振兴的前提和扎实推动共同富裕的基底。面对新时期新形势，改革完善以社会救助制度为核心的兜底保障体系，做好制度衔接转型，是党中央的重大决策部署，是巩固拓展脱贫攻坚成果、衔接乡村振兴战略的重大制度安排。构建适应新发展阶段民生保障需求的兜底保障体系，是健全农村低收入人口常态化帮扶机制的重点领域，也是巩固拓展改革成果、适应民生保障新形势、促进发展成果共享、实现共同富裕的必然要求。脱贫攻坚阶段，以"大低保、小救助"为特征的农村社会救助逐步衔接纳入"社会保障兜底一批"的脱贫攻坚兜底保障体系当中，在逻辑结构、政策对象和救助思维三大方面发生明显变化，转而形成救助与低保脱钩、各类救助分类实施的"大救助"兜底保障格局。"大救助"兜底保障体系为确保如期完成脱贫攻坚目标发挥了重要作用，但全面脱贫后，这一体系在适应减贫救助领域新形势和常态化治理转型任务要求方面，面临多重挑战，包括兜底保障工作的跨部门统筹协调、兜底手段和政策对象平滑衔接、兜底保障内容对新阶段需求的适应、兜底保障体系的城乡一体化等方面。在新时期，要重点健全分层分类的社会救助体系，构建兜底保障常态化体制机制，逐步实现县域内城乡统筹，实行以改革促进新机制的推进策略，加快不同类型地区开展分层次、差异化的示范推进工作，全方位推动形成全面脱贫后的新型兜底保障体系。

第一节　兜底保障的内涵

做好巩固拓展脱贫攻坚兜底保障成果同乡村振兴有效衔接工作，是确保脱贫基础稳固、成效可持续的重点任务，也是实现乡村全面振兴的前提和扎实推动共同富裕的基底。2021 年 8 月 17 日，习近平总书记在中央财经委员会第十次会议上讲话提出了推动共同富裕的思路，并具体指出"要完善兜底救助体系，加快缩小社会救助的城乡标准差异，逐步提高城乡最低生活保障水平，兜住基本生活底线"。由此，进入全面推进乡村振兴和扎实推动共同富裕的历史阶段后，构建高质量的兜底保障体系具有重要的战略地位。具体到"十四五"时期，需要着力研究好脱贫攻坚后兜底保障体系衔接转型的挑战，抓紧提出科学可行的战略方案。

自从全面推行脱贫攻坚战以来，中国的扶贫工作取得了更加明显的成效[1]，其中，兜底保障作为打赢脱贫攻坚战"五个一批"的重要措施之一，以社会保障为依托的减贫防线，为如期打赢脱贫攻坚战、全面建成小康社会提供了坚实的底线支撑。兜底保障是以社会救助为核心的兜底性、基础性的制度安排，是改革发展成果更多更公平惠及困难群众的民生基础，其功能是保基本、促公平、维稳定，本质在于"兜"住"底"。从脱贫攻坚到乡村振兴，中国的反贫困战略相应的发生了转变，即由绝对贫困治理向相对贫困治理转变，由收入贫困治理向多维贫困治理转变，由超常规扶贫攻坚向常规性贫困治理转变[2]。面对新时期的新变化，相应的，"底"的内涵和"兜"的手段需不断适应民生保障的形势与任务变化。面对新时期新形势，改革完善以社会救助制度为核心的兜底保障体系，做好制度衔接转型，是党中央的重大决策部署，是巩固拓展脱贫攻坚成果、衔接乡村振兴

---

[1]　燕继荣：《反贫困与国家治理——中国"脱贫攻坚"的创新意义》，《管理世界》2020年第 4 期。

[2]　魏后凯：《"十四五"时期中国农村发展若干重大问题》，《中国农村经济》2020 年第 1 期。

战略的重大制度安排。构建适应新发展阶段民生保障需求的兜底保障体系，是健全农村低收入人口常态化帮扶机制的重点领域，也是巩固拓展脱贫攻坚成果、适应民生保障新形势、促进发展成果共享、实现共同富裕的必然要求。

第二节　兜底保障的政策演变与特征

以低保为核心的农村社会救助与脱贫攻坚期间的扶贫体系是两项不同的制度安排，两项制度形成的历史路径不一，且有着不同的政策目标和政策手段。农村低保的保障对象主要是家庭人均收入低于当地最低生活保障标准的居民，即绝对贫困人口[1]，在覆盖面和济困效果方面成效显著[2]。脱贫攻坚阶段以来，中国扶贫的实践已从消除收入贫困转向"两不愁三保障"收支兼顾的目标，与之相应，兜底保障超越了脱贫攻坚前的以兜收入为主、兜支出为辅的"大低保、小救助"模式，形成了收支两头兼兜的"大救助"兜底保障格局，针对产业、就业等反贫困措施无法惠及或短期内生计难以及时改善的贫困人口，除了衔接传统的低保和特困供养之外，更是全方位实施公益岗位兜底扶持、医疗救助兜底保障、教育保障兜底支持、住房安全兜底保障等一系列保障措施，实现"社会保障兜底一批"。

一、兜底保障在脱贫攻坚前后的政策演变

脱贫攻坚前的社会救助体系也即 2014 年 5 月 1 日起施行的《社会救助暂行办法》，是脱贫攻坚阶段"大救助"格局的工作基础，但同时也因其难以满足脱贫攻坚的实际需要，因而在脱贫攻坚阶段发生了兜底保障体

---

[1]　朱梦冰、李实：《精准扶贫重在精准识别贫困人口——农村低保政策的瞄准效果分析》，《中国社会科学》2017 年第 9 期。

[2]　徐强、张开云、李倩：《我国社会保障制度的建议设绩效评价——基于全国四个省份 1600 余份问卷的实证研究》，《经济管理》2015 年第 8 期。

系的快速演化，跳出了"大低保、小救助"模式，而形成了脱贫攻坚阶段的"大救助"格局：针对建档立卡贫困人口，除了衔接传统的低保和特困供养之外，实行全方位的公益岗位兜底扶持、医疗救助兜底保障、教育保障兜底支持、住房安全兜底保障。

社会救助的主要构成是最低生活保障、特困人员供养、临时救助、受灾人员救助，并基于最低生活保障身份与特困供养身份，进一步设置与其挂钩的分类救助：医疗救助、教育救助、住房救助、失业救助、特殊保障（参见图19—1）。多种分类救助仅仅是对最低生活保障人员与特困供养人员的补充救助措施。例如，对在义务教育阶段就学的最低生活保障家庭成员、特困供养人员，给予教育救助；为最低生活保障家庭成员、特困供养人员、县级以上人民政府规定的其他特殊困难人员提供医疗救助；对符合规定标准的住房困难的最低生活保障家庭、分散供养的特困人员，给予住房救助等。可以看出，在脱贫攻坚前的社会救助体系以低保为主要内容，其他类别化的社会救助通常与低保身份挂钩，呈现出"大低保、小救助"的特征。其特征是强调"大面上的补差"，以收入型贫困为切入点，但因

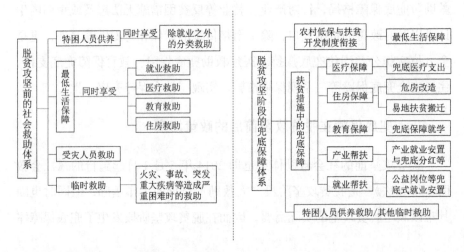

图19—1　脱贫攻坚前后的兜底保障（社会救助）体系对比

资料来源：脱贫攻坚前的兜底保障体系主要根据《社会救助暂行办法》（中华人民共和国国务院令第649号，2014年5月1日起实施）的内容整理；脱贫攻坚后的兜底保障体系根据项目组对脱贫攻坚阶段相关政策的理解梳理。

该体系下的类别化救助与低保、特困供养身份挂钩实施，就会产生对支出型贫困的干预不足，例如收入虽高于低保标准，但因病因学因灾等情形陷入生活水准短期或长期下降家庭，其表现出的支出型贫困状况难以获得及时救助。

脱贫攻坚阶段的兜底保障体系为实现全面脱贫目标，将农村社会救助与扶贫开发政策相衔接，跳出了原来的"大低保、小救助"模式，在内涵和结构上发生明显改变，形成了低保（以及特困供养）与各领域救助全方位兜底的"大救助"格局，政策覆盖范围延伸至支出型贫困家庭，保障内涵从事后兜底向事前预防延展（参见图19—1），各级政府在短时间内也投入了超常规的人力、物力、财力支撑各类兜底保障措施的实施。

二、脱贫攻坚阶段兜底保障的主要特征

基于上述变化，脱贫攻坚阶段形成的"大救助"兜底保障体系在逻辑结构、对象范围和思维模式方面呈现出了新的特征。

（一）分类救助与低保身份脱钩

脱贫攻坚以来，社会救助纳入脱贫攻坚"五个一批"之中，作为兜底保障的内容之一。2015年11月29日发布的《中共中央国务院关于打赢脱贫攻坚战的决定》中提出，大多数建档立卡贫困人口通过产业扶持、转移就业、易地搬迁、教育支持、医疗救助等措施实现脱贫，其余完全或部分丧失劳动能力的贫困人口实行社保政策兜底脱贫。与以低保身份为基础的社会救助进行比较，兜底保障将教育、医疗、就业、住房等救助独立了出来，不再与低保身份挂钩，平行属于兜底保障的范畴（见图19—1）面向贫困人口，形成逻辑关系更加清晰的"大救助"兜底体系。在管理上由民政和扶贫部门进行统筹，在实际操作层面由各个业务部门负责资格认定，实施类别化、专门化的分类救助。

（二）覆盖对象延伸至支出型贫困家庭

从我国贫困的致贫因素及其反贫困的实践来看，支出型贫困家庭的脆

弱性高是其致贫的重要机理[1]。脱贫攻坚前的社会救助属于补救性的生存救助，以收入为标准，保障救助对象的基本生活需要[2]，一定程度上忽略了医疗、教育等支出型致贫因素。脱贫攻坚阶段，医疗、教育、住房、就业等救助类别作为"三保障"以及公益岗位等形式覆盖所有建档立卡贫困人口，而由于建档立卡贫困人口本身已覆盖了因教育、医疗等大宗支出而陷入贫困状态的支出型贫困家庭，这就意味着脱贫攻坚阶段的兜底保障覆盖对象范围延伸至支出型贫困家庭。此外，低保救助对象范围，也从低保户逐步扩展到因病致贫或共同生活的家庭成员年人均收入低于上年度当地居民人均可支配收入的"支出型贫困家庭"[3]，对于部分建档立卡贫困户人均收入超过享受低保的条件但家中有重病患者、重度残疾人情形的，将重病患者、重度残疾人单独纳入低保，对其家庭可不再进行经济状况核对。这也就意味着，兜底保障体系全面覆盖到支出型贫困家庭和困难个人，形成了兜底保障覆盖范围的延伸。

（三）从事后兜底向事中救助、事前预防延展

传统扶贫时期，扶贫规则以保护型贫困治理模式为主[4]，例如五保、低保。脱贫攻坚以来，形成了以保护型治理和开发型治理为表征的复合型扶贫治理[5]。相应的，兜底保障突破了过去先准入低保后再补充进行其他领域救助的事后兜底模式，体现出事前预防和事中救助的特征。除了医

---

① 池秋娜、郭玉辉：《社会兜底保障由收入型贫困向支出型贫困延伸研究——以医疗支出型贫困为例》，《社会政策研究》2018 年第 4 期。

② 谢勇才、丁建定：《从生存型救助到发展型救助：我国社会救助制度的发展困境与完善路径》，《中国软科学》2015 年第 11 期。

③ 参考《中华人民共和国社会救助法（草案征求意见稿）》（2020 年 9 月），支出型贫困家庭指经县级民政部门会同有关社会救助管理部门审核确认，符合下列规定的家庭：（一）共同生活的家庭成员年人均收入低于上年度当地居民人均可支配收入；（二）家庭财产状况符合当地有关规定；（三）医疗、教育等必需支出占家庭总收入的比例达到或者超过当地规定，导致基本生活出现严重困难；（四）未纳入最低生活保障、特困供养或者低收入家庭救助范围。

④ 李小云：《我国农村扶贫战略实施的治理问题》，《贵州社会科学》2013 年第 7 期。

⑤ 豆书龙、叶敬忠：《乡村振兴与脱贫攻坚的有机衔接及其机制构建》，《改革》2019 年第 1 期。

疗、教育等救助方式全面兜住支出，遏制因病致病、因学致贫等情形，还有例如公益岗位①、扶贫车间等方式，从就业增收层面发挥发展性兜底功能。通过为部分因技能缺乏、照料家庭等因素无法外出就业的劳动力解决就近就业，支持这些家庭形成基本的生活收入来源，实现一边兜底保障、一边增能提升。以公益岗位为例，该方式运用政府购买服务的方式，在村庄设置保洁、保绿、公共设施维护、便民服务、妇幼保健、托老托幼助残、乡村快递收发等岗位，给予贫困人口或者低收入人口一定的现金补贴，保障其基本生活，同时也增加乡村公共服务的供给。类似的发展性兜底保障，还有资金分配导向的集体经济分红等。此外，政府也积极引导和鼓励社会力量参与特殊群体关爱服务工作，例如儿童看护、残疾人照护等。总体来看，不管是公益岗位、集体收入分红，还是社会力量参与兜底，其实质都是兜底作为脱贫手段的扩面，将兜底思维迁移到其他脱贫途径，通过兜底规模和兜底方式的扩面，实现保障贫困人口脱贫和不返贫的目标。

第三节　新时期兜底保障面临的挑战

巩固拓展脱贫攻坚成果，核心是保证脱贫人口、低收入人群不返贫，其关键是建立常态化的兜底保障制度，通过制度化、常规化、体系化的兜底制度设计确保农村相对低收入群体拥有体面的生活和平等的社会机会，回应新发展阶段群众的新需要，其实质是制度耦合的问题②。"大救助"保

---

① 在 2014 年发布的《社会救助暂行办法》中已经提到了公益性岗位：国家对最低生活保障家庭中有劳动能力并处于失业状态的成员，通过贷款贴息、社会保险补贴、岗位补贴、培训补贴、费用减免、公益性岗位安置等办法，给予就业救助。脱贫攻坚以来，公益性岗位的兜底作用的重要性进一步提升，范围也进一步扩大，成为发展性兜底的重要措施之一。

② 李棉管、岳经纶：《相对贫困与治理的长效机制：从理论到政策》，《社会学研究》2020 年第 6 期。

障格局为如期完成脱贫攻坚目标发挥了至关重要的作用，但面向全面脱贫后减贫救助的新形势，兜底保障体系不仅需要接续巩固拓展脱贫成果，面临防止返贫致贫、兜牢民生底线的重要任务，也需要适应全面性、长期性的乡村振兴战略要求。乡村振兴的长期性决定了政府以及社会各界无法像脱贫攻坚时期一样继续大量地倾斜资源，另外，兜底保障体系内部结构的演变本身也衍生出一些问题，值得进一步关注。概括而言，新时期兜底保障体系的衔接转型面临统筹协调、对象衔接、内容升级、城乡一体发展四个方面的挑战。

一、兜底保障工作跨部门统筹协调的挑战

在兜底保障方面，建立统一的动态监测数据库是常态化实施贫困监测与防止返贫的必要手段，其核心是实现相关部门间信息的动态协同。在脱贫攻坚阶段，尽管社会救助和扶贫体系实现了多方面衔接，各分管部门在政策落实过程中以原国务院扶贫办的建档立卡数据为依据，但扶贫政策和措施落实的数据主要分布在医保、教育、住建、人力资源等多个部门，各部门的数据信息依然相互独立，依靠定期或不定期的跨部门汇总与比对，时效低且沟通成本高，容易使得贫困治理呈现碎片化的格局[①]。另外，农村低保线与扶贫线已经实现"两线合一"，但是，认定标准和识别程序仍分属于民政部门与扶贫部门，尚未实现部门层面的统一，这在一定程度上降低了政策效力，不利于实现真正的衔接。从 2016 年底开始，民政部、原国务院扶贫办按照季度开展建档立卡数据和社会救助数据比对，通过比对将符合低保或特困供养条件的贫困人口纳入低保特困体系，将符合建档立卡贫困户的低保特困供养人群及时纳入建档立卡范围。这种方式虽能解决阶段性的"应兜尽兜"要求，但本质上依然是两个部门的数据分割状态下的比对，并非实质性的动态协同。同时，目前的数据信息生成方式主要

---

① 左停、贺莉、赵梦媛：《脱贫攻坚战略中低保兜底保障问题研究》，《南京农业大学学报（社会科学版）》2017 年第 4 期。

是基于自上而下政策供给的指标式单向搜集，缺乏多元帮扶主体和帮扶对象的参与和反馈。根据 2020 年和 2021 年项目组在山西、宁夏、贵州等地脱贫县域的调研，脱贫县域在坚决筑牢兜底保障坚固防线过程中，为确保"不漏一户、不落一人"确实投入了大量的人力物力，但是其工作手段依然是主要靠业务干部定期采集后进行手动信息输入，再由扶贫部门进一步进行信息汇总和录入，仍然延续了"攻坚式"的信息采集和处理方式。

脱贫攻坚收官后，除了原建档立卡人口的跟踪监测，相对贫困的治理还需拓展至边缘贫困群体和低收入农户等，人群更宽泛，变动性更强，信息量更大，传统人工采集方式存在跨期重复、多次录入等问题，导致填表一度成为影响基层工作效率的突出矛盾，这类传统数据采集方式将难以适应新阶段需求。实现常态化监测和协同的必要条件之一，是需要打破部门间信息壁垒，统筹相关部门间的信息资源，形成跨部门的统筹协调机制，实现识别标准统一、信息共享、政策协同、资源统筹。但从现行工作机制来看，跨部门统筹协调是兜底保障体系的一大挑战。例如，2021 年 6 月在宁夏西海固地区调研发现，部分县的民政局已经开始运用民政云救助管理系统核对平台，扶贫、财政、教育、人社、不动产登记中心、住房公积金办、保险、金融等部门，对低保家庭收入和财产进行大数据比对，以便于更有效开展识别，但是单就金融部门的数据来看，调研发现系统只能打通两三家本地银行的数据，事实上还远远不能实现数据采集闭环，因此一些地方又配套了乡镇巡视员制度，通过巡视员再对政策对象的家庭经济情况进行巡视核对。这些都表明，最基础的数据合法采集和部门数据合法共享还存在突出障碍。适应脱贫攻坚后扶贫工作常态化转型的现实要求，必须克服扶贫工作数据部门条块分割、追踪更新滞后、挖掘利用不足、基层重复报表等一揽子问题[①]。但从当前政策来看，2021 年 7 月，民政部单独对救助体系中的低保印发了《最低生活保障审核确认办法》，表明当前对

---

① 杜志雄、王瑜：《"十四五"时期乡村基层治理体系建设与减贫治理转型》，《改革》2021 年第 11 期。

整体救助体系的认定标准还处于部门单列状态，并非各项救助制度政策对象一体化认定，这也意味着整体大救助体系下的统一认定识别亟待改观。

二、兜底手段和政策对象平滑衔接的挑战

（一）扩面兜底保障如何回归常态化的挑战

脱贫攻坚时期，兜底保障的形式和范围进一步扩大，实质上是通过扩面实现脱贫的目标，客观上导致了兜底保障逐步泛化，由于福利刚性依赖和预期调适的障碍，或将面临扩面后难以回归常态的挑战。以宁夏 H 县的低保情况为例[①]，从 2016 年到 2020 年，H 县城乡低保人数从 5.89 万人增加到 6.23 万人，在这一过程中，农村低保规模则增长了 20%，农村低保人数占比从 2016 年的 74.2% 提高到 2020 年的 83.5%。从 2016 年到 2020 年，H 县城乡总发放金额从 1.98 亿元增加到 3.05 亿元，农村低保发放额从 1.34 亿增加到 2.44 亿，占比从 67.9% 提高到 80%。以 2020 年为例，城乡低保总规模已占全县常住人口的 18.7%，农村低保人数占农村常住人口比重达 24.1%，仅农村低保总支出就超出该县当年一般公共预算收入，难免出现"因财政状况实施低保"的现象[②]。当然，低保支出的资金来源主要是由中央和省财政负担，地方财政配套十分有限。上述脱贫县的状况并非特例，表明了脱贫攻坚阶段，农村兜底的面大幅拓宽，尤其是考虑到除了低保兜底之外，还有医疗、教育、住房等各类社会救助兜底。调研过程发现，福利依赖的情形不单是农户层面一旦享受就不愿意退出，也表现为村级层面救助认定具有模糊性的特征，村干部对有困难的群众就会"用低保这些救助手段平衡一下"，而在县域层面，地方政府则倾向于"向上面争取更多资金"。

（二）如何缓和"福利悬崖"效应的挑战

脱贫攻坚以来，建档立卡贫困人口得到全方位的兜底保障，特别是在

---

① 数据来源：项目组对调研资料的整理。

② 解垩：《中国农村最低生活保障：瞄准效率及消费效应》，《经济管理》2016 年第 9 期。

医疗、住房等方面。但是，在一揽子的兜底保障政策下，形成了部分贫困人口的综合福祉明显高于未纳入建档立卡贫困人口的其他低收入农户的现象。当前，尽管已经实现贫困人口全面脱贫，但脱贫攻坚期加上脱贫不脱政策的期限，脱贫地区内部的农户福祉分化问题已不容忽视。据学者测算，脱贫后的建档立卡贫困户之间收入差异明显，2019 年，收入最低的 5%、10% 和 25% 的脱贫户人均纯收入分别为 3737 元、4402 元和 5379元；而收入最高的 25% 的脱贫户人均纯收入则达到 19259 元，比全国农村居民人均可支配收入高 20%，分别为收入最低的 5%、10% 和 25% 的脱贫户人均可支配收入的 5.2 倍、4.4 倍和 3.6 倍。相当一部分非贫困户的收入状况不如脱贫户，有较大致贫风险的边缘户的人均纯收入为 9599 元，这一收入水平仅略高于 50% 的脱贫户[1]。这种政策上的负外部性引发了农户之间的隔阂，甚至对农村社区组织动员机制造成冲击[2]并产生新的不平等[3]。缓解脱贫攻坚阶段客观上形成的贫困人口和非贫困保障福利的"悬崖效应"，对巩固拓展脱贫攻坚成果同乡村振兴有效衔接、缓解相对贫困具有重要意义。但是福利有一定的刚性，如何平滑已形成的政策对象和非政策对象之间的福利差距，避免"福利悬崖"效应遗留的农民分化与隔阂问题衍生为全面推进乡村振兴阶段的内部矛盾，已经演化成为兜底保障机制设计方面的重要挑战。

三、兜底保障内容适应新阶段需求的挑战

物资补贴的基础上，服务供给方面比较短缺。脱贫攻坚期间，兜底的目标标准从根本上来说就是"两不愁三保障"，在内容上也主要表现为以资金和物质补贴为主。伴随全面脱贫以及人口结构的深刻变化，兜底保障

---

[1]　林万龙、刘竹君：《变"悬崖效应"为"缓坡效应"——2020 年后医疗保障扶贫政策的调整探讨》，《中国农村经济》2021 年第 4 期。

[2]　涂圣伟：《脱贫攻坚与乡村振兴有机衔接：目标导向、重点领域与关键举措》，《中国农村经济》2020 年第 8 期。

[3]　岳经纶、方珂：《福利距离、地域正义与中国社会福利的平衡发展》，《探索与争鸣》2020 年第 6 期。

的对象需要更多关注"一老一小",补齐托底性的老龄服务和托育服务,保障内容要进一步从物质帮扶延伸至兜底性的服务供给,尤其是针对不同救助人群的服务提供,例如残疾人服务、困难老人照护、留守儿童关怀等。这些兜底服务与日常生活密切相关,往往体现为"可行性能力"的匮乏,脱贫后基础性的兜底服务需求会更加突出。

服务设施普及的基础上,运营维护仍然是短板。脱贫攻坚时期,各地投入大量资金"补短板",新建了一批公共服务设施,例如村卫生所、日间照护中心、公共图书馆等,但建成后缺乏运营保障机制,只建不管问题突出。以养老服务设施为例,项目组在甘肃、宁夏、山西等多地调研发现,大部分脱贫村配套了养老服务设施,但大多却处于闲置、空置状态,有设施、少维护、缺服务的现象突出。全面脱贫后,如何在保障基本生活基础上提升既有公共设施的配套服务能力,通过服务创新的形式保障和回应不同人群差异化的需求,是兜底内容衔接转型面临的一大挑战。

四、兜底保障体系城乡一体化统筹的挑战

城乡融合发展是我国城乡发展的方向,为确保人口流动背景下的社会风险、家庭风险和个人风险得到有效控制,亟须考虑包括社会救助在内的基本公共服务机制城乡一体化的统筹。考虑到当前区域差距较大,但县域内城乡消费结构已经日趋同化,对兜底型保障和服务的需求不应再保持差别,甚至考虑到农村地区要享受同等医疗、教育服务所付出的成本可能更大等因素,应当加快县域内兜底保障各具体措施的城乡统一。

从工作机制上来看,既需要形成不同救助内容的城乡统一的认定标准,以使得认定标准对城乡人口(以及流动人口)具有适用性,并加快推动救助标准的城乡统一,同时也要适应衔接期部分脱贫地区还需继续对监测户实施"脱贫不脱政策"的工作要求,对收入型救助对象和支出型救助对象实行系统化的分类分层管理,从而破解原先身份绑定条件下救助模式包容性不足的问题。

此外,各类救助资源的配置亦需形成城乡一体化统筹机制,这与部门

间的统筹协调密切相关，也即县域条块部门之间如何在制度层面打通，进一步优化城乡间公共资源的配置，形成城乡间政策瞄准的大致公平，确保县域内需要社会救助的群体能够享受到大致均等的救助服务，以同步克服"悬崖效应"问题。

目前来看，民政部 2021 年印发的《最低生活保障审核确认办法》在提法上取消了城乡区分，但是推进低保标准的城乡统一还存在现实困难，主要表现在低保标准城乡统一程度的地区差异较大。2021 年，第一季度全国城市低保平均标准与农村低保平均标准的比值为 1.36，北京、上海、天津、浙江、江苏、福建、安徽的城乡标准已统一，重庆、广东、海南、新疆、山东、山西、湖北、湖南、内蒙古、四川、江西、辽宁、陕西、吉林的比值介于 1.2—1.5 之间，宁夏、河北、河南、甘肃、黑龙江、青海、贵州、云南、广西的比值介于 1.5—1.7 之间，西藏的比值为 2.27。由于地区之间现实条件的差异，脱贫县和脱贫人口比较集中的地区，低保标准的城乡统一将明显增加农村地区低保资金支出额，对财政资金支持力度提出更高要求，有必要分区逐步推进。

第二十章　全面脱贫后兜底保障体系的战略思路与举措

"大救助"兜底保障体系为确保如期完成脱贫攻坚目标发挥了重要作用，但全面脱贫后，这一体系在适应减贫救助领域新形势和常态化治理转型任务要求方面，面临多重挑战，包括兜底保障工作的跨部门统筹协调、兜底手段和政策对象平滑衔接、兜底保障内容对新阶段需求的适应、兜底保障体系的城乡一体化等方面。在"十四五"时期，要重点健全分层分类的社会救助体系，构建兜底保障常态化体制机制，逐步实现县域内城乡统筹，实行以改革促进新机制的推进策略，加快不同类型地区开展分层次、差异化的示范推进工作，全方位推动形成全面脱贫后的新型兜底保障体系。

第一节　兜底保障体系衔接转型的重要意义

截至 2020 年底，我国现行标准下农村贫困人口已经全部脱贫，脱贫攻坚顺利收官。其中兜底保障作为五个一批的托底手段，为打赢脱贫攻坚战提供了坚实支撑。接下来，巩固拓展脱贫攻坚成果、确保不返贫、有序推进乡村振兴是"三农"工作的重点，制度化的兜底保障对于脱贫不稳定群体、低收入群体等，能够起到社会安全阀作用，有助于系统地减少返贫致贫风险。随着经济社会发展，民生保障制度建设的基本形势与任务会发生变化，强化兜底保障体系，是防止社会性流动弱化的底线，也是公共政策层面推动共同富裕的重要发力点。

一、兜底保障为如期打赢脱贫攻坚战提供底线支撑

在坚决打赢脱贫攻坚战、全面建成小康社会等重大决策部署中，社会救助承担了新的职责任务和制度定位，"社会保障兜底一批"是精准扶贫脱贫基本方略的重要组成部分，是锁定农村贫困人口，分类施策、"不留锅底"的最后一道防线。党的十八大以来，民政部会同有关部门健全完善农村低保、特困人员救助供养和临时救助等制度，不断提高兜底保障水平，为如期打赢脱贫攻坚战、全面建成小康社会提供了坚实的底线支撑。通过统筹农村低保制度与扶贫开发政策有效衔接，2017 年底，全国所有县（市、区、旗）农村低保标准达到或动态超过国家扶贫标准，针对各类救助对象，农村低保、特困人员救助供养、临时救助等社会救助政策兜底有力，截至 2020 年底，全国有 1936 万建档立卡贫困人口纳入低保或特困人员救助供养，占到全部贫困人口的 19.6%。实现了"应兜尽兜"[①]。

二、兜底保障是巩固脱贫攻坚成果的重点领域

打赢脱贫攻坚战、全面建成小康社会后，要进一步巩固拓展脱贫攻坚成果，接续推动脱贫地区发展和乡村全面振兴。按照中央的意见，继续保持兜底救助类政策稳定是建立健全巩固拓展脱贫攻坚成果长效机制的基本要求，分层分类实施社会救助、织密兜牢兜底保障网，是健全农村低收入人口常态化帮扶机制的重要目标。根据 2022 年全国民政工作会议发布的数据，2021 年全国已初步建成覆盖 5700 多万低收入人口的动态监测信息平台并加强常态化救助帮扶，截至 2021 年三季度末，全国共有 240.2 万脱贫不稳定人口、边缘易致贫人口和突发严重困难户纳入低保和特困救助供养范围[②]。针对脱贫监测户、边缘易致贫户、老少病残孤等"三户一体"

[①]　数据来源：《脱贫攻坚兜底保障任务圆满完成》，《经济参考报》2021 年 2 月 24 日。

[②]　数据来源：《稳中求进服务大局以民政高质量发展迎接党的二十大胜利召开——民政部召开全国民政工作视频会议》，中华人民共和国民政部网站，2021 年 12 月 28 日。

人员，兜底保障体系正在同步健全社会救助家庭经济状况核对机制、困难群众监测预警机制，并在孤儿、事实无人抚养儿童、农村留守人员、残疾人等福利保障制度方面发力，包括"分类施保""单人保""就业成本扣减""低保渐退""收入豁免"等一系列政策已全面推开，临时救助的防止返贫致贫的重要作用进一步发挥，特困人员救助供养服务水平逐年提升。

三、完善兜底保障体系是巩固拓展改革成果的必然要求

统筹城乡社会救助体系是建立健全有利于城乡基本公共服务普惠共享的体制机制的重要内容，也是共享发展的基本要求。伴随全面建成小康社会目标的实现，困难群众对社会救助的需求层次和需求水平会发生变化，社会救助发展不平衡不充分的问题依然突出。为此，中共中央办公厅、国务院办公厅《关于改革完善社会救助制度的意见》对改革完善社会救助制度做出了顶层设计和系统部署，党的十九届五中全会也明确提出"健全分层分类的社会救助体系"的要求，引领脱贫攻坚后社会救助事业高质量发展。在立法层面，2020 年 9 月，民政部、财政部发布《中华人民共和国社会救助法（草案征求意见稿）》，公开征求社会各界意见，社会救助体系正在顺应新发展阶段民生保障的形势，不断完善兜住兜牢困难群众民生底线的制度安排。2021 年，由民政部、国家发改委联合编制的《"十四五"民政事业发展规划》正式印发，明确了"十四五"时期民政事业发展的主要目标、重点任务和重大举措，其中对实现巩固拓展脱贫攻坚兜底保障成果同乡村振兴有效衔接进行了任务部署，包括保持过渡期内社会救助兜底政策总体稳定，建立低收入人口动态监测预警机制，做好低收入人口常态化救助帮扶工作等方面。在分类救助方面，分别出台了相关实施意见，体现出保持政策总体稳定、巩固拓展脱贫攻坚成果的政策目标，同时突出了面向长效机制的转型。例如医疗方面，2021 年，国家卫生健康委等部委联合印发《关于巩固拓展健康扶贫成果同乡村振兴有效衔接的实施意见》，其主要内容是保持政策总体稳定，巩固基本医疗有保障成果，加强和优化政策供给，提升脱贫地区卫生健康服务水平，加快推进健康中国行动计

划，健全完善脱贫地区健康危险因素控制长效机制。

第二节　全面脱贫后兜底保障体系的基本思路

当前，从脱贫攻坚转向全面推进乡村振兴、构建城乡融合发展体制机制已进入关键期。兜底保障作为兜底性、基础性的民生工程，要切实承担好巩固脱贫攻坚成果的角色功能，加快适应常态化帮扶机制的衔接目标，以兜底保障领域不平衡不充分问题为切入点，面向民生保障形势变化的挑战，立足阶段和地区实情，以管全局、管根本、管长远为导向，扎实推进兜底保障体系改革创新。为推动全面脱贫后加快形成兜底保障新发展格局，在"十四五"时期，要重点健全分层分类的社会救助体系，推进减贫与社会救助体系的常态化衔接，将县域作为城乡统筹的重要切入点，以改革创新促进新机制，并加快有条件地区率先探索形成分层次的示范，构建符合乡村振兴长期目标、顺应城乡融合发展趋势的新时期兜底保障战略，为 2035 年乡村振兴取得决定性进展、基本实现农业农村现代化加厚筑牢民生保障基础。

一、加快健全分层分类的社会救助体系

目前，完善社会救助体系的政策框架已经基本形成。在"十四五"时期，重点是深入贯彻实施 2020 年中共中央办公厅、国务院办公厅《关于改革完善社会救助制度的意见》，按照 6 个方面 25 项改革任务，进一步细化落实方案，切实在 2 年左右时间健全分层分类、城乡统筹的社会救助体系，要按照建立健全分层分类的社会救助体系的要求，着力构建综合救助格局，打造多层次救助体系，夯实基本生活救助、健全专项社会救助、完善急难社会救助。在健全完备社会救助法制方面，民政部、财政部关于《中华人民共和国社会救助法（草案征求意见稿）》（以下简称"草案征求意见稿"）已于 2020 年 9 月公开全文并征求社会各界意见。草案征求意见

稿明确了社会救助制度和管理体制、9 类社会救助对象、11 类救助制度以及社会救助程序等内容。通过立法提升社会救助的基础性法律地位，构建完善的社会救助法律体系，有助于将社会救助工作纳入法治化轨道，形成稳定的社会预期。

下一步的重点是，各项救助制度的主管部门要加快适应立法要求，在"十四五"时期内加快推动落实各项救助制度的具体细则，全面落实法治化救助。

在加快实施分层分类、城乡统筹的精准救助制度举措方面，要完善收入兜底型、支出贫困型、急难型的救助制度，并探索发展型、关爱型救助。对因病因灾因疫致困人员的支出型和急难型救助，重点提升时效，加大救助力度。合理开发设置公益性岗位，注重将解决基层治理问题与吸纳低收入家庭就业相结合。通过识别认定标准中的就业成本扣减、低保渐退期等制度设计增强救助对象自我发展动力。创新"物质 + 服务"救助模式，通过政府购买服务、社会组织积极参与等方式，提升对残障、失能、困境人员的关爱型救助，确保特殊困难群体得到有效救助。对困难残疾人生活补贴和重度残疾人护理补贴，因地制宜设计补贴水平，争取目标人群覆盖率在"十四五"收官阶段达到 100%。

二、加快构建兜底保障常态化体制机制

脱贫攻坚式的兜底保障向乡村振兴阶段常态化兜底转型是"十四五"时期的关键任务。要加快推动以救助为核心的兜底保障回归常态化体制，充分体现兜底保障制度的包容性，并逐步推进扶贫领域的兜底保障与社会化的社会救助体系全面衔接，形成分层分类社会救助体系下的、以社会救助为主导的减贫救助体系，将减贫政策作为对特定对象的叠加补充政策，形成政策的衔接和平滑过渡。重点在体制机制上形成城乡一体的大救助体系，并将当前农村扶贫工作中的救助内容与城乡一体大救助体系接轨，统筹整合资源和力量，一体化建设民政服务和基层治理共同体，在更高水平上实现供需对接，在更广范围实现优质共享，形成多跨协同、综合集成、

多方参与的共享图景。

"十四五"时期内，可对符合条件的扶贫监测对象予以扶贫政策叠加扶持，通过保持对脱贫人口的兜底保障政策总体稳定，确保兜底保障脱贫攻坚成果得到有效巩固。"十四五"收官阶段，争取形成具有高度包容性的兜底保障，覆盖包括低收入人口在内的潜在政策对象，形成防止返贫致贫的民生保障网。

在构建兜底保障常态化体制机制的举措方面，要加快形成多元救助制度通用的识别认定办法，避免各救助部门单独制定认定办法。加快构建全国范围内结构大体相同、各省域基本统一的城乡低收入群体精准识别办法，在当前民政部已印发《最低生活保障审核确认办法》的基础上，加快民政、教育、财政、人社、住建、农业农村、卫健、医保、应急管理等不同部门的协同合作，形成识别认定办法的统一、辅助认定信息的协同、共享，形成各类救助制度统一适用的社会救助家庭经济状况认定办法，关注低收入家庭多维资产组合状况，并重点关注非收入贫困但具有脆弱性的家庭[1]，形成分类救助制度实质性动态协同的基本机制。尤其是脱贫地区，要在过渡期内加快实现政策衔接，逐步将大扶贫体系下针对建档立卡贫困人口的大救助体系转变为包容不同类型脆弱人群的社会化救助体系。

三、将县域作为城乡统筹的重要切入点

兜底保障是基本公共服务的基底，解决兜底保障类公共服务发展不平衡不充分问题是实现基本公共服务均等化的基础。在地区差距较大的情形下，一方面是要分区逐步推进，另一方面要将加快实现兜底保障的县域内城乡一体化作为重要切入点，按照统一的制度框架，实行统一的标准和政策[2]。2021 年中央一号文件提出，建立城乡公共资源均衡配置机制，强

---

[1] 李晗、陆迁：《精准扶贫与贫困家庭复原力——基于 CHFS 微观数据的分析》，《中国农村观察》2021 年第 2 期。

[2] 魏后凯：《新常态下中国城乡一体化格局及推进战略》，《中国农村经济》2016 年第 1 期。

化农村基本公共服务供给县乡村统筹，逐步实现标准统一、制度并轨。加快在兜底保障领域率先形成县乡村统筹的资金保障机制和工作协调机制，在"十四五"时期推动县域内资源和力量的统筹整合，分地区推进县域内低保标准的城乡统一、各类救助服务的城乡统筹、兜底保障服务一体化和构建基层治理共同体，争取"十四五"收官阶段，兜底保障领域的县乡村一体化取得明显进展，乡村的服务型兜底保障内容可及性明显改善。

在主要举措方面，要强化中央财政稳定提升兜底保障支持机制，加快落实兜底保障类公共服务的县乡村统筹，重点解决兜底保障城乡区域间的差距问题。一是兜底保障领域的中央财政新增支出主要向农村、基层倾斜，向乡村振兴重点帮扶县倾斜，向特殊困难群体倾斜，形成兜底保障的区域协调和城乡均衡发展的财政保障机制。二是要加快兜底保障资源的县乡村统筹，创新"救助＋服务"类兜底在县域内逐步实现标准统一、制度并轨、一体共享。在低保标准方面，加快县域内低保标准的城乡统一，可尝试由省级统筹推动县域范围内城乡救助水平统一，在城乡差距较大的县域可先通过比例式城乡衔接（根据本地城乡生活成本设定乡村低保水平为城镇的某一比例）再逐步实现标准统一。在各类救助服务方面，比如特困人员供养、特殊教育、失能群体照养、农村困境人群关爱服务等方面，加快健全县乡村联动的三级服务网络，以县域为整体，对兜底类服务的布局进行系统规划，结合常住人口动态分布情况，通过中心点辐射配合灵活服务模式，促进兜底类服务资源集约化布局，整合已有的设施资源，推动村级服务空间的一体化集成，通过职能部门、专业社会组织人员派驻、巡诊等灵活方式和发展农村互助性救助服务等方式全面提高基层兜底型服务水平。

第三节　县乡村兜底保障一体化的实施路径

近年来，伴随着城镇化进程，县域层面以家庭分工为内核的人口流动趋势愈发明显，逐步突破了城乡空间，形成了一种"一体化的城乡关系结构"。但与此同时，由于城乡之间基本公共服务与社会兜底保障体系尚未完全统筹，县域人口流动仍然存在一定的社会脆弱性，亟须以县域为单位强化县乡村兜底保障一体化，防止个人、家庭因教育支出、医疗支出、突发灾害等陷入贫困境地，消除系统性社会风险，提升居民幸福感与获得感，保障脱贫攻坚成果，夯实共同富裕的基底。当前的兜底保障体系源于脱贫攻坚的战略需要，为如期打赢脱贫攻坚战、全面建成小康社会提供了坚实的底线支撑，但随着经济社会发展，民生保障制度建设的基本形势与任务也会发生变化，对兜底保障体系建设提出了新的要求。推动县乡村兜底保障一体化主要面临跨部门统筹协调的挑战，即如何实现部门间"认定标准一体化、动态管理一体化、兜底资源一体化"这一政策体系闭环。针对上述挑战，建议通过工作机制创新形成县乡村统筹的资金保障机制和工作协调机制，以数字化改革为总抓手着力破解部门统筹协调的难题，通过立法保障提升兜底保障的基础性法律地位，共同推动县乡村兜底保障一体化建设。

一、县乡村兜底保障一体化的现实迫切性

城乡融合发展是我国城乡发展的方向，兜底保障是基本公共服务的基底，解决兜底保障类公共服务发展不平衡不充分问题是实现基本公共服务均等化的基础。2021 年中央一号文件将县域作为城乡融合发展的重要切入点，提出建立城乡公共资源均衡配置机制，强化农村基本公共服务供给县乡村统筹，逐步实现标准统一、制度并轨。这一提法回应了我国城镇化过程中的人口流动的新趋势与新需求，具有重要的现实意义。

从人口流动与家庭代际分工来看，除了大规模周期性的劳动力城乡流动外，随着工业化迅速发展与城乡体制持续改革，中国城乡二元结构的内涵和性质发生了巨大变化，我国现有 1881 个县市，农民到县城买房子、向县城集聚的现象很普遍①，逐渐形成了"以代际分工为基础的半工半耕"

---

① 习近平：《正确认识和把握中长期经济社会发展重大问题》，《求是》2020 年第 2 期。

生计模式[①]，这一模式主要集中在县域空间范围内，以家庭内部代际分工与赡养为基础，例如父母为子女接受更好的教育而选择在县城租房或者购置房产，父母为维持家庭收入在县城选择灵活就业、个体经营等，但是由于留守在农村的老人还需要照看，加之耕种土地等因素，家庭成员需要在县城与农村之间不断往来。就在农村与县城之间不断穿梭的过程中，农民家庭日常可支配的时空从局限于村庄之内扩展至跨越"村庄—县城"的空间，从而在县域内形成了一种"一体化的城乡关系结构"[②]。

从抵御社会风险与城乡融合发展来看，家庭虽然在县域内形成了一种"一体化的城乡关系结构"，但是由于城乡之间公共服务与社会兜底保障体系尚未完全统筹，仍然存在一定的社会脆弱性，尤其是脱贫不稳定人群与低收入人群，很容易因为老人大病、子女教育、突发灾害事件等陷入贫困境地，增加社会风险。为确保县域流动背景下的社会风险、家庭风险和个人风险能够得到有效控制，提升居民的生活幸福感与获得感，亟须推进基本公共服务机制与兜底保障机制的城乡一体化统筹，形成城乡一体化的兜底保障体系与社会安全网。

从兜底保障现实迫切性与具体推进路径来看，从提升人民获得感、提高家庭福祉与降低社会风险三个层面来看，推进基本公共服务与兜底保障城乡一体化统筹具有重要现实意义，核心问题是在什么层面上实现统筹。通过上文的论述，县域内家庭流动已经成为一种新的人口流动趋势。同时，考虑到当前区域（省与省之间、市与市之间）差距较大，但县域内城乡的经济发展水平、人口流动趋势、消费结构已经日趋同化，对兜底保障和服务的需求不应再保持制度性差别，甚至考虑到农村地区要享受同等医疗、教育服务所付出的成本可能更大等因素，应当加快县域内各类兜底保障制度的城乡统一，在县域层面推动落实县乡村兜底保障一体化。

[①] 夏柱智、贺雪峰：《半工半耕与中国渐进城镇化模式》，《中国社会科学》2017 年第 12 期。

[②] 白美妃：《撑开在城乡之间的家——基础设施、时空经验与县域城乡关系再认识》，《社会学研究》2021 年第 6 期。

二、加快推进县乡村一体化示范

由于兜底保障是包含多层次的、需要循序渐进完善的系统工程，兜底保障的主要任务在不同阶段会有差异，措施的侧重点在不同地区也有差别。结合兜底保障领域改革的主要任务，可在不同地区实行差异化的推进战略，加快试点，先试先行，总结案例，形成示范。

近年来，伴随着城镇化进程，县域层面以家庭分工为内核的人口流动趋势愈发明显，逐步突破了城乡空间，形成了一种"一体化的城乡关系结构"。但与此同时，由于城乡之间基本公共服务与社会兜底保障体系尚未完全统筹，县域人口流动仍然存在一定的社会脆弱性，亟须以县域为单位强化县乡村兜底保障一体化，防止个人、家庭因教育支出、医疗支出、突发灾害等陷入贫困境地，消除系统性社会风险，提升居民幸福感与获得感，保障脱贫攻坚成果，夯实共同富裕的基底。当前的兜底保障体系源于脱贫攻坚的战略需要，为如期打赢脱贫攻坚战、全面建成小康社会提供了坚实的底线支撑，但随着经济社会发展，民生保障制度建设的基本形势与任务也会发生变化，对兜底保障体系建设提出了新的要求。推动县乡村兜底保障一体化主要面临跨部门统筹协调的挑战，即如何实现部门间"认定标准一体化、动态管理一体化、兜底资源一体化"这一政策体系闭环。针对上述挑战，建议通过工作机制创新形成县乡村统筹的资金保障机制和工作协调机制，以数字化改革为总抓手着力破解部门统筹协调的难题，通过立法保障提升兜底保障的基础性法律地位，共同推动县乡村兜底保障一体化建设。

三、县乡村兜底保障一体化的重点任务

兜底保障作为"五个一批"的托底手段，为如期打赢脱贫攻坚战、全面建成小康社会提供了坚实的底线支撑。随着经济社会发展，民生保障制度建设的基本形势与任务会也发生变化，县乡村兜底保障一体化建设面临新的任务。主要体现为县乡村一体化在兜底保障领域的政策全过程（认定

标准、动态管理、资源整合）上如何实现真正的跨部门统筹协调。具体来说：

第一，形成城乡统一、部门统一、类别统一的兜底认定标准。现有的兜底保障体系脱胎于脱贫攻坚的战略需要，脱贫攻坚时期，以低保为核心的社会救助纳入扶贫治理体系，形成了收支两头兼兜的"大救助"兜底保障格局，除了衔接传统的低保和特困供养之外，实行全方位的公益岗位兜底扶持、医疗救助兜底保障、教育保障兜底支持、住房安全兜底保障等一系列保障措施，实现"社会保障兜底一批"。目前，农村低保线与扶贫线已经实现"两线合一"，但是，认定标准仍分属于民政部门与原扶贫部门，尚未实现部门层面的统一，这在一定程度上降低了政策效力，不利于实现真正的衔接。也就是说，各部门间形成一个基本的、统一的认定标准，然后再根据具体情况进行各部门分类救助。因此，需要尽快在县域层面推动救助认定标准与扶贫认定标准的统一，形成不同部门、不同救助类别的城乡统一的认定标准，以使得认定标准对县域内城乡人口（以及流动人口）具有适用性，加快推动救助标准的城乡统一。

第二，跨部门的信息实时共享与动态管理。总结脱贫攻坚的经验，在兜底保障方面，建立统一的动态监测数据库是常态化实施贫困监测与防止返贫的基础，其核心是实现相关部门间信息的动态协同。当下，尽管社会救助和扶贫体系实现了多方面衔接，各分管部门在政策落实过程中以原国务院扶贫办的建档立卡数据为依据，但具体落实的数据主要分布在医保、教育、住建、人力资源等多个部门，各部门的数据信息依然相互独立，依靠定期或不定期的跨部门汇总与比对，时效低且沟通成本高，容易使得贫困治理出现碎片化的格局[1]，不利于兜底保障的动态管理。推动县乡村兜底保障一体化，实现信息实时共享与动态管理是必要条件之一，针对兜底救助类信息数据孤岛、静态滞后和效能低下等现实问题，加快推动数据信

---

① 左停、贺莉、赵梦媛：《脱贫攻坚战略中低保兜底保障问题研究》，《南京农业大学学报（社会科学版）》2017 年第 4 期。

息跨部门整合与同步共享，形成大数据系统协同的智慧化瞄准与监测。但从现行工作机制来看，跨部门统筹协调是兜底保障体系的一大挑战。需要打破部门间信息壁垒，统筹相关部门间的信息资源，形成跨部门的统筹协调机制，实现信息共享、政策协同、动态管理。

第三，整合城乡间、部门间兜底资源。受制于城乡二元结构，实现城乡一体化一直是基本公共服务与社会救助资源分配工作的重点难点，部分先行先试地区已经率先实现了基本统筹。未来进一步推进县乡村一体化，需形成与认定标准一体化、动态管理一体化相配套的资源配置一体化。资源配置一体化与部门间的统筹协调密切相关，也即县域条块部门之间如何在制度层面打通，进一步优化城乡间公共资源的优化配置与适度协调，形成城乡间政策瞄准的大致公平，确保县域内需要社会救助的群体能够享受到大致均等的救助服务，以同步弥合城乡差距，克服"悬崖效应"问题。

四、推进县乡村兜底保障一体化的具体举措

在具体举措方面，核心是对标新时期兜底保障面临的主要问题与主要挑战，以改革促创新，通过工作机制创新、技术赋能、法治保障等途径加快落实兜底保障的县乡村统筹，通过兜底保障体系建设确保不发生规模性返贫，巩固拓展脱贫攻坚取得的成果。

第一，强化中央财政稳定提升兜底保障支持机制，重点解决兜底保障城乡区域间的差距问题，形成县乡村统筹的资金保障机制和工作协调机制。兜底保障领域的中央财政新增支出适当向基础薄弱的农村、基层倾斜，向乡村振兴重点帮扶县倾斜，向脱贫不稳定户、低收入群体、特殊困难群体倾斜，形成兜底保障的区域协调和城乡均衡发展的财政保障机制。建立县乡村三级兜底保障统筹工作机制，分地区推进县域内低保标准的城乡统一，推动县域内资源和力量的整合，可尝试由省级统筹推动县域范围内城乡救助水平统一，在城乡差距较大的县域可先通过比例式城乡衔接（根据本地城乡生活成本设定乡村低保水平为城镇的某一比例）再逐步实现标准统一。在各类救助服务方面，比如特困人员供养、特殊教育、失能

群体照养、农村困境人群关爱服务等方面，加快健全县乡村联动的三级服务网络，在县域内逐步实现标准统一、制度并轨、一体共享。

第二，以数字化改革为总抓手，着力破除兜底保障领域的突出矛盾和关键堵点。一是要通过平台化集成等途径加快部门数据整合共享，探索形成区域内帮扶信息分享和利用的制度和机制，重点破除过去部门条块分割、信息孤岛的困境。在脱贫摘帽地区，要加快推进跨部门的统一识别标准、信息共享、政策协同、资源统筹等一揽子改革，为未来探索形成全国一张网夯实县域基础。二是要加快推进减贫救助领域工作数字化改革，加快探索政府、企业、公益组织等多元主体在大数据开发利用方面的纵深合作，以大数据技术为支持，在减贫救助以及更广泛的城乡基层治理领域节本增效、提升智慧化决策水平。三是要深化多元参与主体的数字化赋权。改革创新是推动兜底保障体系切合民生保障形势、破解工作痛点堵点的根本动力。当前兜底保障的大数据治理框架虽然已初具规模，但仍然存在信息孤岛、跨区域共享不足、管理规范度不高和政策决策欠佳等现实问题①，要依靠数字化新工具和"放管服"新思维，以数字化改革为总抓手，深化"放管服"改革，着力破除兜底保障领域的突出矛盾和关键堵点。在两大改革的推动下，通过数据协同化归集，健全社会救助家庭经济状况核对机制，优化简化审核确认程序，全面推行"一门受理、协同办理"，同步建立完善主动发现机制，加快兜底保障服务管理的转型升级。着重将"一窗受理、集成服务、一次办结"的服务模式推广应用到扶贫工作乃至更广泛的农村工作领域，以数字化柜台的方式同步实现事务性工作减量和对象需求及时反馈，促进减贫救助工作常态化转型。

第三，要加强城乡统筹法治保障，通过立法提升社会救助的基础性法律地位。通过完善社会救助立法，理顺社会救助与兜底保障之间的关系。从法治层面统筹城乡低保等社会救助制度，形成"以社会救助法为统

---

① 万国威：《新时代我国贫困人口兜底保障的大数据治理变革》，《华中科技大学学报（社会科学版）》2020 年第 2 期。

领，以单项法律法规为支撑"的社会救助法律体系。通过立法实现低保制度的法律位阶一致、认定条件相同、审核确认程序统一、低保标准算法一致、日常管理一致，救助内容和水平同当地经济社会发展相适应①。民政部、财政部关于《中华人民共和国社会救助法（草案征求意见稿）》已公开征求稿，针对社会救助制度和管理体制、9 类社会救助对象、11 类救助制度及社会救助程序等已形成较成熟方案，建议各项救助制度的主管部门适应立法要求，加快推动各项救助制度的具体细则落实，全面落实法治化救助。

---

① 刘生根：《以救助制度一体化助推公共服务均等化》，《中国民政》2021 年第 19 期。

第二十一章　提升乡村公共卫生服务能力

乡村公共卫生建设关系到基层人民生命健康，同时也是基层医疗服务有效保障的重要手段，在各项返贫原因中，因病返贫是主要原因之一，所以提升乡村公共卫生服务能力是防范规模性因病返贫的重要手段之一，对有效防范规模性因病返贫意义重大。

第一节　提升乡村公共卫生服务能力意义重大

一、完善乡村公共卫生体系的重要性

我国曾出现过多次突发公共卫生事件，直接给全国人民群众的生命及健康带来了极大威胁，同时对局部地区的社会稳定产生影响，阻碍了经济产业的发展。乡村公共卫生体系是各种潜在公共卫生事件的前哨站，是监测卫生事件的关键一环。在2003年"非典"之后重大公共卫生体系建设得到了重视与提升。在近20年的时间内，我国逐步建立"一案三制"的应急管理体系。各级疾病预防控制中心的组织架构、人才队伍、专业素养得到了改善与提升，建立完善了法定传染病网上直报系统，这在2009年甲型H1N1流感防控中发挥了巨大作用，政府的敏锐性、响应度都明显改善，能够第一时间处置应急，政府之间、部门之间、行业之间信息互通、资源共享，基本形成较为完整的框架体系。

二、目前乡村公共卫生服务的短板

2020 年初，新冠疫情暴发是一次重大突发的公共卫生事件，同时也是自新中国成立以来，传播速度最快、感染范围最广、防控难度最大的一次传染病疫情。这次疫情在全球范围内也产生了深刻影响，面对突然暴发的疫情，中国人民紧紧围绕在以习近平同志为核心的党中央周围，在党和国家领导人的统筹领导下，全国范围内统一规划、众志成城、全力以赴，坚持把患者救治、人民生命健康放在第一位，同时也采取了最严格、最深入、最彻底的疫情防控措施，举全国之力，全民皆兵，认真落实科学、依法、精准的防控政策方针，按照"早发现、早报告、早隔离、早治疗""应检尽检、应收尽收、应治尽治"的原则处置疫情。在上下一心的努力下，武汉的疫情在发生 1 个多月后得到了很好的遏制，本土蔓延的趋势得以消除；疫情发生 2 个月左右时，已经将每日新增病例数量控制在 10 以内；前后用了近 3 个月的时间，取得了"湖北保卫战"的决定性胜利。近 2 年，我国已进入疫情常态化防控阶段，我们在日常防控工作中严格执行"内防反弹、外防输入"政策，积极统筹平衡疫情防控与经济社会发展的关系，对出现的输入性传播、聚集性传播、散发疫情等情况，采取及时"动态清零"政策，以减少疫情对社会经济的影响。

首先从法律法规体系看，我们应该从立法、执法、守法等多个环节共同发力，根据实际情况，结合疫情特点推行依法防控工作，将防控工作科学化、精准化，努力实现联防联控。从现有的疫情防控法律法规出发，已经构成了疫情防控的基本法律体系，但对于乡村基层如何防控在标准上还普遍相对模糊，多依赖县级党委政府的统筹协调。基于有关法律法规，各级疾控部门应该指导乡村地区落实管理职能、组建技术队伍，因地制宜建立完善工作制度及应急预案，组织培训演练，科学发布舆情等。

从组织管理体系看，疾病预防控制中心在业务指导上垂直管理，在行政管理上是水平领导，疾控中心只负责指导、培训，缺乏刚性监督约束，公共卫生治理碎片化，缺乏行政权的清晰流程，管理效能低下，不能快速应对突发公共卫生事件。乡村的疾病预防控制工作，与医疗救治分离，与上级医疗机构更加缺乏联系沟通，"医防脱节"，"防控与救治整合不畅"。

从乡村专业队伍看，县级疾控中心基本健全，但绝大多数的乡村的疾控专业队伍处于空白状态。乡村卫生工作人员对专业性强的公共卫生应急操作不熟练，缺乏应急意识与组织能力、处置能力。一旦出现重大突发公共卫生事件，以村委干部、临床大夫为主体进行防控应急，因防控的专业性不够，医疗体系出现混乱、应急预案执行不力，从而耽误事件管控的情况大概率会出现。

纵观近 20 年发生的重大公共卫生事件，普遍暴露出我国乡村地区，尤其是偏远乡村地区，存在着众多疾病防控问题，如防控机制缺乏，对疫情防控流程掌握不熟练、公共卫生应急管理体系机制不健全、财政投入不足、专业人才缺乏、公共社会力量明显不足。

针对公共卫生体系的短板，我国应尽快从"应急为主转到预防为主"。建立县域协调的公共卫生事件应急应对机制，根据人口规模、区域大小以及疫情防控的风险等级，合理设置疫情防治基地，建立具备检测能力的实验室。分级分层推动公共卫生体系建设，加强县级医院平急结合能力建设，系统储备重要医疗物资、改建预留方舱医院土地，能够流动支持乡村地区救治隔离，争取实现流行病调查、信息通报、资源调配统筹协调管理。建立全方位、网格化防疫策略，落实疫情防控监测网，以做到可以切实保障人民生命健康安全。

第二节　新冠疫情防控的实践经验与启示

自新冠疫情防控常态化管理以来，我国全面落实"外防输入、内防反弹"的政策方针，防控态势总体平稳。较长时间内，本土疫情发生的事件较少，复工复产相关工作在陆续推进，经济与社会能够较为平稳的发展。

2021 年 1 月，河北石家庄出现聚集病例。这是新冠疫情出现以来我国首次在乡村地区聚集暴发疫情。自 2020 年 5 月中下旬以来国内疫情由国外输入疫情关联、冷链运输接触等原因陆续引发多地散发聚集性病例。如河北石家庄、江苏南京、安徽六安、广东广州、河南郑州、内蒙古呼伦贝尔等多个地区陆续出现疫情，偶发疫情始终没有间断，提醒我们疫情防控形势依然错综复杂，尤其要重视并抓实抓细乡村等基层疫情防控工作。

一、近期乡村新冠疫情防控现状的基本认识

从乡村疫情防控的全国整体形势看，各地基本能够按照疫情联防联控的方案，根据传染病防控"三板斧"：管理传染源、切断传播途径、保护易感人群的具体要求迅速处置，有效防范风险，有力管控传播，及时组织救治。应该说，各地的疫情防控的整体能力是好的，措施是行之有效的，具备了较好的重大公共卫生应急能力。但石家庄地区及后续出现的散发的本土聚集性疫情，也暴露了部分地区农村社区等基层疫情防控存在漏洞。中国工程院院士张伯礼分析认为，农村防疫能力较弱，医疗卫生条件相对不足，同时存在着基层医生对疫情认识不足，防范意识也不高的情况，应对突发疫情往往发挥不了"早发现"的哨点作用。同时村民对疫情认知程度也较淡薄，卫生观念相对落后导致出现瞒报病情等情况，大大增加了农村地区疫情防控的难度。此外，农村地区集市贸易、婚丧嫁娶、聚众活动较多，易于造成聚集性传播。农村留守老人儿童偏多，疫情发生后老人儿童感染多，也给救治增加了难度。近期乡村疫情防控有所波动的原因如下。

第一，一定程度上存在着认识不到位、思想松懈。政府、群众、专业人员缺乏对疫情防控长期性、复杂性的深刻认识，过于乐观地认为"国内疫情已经结束，国外疫情距离自己远"，认为乡村基层输入型风险几率小、感染几率低，有赌徒式的"押宝心态"。对外地发生过的因为疫情防控不力出现聚集疫情进行相应行政处罚的案例缺乏警醒警觉，思想认识不到位。

第二，联防联控机制的贯彻落实上存在着短板与不足。政府、部门、

单位、个人四方责任不够清晰、职能碎片化、协调衔接不够，"平急结合"的预案措施不够精细、温度不够，宣教、演练不足。一旦产生有可能的风险隐患，往往采取"一封了之""一关了之"。对中高风险地区返回结束隔离的人员、从事冷链物流运输人员等重点人群缺乏跟踪观察，隔离管控措施较为机械冷漠，服务意识欠缺。人物同防、环境消杀、物资保障等重视落实不够，尤其是有国外物流仓储或者通道的乡村地区；流行病学调查、登记查验、聚集聚会管控等技术环节较简单，对在港口机场、医疗机构等实际工作的人员信息掌握不全面；防控工作经费在足额及时保障、专款专用、绩效激励方面有滞后或者不足；缺乏对群众舆论科学引导，重科学重事实的氛围没有建成，"道听途说""主观猜测"的消息会在一定范围传播。

第三，专业知识技能的学习热情不够，存在依赖心理。对如何做好流调登记、哨点监测、首诊负责、协调处置等关键环节的专业知识掌握不足，导致在执行过程中容易出现"打折扣"，总在期待或者需要别的环节去"查漏补缺"。任何一个环节的疏忽都有可能对疫情防控工作造成重大影响。

筑牢乡村地区疫情防控底线，做好常态化疫情防控，是一场持久战，必须始终如一，时刻警惕，决不能存在侥幸心理，更不能有松懈意识。乡村公共卫生基础本身普遍较差，专业技术能力不足。群众卫生观念相对落后、防控意识淡薄，对发热、咳嗽等"小病"没有警惕性。乡村人口密度不高，但工作、生活、消费的场所人群密集，这些特点都在客观上增加防控的难度，丝毫放松不得。

面对新冠疫情，各地需要建立疫情常态化防控相关的培训演练机制，完善公共卫生相关体系建设，推进应急结合的医疗中心建设，完善疾控中心、检测实验室等支撑平台，提升检测服务能力，健全流调梯队、应急处置梯队。同时要加快重大疫情防控救治体系建设，完善重大疾病医疗保险和救助制度、建立健全统一的应急物资供应保障机制等。一是有关经费须财政全额保障，服务、科研等委托任务取得的收入纳入其绩效体系，实行"公益一类事业单位保障，公益二类事业单位管理"；二是要加强人才队伍建设，注重人才专项能力培养，体现专业性，建立完善执业人员培养、使用、考核评价以及激励机制等政策方案，以推动基层公共卫生服务体系与医疗服务体系能够实现高效协同、无缝衔接。

二、国家重大公共卫生事件应急管理体系建设

"乡村公共卫生体系需要一个主角"。做好新冠疫情防控工作需要进一步完善乡村公共卫生体系，以保障联防联控机制能够有效开展。本次疫情，各省在党中央的统一部署指导下，根据各省的疫情实际情况，同步协调疫情防控策略，取得了很多成绩。同时，从提高公共卫生管理能力及治理体系角度出发，我们仍需要进一步制度化、体系化。一是公共卫生相关工作需要进一步深化，各地区要结合实际情况，深入开展爱国卫生运动，深入强化巩固基层的卫生防疫体系及提高基层防疫能力；二是插上翅膀，通过信息化智能化的新技术，实现知识更新推送，打通关键节点，实现协同衔接，各层级医疗管理体系在疾病病理研究、流行病学监测、预防知识普及上需要结合各自特点及优势形成"合力"；三是以法规制度形式，界定约束个人、单位、政府、社会等多方责任。各级公共卫生管理体系正在推进建设，确保管理体系既不缺位、也不越位。在新冠疫情的多地多轮反复考验下，组织机构、职级职能、权责业务等方面在逐渐清晰明确。

（一）国家疾病预防控制局挂牌成立

国家疾病预防控制局的挂牌成立，标志着我国的公共卫生体系深化改革向前跨出了极为关键的一步。国家疾病预防控制局能够更好地协调完成国家、省、市、县四级疾病预防相关机构筹备组建工作，能将疾控机构内部的统筹工作发挥得更好，同时也可以将协同工作的角色扮演好，形成从中央到基层领导有力、政策执行畅通无阻的疾病预防控制体系。其中，建立从中央至基层的垂直管理体制机制，管理与技术并重，增加信息发布权与行政权，加强医防融合等指向非常明确。首要任务是做好新冠疫情的防控，在以往工作基础上更体现专业性、系统性和可持续性；而后便是精神心理卫生等健康业务的发展，体现未来我国公共卫生发展的纵深性、效率

性和负责性。

2021 年 7 月，国家四部委联合发布了《"十四五"优质高效医疗卫生服务体系建设实施方案》，提出重点建设四大工程，并将"公共卫生防控救治能力提升工程"作为第一项，任务包括现代化疾控体系建设、国家重大传染病防治及国家紧急医学救援基地建设，明显偏重于传染病的防治。

"十四五"期间，根据国家需求布局，我国将会布局建设 20 个左右国家级重大传染病防控救治专业基地。为了完善我国的紧急医疗救援体系，我国将构建一批高水平、一流的国家级紧急医学救援基地，以发挥局部、国内乃至国际紧急医学救援的巨大作用。同时，通过提升公立医院的传染病救治能力，提高综合医院传染病防治设施建设的标准，加强应急医疗救治能力，统筹医疗卫生机构相互响应、区域联动、人员协同的能力，建立健全分级、分层分流重大传染病及重大疫情救治的机制，提升我国的重大传染病救治的能力。

重大疫情及突发公共卫生事件的救治能力提升，需要建立在全面加强公立医院综合能力建设基础上。可以通过升级相关设施，人员综合素养提升以及区域统筹规划应急演练基础上实现。重大传染病疫情或突发公共卫生事件暴发时，我们应做好人员协调、分级诊疗、分流引导工作，完善配套机制，加大配套设施建设。其中以带动提升我国重大公共卫生事件应对能力以及公共卫生治疗救治水平的国家重大公共卫生事件医学中心在武汉设立；以构建立体化协同救援体系为主的国家紧急医学救援基地在四川成立；另外在广州建设的国家重大疫情救治基地，使医防结合更紧密，公共卫生防线更加牢固。

在国务院 2022 年 2 月发布的《国家疾病预防控制局职能配置、内设机构和人员编制规定的通知》《关于调整国家卫生健康委员会职能配置、内设机构和人员编制的通知》中已经将传染病防控和应急处置作为其核心内容，同时明确了五大职责，并强调卫生应急工作将由国家卫生健康委员会协同相关部门机构共同开展执行。

（二）福建省、湖南省分别率先筹建第一家省级、市级疾控局

2021年8月，福建省疾病预防控制局（筹）在福州揭牌，整合疾病预防控制、应急处置、公共卫生监督等相关职责和机构。福建省作为医改大省，在国家疾病预防控制局成立后，及时公布了根据本省情况制定的省、市、县级疾控局组建框架、具体工作方案。

2022年1月，湖南省益阳市卫生健康委举行市疾病预防控制局揭牌仪式，全国首个地市级疾控局成立。其主要的行政职能也从单纯性的疾病预防控制转向全面维护并促进人民健康水平的转变，如此，不仅可以更加便捷地应对突发的公共卫生事件，也能响应国家健康相关工作要求，及时满足人民群众对健康的新需求。

（三）乡村公共卫生委员会建设的指导意见出台，实现了管理体系的上下贯通联系

我国宪法对村（居）民委员会公共卫生委员会建设作出了规定，但其建设一直相对滞后。基于本次新冠疫情防控中群防群控、社区防控的经验成效，以及健康中国国家战略的推进，村（居）民委员会公共卫生委员会建设也是其中重要内容。

2022年1月，民政部等四部委联合印发《关于加强村（居）民委员会公共卫生委员会建设的指导意见》（以下简称"《指导意见》"），《指导意见》提出了在基层初步建立起常态化管理和应急管理动态衔接的基层公共卫生管理机制，为实施健康中国战略、推进全过程人民民主和基层治理现代化建设发挥积极作用。

《指导意见》中明确了其基本职责主要是组织制定农村地区公共卫生专项工作保障方案纲要和相关突发区域公共卫生事件综合应急工作预案，组织指导开展区域突发重点公共卫生事件专项应急工作演练等工作；统筹组织、引导突发公共卫生农村地区社会团体组织等特别是基层志愿医疗服务机构组织建设；协助上级政府部门为群众提供基本公共卫生健康服务，开展重要传染病防治和相关重大暴发性疫情综合防控应急处置、综合执法整治、卫生不合规清理、殡葬活动管理、卫生监督检验等日常工作事项；

配合开展卫生基层健康管理相关政策法律法规宣传、居民公众健康法律法规教育实践等社会宣传实践活动；组织引导基层人民群众、群团组织、经济企业和其他社会组织以及驻村相关单位组织开展相关爱国卫生健康运动等实践活动；积极向上级政府部门及相关单位反映人民群众提出的合理有效的意见建议。《指导意见》对村（居）民卫生委员会公共卫生委员会的基本职责进行了界定，既包括了对传统疾病的诊治如农村居民卫生健康教育、基本社会公共卫生保障服务、传染病控制和突发重大动物疫情及其防控处置、爱国卫生运动等公共卫生服务内容，还包括了综合整治、卫生清洁、殡葬管理监督等公共卫生服务范畴的内容。可以看出，从部门职责职能来说，乡村公共卫生委员会的职能范围更广更具体。

实行疾控机构"公益一类保障，公益二类管理"模式，及时解决人才短缺及人才积极性等问题。调研期间有专家建议，基层工作应借鉴好的医疗诊治及保健工作结合运用经验，建立以临床为主、防疫为辅，临床防疫相结合的工作模式，将地方疾控中心的功能与传染病医院相结合，相互补充、相互促进、"平急结合"，非疫情时期主要负责开展常见传染病的诊疗工作；疫情时，将抗疫效能发挥到最大，以求最大限度保护人民生命健康安全。

除做好保障之外，需要对机构、人员加强各项指标考核。2021年国务院办公厅发布了《关于推动公立医院高质量发展的意见》，文件中强调了各级公立医院公共卫生服务水平提升的重要性，加强公共卫生服务能力的必要性，对应对重大突发疫情及公共卫生事件抗风险能力也提出了具体要求。要注意推进公共卫生科室标准化建设工作，同时应加强与专业公共卫生机构的协同应对和交流融合。北京、江西、江苏等地也加快了推进公立医院公共卫生能力提升的步伐。

要求通过独立设置公共卫生科，推进相关职能部门机构的建设，建立健全相关专家诊疗指导制度，设置公共卫生岗位奖励基金，在医院等级评审和绩效考核中增加对履行公共卫生职责工作的考核占比等。加强医防融合、落实公共卫生职责，已是当下公立医院发展的一项重要举措。

《"健康中国 2030"规划纲要》明确提出要建立"三位一体"的重大疾病防控机制，即以专业公共卫生机构、各级别医院以及基层医疗卫生机构为主体，建立信息共享、互联互通创新机制，推进各层级各类型慢性病相关的防、治、管整体融合协调发展，进而真正实现医防结合。

为了更好地实行"一兼、两管、三统一"管理工作，山西省尝试把疾控中心相关的职能工作与医疗集团相关工作相融合，以寻求更好地统筹协调管理。

一兼，相关县域医疗集团副院长由当地疾控中心主任兼任，主要负责公共卫生相关工作。为了更好地应对复杂的疫情形势，县级疾控中心应该主动融入进县域医共体当中，以更好地发挥医共体的优势。同时，相关工作也应该适当进行调整，将慢病管理、健康科普等工作下沉到县人民医院，让一线大夫更好地开展防治相关工作，发挥专业人员优势、惠及更多的群众。

两管，即县疾控中心、医疗集团公共卫生中心对所属部门的所有业务工作要做到协同管理，相互补充协调。

三统一，即统一领导、统一标准、统一考核。各层级医疗机构应组建县级医疗集团，打破人员身份壁垒及机构界限，对各级医疗机构进行资源整合，集中设立传染病预防中心、慢性疾病防治中心及妇幼保健中心等，发挥优势，将早期预防、健康干预及疾病诊疗相关工作相结合，做到"三位一体"，以便提供更高水平的医疗卫生服务，进一步提升医疗服务水平。

综合来看，受困于财政保障、人力资源、专业技能、等多方面因素影响，疾病防控"网底"实际上并不牢靠。根本解决之道在于，实现医防融合，提升平战结合能力。这必须从体制机制上"动手术"。将医疗机构与公共卫生机构整合，将以临床治疗为中心转向以健康防治为中心，打造区域防、医、康、养、护、健等医防融合一体化的健康服务综合体。

在组织管理上，主体责任需明晰，工作职能要明确，疾控机构的监督管理权限应得到强化提高，传染病疫情及其他突发公共卫生事件应及时上报，主体责任需加强。在日常工作中，我们要强化平战转化能力，增强相关机制建设，加快建立各层级动员响应、区域联动以及互动配合有效沟通机制，积极推广方舱医院相关经验。对新建大型建筑要提前布局设计，充分考虑潜在的应急医疗使用的可能，做好提前规划。加强基层医疗服务能力提升建设，以多级联动为依托，整体提升基层医疗机构的医疗服务能力。在突发公共卫生事件处置中应上下联动，积极配合，统筹规划，做到医疗资源共享、信息共享。

强化发展同步，在二级以上的医疗机构中要设置公共卫生相关的职能管理部门，推动县级疾病预防控制中心与县域医共体协同发展。推动专业疾病防控与乡村医疗管理、群众参与的有机结合，丰富医疗科普宣传，提升爱国卫生运动内涵，将疫情防控宣传落实到位，让每个人都成为疫情防控的"哨点"，降低风险、减少医疗压力。同时，对于疫情中出现的发热门诊工作漏洞，要加强对发热门诊一线工作人员的培训，增强危机意识，提升"哨卡"责任意识，同时也要充分利用智慧化多点预警触发机制的优势，推进相关预警体系建立，以便更快、更准地监控突发的疫情事件。

在机制运行上，注重协同高效，将联防联控作为重点。要将大数据资源的利用率提高，整合各方面力量综合参与，将防、控、治的工作做实形成闭环。制定清晰的公共卫生主体责任清单，完善公共卫生服务内容，把居民发病率、门诊急诊人次、住院人次，特别是60岁以下人群的居民发病率、门诊急诊人次、住院人次，纳入对地方政府的考核指标体系，真正发挥公共卫生服务经费的作用，将预防为主真正落到实处，疾控主管机构与相关医疗机构要落实相互制约机制，将人员、信息、资源互通等工作落实到位。

在财政保障上，加大财政对公共卫生任务的保障力度，探索建立健康服务内容为核心的符合本行业客观规律、自身特点的公共卫生机构管理模式和相应的奖惩分配制度。同时，对医疗保障支付进行优化提升。将医疗保障改为健康保障，鼓励医疗卫生机构做好预防。

三、乡村公共卫生服务能力提升机制

在乡村的疫情防控工作中，最重要的是人才。我们需要加快步伐培养一批适应能力强、专业素养高、执行效率高的复合型基层医务工作者。基层防疫工作要将日常诊疗服务与健康科普相结合，同时要扎实群众基础，争取做到"早发现、早报告、早隔离、早治疗"，以确保在基层地区发生突发疫情事件后能够在最短的时间内采取及时有效的应对措施。

一是监测预警能力。从目前的抗疫经验出发，我国需要在现有的疾病控制体系及医疗机构基础上建立能够覆盖全国的传染病检测及评价预警体系，同时实验室检测能力、信息反馈能力、监测评价能力需要不断提高。对于容易发现疫情的一线阵地，如发热门诊、诊所药店，需要时刻保持警惕，不能松弦，一旦发现疫情，应第一时间上报上级部门，主动采取相关措施，做到不瞒报漏报，相关情况在核实确认后应积极向社会公布。精细化流调是基层防疫的重要手段，也是乡村公共卫生人员的基本功。一旦有疫情出现，应主动及时抓住窗口期，全面细致地开展流调工作，要"人跑在病毒之前"，将疫情最大限度控制在萌芽阶段，杜绝聚集性传播事件发生。对于流行病调查的重点内容，上海市疾控中心主任付晨介绍，首先阻断"下游"，充分走访，圈定密切接触人员，找到风险区域，针对性进行隔离管理，以便最大限度阻断疫情的传播；其次追溯"上游"，及时明确病毒来源，做好病毒溯源工作。

流行病学调查专业要求高。任何一位确诊病人的流调报告需要详尽的轨迹流程，时间精确，接触人、物、地点都应该详尽，回溯密接及次密接人员应做到不漏一人，针对相关人员也需要严格开展流行病学调查。流行病学调查是一项缓慢且非常艰难的工作，不能有任何一点遗漏，否则都可能引起严重的后果，所以流行病学调查报告几乎都是万字长文。以新冠肺炎举例，病例自核酸检测出现阳性回溯，前14天一直到隔离期间所有的工作生活行动轨迹都属于流调的重点内容，工作开展中需要将整个过程涉及的所有人都逐一找到，再进行判断划分，依次分为密接、次密接、高风

险人群等。在乡村地区尤其困难的是，缺乏相应的信息化基础支持，群体流动性大，年纪大的老人甚至记不清自己最近去向。某种程度上说，乡村的流调难度远高于城市流调。用好"网格化"监测，以家庭等为单位整体开展流调，及时主动记录相关行动轨迹积极配合流调是非常重要的环节，也是全面流调的关键所在。

二是医疗治疗能力。对于较密集的聚集疫情，建设方舱医院，从根本上解决了及时就医的问题，充分发挥了隔离、分诊及快速转诊等功能。方舱医院的运用，已经成为我国抗疫中的一项重要法宝。同时我们也应该进一步提升核酸采样及快速检测能力，提高检测的精准度，降低成本，加强灵活检测抗压能力。

三是物资支撑能力。完善的上下游配套产业供给链条，最大限度地解决了防疫物资供应的问题，能够及时地支援补充。同时也要加强日常演练，做到平战灵活转换，充分储备防疫物资，落实好应急预案，主动宣传，积极引导，让我们防疫抗疫从个体出发，做好个人日常防护工作。

四是哨点预警能力。乡村网络直报系统需要与医疗机构信息系统建立可以自动触发的预警机制，目前尚无法形成有效的触发机制，不能迅速处置疫情，增加了疫情评估工作的难度。在应急处置时，各层级之间应该有一个明确的权限划分，做到权责分工明晰。

五是专业判断能力。当出现偶发病例时，及时精准追踪密接、次密接人员，然后隔离；当短时间聚集出现时，及时组织管控。划分三个区域：一是封控区，对出现阳性检测者的区域服务上门，要求足不出户；二是管控区，阳性检测者所在的适当区域划为管控区，严禁聚集；三是防范区，及时报告，合理划定为防范区，严格限制人员的聚集。2021年国家卫健委、教育部、国家疾控局已经联合指导启动"公共卫生人才提升项目"，通过设置新课程体系、加强实践研修等方式，提升我国公共卫生人才能力、壮大公共卫生相关人才队伍的建设。该项目还涵盖了乡村医生能力水平培训，帮助基层乡村医生通过培训取得相应的执业资格等内容。

留下一支专业化队伍，让人才留得住、有积极性。专业化的队伍可以及时预判积极正确应对突发的公共卫生事件，也可以在日常检测中发挥"桥头堡"的作用。如何留住专业人才队伍，这是需要顶层长期重视的问题。课题组在调研中选择3个脱贫地区县的55名专职人员，其中女性占比近9成，年龄以41—50岁为主，学历以本科为主，中级职称人员占5成；护理专业占5成以上，公共卫生、预防、临床、药学等专业很少；人才流失转行较多，重要原因是薪酬激励动力不足。国家在做好基本的待遇保障的前提下，如何发挥薪酬体系的作用，让有水平、有能力的人才留下来成为亟待解决的问题。调研中了解到，在甘肃兰州地区已经在试点由当地疾控部门牵头面向社会面提供基础公共卫生相关技术输出服务。

四、加强乡村重大公共卫生事件应急体系建设

一是将疫情常态化防控作为乡村治理体系和能力建设的重要组成部分。乡村政权要履行主体责任，统筹平衡好疫情防控及经济社会发展之间的关系，统筹防控组织、医疗救治、宣传科普、后勤保障、对外联络等各环节工作，对每个环节的工作既要支持、也要督导考核，不断提高平急结合的公共卫生应急事件处置能力，筑牢防控底线。上级组织要加强事前督导，层层压实防控责任，严肃问责失职失责者。要通过新冠疫情防控的实践，不断完善本村本级的公共卫生防控组织体系，确保"有专人、有机制、有保障"。

二是及时把前期结合自身实际的举措固化，形成方案并不断完善更新。各地疫情防控工作中已经有一些结合自身实际的、行之有效的好经验好做法，要固化形成预案，不断完善确保各环节有预案、有规范、有团队、有效果，各环节的职责任务明晰。要经常性参与到各级有关的专业培训、演练等工作中，不断提升专业素养。

三是抓好重点环节，服务好重点人群。要做好隔离观察期满回家后的跟踪观察，主动做好"最后一公里"的服务保障，防控工作要力度、温度兼备。对在港口机场、医疗机构、国际物流仓储地等从事装卸、搬运、运输等的人员要重点关注、精心服务，掌握动态信息。

　　四是重视公共卫生机构的"话语权"，加强医防融合，县级疾病预防控制部门应该纳入医联体、医共体协同发展。重视公共卫生机构的专业意见，探索适当赋予一定的行政权。依托县域医联体医共体的机制，真正做到"人员通、信息通、资源通"，完善"村报告、乡采样、县检测"的业务能力。疾病预防控制部门要广泛开展培训指导，模拟演练、督导检查，确保能够第一时间介入现场指挥。

第二十二章　加强乡村公共卫生体系建设

新冠疫情出现以来，针对疫情形势的不断变化和病毒的不断变异，有关单位部门组织发挥农村基层组织的作用，群策群力，筑牢乡村地区疫情防控底线，从提出"早发现、早报告、早隔离、早治疗"，再到实现应检尽检、应隔尽隔、应收尽收、应治尽治，关注做好老年人等重点人群健康服务，包保联系服务农村的老幼病残孕等五类重点人群，加强农村地区物资保障，为农村基层医疗卫生机构配送急缺的诊疗仪器和药品。坚持城乡社区乡镇网格化管理，确保有风险人员及时发现、救治和转诊，避免了致病力较强的原始毒株、德尔塔毒株等大范围传播流行，极大地减少了重症和死亡。当前疫情日趋平稳，防控工作转段平稳有序，农村复工复产全面陆续开始。

《中共中央国务院关于做好2023年全面推进乡村振兴重点工作的意见》在推动基本公共服务资源下沉方面强调要着力加强薄弱环节。针对乡村公共卫生体系建设，在建立农村公共卫生委员会、推动优质医疗资源下沉服务、加强地方病、重点疾病医疗救治之外，要进一步统筹乡村地区公共卫生体系与医疗卫生服务体系融合，要重视农村地区在产业发展时对动物源性传染病的防控、诊疗和应急处置，要结合农村地区人群特点加强医养结合服务体系建设。

第一节　动物源性传染病是乡村公共卫生的潜在风险

人兽共患病（Zoonoses）是指由同一种病原体引起的，在人类与动物之间均能传播，且流行病学上有关联的一类疾病。相关研究表明，人类新发传染病中一大部分由动物传给人类，而动物传染病中亦有大量疾病可传染给人类。目前科学界已知的人兽共患病有 200 余种，全球化趋势和人对自然环境的掠夺性开发等均加快了动物携带病原体向人类的传播。在我国传播流行的人兽共患病有 90 余种。

一、人兽共患病对公共卫生和动物卫生的危害

一是人兽共患病往往为烈性传染病，一旦发生疫情，将严重威胁着公共卫生安全。历史上曾多次发生世界性流行病，其中给人类带来重大灾难的鼠疫、天花、霍乱、伤寒、新型冠状病毒均为人兽共患病；二是多数人兽共患病为自然疫源性疫病，病原在自然界和野生动物中长期存在，难控制或消灭；三是部分疫病病原可作为生物武器，生物恐怖对人类的威胁一直存在；生物恐怖主要使用的病原体有炭疽、鼠疫、霍乱、布鲁氏杆菌、裂谷热等；四是新的人兽共患病不断发生，如近年呈现全球或地区性暴发流行的新型冠状病毒、SARS、禽流感 H7N9、中东呼吸综合征等疫情已对人类构成新的威胁；五是在人间和动物间防控人兽共患病成为巨大经济负担，造成巨大经济损失。

人兽共患病的发生、流行已不单纯的是医学问题，随着全球日益密切的交流，人兽共患病已逐渐成为关系到国际政治、经济和社会的重大问题。回顾历史，我国曾多次暴发烈性人兽共患病，为了减少人兽共患病的发生，中华人民共和国成立后，党和政府投入了大量的人力、物力来防治常见的人兽共患病，取得了较好的效果。但 20 世纪 80 年代以来，我国人民的生产和生活方式随着经济的飞速发展发生了重大的变化，这些变化使得我国人兽共患病的防治形势变得愈加严峻。

二、影响畜牧业生产的人兽共患病

多年来我国农业农村部认真贯彻中央的决策和部署，积极加强各部门间协作，认真抓好动物源性人兽共患病的监测预警和源头防治。我国先后

颁布实施了新修订的《中华人民动物防疫法》，同时制定发布了相关配套法规《人兽共患传染病名录》，该名录中收录了我国常见的 26 种人兽共患病，在《国家中长期动物疫病防治规划（2012—2020 年)》中，对人兽共患病防治进行了科学详尽的规划，该规划提出将布鲁氏菌病、包虫病、血吸虫病、结核病、狂犬病等人兽共患病列入优先防治病种，组织开展重点防治。为了落实国家相应规划，在国家层面又陆续制定实施了一系列针对某一人兽共患病的防治计划。

经过多年努力，我国对人兽共患病的防治取得了一定的成果，如血吸虫病、包虫病、狂犬病等得到了有效控制，但仍有一些人兽共患病流行率仍居高不下，亟待制定有效举措。

人兽共患病不仅严重威胁着人民健康，同时也影响着我国畜牧业的健康持续发展。据调查，在诸多人兽共患病中与我国畜牧业生产密切相关的主要是动物布鲁氏菌病、动物结核病、猪 II 型链球菌病及高致病性禽流感等。

（一）动物布鲁氏菌病

目前对我国畜牧业影响最大的人兽共患病是动物布鲁氏菌病，相关研究表明，该病在全球上百个国家和地区均有流行，每年全球患病人数超过百万。中华人民共和国成立初期，我国布鲁氏菌病流行严重，到 20 世纪 90 年代中期才得到一定的控制。然而自 2000 年以来，随着家畜饲养业的蓬勃发展，动物布鲁氏菌病的患病率再次升高，最严重的地区为东北、西北、华北地区。自 2000 年疫情出现反弹以来，快速向全国各地扩散，目前，我国 31 个省、直辖市都有动物和人的病例报告。

相关研究表明，2000 年以后我国人畜患布鲁氏菌病病例数急速上升，到了 2020 年，我国有 1886 个县区有人间布鲁氏菌病病例报告，占全国总县区数的 66%，全年布鲁氏菌病人间病例为 47245 例，发病率为 3.4/10 万，较 2019 年上升 7%，较 2000 年上升了 144 倍。2021 年 1—7 月全国人间布鲁氏菌病新发 48656 例，超过任何一个历史年份的全年发病数，对比 2018 年（39296 例）增长 15.5%，创历史新高；2019 年全国家畜布鲁氏菌病专项调查结果表明牛羊个体阳性率分别为6.3%和2.5%，疫情波及全国各个省份，个别省份牛羊个体阳性率高达12.5%。

（二）牛结核病

与动物布鲁氏菌病一样，结核病（Tuberculosis，简称TB）亦是一种常见的人兽共患病，并可致命，夺去了无数人的生命，严重危害人类健康。截至2018年，相关研究统计显示，结核病致命程度已超过艾滋病。我国是结核病大国，2019年全国范围内报告的新发结核病83.6万例。

牛结核病（Bovine Tuberculosis）是一种由分枝杆菌（Mycobacterium bovis）引起的人兽共患传染病。牛分枝杆菌可感染人、家畜和野生动物，并在不同物种间流行及传播扩散。

当前全世界有约超过5000万头牛感染，每年控制净化耗费30亿美元。人间结核病有一定的比例是由于感染牛结核分枝杆菌引起，我们人间病例没有详细统计人兽共患病结核比例，据美国1900年报道大约10%的人结核病病例是由于人接触了感染牛分枝杆菌的牛或相关产品造成的；英国1947年发表的一份报告指出，大约30%的5岁以下儿童的新发结核感染是由牛分枝杆菌引起。世界卫生组织（WHO）估计，目前每年由牛分枝杆菌引起的人兽共患结核病的病例仍有14万。鉴于该病对于全球公共卫生的影响，2016年2月，联合国粮农组织（FAO）、OIE、WHO制定了一项共同战略，以提高对人兽共患结核病负担的认识，并提出从动物源头控制该病。从国内形势看，我国将该病列为二类动物疫病。近年来我国牛结核感染率呈波动式上升趋势，2020年国家专项流行病学调查项目调查结果显示，北方地区养殖环节牛个体感染率已从2015年的12.2%上升至2020年的27.5%，群体感染率超过50%，这不仅严重危害牛的健康和牛养殖产业的可持续发展，同时严重威胁公共卫生安全。

三、我国人兽共患病防控存在的不足

（一）兽医卫生和公共卫生机构的协调不足

我国人兽共患病防控中人医和兽医隶属于2个独立的行政主管部委，

各自为政，缺乏有效合作。具体而言，受专业知识所限，人医往往难以有效溯源病原体的自然宿主，而动物传染病专家往往更加关注病原体在动物间的传播，无法掌握和运用人际疫情信息及分析流行病学相关数据。如何能及时地将信息共享，这对于烈性人兽共患传染病早期控制非常重要。针对这一问题，我国应建立多部委合作机制，在兽医、人医和公共专家之间建立有效的联络机制，当疫情发生时迅速建立多部门组成的专业团队，该团队应当包括临床医师（人医和兽医）、实验室人员、流行病学专家以及政府官员和新闻工作者等，形成一个集疫情信息收集、疾病诊断、数据分析、疫情处置和信息发布为一体的完整体系，从而能较快速地应对突发传染病和生物恐怖事件。

患病的牲畜是人间布鲁氏菌病主要的传染源，患者往往通过接触患病的牲畜或相关污染物而感染。布鲁氏菌病发病早期不易与其他发热性疾病相鉴别，加上该病的病程和抗生素治疗时间长，若急性期治疗不彻底，容易使病情慢性化；另外由于持续接触染疫动物，相当一部分患者存在反复感染现象，部分病人病程可达数年甚至几十年。布鲁氏菌病不仅给患者及其家庭造成痛苦和经济负担，同时也对畜牧业的健康发展造成破坏性影响。随着近年来羊肉价格的飙升，从事养殖的人员越来越多，布鲁氏菌病的发病率也随之上升，暴露出乡村地区在布鲁氏菌病防控体系中存在着一些问题。其中突出问题如下。

1.地方政府重视程度下降

由于地方政府重视程度有所下降，防控经费投入不足，活畜调运监管难度较大，宣传干预不能达到全覆盖而使布鲁氏菌病疫情出现反弹。

2.养殖业发展迅速，相关措施执行不力

近年来市场对畜产品的需求量不断增加，在促进畜牧业迅速发展的同时也带来了饲养方式落后、养殖规模化但集约化水平低等问题，加之养殖户常常私自交易，外购牲畜数量较多，病畜流动性大，传染源范围不断扩大，造成布鲁氏菌病的传播。

3.畜主不配合或逃避检疫

扑杀补助与不断上升的活畜价格之间存在较大差距，故每当疫情发生，养殖户往往不愿意承担扑杀所带来的经济损失，从而不配合布鲁氏菌病的检疫等相关工作。另一方面，为降低经济损失，养殖户往往私下销售患病牲畜，这直接导致阳性牲畜外流，增加了布鲁氏菌病的传播几率。

4."三位一体"模式运行不够通畅

"三位一体"指疾控机构调查指导、定点医院治疗、乡镇卫生院追踪管理布鲁氏菌病的运行模式，目前，该模式在基层执行过程中还不够通畅，不能够完全实行双向转诊，导致不能及时全程管理病人。

5.卫生部门和农牧部门协调沟通不够紧密

卫生与农牧部门联防联控机制不够完善，没有同步开展人畜布鲁氏菌病监测和信息通报制度，人畜防控工作分离，疫情处理缺乏沟通，信息资源很难共享。

6.乡镇筛查能力不足、专业人员短缺，队伍不健全

乡镇缺乏检测布鲁氏菌病的实验室和小型仪器设备，专业人员短缺，防护用品匮乏，检测技术较差，很难开展布鲁氏菌病的筛查工作，加之对从事抽血、检测等环节的乡镇工作人员没有工作补贴，而这些流程却存在较大的感染风险，这影响了工作人员的积极性，从而影响了乡村当地患者的及时发现。兽医人员对免疫接种感染自身现象心生畏惧，对待工作怠慢消极，造成布鲁氏菌病防控工作效率降低。

7.部分地区布鲁氏菌病职业病诊断体制不健全

部分地级市没有成立布鲁氏菌病职业病诊断专家小组，不具备诊断布鲁氏菌病职业病的资质；一些职业病诊断机构对布鲁氏菌病的诊断经验不足，一部分职业布鲁氏菌病患者不能及时被诊断，得不到相应的救助政策，错失了治疗的最佳时机，导致矛盾和纠纷的出现。

8.医保报销政策直接影响患者就医的积极性和依从性

各地医疗费用核销比例和政策不一致，调查显示我国多数地区只报销住院费用，报销比例的高低往往直接影响患者住院时间的长短，影响了患者的规范治疗从而影响了治愈。许多不能、不愿意、不需要住院的患者需

要在门诊进行诊疗，但由于门诊诊疗费用不能报销，导致许多经济条件差的患者不能主动积极就诊或者按医嘱完成规范治疗而影响治愈率。

（二）基层兽医防疫体系力量薄弱

在 2018 年开始的本轮政府机构改革中，兽医基层防疫体系受到严重弱化，各级兽医行政、疫控、监督机构撤并严重，"网破、线断、人散"问题突出，社会群防群控合力不强，国家对禽流感、口蹄疫、布鲁氏菌病等病的强制免疫措施不能有效落实，造成防疫漏洞。实施"人病兽防、关口前移"需要稳定和强化基层兽医机构队伍建设，夯实基层兽医力量，强化内检与进出境检疫、野生与家养、陆生与野生动物管理队伍、强化兽医与人医间的协同管理体制机制。

（三）防控整体政策有堵点

目前一头成年奶牛的市场价值在 2 万元左右，根据国家防控政策，国家扑杀补偿价格为 6000 元 / 头、各省补贴高低不一，补偿价与市价存在较大差异，养殖业户实施"两病"阳性报告、淘汰净化的主动性和积极性不高，大量的"两病"感染牛进入了常规屠宰场或仍在继续饲养，造成从业人员高暴露风险，阳性动物产品，特别是内脏流入市场，对公共卫生安全造成威胁，引起舆论恐慌，且造成区域病原循环传播。如何创新改善当前政策，解决政策堵点，实施可有效落实的、可持续的检测阳性牛淘汰处理措施是我国"两病"防控的关键。运用"同一健康"理念，坚持"人病兽防"，深入研究剖析布鲁氏菌病、结核病等人兽共患病防控难点及堵点，注重政策创新和技术集成，从全产业链角度推进重点人畜共患病综合防控，是消灭布鲁氏菌病等重点人兽共患病需要急需解决的问题。

（四）境外人兽共患病传入风险大

我国的陆地边境线较长，与多个国家接壤，口岸和非口岸通道多。国际贸易、动物走私、野生动物迁徙等多种风险因素相互交织，西尼罗河热等境外人兽共患病疫情传入风险较高。西尼罗河热至少有 230 种易感动物，在非洲、美洲、欧洲及中东、西亚地区均有发生，不排除通过野鸟及蚊媒传入我国。裂谷热 2000 年已从非洲传至亚洲，并在阿拉伯半岛周期性流行。尼帕病果蝠是自然宿主，猪是主要的扩增宿主，南亚的印度、孟加拉国和东南亚的马来西亚等国家已成为该病疫源地。

（五）科普宣传弱，公众防护意识不足

继续做好防控人兽共患病相关知识的宣传工作，通过电视、报纸、网络等各类新闻媒体，通过编写常见人兽共患病防治宣传资料，免费发放科普资料，制作专题宣传片、科普动画片；在互联网上广泛宣传人兽共患病的危害，普及人兽共患病防控知识，做到家喻户晓，加强人兽共患病流行地区尤其是畜牧业较发达的少数民族地区的宣传教育，提高个人卫生水平和生物安全防护水平，构建群防群控局面。建设人兽共患病防治专业队伍，加强人兽共患病防治从业人员的理论水平、诊断、识别及应急处置等综合防控知识的培训和生物安全教育，提高防护水平。

四、完善乡村公共卫生体系的建议

（一）加强联防联控管理，科学制定防控目标

明确有关部门的职责，积极调动农牧业、卫生健康、医疗保障、市场监督以及财政、公安、商务、交通等多部门协调配合，齐抓共管，定期联合召开会议，联合开展监测防控、督导检查、考核评估，对重点人群加强定期检测检验，共同努力降低人民与牲畜的患病几率。分区防控、人畜同防，持续有效地控制传染源，尤其进一步强化流行地区的防控，动态"清零"。

（二）加大检疫监管力度，提升管理水平

重视动物及动物产品流通环节检疫监管，对于以饲养、买卖等为目的调入的移动牛羊实施监管。加强对移动牲畜的巡查，实行落地报检、登记备案，并全部免疫，宣传养殖户科学饲养管理知识，提高养殖管理水平。

（三）加强基层能力建设，培养人才队伍

加强基层的实验室能力建设，补充仪器、设备、试剂以及防护用品，加强对人员的专业培训，提高从业人员素质，稳定扩大专业队伍，重点加强乡村技术人员检测筛查能力和病人管理水平，下沉服务，完善"三位一

体"的管理模式。

落实一线工作人员的专项补助以及职业暴露的风险保障，并对一线工作人员在职称晋升、职务提拔时根据工作量和实际贡献给予倾斜政策。支持有关技术人员定期轮流到上级专业机构进行培训和进修，及时更新与不断提高技术水平。

（四）完善医保政策，提高病人就医积极性和依从性

各地结合当地的实际情况制定合理的报销政策，对于住院治疗费用纳入新农合和医疗保障管理范畴，报销比例根据当地实际情况科学制定；将门诊治疗费用纳入门诊特慢病管理范畴，在减轻患者经济负担的同时有助于提高其就医积极性和依从性。

第二节　乡村医养结合与养老服务现状

我国老龄化速度日益加快，在各种因素的影响下人口老龄化出现"城乡倒置"现象，即我国农村的老龄化程度高于城镇地区。与此同时，乡村地区的养老服务基础弱、底子薄。全国乡村社区总数达 70 万，而其中养老服务机构和设施数量为 10.8 万个。高龄、重病、失能、部分失能老人数量大幅增加，罹患疾病的农村老人急需医疗养老服务，是导致因病致贫返贫的原因之一。

课题组调研了获得全国脱贫攻坚先进集体荣誉的河北阜平。阜平县常住人口 23 万人，县人民医院由河北省第二人民医院托管，县中医院（含医疗康复托老中心）由中国中医科学院驻点帮扶 2 年转入独立发展。县中医院实际开放床位 310 张，医养中心常备 50 张床位，职工 325 名，专业技术人员 259 名，包括执业医师 113 名。2020 年克服疫情影响医疗康复业务全面恢复，门诊量达到 120817 人，业务收入在 1.1 亿元，运营能力大幅提升。医疗康复托老中心，与县中医院一体化管理，对需要长期照护的贫困户或边缘人群集中医养结合救治，建立防止因病致贫返贫动态监测

"月报告、季推进、半年总结"动态工作机制。同时面向社会进行养老服务，将社会养老服务机构纳入国家医保，国家医保负担部分社会机构养老费用；同等享受作为医疗机构的床位补贴和护理补贴，集养老、医疗、康复、护理、保健、临终关怀于一体，取得了"1+1 > 2"的明显效益。

经了解，在脱贫攻坚期的因病致贫人口中，尤其以各类肿瘤、慢性疾病多见。阜平县采取了推进家庭医生、"三个一批"行动计划、大病集中专项等攻坚举措。

一是防治结合，提倡早发现、早诊断、早治疗。提倡家庭医生签约服务工作，对全县脱贫不脱政策人员开展健康签约服务，结合居民的健康状况，逐人建立电子健康档案及履约服务台账，进行动态管理和服务，并多层次开展健康宣教，持续增强群众健康保健意识，切实保障城乡居民平等享受基本公共卫生服务，于实处落实防治结合。安排388名医生成立236个（县10个，乡卫生院17个，209个村团队）家庭医生签约服务团队，组建医疗服务团队，对农村贫困慢病患者实施家庭医生签约服务管理。对患有长期慢性病的农村较贫困人口、65岁以上老年人等实行家庭医生签约服务管理。对患有各类慢性病的患者实行跟踪管理和服务，签订服务协议书，提供相应卫生服务。

二是落实大病集中救治一批、慢病签约服务一批、重病兜底保障一批"三个一批"行动计划。对所有建档立卡贫困人口参保个人缴费部分予以全额资助，全面落实建档立卡贫困人口"基本医保、大病保险、医疗救助"三重保障，有效减少农村贫困患者"看病难、看病贵"问题。实施"阜民安康保"，由财政出资对参保人员按每人180元的标准统一向商业保险公司投保，有效解决"因病致贫、因病返贫"问题。边缘人员在县域住院治疗可免交押金先诊疗后付费，出院时享受"医保＋大病保险报销＋医疗救助"一站式结算。开辟了疾病就医绿色通道，对贫困患者开展救治，并对已救治患者定期进行跟踪随访，建立救治台账。

课题组在医疗康养托老中心发现，中心不仅在床旁配备了专业的医疗智能呼叫设备，提供全面、准确的医疗诊断，还进行健康宣教、提供饮食调理等服务，回家后也会持续得到康复指导。此外，还配有专业的中医师、康复师，配以传统中医疗法，如针灸、拔火罐、推拿等疗法相辅相成的康复治疗。还设置了活动室、报告厅等活动场地，满足一定的娱乐需求。一位 60 岁的老人，因为脑出血失能，生活无法自理，家人照顾力不从心，在县中医院就诊后转入医养中心康养治疗。申请医保报销等补助后，他们每个月只需要花费 1000 多元。另一位 60 多岁的重度失能老人，根据家属的需求，申请办理了居家护理服务，每月医生和护工定时上门巡诊，提供按摩、中医药特色服务等。这些服务价格不高，在医保报销一定比例之后，个人承担 200 多元。同时，老人的病情得到了定时的监测预防，防治转重及大的并发症合并症出现。初步估算，入住的慢性病患者，大病发生率明显减轻减少，医疗费用节省至少 20%。从医疗康养托老中心的整体运营来看，服务效率、介助介护老人占比、入住率、盈利偏低。考察的硬件软件都属于上乘，一体化的医院也是 10 年多的二级甲等医院，开设的医疗养老服务以疾病健康管理为主，专业度较高，但服务效率不高，如何引导医养结合良性循环，如何有效提高服务效率，是机构发展面临的重要问题。

调研后认为，进一步提升养老服务，应从以下三方面入手：第一，充分发挥政府的主导作用，健全医疗卫生机构与养老机构合作机制，体现"公益性""保基本"的定位，有效防范因病致贫返贫。第二，利用好卫健部门基本公共卫生服务中医养结合资金、医保部门长期照护险等，做好公益性的基础保障，推进乡镇敬老院、养老院与基层卫生机构医养结合有关工作的融合，与乡村基本公共服务、互助养老服务相互配合，不能盲目追求机构规模，合理配置资源，精细化运营。第三，重点保障因病致贫返贫的边缘人口以及优抚、特困等老年群体入住，区分好"医"与"养"，不应条件太高、配置豪华。突出专业化、多功能的特色，开展医疗型、护理型、关怀照料型等不同床位，确保确有所需的人员有尊严、有质量地生活。

第三节 加强乡村公共卫生体系建设的总体思路

健康中国战略是立足于"大卫生、大健康"的国家战略，该战略坚持把保障人民健康放在第一位，在广大乡村地区逐步形成分级诊疗有序、医疗服务优质、医疗保障精准的就医新格局，有效防范因病致贫返贫。

一、乡村公共卫生建设的战略目标

形成与乡村振兴相适应、与健康中国建设相衔接的乡村公共卫生服务体系，坚决守住重大公共卫生事件应急的底线，不断提升公共卫生服务质量，做群众健康的守护者，提供系统、完整、协同、高效的全生命周期健康服务。

二、乡村公共卫生建设的重点内容

以统筹新冠疫情常态化防控与乡村振兴为主线，具备一定的人物环境同防、哨点监测预警、流行病调查、医疗应急处置、规范转运、组织分区管控等公共卫生服务能力，不断夯实健康中国行动的基础，发挥县域医联体医共体的组织优势，丰富服务内涵，与医疗、医药、医保及农业农村有关政策协调发力、压实责任，医防融合、关口前移，发挥中医药"简便廉验"的优势，打造科普—预防—诊疗—康复等整合型服务链条，保障人民健康。

三、推进乡村公共卫生建设的工程建议

（一）乡村地区医防融合推进工程

自新冠疫情暴发以来，我国公共卫生体系经受住了严峻考验，然而在新冠疫情平稳后，乡村地区出现大量聚集性疫情，这暴露了我国乡村公共卫生体系的短板。动物自然迁徙，动物活体走私买卖等带来了新的疫情风险。野生动物的私自驯化、养殖、买卖、宰杀、滥食等陋习甚至违法活动

时有发生。如布鲁氏菌病等人兽共患病发生率近年来也处于历史高位。一些乡村防疫机构"网破、线断、人散",公共卫生防控形势更加严峻复杂。

为此建议,以推进乡村地区医防融合为着力点,筑牢疫情防控底线,推进健康中国建设。具体包括:一是依托县域医共体医联体建立联防联控网格。既重视本地的网格化防控,也重视与周边的协调。县域内应设立公共卫生总师,有力协调卫生健康、预防疾控、检验检疫、市场监督、农村农业等职能部门,完善出台应急预案,组织定期开展指导培训、监督检查,实现管理、信息、人员、服务、绩效等要素互通。乡村卫生技术人员,能有效融入乡村治理,与专业机构建立业务联系,掌握基本公卫知识,有防控警惕性、专业判断能力、组织协调能力,做好信息报送及舆情处置,发挥好"哨点"作用;二是立足大卫生大健康,坚守公益性定位,构建全周期的健康服务体系,覆盖"预防—治疗—康复—养老—临终关怀"每个环节,落实"预防为主""关口前移",惠及所有人群。发挥好中医药"一根针""一把草"的特色优势,推广使用简便廉验的中医药技术;三是明确功能定位,科学设定岗位编制与工作量,"有岗、有编、有责、有权",强调抓小、抓细、抓实。"激励与约束并重","有保障、有培训、有考核、有奖惩",做好绩效考核;四是落实总体国家安全观,滚动预留专项经费,保障做好生物安全工作。因疫情防控应急管理而采取的扑杀、检验检疫等,要及时合理补偿,从而减少投机蒙混的几率。对有关从业人员,有体检补助等基本保障措施,对职业伤害有专业鉴定与合理补偿。

(二) 乡村中医药特色优势提升工程

《健康中国行动监测评估实施方案和健康中国行动监测评估指标体系(试行)》于2021年初印发,进一步明确了在"重大疾病防控"维度中将"乡镇卫生院、社区卫生服务中心提供中医非药物疗法的比例""村卫生室提供中医非药物疗法的比例"作为约束性指标,这将有助于引导中医药在基层进一步发挥简便廉验的优势作用。

统计数据显示,截至2020年底,大部分城镇、乡村基层医疗机构具备中医药服务能力,部分还设置中医馆,中医馆总数达3.63万多个,实现"三区三州"2835个基层医疗卫生机构中医馆设置全覆盖；城乡每十万居民有6.6名中医类别的全科医生，超过八成的家庭医生团队能够提供中医药服务，基层中医服务量占比逐年上升；86%的基层社区卫生服务中心能提供6类以上中医药技术。中医非药物疗法在基层得到了广泛的推广应用，受到人民群众的欢迎与好评，信息化建设稳步推进、适宜技术广泛推广、城乡对口支援工作有序开展、健康文化宣传深入开展、人才队伍建设逐渐加强、中医药规范管理进一步得到加强。

与此同时，通过调研、座谈等了解到，基层中医药服务体系仍然存在一些制约性因素，具体体现在：第一，人才短缺状况尚未得到根本改变。基层医疗卫生机构仍一定程度存在"招不来、下不去、留不住"的现象。随着《中华人民共和国基本医疗卫生与健康促进法》《中华人民共和国乡村振兴促进法》逐步实施和推进，乡村人才工作体制机制在逐步健全，但是如何在调动基层医务人员积极性、给予晋升进步途径的同时，打造一支留得下、带不走的队伍，需要在体制机制上进一步探索。第二，脱贫地区中医药服务能力提升缓慢。脱贫攻坚取得了举世瞩目的重大战略成果，有效解决了"两不愁三保障"问题，通过与贫困县结对帮扶、乡村卫生室达标建设等健康扶贫举措消除了医疗服务空白，有效提升了服务能力。但卫生健康能力需要提升需要持续发力、久久为功，需要科学调配医疗资源，破解不平衡性。以中医药服务能力为例，全国832个脱贫县尚有24.06%的社区卫生服务站和35.59%的村卫生室不能提供中医药服务，真正提升基层医疗服务能力需要久久为功。第三，服务能力和内涵质量需要进一步提升。近些年通过医联体医共体、专科专病联盟等形式，基层服务能力和内涵得到有效带动、显著提升。但整体看仍有设备缺乏，专业技术水平较低、技术单一，综合服务能力、应急救治水平存在短板，信息化建设水平不高等现象。以中医药服务为例，乡村卫生服务机构能提供的中医类疗法占比仅为45%，主要为拔罐、刮痧、推拿等技术操作，技术含量低。第四，全面扶持政策需要固化落实、精准到位。比如投入倾斜的资金来源渠道单一有限，中医适宜技术的医疗服务收费项目偏少、定价低，医疗机构运营收入有限。

1.健全基层中医药服务网络

发挥县级区域医疗中心的辐射能力和带动作用，推进基层医疗卫生机构综合服务能力提升，加大中医适宜技术培训与推广，发展中医妇科、儿科、眼科、骨伤科、老年病等具有中医特色优势的专病病种建设，探索建立健全融预防保健、疾病治疗和养生康复为一体的基层中医药服务网络，加强对妇女、儿童、老人、慢性病患者等重点目标人群的服务能力及基本公共卫生服务项目，丰富中医药服务内涵。

鼓励政府举办中医医院牵头组建紧密型医共体医联体，确保覆盖人口到达县域人口一定比例，这一举措使得中医诊疗承担更多的责任。鼓励社会力量在基层办中医类别医院，支持举办医养结合、康养结合、护养结合的养老机构，支持各级各类企业举办连锁中医诊所，全方面改善基层中医药服务的供给环境。

2.细化基层服务考核评价指标，引导落实功能定位

落实新时期卫生健康工作方针，针对服务质量、运营效率、持续发展、满意度评价、指令性任务、社会效益等不同维度，发挥好引导作用，进一步落实功能定位，推动医疗服务提质增效、业务管理科学精细，进一步完善和推进分级诊疗制度。

在指标体系中明确细化有关机构、设备、人员、技术、满意度等基层考核评价指标，逐步研究形成中医药的健康管理、供给应用、政策环境、产业发展等维度指数，体现"中西医并重、中西药并用"，让中医药更好扎根基层、服务基层。

3.扩充基层人才队伍，不断提升基层服务水平

扩大基层人才有效供给，培养一批高素质、实用型、复合型的有用人才。建立具有中医特色的名中医工作站，加大基层专业技术人员学习掌握中医药疗法技术，鼓励开展中医药服务等。各级中医药主管部门，要依托中医馆、传承工作室、专科协作联盟等形式，广泛组织专业技术人员培训，提高专业知识技能。采取远程指导、巡回医疗、学科共建、驻点帮

扶、合作管理等方式，探索建立中医药技术推广中心。

推广"县管乡用""乡管村用"等人才管理模式，建立完善县域内人才流动机制，吸引中医药人才去基层服务。

4.完善信息化建设覆盖，提升基层管理服务水平

加快推进基层医疗服务的信息化建设，提升中医药信息化建设水平，推进以远程医疗、互联网诊疗、电子病历、医保结算、医院管理等为重点的信息系统建设，建立健康信息数据平台，实现信息共享、远程支持、互联互通，让"信息多跑路，患者少跑路"。

建设"便民就医导航服务"信息平台，定期维护有关信息，链接挂号、预约、复诊、取药平台，与物流快递等建立协作机制，不断丰富拓展延伸服务功能。建立"一站式"服务台，将有关咨询、审核、盖章、票据等业务整合，优化流程，让老百姓"方便就医、放心用药"，把"为群众办实事"落地落实。

第二十三章　脱贫地区人居环境整治进展与问题

　　党的十八大以来，脱贫攻坚作为全面建设小康社会的标志性工程，已在全国范围取得阶段性胜利。而乡村振兴战略的实施，大力推进了我国农业农村现代化进程，开启全面建设社会主义现代化国家新征程。"十三五"时期，现行标准下832个贫困县、12.8万个贫困村全部脱贫，完成了消除绝对贫困和区域性整体贫困的艰巨任务；农业方面科技进步贡献率达到60%，农作物耕收综合施用机械率达到71%，农村居民人均可支配收入达到17131元，卫生厕所普及率达到68%①。一些乡镇和村落实现了硬化路和客车全覆盖，水电、网络等基础设施得到明显改善，农民生活质量大幅度提高，为乡村振兴战略实现良好开局。

　　在农业农村发展新跨越的基础上，"十四五"时期农业环境保护持续加力。根据《中共中央关于制定国民经济和社会发展第十四个五年规划和二〇三五年远景目标的建议》（简称"十四五"规划建议），农村扶持力度将持续增大。《农村人居环境整治三年行动方案》提出以后，农村地区在脱贫攻坚过程中，实施了大批补短板项目，人居环境得到改善，但与农民对美好生活的向往还有差距。研究脱贫地区乡村如何由集中补短板转向人居环境系统治理工作，探索适合脱贫地区的人居环境治理方式，全面建设适宜脱贫地区的生态宜居乡村，是脱贫攻坚与乡村振兴有效衔接的重大问题。针对脱贫地区农业面源污染控制与农业废弃物资源循环利用问题，探

---

① 数据来源：《"十四五"推进农业农村现代化规划》。

索形成农业面源污染高效控制与农业废弃物资源化利用模式，以建设美丽宜居村庄为导向，聚焦农村人居环境问题，研究农村生活垃圾、农村粪污和污水无害化与资源化利用模式；结合乡村生态保护与修复，促进乡村生产生活环境的改善和提升。这些不仅是落实乡村振兴战略的需要，也是生态文明建设的需要，更是贯彻绿水青山就是金山银山理念的需要。

第一节　脱贫地区美丽乡村建设目标

2018 年农村人居环境整治行动实施以来，各部门积极认真落实《农村人居环境整治三年行动方案》，全面扎实推进农村人居环境整治工作。改变了农村长期以来存在的脏乱差现象，为全面建成小康社会提供了有力支撑。但我国农村人居环境总体质量还需要改进，各区域人居环境整治工作参差不齐，与农民群众对美好乡村的向往还有差距。

《农村人居环境整治提升五年行动方案（2021—2025 年）》的印发，对人居环境治理提出详细要求[①]：农村厕所普及率逐步提高，农村厕所粪污和生活污水在乱放乱排现象得到控制基础上达到无害化和资源化处理，有条件的村庄实现生活垃圾分类、源头减量；方案中明确到 2025 年，农村人居环境进一步得到改善，生态宜居现代化乡村建设取得新进步。脱贫后美丽乡村建设的要求基本如下：（1）对于基础条件较好地区，全面提升农村人居环境基础设施建设水平，农村生活垃圾基本实现分类无害化处理并建立示范点，长效管护机制全面建立；（2）对于具备基础条件的地区，持续完善农村人居环境基础设施，对农村厕所、生活污水和生活垃圾整治工作进行进一步完善，提高基础设施群覆盖率。（3）对于基础条件较差地区，进一步完善基础设施的建立，加大农村卫生厕所普及率，根据地容地貌建立适合的农村生活污水、垃圾治理模式，村容村貌持续改善。

---

① 参见《农村人居环境整治提升五年行动方案（2021—2025 年）》。

第二节　脱贫地区人居环境整治现状

从《农村人居环境整治三年行动方案》发布以来，全国开展人居环境整治工作，农村村容村貌、农民环保意识都得到了大幅度提升[①]。一是农村生活环境得到改变，全国95%以上的村庄开展了清洁行动，基本摆脱农村脏乱差现象；农民生活条件逐步提高，全国具备条件的乡镇、建制村基本实现通硬化路和通客车的基础设施建设；二是改厕和生活污水治理工作的有效链接，到2020年底全国农村卫生厕所普及率达到68%以上，90%以上的农村生活垃圾进行了收运处理，农村生活污水治理率达到25.5%；三是农民保护环境卫生的自觉性和意识显著提升，整治过程中参与度逐渐增强。通过政策宣传教育、广泛引导、强化使命等方式方法，使农民群众认识到农村环境整洁的重要性。各地村庄清洁行动、厕所改造、生活污水和垃圾治理工作的协同作用使农民的生活质量普遍提高；总体来说，农村人居环境整治三年行动方案确定的目标任务全面完成，为全面建成小康社会发挥了重要支撑作用，为新发展阶段持续推进农村人居环境整治提升奠定了良好的基础[②]。"十四五"时期将坚持问题导向，按照《农村人居环境整治提升五年行动方案（2021—2025年）》推动村庄从环境干净整洁向美丽宜居乡村升级。

一、脱贫地区农业废弃物资源化与面源污染控制

打好农业面源污染防治攻坚战，治理农村环境污染是推动现代农村、美丽乡村建设的重要任务。我国农业面源污染来源主要为过量的农业投入品和废弃物资源化利用效率较差。过量施用的农药化肥和农膜在土壤中长期保留，不仅造成了环境污染，也威胁着食品安全。畜禽粪便的无害化和

---

①　参见《农村人居环境整治提升五年行动方案（2021—2025年）》。
②　参见2021年12月6日举办的农村人居环境整治提升五年行动新闻发布会问答。

资源化效率低、废旧农膜去除率是农业面源污染面临的问题。目前，有些成规模畜禽养殖场没有可达标的配套畜禽废水处理设施，废水经过土壤、空气进入环境，对地表水和区域空气造成污染，成为农村环境差的主要原因。

针对农业废弃物与面源污染控制以及对农业绿色发展的要求，近来我国研发了一批土壤改良培肥技术①、精准施肥技术②、废弃物资源化利用③和农业轻简节本高效机械化作业④等农业绿色生产技术。大力开展绿色技术创新示范工程，通过替代化肥⑤、因地施肥⑥、病虫害⑦、联合种养⑧等绿色发展模式，着力提升农业无害化和资源化的质量效益。已建设723个畜禽粪污资源化利用、100个农膜回收和300个化肥减量增效重点县，形成现代农业绿色发展模式，在长江经济带、黄河流域建设65个农业面源污染综合治理项目县，探索农业面源污染综合治理模式，推进了农业面源污染综合治理工作的进行⑨。

"十四五"规划建议中提到，继续以长江和黄河流域为重点区域，扩大农业面源污染治理重点县规模，因地制宜实施农田面源污染防治、畜禽养殖污染治理、水产养殖环境治理、作物秸秆综合利用、地膜回收利用等工程。建立农业面源污染治理与监督指导试点，建立地表水环境监测体系，开展农业面源污染调查监测和污染复核评估，强化监管、综合执法及

---

① 刘晓霞等：《秸秆还田对不同类型土壤改良培肥的效果》，《浙江农业科学》2017年第2期。

② 官帅等：《精准施肥技术发展现状研究》，《现代农业研究》2022年第28期。

③ 王胜楠等：《种养结合模式下循环利用畜禽养殖废弃物》，《养殖技术》2021年第10期。

④ 王岩等：《联合作业高效机收——我国农业机械化快速发展》，《当代农机》2021年第7期。

⑤ 李民等：《青岛市果菜茶有机肥替代化肥技术示范成效及建议》，《中国农技推广》2021年第3期。

⑥ 姚鑫：《测土配方施肥在农作物生产上的应用》，《粮油农资》2022年第4期。

⑦ 肖晓华等：《秀山县2021年柑橘病虫害绿色防控的做法与成效》，《农业科技通讯》2022年第2期。

⑧ 季雅岚等：《江淮稻渔综合种养技术模式创新与发展建议》，《安徽农业科学》2022年第12期。

⑨ 《农业科技自立自强赋能产业绿色高质》，《农民日报》2021年12月17日。

考核结果运行机制。

(一) 畜禽粪污

我国畜牧废水中氮磷含量较高,是我国农业面源污染的重点关注对象[①]。目前我国畜禽粪污资源化利用水平得到提高,规模养殖场粪污处理设施装备配套率达到93%以上,全国畜禽粪污综合利用率超过75%,实现畜禽粪污的无害化到资源化利用的转变[②]。

畜禽粪污资源化利用工作稳步进行,从《关于加快推进畜禽养殖废弃物资源化利用的意见》发布开始全面推进畜禽养殖废弃物资源化利用工作,打开种养结合和农牧循环的无害化和资源化利用新局面,为推进畜禽粪肥可持续发展提供了技术支撑作用。随后,《关于进一步明确畜禽粪污还田利用要求强化养殖污染监管的通知》发布,指出畜禽粪肥还田是解决畜禽养殖污染的直接出路,到2025年畜禽粪污综合利用率达到80%,畜禽粪污是污染源也是资源,推进畜禽粪肥替代有机化肥、液态粪肥利用,同时进一步规范畜禽粪肥还田利用模式,推动畜禽粪污资源化利用进程。

我国畜禽养殖污染防治标准逐渐清晰化,通过规范政策的发布,以粪污资源化利用为主体的畜禽养殖污染防治思路全面形成[③]。畜禽粪便本是农业生产的主要有机肥源,随着农村人口向城市转移,粪肥的使用量越来越少;粪污要经过长时间处理才能使用,促使农民对粪肥施肥产生抵触;另外,一些农民的田地逐渐变少,导致家畜产生的粪污大部分不能自己消耗,而果农则缺少畜禽粪便作为肥料,资源浪费且造成了环境污染。

近年来,畜禽规模养殖比重迅速提升,粪污处理成了难题,资源成为污染。通过扶持粪肥还田利用专业化服务主体,构建了当前日益规模化和专业化发展的种养结合新模式。粪肥还田的难点在转运,源头在利用,畜禽粪便养分含量低、体积大,施肥劳动强度大、种植户难以利用;而粪肥施用主要靠经验,粪肥的配比、施用时间和施用量的不科学不仅造成作物

---

① 数据来源:《第二次全国污染源普查公报》。
② 数据来源:农业农村部数据平台。
③ 佘磊等:《我国畜禽养殖环境管理进程及展望》,《农业环境科学学报》2021年第11期。

减产，导致了一些农民对粪肥的肥效存在质疑。

目前，畜禽粪污处理利用常见模式有"集粪棚、沉淀池＋种植"模式、"沼气池、集粪棚＋种植"模式、"暂存池、异位发酵床＋有机肥厂＋种植"模式、"集粪池＋种植"模式、"污水处理站＋达标排放、种植"模式、"发酵床＋种植"模式、"集粪棚、沉淀池＋蚯蚓、种植"模式、"发酵罐＋商品有机肥＋种植"模式、"集粪棚、沉淀池＋蛆虫、种植"模式[①]。畜禽粪污处理模式多种多样，但归根结底是实现粪污资源化利用。按照"畜禽粪肥就近就地全量还田"的原则，涌现了新源县"有机肥加工厂＋畜禽粪肥预处理中心＋村级收贮点"、奇台县"有机肥加工厂＋规模养殖场"、尼勒克县"有机肥加工厂＋集中收贮中心＋村级收贮点"等多种整县推进的典型模式。

部分区域根据自身能力，在畜禽粪污资源化利用方面取得一些进展，截至2021年11月，新疆维吾尔自治区备案规模养殖场2148个[②]，备案规模养殖场畜禽粪污治理设施设备配套率99%；畜禽粪污产生量1.96亿吨，其中粪肥还田资源化利用量1.73亿吨，畜禽粪污资源化利用率88%。青海省也在全力提高畜禽粪污资源化利用率，安排资金14198万元，推进种养结合、循环发展，对13个县（区）开展畜禽养殖废弃物处理和综合利用设施建设、500个规模养殖场的粪污资源化利用配套设施升级技术改造。目前，全省畜禽粪污资源化利用率达81.5%，规模养殖场粪污处理设施配套率达99%，其中大型规模养殖场的畜禽粪污处理设施配套率达到了100%。

（二）废旧农膜

我国农用地膜主要成分是聚乙烯，难以收集和降解，可在土壤中残留200—400年。地膜长期残留会引起土壤质量退化，减少农作物产量并对周围环境造成污染[③]。从1990年开始，我国农用塑料薄膜使用量呈逐年增

---

① 杨明军：《畜禽粪污处理及资源化利用常见模式》，《贵州畜牧兽医》2021年第6期。

② 数据来源：农业农村部规模养殖场直联直报系统数据统计。

③ 王频：《残膜污染治理的对策和措施》，《农业工程学报》1998年第3期。

长趋势，而在"十三五"期间对塑料薄膜使用进行减量化，加强地膜污染治理，推进地膜污染防治工作有序开展。针对地膜长期的"重使用、轻回收"现象，我国非常重视地膜回收利用工作，通过一系列举动措施不断加强地膜污染治理，进一步推进地膜污染防治工作有序开展。我国农用塑料薄膜使用情况见图 23—1①，农业塑料薄膜使用量自 1990 年开始逐年增长，在 2016 年达到最大使用量，约为 260 万吨，至 2020 年呈下降趋势。

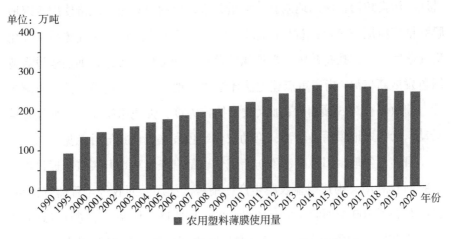

图 23—1　1990—2020 年我国农用塑料薄膜使用情况

资料来源：国家统计局，《中国统计年鉴》，历年各期。

　　1990 年 12 月发布的《关于进一步加强环境保护工作的决定》中，首次关注地膜的使用对环境造成的污染现象，此后国家对地膜污染防控政策范围逐渐广泛。从 1990 到 2021 年，共发布了地膜污染防控政策 300 多条。这段时间地膜污染防控重点呈现由污染治理过程到资源化利用过程逐渐增强的特征。基于中国地膜污染防控政策从"重使用、轻回收"到"重使用、重回收"的重心转变，将相关政策划分为生产供应保障、环保意识形成、污染综合防治、残膜资源化利用四个阶段②。2014 年中央一号文件中首次

---

①　数据来源：农业农村部。
②　龙昭宇等：《中国地膜污染防控政策结构与演进——基于 1990—2020 年政策文本的量化分析》，《中国农业资源与区划》2022 年第 1 期。

涉及地膜污染治理，此后发布的文件对地膜使用及废弃地膜回收工作做出详细指导，表明国家推动地膜污染防治工作和农业绿色发展的决心。为了强化我国农用地膜污染治理工作，2019年印发《关于加快推进农用地膜污染防治的意见》，对我国农用地膜污染防治的法律法规、监管制度、责任制度进行规范，提高农用地膜回收再利用程度，对促进我国农业的绿色发展具有重要的意义。《关于加快推进农用地膜污染防治的意见》指出推进地膜污染防治，应因地制宜、多措并举，以回收利用、减量使用传统地膜和推广应用安全可控替代产品等为主要治理措施；健全制度体系，强化责任落实，完善扶持政策，严格执法监管，加强科技支撑，加快建设农业绿色发展新格局；指出重点建立法律法规、地方负责、使用管控和监测统计、绩效考核等5项制度；加大政策扶持力度、强化组织保障、加强宣传活动，为推进地膜污染防治、推动农业绿色发展提供指导性意见。

目前，各地废旧地膜污染防治工作也都有条不紊地开展着。通过加强农膜回收利用，构建覆盖农膜生产、销售、使用、回收等全程监管体系，持续开展了100个回收示范县建设，健全回收网络体系，推进标准地膜普及应用和废旧地膜专业化，废旧农膜回收利用率达到80%以上。各省市积极进行废旧地膜污染防治工作，根据自身实际情况也制定了相应的地方标准和管理办法。这些标准和办法的制定对废旧地膜回收利用体系进行了丰富补充，也为国家相关标准的制定提供了技术支撑。根据"十四五"规划，预计2025年农膜回收率达到85%，重点地区农田"白色污染"得到有效防控。

各个地方也会发挥财政资金的激励作用，通过引导精准扶贫建档立卡户"交旧领新"，全面开展地膜"以旧换新"，推动废旧农膜回收利用体系的建设[①]。尤其是青海省，为加大农田残膜回收力度，印发了《关于认真做好2021年全省农业重点技术推广项目实施工作的通知》，安排资金

---

① 贺生兵等：《敦煌市废旧农膜回收利用工作成效、问题与建议》，《资源环境》2022年第6期。

1260 万元，支持大通、民和、贵德等 10 个全膜覆盖栽培技术项目县开展残膜回收。甘肃已建成废旧地膜回收利用企业 200 多家，基本建设成了涵盖捡拾、回收、资源化利用等环节的废旧农用薄膜回收利用网络体系。新疆累计建成多个废旧地膜回收加工厂和回收站，基本实现了重点区域全覆盖。甘肃、新疆、青海等地农用薄膜回收实践起到了一定的示范和导向作用。

目前，新型环保地膜的种类主要有光降解①、生物降解②和光—生物双降解地膜③、液态地膜④、纸地膜⑤和麻地膜⑥等。例如：在甘肃省广河县开展了耕地废旧地膜（降解膜）试验研究与高标准地膜机械回收利用技术示范推广，具体情况如下：

1. 开展了废旧地膜残留对农作物产量影响的试验研究

试验结果显示：废旧地膜对玉米生长各个发育阶段具有不同程度的影响，总体来说残膜越多，影响越大。其中，残膜影响最为明显阶段为玉米生长前期（如苗期），这是因为前期玉米尚不强壮，抗逆性低；残膜对玉米生长后期影响减弱，各种处理表现的差异不显著，这是玉米生长后期变得强壮且抗逆性强的原因；部分生育期玉米的形态指标变化不明显；残膜对玉米产量的影响不太显著。随着残膜数量的增加，土壤有机质、容重和保水能力分别出现不同程度的降低、增加和升高的现象，使土壤的物理性能得不到充分的发挥。

2. 高效玉米降解膜筛选试验

试验结果显示：不同降解膜断裂时间及破损程度不一样，湖北光合生物（绿色）断裂时间最早，破损程度达到98%，比对照减产最严重，达

---

① 晏祥玉等：《甘蔗光降解地膜与普通地膜不同覆盖方式对比试验》，《中国糖料》2014年第 3 期。

② 黄瑶珠等：《生物降解地膜在果蔗的田间应用效果研究》，《甘蔗糖业》2022 年第 3 期。

③ 杜梅香：《定西旱作区马铃薯覆光—生物双降解膜种植模式试验初报》，《甘肃农业科技》2021 年 12 期。

④ 张勇等：《中国液态地膜的应用、研究与展望》，《中国农学通报》2018 年第 35 期。

⑤ 路翠萍等：《纸地膜的研究进展及发展前景》，《安徽农业科学》2016 年第 5 期。

⑥ 刘巧真等：《麻地膜对烤烟生长发育及产质量影响》，《中国农学通报》2019 年第 16 期。

到 93.5 公斤，减产率为 11%，说明该降解膜降解效果明显，但降解时间早，地膜增温、保墒功能发挥不好，不宜推广；鑫银环 A8 比对照减产30.4 公斤，减产率为 3.6%，减产比其他降解膜都低，降解率达 95%。可见鑫银环 A8 降解膜适合大面积推广。

3.玉米高效降解膜应用技术示范推广

在示范推广区域包括齐家镇、水泉乡、城关镇、庄窠集镇的 4 个乡镇25 个干旱山区村示范推广玉米高效降解膜（鑫银环 A8）1.11 万亩，其中齐家镇推广面积 0.31 万亩，降解膜玉米平均亩产 818.6 公斤，减产 1.12%；水泉乡推广面积 0.33 万亩，降解膜玉米平均亩产 811.4 公斤，减产 0.96%；城关镇推广面积 0.25 万亩，降解膜玉米平均亩产 808.7 公斤，减产 1.42%；庄窠集镇推广面积 0.22 万亩，降解膜玉米平均亩产 788.2 公斤，减产1.55%。全县示范推广降解膜玉米面积 1.11 万亩，平均亩产 808.21 公斤，减产 0.9%。

4.高标准地膜机械回收利用技术示范推广

通过在示范推广区域全面推广 0.01mm 加厚地膜的使用和废旧地膜机械回收利用技术。2018 年，0.01mm 加厚地膜机械回收利用示范推广面积 1.92 万亩，总覆膜 15.36 万公斤，总回收 13.17 万公斤，回收率达到85.74%。其中齐家镇示范推广面积 0.3 万亩，总覆膜 2.4 万公斤，总回收2.1 万公斤，回收率达到 87.5%；三甲集镇示范推广面积 0.35 万亩，总覆膜 2.8 万公斤，总回收 2.41 万公斤，回收率达到 86.07%；城关镇示范推广面积 0.35 万亩，总覆膜 2.8 万公斤，总回收 2.39 万公斤，回收率达到85.36%；买家巷镇示范推广面积 0.34 万亩，总覆膜 2.72 万公斤，总回收2.31 万公斤，回收率达到 84.93%；祁家集镇示范推广面积 0.33 万亩，总覆膜 2.64 万公斤，总回收 2.27 万公斤，回收率达到 85.98%；阿力麻土乡示范推广面积 0.25 万亩，总覆膜 2 万公斤，总回收 1.69 万公斤，回收率达到 84.5%。

通过以上研究，取得了一系列技术成果：

（1）通过开展废旧地膜残留对农作物产量影响的试验研究，摸清了废

图 23—2　甘肃省广河县生物降解膜品种引进与试验

旧地膜残留对农作物产量影响，耕地地膜残留量不超过 6 千克 / 亩，对作物产量影响不大。

（2）通过开展高效玉米降解膜筛选试验，筛选出了适合广河县气候特点的玉米生产高效降解膜，筛选出的兰州鑫银环 A8 降解膜比对照减产 30.4 公斤，减产率为 3.6%，减产比其他降解膜都低，降解率高达 95%。可见鑫银环 A8 降解膜适合大面积推广。

（3）通过示范推广，创立了"全膜双垄沟播＋加厚易回收地膜＋机械全回收"的广河县玉米地膜回收利用模式。

但新型生物可降解性地膜也具有缺陷，其生产成本较高，需要国家和政府部门提供政策性补贴和相关产业扶持力度。

根据"十四五"规划建议内容，进一步推进农膜回收利用工作。落实严格的农膜管理制度，加强管理环节，推广普及标准地膜，完善市场监管制度，禁止不符合国家强制性标准的地膜生产、采购和销售。加快绿色农机装备创制，推动农机装备向模式化、智能化转变，促进产学研推用深度融合，鼓励农机装备企业攻克关键核心技术、基础材料及制造工艺等短板。积极探索推广环境友好生物可降解地膜，开展地膜科学使用回收试点，培育专业化农膜回收主体，从源头减量、使用管理和末端回收全过程一体推进，提升地膜回收利用水平。健全农膜回收利用机制，开展区域化农膜回收补贴制度，建立地膜生产者责任制度。推进绿色技术试行方案，发展面向不同地域优势品种的农业绿色发展典型模式。布局建设一批观测试验站，建立健全农业农村绿色发展全过程监测预警体系，持续实施产地土壤环境、农田氮磷流失、农田地膜残留等监测。

（三）农药化肥

在"十三五"期间，加快推进了现代农业建设，农业面源污染防治取得了新成效，农用化肥和农药施用量持续减少（图23—3），农业废弃物资源化利用效率稳步提高。2020年农作物化肥施用率为40.2%，农药利用率为40.6%。

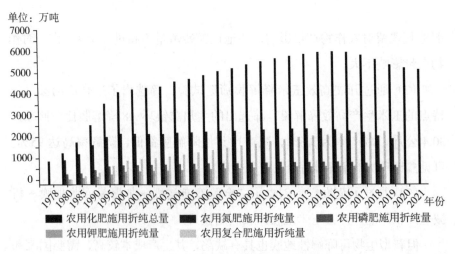

图23—3 1978—2021年我国化肥施用量

资料来源：国家统计局：《中国统计年鉴》，历年各期。

2021年农业面源污染防治工作取得不错的成绩，农药化肥施用量持续减量。化肥减量增效扎实推进，修订并发布《有机肥料》《肥料合理使用准则》等行业标准，规范有机肥料生产使用。明确不同地区、不同作物、不同产量目标下主要农作物氮肥推荐施用量，持续推进施肥精准化、智能化、绿色化；农药减量增效扎实推进，微毒、低毒和中等毒性农药使用占比超过98%，农药利用率稳步提升达到40%以上，使用量连续多年呈下降状态（图23—4）。

在"十四五"农业绿色发展规划指导下，进一步推进化肥和农药减量

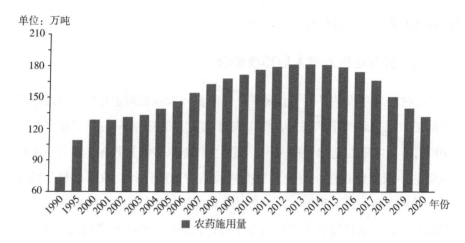

图 23—4　1990—2020 年我国农药施用量

资料来源：国家统计局，《中国统计年鉴》，历年各期。

增效。到 2025 年化肥和农药利用率指标均要达到 43%，实施化肥农药使用量零增长行动，持续抓好 300 个化肥减量增效示范县、300 个绿色防控示范县建设，以点带面推动化肥农药减量增效[①]。

　　根据"十四五"规划建议内容，提升生态农业模式的化肥减量，大力推广科学施肥。因地制宜适量施肥、科学分配化肥用量和正确的施肥方式才能有助于农作物健康生长。推广机械施肥、种肥同播等措施，示范推广缓释肥、水溶肥等新型肥料，改进施肥方式；集成推广测土配方施肥、水肥一体化、化肥机械深施、增施有机肥等技术，实施有机肥替代化肥试点[②]。

　　推进农药减量增效。支持创制推广喷杆喷雾机、植保无人机等先进的高效植保机械，提高农药利用率；构建农作物病虫害监测预警体系，采用智能化、自动化田间监测系统，对病虫疫情防控进行预警。对于农药包装废弃物的回收处置。严格管理农药包装废弃物，建立农药生产者和经营者对包装废弃物回收处置责任，合理处置肥料包装废弃物，对有再利用价值

---

① 参见《关于深入打好污染防治攻坚战的意见》。
② 参见《农业农村污染治理攻坚战行动方案（2021—2025 年）》。

的肥料包装废弃物进行再利用，促进包装废弃物减量。

二、脱贫地区农村人居环境整治

农村环境建设的良好与否是一个国家整体风貌的衡量标杆，习近平总书记曾多次提到"中国要美，那么农村就一定要美"。只有把美丽乡村的基础打好，才能打造出美丽中国。实施乡村振兴战略是我国全面建成小康社会的一项重要指标。实施乡村振兴战略的首要任务是改善农村生活环境，重点突破、综合整治、示范带动和整体推进相结合实施农村人居环境整治工作。人居环境整治工作改变了农村长期存在的脏乱差局面，大部分地区都建了卫生厕所和垃圾处理站等基础设施，农民群众保护环境卫生意识有所提高，农民生活质量普遍提高[①]。《农村人居环境整治提升五年行动方案（2021—2025 年)》指出，坚持以人民为中心的发展思想，深入学习推广浙江"千村示范、万村整治"工程经验，开发适合不同地域模式的农村厕所革命、加快农村生活污水处理进程、提升农村生活垃圾治理水平以及推动村容村貌的整体提升。

（一）生活粪污无害化与资源化

农村厕所粪污治理是推进农村厕所革命的关键，先要解决粪污无害化处理问题，在此基础上积极推进资源化利用进程[②]。"十三五"末期，全国已经有 90% 的村庄进行了村庄清洁行动，卫生厕所普及率达到 60%，生活垃圾收运处置体系覆盖 84% 的行政村，近 30% 的农户生活污水得到控制，绝大部分村庄人居环境得到明显改善[③]。

《农村厕所粪污处理及资源化利用典型模式》的发布，主要指导地方以就地就近处置、源头控污减排为原则，切实解决农村厕所粪污处置难、利用难问题。《农村厕所粪污无害化处理与资源化利用指南》提出了粪污处理利用 4 种主要方式，介绍了污水处理的 5 种运行机制，强调确保无害

---

① 参见《农村人居环境整治提升五年行动方案（2021—2025 年)》。
② 范彬等：《我国乡村"厕所革命"的回顾与思考》，《中国给水排水》2018 年第 22 期。
③ 数据来源：农业农村部。

化处理效果、资源化处理模式和农业绿色生产相结合、加强运行维护、逐步开展风险监测评价。

根据组织管理、资金投入、技术模式、运行管护、主体参与等方面情况，《农村厕所粪污处理及资源化利用典型模式》凝练总结了9种典型模式：

1. 以政府为主导的模式

（1）县级政府投资建设＋镇村组三级运维＋农户付费＋黑灰水分离＋大小三格式化粪池两级处理＋湿地净化／还田利用。

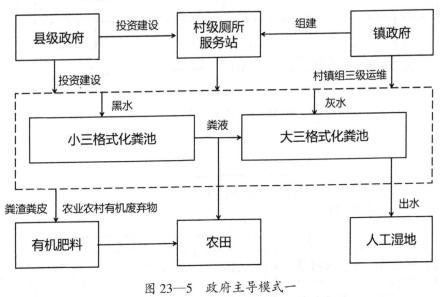

图 23—5 政府主导模式一

（2）县级政府投资建设＋县级相关部门、镇政府运维＋黑灰水分离处理／混合集中处理＋还田利用／湿地净化。

（3）县级政府投资建设＋乡镇政府／村集体运维＋污水管网收集＋集中处理设施＋达标排放。

2. 以第三方专业服务公司为主导的模式

（1）政府引入社会资本投资建设＋第三方专业服务公司运维＋污水管网收集＋一体化设施处理＋达标排放。

（2）县级政府投资建设＋第三方专业服务公司运维＋农户付费＋一体化设施处理＋农田浇灌。

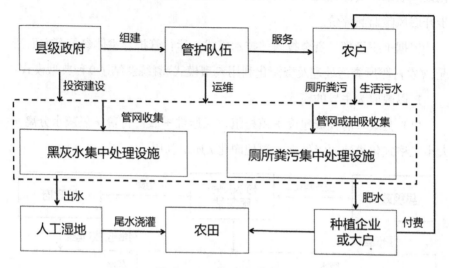

图 23—6　政府主导模式二

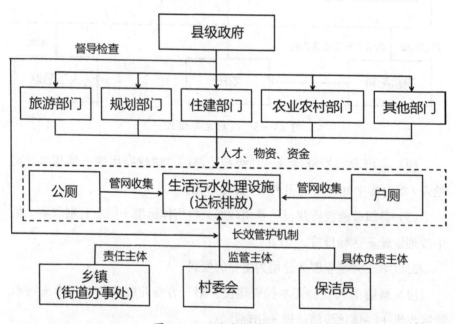

图 23—7　政府主导模式三

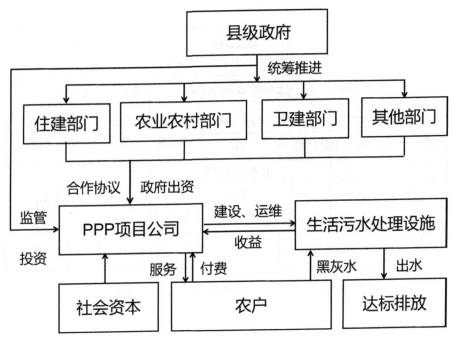

图 23—8 第三方专业服务公司主导模式一

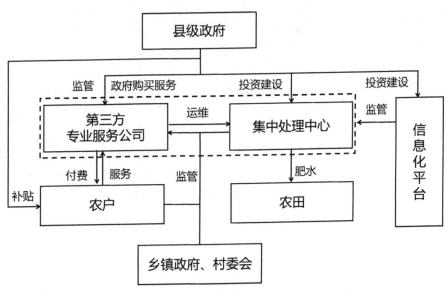

图 23—9 第三方专业服务公司主导模式二

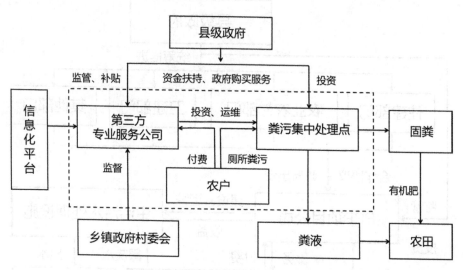

图 23—10　第三方专业服务公司主导模式三

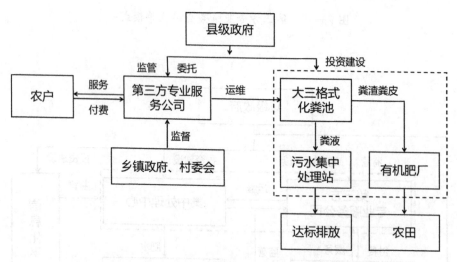

图 23—11　第三方专业服务公司主导模式四

（3）县级政府和社会资本共同投资建设＋第三方专业服务公司运维＋农户付费＋固液分治＋液态粪水还田利用／纳入管网＋固粪用作有机肥生产原料。

（4）县级政府投资建设＋第三方专业服务公司运维＋农户付费＋大三格式化粪池处理／污水集中处理站＋达标排放＋固粪用作有机肥生产原料。

3. 以新型农业经营主体为主导的模式

县级政府、社会资本共同投资建设＋新型农业经营主体运维＋农户付费＋沼气工程处理＋沼气、沼渣、沼液综合利用。

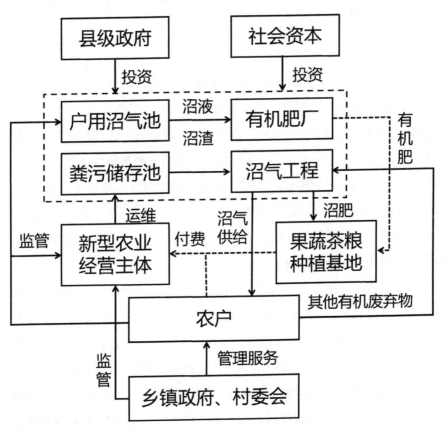

图 23—12　新型农业经营主导模式

4.以农户为主导的模式

县级政府投资农户投劳共建卫生旱厕＋农户为主运维＋生物菌剂＋农家肥施用。

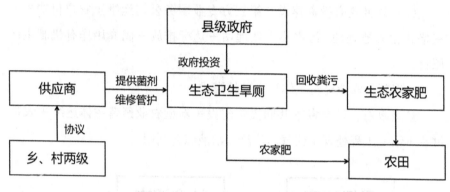

图 23—13　农户主导模式

"截污建池，收运还田"是贯彻习近平生态文明思想，落实习近平总书记关于粪肥还田、治理粪污污染重要指示的重要手段。"厕所革命"是实现粪污资源化利用的首要条件。改厕这项工作能补上农民群众生活品质短板，农村改厕工作需要从群众角度出发，摸清改厕数量并进行分类，因地因需选择合适的改厕模式，既尽力而为又量力而行。2020 年 7 月 23 日召开的全国农村"厕所革命"现场会，传达学习了习近平总书记近日对深入推进农村"厕所革命"作出的重要指示，强调"十四五"时期要继续把农村"厕所革命"作为乡村振兴的一项重要工作。从河北到福建，从浙江到上海，习近平在地方工作期间，重视厕所问题，推动解决当地群众的如厕困难。青海省农村"厕所革命"取得显著成效，近三年全省改造卫生户厕 20 万座，卫生厕所普及率达到 54.4%，其中，一类县、二类县和三类县卫生厕所普及率分别达到 93.9%、85.5% 和 37.9%，青海省农村"厕所革命"如期完成，村容村貌显著改善；青海省生活垃圾治理累计完成 456 个行政村的生活污水治理项目，处理率达到 91.7%；4146 个行政村全覆盖进行村庄清洁行动，建设 406 个村庄清洁长效机制示范村，村容村貌显著改善。

（二）生活污水治理与资源利用

农村生活污水的特点是高分散性、难以集中收集；水量小、波动大；有机物浓度高、水质、水量地域性差别大，严重影响了农村环境建设[①]。根据农村生活污水来源不同（厨房、洗涤、厕所、畜禽散养及其他混合污水[②]），我国农村生活污水处理方式主要有三种：（1）对于离城市较近的村镇且城市污水处理厂具有处理能力的，将农村污水通过管网收集到城镇污水处理厂进行处理；（2）对于污水排放量较大的村镇，可以新建污水处理厂、污水处理站、生态湿地等设施进行集中处理；（3）对于居民较分散、污水产生量较小、难以集中处理的村庄，可以采用建设沼气池、沤肥后用作农家肥使用。2018年中央一号文件强调根据农村地域和条件差异，农村污水治理思路要具有灵活性和可操作性，集中治理、小型化、生态化和分散化污水处理模式和工艺单独和联合发展，开展适应本地特色的低成本、易维护、高效率的污水处理技术。结合生活污水水质、受纳体环境目标、地形特征及运行成本等综合因素考虑，土地生态治理技术适应于大部分农村生活污水治理过程，也可进行不同技术处理工艺联合处理污水。

2019年，《农村生活污水处理设施水污染物排放控制规范编制工作指南（试行）》（简称《工作指南》）发布。生态环境部土壤生态环境司有关负责人就《工作指南》中关于尾水利用作了进一步阐述：氮、磷等元素是农作物生长所需的营养物质，农村生活污水含有较丰富的氮磷元素可经预处理后就近资源化利用，减少有机化肥的施用，降低水体富营养化风险。因此，《工作指南》鼓励优先选择氮磷资源化与尾水利用技术手段或途径，对尾水进行利用，尾水利用应满足国家或地方相应的标准或要求。对于适用于农田、林地、草地等施肥、农田灌溉、渔业和景观环境的，都应符合相关标准和要求，不得造成环境污染。特定利用情形下以及没有相应再生水利用水质要求的，可根据尾水利用特点、土壤性质和生态环境保护需求

---

① 周琳琳：《农村生活污水治理现状及对策》，《现代农村科技》2021年第7期。

② 林青等：《农村环境综合整治生活污水的现状及对策》，《县镇供水》2021年第4期。

等在排放标准中规定尾水应达到的水质要求和水质监控位置①。

青海省海东市、玉树州对农村环境整治颇见成效，自"十三五"以来海东市、玉树州共投入农村环境综合整治资金 60830 万元(其中海东市 5.3 亿元、玉树州 7830 万元)，完成共 1393 个村庄和农牧民定居点（海东市 1161 个、玉树州 232 个）环境综合整治任务，为项目村配备生活垃圾收集、转运设施，实施水源地保护等，实现全覆盖整治目标。2019 年，农村生活污水治理工作转交省生态环境厅后，截至 2020 年底，已安排海东市、玉树州农村生活污水治理专项资金 10714 万元（其中海东市 10482 万元、玉树州 232 万元)，共支持海东市 26 个村、玉树州 1 个村生活污水治理项目。同时，在省级农村环境综合整治专项资金中，也对海东市部分村庄生活污水处理项目予以支持，对已建成的部分污水处理站进行智能化改造。污水处理设施建成后，交由地方运营管理，目前大部分均由村委会自行运营。为加强农村生活污水处理排放监管，青海省生态环境厅牵头组织编制了《农村生活污水排放标准》，已于 2020 年 5 月由省市场监管局发布实施，为青海省农村生活污水处理排放提供了标准依据。在实现全覆盖整治目标要求的基础上，对部分已完成整治的村庄实施提档升级，巩固和提高整治水平。进一步通过农村生活污水项目实施及设施运营管理初步建立设施运营长效管理机制，为全省农村生活污水治理项目实施及运营管理提供借鉴。

（三）粪污、污水、有机垃圾一体化处理

针对粪污、污水、有机垃圾不同污染类型，处理要点不同。(1) 生活垃圾。须建立生活垃圾分类投放和分类处理模式，以区域垃圾处置中心为辐射带动点，推进城乡一体化进程，达到垃圾清理、转运、处理一站式要求。(2) 生活污水。因所处地域和实际水体质量的差异，农村生活污水的处理模式主要有城乡统一处理模式、村落集中处理模式和分散处理模式。(3) 生活粪污。以《农村厕所粪污处理及资源化利用典型模式》为参考，

---

① 参见《农村生活污水处理设施水污染物排放控制规范编制工作指南（试行)》。

根据实际情况选择适宜的厕所粪污处理单一或联合模式，达到厕污无害化与资源化利用目的，推动农村"厕所革命"的进程①。

现有厕所粪污生活废水一体化处理方法，由厕所粪污处理、生活废水处理两个系统组成；将厕所粪污与生活废水分别处理，通过二级发酵装置连续密闭微生物厌氧发酵以及好氧发酵处理粪污，处理、过滤净化生活废水，对农村粪污、废水无害化处理和资源化利用有积极帮助，能从污染物源头进行集中无害化分类处理，有望实现对生活粪污、生活污水和有机垃圾一体化处理技术的推广使用。

为了提高农村易腐垃圾、厕所粪污等有机废弃物无害化处理和资源化利用水平，强化实用技术供给，农业农村部、国家乡村振兴局在各省（区、市）推荐的基础上，经专家评审、实地核查、公示，遴选了4种农村有机废弃物资源化利用典型技术模式。

1.反应器堆肥技术模式

反应器堆肥是将易腐垃圾、人畜粪便、农作物秸秆等有机废弃物，置入一体化密闭反应器进行好氧发酵。

2.堆沤还田技术模式

堆沤还田是将易腐垃圾、农作物秸秆、人畜粪便等有机废弃物，通过静态堆沤处理后科学还田利用。

3.厌氧发酵协同处理技术模式

厌氧发酵协同处理是将人畜粪污、农作物秸秆、易腐垃圾等有机废弃物，经过粉碎、除杂、调质等预处理后，置入厌氧发酵罐进行处理，可产生沼气和沼肥。

4.蚯蚓养殖处理有机废弃物技术模式

蚯蚓养殖处理是将畜禽粪污、易腐垃圾、农作物秸秆等有机废弃物，按一定比例混合、高温发酵预处理后，经过蚯蚓过腹消化实现高值化利用。

---

① 于涛：《从"畜禽粪污资源化利用"到"生活垃圾、污水、厕污"一体化处置的思考》，《动物卫生》2021年第10期。

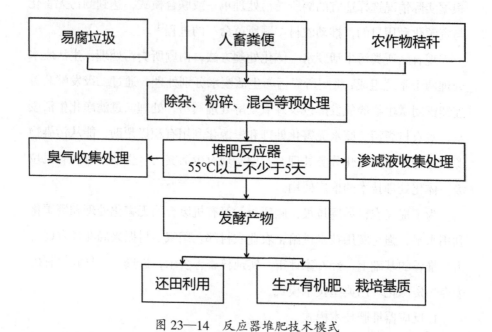

图 23—14　反应器堆肥技术模式

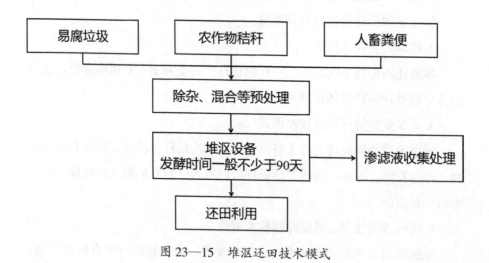

图 23—15　堆沤还田技术模式

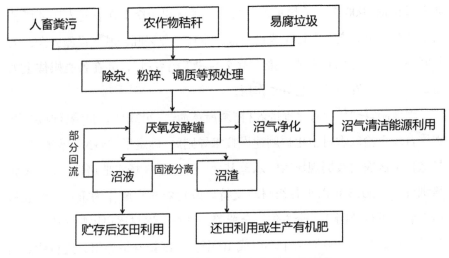

图 23—16　厌氧发酵协同处理技术模式

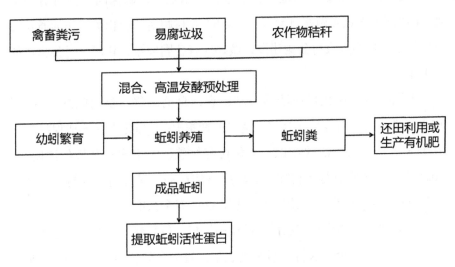

图 23—17　蚯蚓养殖处理有机废弃物技术模式

　　脱贫地区农村人居环境整治工作有序进行。新疆维吾尔自治区以"千万工程"为引领坚持因地制宜、分类指导，围绕厕所革命、垃圾污水治理、村庄清洁等重点工作，稳步推进。主要有以下几个方面。

　　以"千万工程"为引领，推进农村人居环境整治工作。新疆维吾尔自治区印发了《自治区农村人居环境整治"美丽乡村"评选工作方案》，全面启动自治区农村人居环境整治"美丽乡村"评选工作。2021 年 2 月 5 日，从全区首批 1000 个"千村示范"村中，评选出 107 个在农村人居环境整治中具有突出亮点、在村庄建设规范、乡村产业兴旺、基础设施齐全、公共服务完善等方面具有典型推广意义的"美丽乡村"，并在各类媒体上大力宣传，切实发挥了示范引领作用。

因地制宜，科学有序推进农村"厕所革命"。2021 年，自治区制定《新疆维吾尔自治区农村卫生户厕建设技术导则》，确定了"4+N"改厕模式。打造自治区农村改厕现场教学示范基地，开展了 3 场实地培训、1 次视频培训课程。2013 年以来各级财政支持以改造农村户厕作为重点，对农村所有农户进行拉网式、全方位、全覆盖大排查，逐村逐户逐厕排查，不留死角盲区。抽调 200 余名干部组成 10 个自治区督查指导组，进行蹲点指导，打造改厕示范县、示范乡、示范村、示范户，确保问题厕所清仓见底。印发《关于扎实做好自治区"十四五"农村厕所革命相关工作的通知》，指导各地加快推进农村公厕建设，做好现有公厕摸排，新建农村公厕选址等工作。

巩固提升，深化村庄清洁行动内容。自治区将"院内院外六件事"和"三清一改"内容拓展为"三清三改两提升"，强化农民养成保持良好卫生习惯和健康生活的意识，美化村容村貌，筑牢农村环境健康防线。2021 年，全区所有行政村均开展村庄清洁行动，累计清理农村生活垃圾1133.96 万吨，发动农民群众投工投劳 3264 万余人次。

统筹协调，加快补齐农村基础设施短板。(1) 建立农村生活垃圾收转运和处理体系。全区农村生活垃圾收集、转运和处置覆盖率达到 99.5%。(2) 农村生活污水治理不断推进。因地制宜，选择适当技术模式，分类推进农村污水处理设施建设，加强农村生活污水处理设施运行管理。(3) 农村供水保障水平明显提升。自治区农村自来水普及率达到 97.5%，集中供水率达到 98.6%，供水保证率达到 90% 以上。(4) 村容村貌显著提升。科学实施农村"四旁"绿化，持续改善农村人居环境，共栽植苗木1051.25 万株，完成绿化面积 7 万亩。(5) "两率"持续提高。截至 2021年 11 月，自治区备案规模养殖场畜禽粪污治理设施设备配套率 99%；粪肥还田资源化利用量 1.73 亿吨，畜禽粪污资源化利用率 88%。（6）开展农村环境服务试点。拟在昌吉市和玛纳斯县开展农村环境服务试点工作，提出初步工作清单，推进回收体系建设与农村环卫清运网络"两网融合"的试点。（7）统筹推进乡村旅游厕所。直接与乡村关联的 514 个景区已建厕所 225 座，87 个乡村旅游重点村已建厕所 32 座。（8）推进农村公路项目建设。累计完成农村公路建设投资 54.7 亿元，完工里程 5625 公里，整治村道安全隐患 4297.2 公里，改造危桥 27 座。

保障资金投入，加快补齐农村领域明显短板。2021 年，自治区财政下达中央和自治区农村环境综合整治专项、农村人居环境专项、"厕所革命"整村推进、"千村示范、万村整治"工程、农业生产废弃物回收利用、推进农村畜禽粪污无害化处理等用于支持农村人居环境整治资金 17.74 亿元。支持了 87.59 万户农户卫生厕所改造、10 个村庄实施农村生活污水治理、推进农村有机废弃物就地资源化利用和农村生活污水治理、自治区 107 个已达标的深化提升村提档升级、19 个美丽乡村建设问题。其中农作物秸秆综合利用补助资金 0.63 亿元，支持 7 个地州 8 个棉粮主产区、秸秆量大、农作物茬口紧张、秸秆禁烧压力大的县（市），整县推进秸秆综合利用；废旧地膜回收利用资金 1.47 亿元，支持 48 个县开展整县推进废旧地膜回收利用；化肥减量增效示范和科学施肥基础性工作经费 0.3 亿元，继续支持在 11 个试点县开展创建化肥减量增效和科学施肥基础性工作，其中 3 个县同步开展肥料包装废弃物回收处理试点。

加强宣传引导，增强农民认同感。充分利用电视、微信、微博、宣传栏等多种宣传载体，乡村文化站、卫生院（室）、板报橱窗等阵地，以通俗易懂的方式，开展科普宣传活动，结合第 33 个爱国卫生月、第 34 个世界无烟日、全民健身日、文明健康有你有我、中医中药中国行等主题活动，大力开展讲卫生、树新风、除陋习活动，引导各族群众摒弃不文明行为，坚持正确洗手，保持社交距离、科学佩戴口罩、注重咳嗽礼仪等疫情防控工作中形成的好习惯。

第三节　脱贫地区美丽乡村建设面临的问题与挑战

一、畜禽粪污无害化、资源化不标准不规范

随着国家对于生态文明建设的发展要求，环境保护工作早已提上日程，环境治理工作愈发得到重视，畜牧业所产生的环境污染得到有效控制。近年来国家相继出台了一系列畜牧行业污染治理相关法规和文件，如《畜禽养殖污染防治管理办法》《畜禽规模养殖污染防治条例》《畜禽规模养殖污染防治技术政策》《畜禽规模养殖场粪污资源化利用设施建设规范》《畜禽粪污土地承载力测算技术指南》等，为我国畜牧业无害化和资源化发展提供了保障。2018 年，《关于做好畜禽粪污资源化利用项目实施工作的通知》的发布，推进了畜禽粪污处理设施配套率，提高地区畜禽粪污综合利用率，中央财政对符合指标的省市给予相应的建设畜禽粪污处理设施装备补贴。而《畜禽粪污土地承载力测算技术指南》和《畜禽规模养殖场粪污资源化利用设施建设规范（试行）》对规范建立资源化利用设施提出明确要求。上述规范与制度都对畜禽粪污进行无害化和资源化处理进行制约，但是一些养殖户依然存在没有严格按照要求实施的现象。其原因主要是：（1）粪肥还田资源化利用技术及监测体系不健全，缺乏详细的适用标准。（2）种植企业（户）对养殖场（户）生产的发酵不充分粪肥质量有所质疑。实现粪污资源化利用，需要从养殖户的管理观念、科学技术等方面着手，建立完善的监管制度，确保畜禽粪污资源化利用进程有序进行。

畜禽粪污无害化和资源化过程中法律法规不完善。我国对畜禽养殖污染防治缺乏专门专项法律，当前在畜禽养殖污染防治方面的标准、规范以及政策性文件大多考虑指导生产和设施建设方面，且推荐性内容居多。我国现行出台的关于畜禽养殖污染防治工作相关的政策多适用于具有规模的养殖场，但对于非规模畜禽养殖场（户）相关政策涉及较少。

散养户对畜禽粪污资源化利用主体认知意识不强。畜禽散养户在畜禽

养殖户中所占的比重较大，一般只注重养殖效益，缺乏环境保护意识，普遍认为养殖粪污的直接排放对环境影响不大，存在直排和偷排现象。畜禽散养户的收益相对于有规模的养殖场相差较大，难以维持对畜禽污染治理的投资和运行费用。

监管控制措施不到位。畜禽养殖场（户）大多分布在农村地区，污染治理具有滞后性，对标准以下的散养用户的法律监控几乎空白，难以有效地监管散养用户的畜禽废水排放和资源化利用过程，造成农村环境恶化现象的恶性循环。

规模养殖场配套设施的有效使用率不高。农村散养用户对于粪污处理配套设施和专业技术方面较为缺乏，导致经常出现污水处理设备建而不用现象。忽略了基层人员缺乏专业的技术培训和人才指导过程。

收储运体系尚未实现有效运转。畜禽粪污处理存在乱堆乱放、收集储存中心建而不用现象。收集池、存储池和吸污车等设施设备在收储运的过程中没有形成一个闭合的链条。由于运营管理主体落实具体责任人、运营保障工作不完善，导致粪污堆沤发酵场、暂存池利用率不高，更甚存在不规范操作等一系列问题①。

二、农业废旧农膜与面源污染控制能力仍薄弱

农用地膜的生产、销售、使用、回收、再利用是一个独立又相互依赖的过程。根据地膜来源和使用地域不同，回收处理方式也不相同，在具有科学理论指导和完善配套的体系下废旧农膜回收再利用过程可根据地域特色采用适合的处理方式。农村废旧地膜无害化和资源化过程主要存在以下问题：

政策不健全。关于农用地膜无害化和资源化利用的相关政策和法律、法规体系尚未健全，回收资源化利用环节尚且薄弱，农膜回收加工行业盈

---

① 王小平：《浅谈当前畜禽粪污资源化利用存在的问题及建议》，《吉林畜牧兽医》2021年第 12 期。

利空间有限，缺少相应惠农政策支持，并未把提高残留地膜回收率和提高土壤质量当成首要任务。

监管有难度。需更注重全过程的管理，从检查结果转变为对前期、中期和后期检查并重原则，强化全面全程管理。目前尚未形成上下贯通、动态纠偏的多层次监督体系。针对废旧地膜污染防治工作国家已给出相应标准，但市场上销售的不达标地膜比例依然较高，地膜回收工作困难；同时，地膜生产企业存在小散乱现象，从源头上增加了地膜回收的难度；用户对地膜污染认识度不够，地膜随意乱放容易造成二次污染。如新疆全区有一半以上乡镇没有固定的农田地膜回收点。目前农膜资源化利用率取得显著成效，但仍存在回收企业和各级政府不同程度的依赖补贴政策，农民自主回收废弃物积极性不高，常出现焚烧和掩埋秸秆农膜的现象。

回收、替代技术不成熟。农用地膜回收鼓励以机械回收为主，但是机械回收过程中存在边膜无法拾起、膜秆分离效果差等问题，导致回收的残膜和秸秆等杂质缠绕在一起，无法达到资源化利用的目的，而现有的机械普遍缺少残膜打捆打包装置①。如市面上常规残膜回收机械在新疆地区使用效果差，膜秆分离不理想，杂质缠绕，导致无法资源化利用。对于地膜替代技术，生物降解地膜和无膜栽培技术仍处于试验示范阶段，待考察稳定性和安全性后才能进行推广使用。

此外，相关环保基础设施的建设、运行、维护缺乏技术力量支撑，农村专业技术人员的培训缺失，废弃物资源化利用与污水处理等统筹不够，经常出现设施建成闲置、重复建设等现象，对特殊地区人居环境质量改善造成较大影响。

三、山区、高原、高寒地区污水治理的技术和模式有待探索

由于我国农村地区的气候特征、地形地貌以及经济水平等方面具有明

---

① 马占新等：《昌吉地区昌吉地区农田残膜机械化回收技术应用与推广》，《农业机械》2021 年第 2 期。

显差异，导致农村生活污水处理工艺的设立与运行实效参差不齐。三区三州原深度贫困地区多地处高原、高寒、干旱等区域，农村人居环境整治起步晚、经验积累不够，一般按照城市治理模式，或直接引进内地技术处理生活污水，由于缺乏适宜寒冷、干旱地区和农村牧区的相应技术标准规范，存在针对性、适用性不强，技术推广隐患大的问题。山区、高原、寒区等地因分散性特点、低温环境、管理模式等诸多条件制约其农村污水处理工艺的处理效率，容易出现环境容量小、极易受到污染、水体的自净能力差、一旦污染难以恢复、突发性水环境污染风险高等问题。

山区、高原以及高寒地区农村污水处理工艺设施运行和维护也存在难题：（1）适合山区、高原以及高寒地区运行效果良好的污水处理设施较少；（2）山区、高原以及高寒地区农村经济条件相对较差，因此技术人员储备也较薄弱。应根据各地条件、人口聚集程度、污水处理规模、排放去向、人居环境改善需求、自然景观、受纳水体污染物排放总量控制要求及现有技术水平等因素，采用适用的治理技术，注重实效，不搞一刀切，不搞形式主义。

四、人居环境改善的运行管理机制不健全

农村人居环境整治缺乏顶层设计。部分地区仍存在重视前期建设轻视后期管理的现象，前期调研论证不足与建后管理不善，导致厕改与污水处理过程达不到预期结果。国家及各地在制定畜禽养殖发展规划时考虑尚浅，畜禽养殖产业发展与污染防治统筹衔接不足，仅从养殖规模和管理角度考虑产业布局，未能统筹考虑建成后畜禽粪污土地承载力和粪污施用方式及成本预算。

环保基础设施建设与运维资金筹措压力大。西部农村地区大多分散居住，不适合修建污水管网，生活垃圾收集转运处置与污水治理难度大，配套基础设施建设严重滞后。国家重点帮扶县及西藏、新疆地区，贫困程度深，返贫压力大，地方财政困难，在环保基础设施建设方面的投入十分有限。如甘肃省甘南州62.6%的乡镇尚未建成生活垃圾处理设施，农村生活

污水治理率仅为 3.47%；青海省卫生厕所普及率不到 60%。中央人居环境整治专项资金支持力度不足，部分地区省级配套资金取消，生态转移支付资金挪作他用，致使已建成污水处理设施、垃圾转运处置体系的运维费用无法保障，设备设施出现损毁和闲置现象，缺乏维护，基本丧失处理能力。

环境整治模式与运行机制有待完善。部分乡村位置偏僻，村民居住较为分散，且距县城污水处理厂、垃圾填埋场等路途较远，给生活垃圾转运处置及农村生活污水管网建设等带来一定程度的困难。污水处理设施建成后，目前大部分均由村委会自行运营，由于缺乏专业指导，存在日常管理不到位、技术力量不足的问题，更存在农村垃圾污水收集处理城乡一体化管理或第三方运行管护模式的监管机制不健全问题。

部门责任不明确、监管责任缺失。各部门之间协调联动机制不够完善，各自为政，没有形成有效合力。针对农村污染防治还缺乏专门的法律，一些污染防治标准、规范及政策性文件多为推荐性，强制执行力不强，同时尚未建立可操作、可评估的绩效量化或考核办法，污染防治工作成效无法及时掌握，环境污染问题仍未从根本上得到解决。

第二十四章　推进脱贫地区人居环境整治的思路与建议

　　自从 2018 年《农村人居环境整治三年行动方案》实施以后，农村面貌和环境焕然一新，村庄环境基本实现干净整洁有序，农民群众保护环境卫生的意识逐渐提高，并且实施了大批补短板项目，为全面建成小康社会提供有力支撑。为提升人居环境整治、进一步巩固和拓展农村人居环境整治三年行动成果，实现农村现代化和农民对美好生活的愿景，随着 2021 年《农村人居环境整治提升五年行动方案（2021—2025）》的发布，进一步全面推进乡村振兴、加快农业农村现代化建设，为农村环境保护工作提供了基本遵循和行动指南。

第一节　脱贫地区人居环境整治工作的总体思路

　　"十三五"期间，脱贫攻坚取得决定性进展，832 个国家级贫困县全部脱贫摘帽，成片区域性贫困问题得到解决，5575 万农村贫困人口摆脱贫困，还建立了有效的返贫防范长效机制，困扰中华民族数千年的贫困问题得到了基本解决。2020 年如期打赢脱贫攻坚战，在打赢脱贫攻坚战的基础上，"十四五"期间，农村扶贫减贫工作将继续开展。"十四五"时期是深化各项治理措施和持续提升农村生态环境质量的重要时期。做好升级版人居环境整治工作，思路创新很重要，农村环境治理工作仍是经济社会发展的突出短板和重点。开展农村人居环境整治、打赢脱贫攻坚战的主战场都在农村，二者在提升农村人居环境过程中相互交汇。农村人居环境整治提升包括农村生活垃圾、生活污水、厕所革命和村庄清洁等多项行动。有针对性做好贫困地区农村人居环境整治工作，需要认真研究分析，制定科学对策、因地制宜、一村一策、精准施策。要充分发挥群众或农民的主体作用，充分释放人民群众的创造力和爆发力，建立制度化、常态化、长效化的村庄清洁、管护机制，让广大农民在乡村振兴中有更多获得感和幸福感。针对脱贫地区由集中补短板转向人居环境系统治理工作，开展脱贫地区农业面源污染控制与农业废弃物资源循环，构建形成农业面源污染高效控制与农业废弃物资源化利用模式，探索农村生活垃圾、农村粪污和污水无害化与资源化利用技术。建立健全地方为主、中央补助、村民参与、企业支持的资金筹措机制。开展人居环境整治工作现状与需求调查，统筹全面治理工作，根据调查结果补齐人居环境治理建设"短板"。

第二节　脱贫地区人居环境整治的工程技术战略重点

近年来，以打好污染防治攻坚战为抓手，把满足人民日益增长的优美生态环境需要作为工作的出发点、坚持问题导向、目标导向，持续推进农村环境综合整治，全力助推美丽乡村建设。因地制宜且合理规划和建设美丽乡村，重点在如何继续改善脱贫地区的农村人居环境，以改厕项目、垃圾治理和污水治理为主要内容的村容村貌提升内容，为全面推进乡村生态振兴奠定基础。脱贫地区美丽乡村建设的工程技术战略重点，主要包括两大方面：

脱贫地区农业废弃物资源化与面源污染控制。以环境友好和资源循环为导向，研究如何形成农业绿色生产方式，解决资源节约、生产清洁、废弃物资源化、土壤污染防治、农业面源污染综合防治等农业环境问题，形成农业面源污染高效控制与农业废弃物资源循环利用的工程技术模式。重点关注农业废旧农膜的机械化回收与资源化利用，畜禽粪污的无害化、资源化处理新技术，特别是低成本、低能耗、易维护、高效率的处理技术，以及绿色防控、专业化统防统治等农药化肥减量增效技术。

（2）脱贫地区农村人居环境整治。全面推进"厕所革命"是改善农村人居环境、实施乡村振兴战略的重要内容，要以就地就近处置、源头控污减排为原则，保证大力建设和改造农村厕所的同时进行粪污无害化和资源化，努力补齐影响农民群众生活品质的短板。由于农村人居环境治理问题较多，必须从统筹考虑农村人居环境整治对策，同步推进农村生活垃圾治理、污水治理、厕所粪污治理无害化、资源化和改善村容村貌进程，以建设乡风文明、村容整洁、适合居住的村庄为目标，研究农村生活垃圾分类回收、生活污水处理与资源化利用技术，粪污、污水与有机垃圾的一体化污水处理技术。

第三节　脱贫地区美丽乡村建设的政策建议

"十四五"期间全面建设脱贫地区的生态宜居乡村，做好脱贫攻坚与乡村振兴有效衔接，主要建议如下：

一、加大资金投入，着力提升农村环保基础设施建设

加大中央、省级预算内资金对人居环境整治项目的支持力度，特别是原深度贫困地区。建议出台规范性政策文件，建立农村人居环境改善专项资金，纳入财政预算，并根据财政收入增幅，形成农村人居环境提升资金年增长机制。统筹发改、农业、环保、水务、住建等不同部门的分散资金，形成资本合力。

构建多渠道投融资机制，通过特许经营方式筹集社会资金参与人居环境整治项目。整合美丽乡村建设现有资源，引导乡村产业参与到农村人居环境整治工作中。借鉴城市物业收费方式，在一些条件成熟、配套完善的农村社区，探索适度收取生活污水、生活垃圾处理费等相关收费制度。加

大对农村人居环境整治项目建设和运营的扶持力度，落实用电、用水、设备折旧等支持政策。

二、创新农业废弃物资源循环与面源污染控制技术

加强废弃物无害化、资源化处理新技术、新材料、新装备的创新研发与专业技术服务。探索开发如膜秆分离技术、地膜替代技术、免耕水肥一体化保护性耕作技术，持续推动化肥农药减量增效，建立和完善全国农业农村环境治理技术、成果、经验共享服务平台与技术人员服务体系。

因地制宜探索农业农村废旧农膜、农药包装、畜禽粪污多种废弃物收集与资源化协同处置方式与途径。通过政策引导，产业链推动，形成多模式回收与资源化再利用的产业链体系，建立政府主导、企业主体、市场化运作的废污治理与资源化利用有效模式，做好产业布局优化，促使废污无害化、资源化、规范化利用向市场化、产业化、法治化方向发展。

三、探索生活垃圾、污水和厕所粪污资源化一体化利用技术

因地制宜探索适合各地农村生活垃圾、污水与厕所粪污治理的集中与分散相结合的有效治理模式，特别是开发适合西部高原、高寒、牧区、干旱地区的污水治理技术；鼓励卫生厕所改造与生活污水治理一体化建设，有条件的地区推行联户、联村、村镇一体处理，创新"多模式回收、专业化管理"体系。以数字乡村建设为依托，借助大数据、物联网等技术优势，探索建立乡村智慧环卫大数据监督管理系统，实现收、运、存、处各环节智能化管理。

四、构建成系统、可复制、可推广的资源化利用与长效运营管理机制

加强农村人居环境整治工作的领导。在省级政府领导下，各市（区、县）成立人居环境整治领导小组，分管领导任组长，发改、住建、工信、农业农村、生态环保等各部门领导作为主要成员，明确任务分工，抓好工

作落实，层层压实责任。同时各部门之间要紧密配合、主动服务，形成共同提升脱贫地区农村人居环境质量的良好组织机制。

推进制度建设。以科学理念统筹村庄合理布局，充分利用多规合一的改革成果，建立并落实村庄布点网格。强调规划引领，科学划定人居环境整治范围，统筹考虑产业发展、人居环境与生态保护之间的关系。加快制定农村生活污水治理、生活垃圾回收处置、粪污与废弃物资源化等相关设备设施、施工建设、运行管护等标准和规范，实现全过程标准化、规范化管理。完善农业废弃物资源化利用法律法规机制，推进乡村生态环境保护立法。

强化监督考核。推进各市（区、县）、乡镇、村级建立科学的农村人居环境长效运管监督考核评价机制，明确考核内容、考核标准和奖补政策，构建起市县、乡镇、行政村、自然村四级监督机制，将其纳入实施乡村振兴实绩考核，并开展试点与示范。通过定人、定岗、定责等措施，将垃圾清运、污水处理等村庄环境日常管护责任落实到人。采取集中督查、专项督查、常态督查和暗访督查等形式，强化人居环境改善突出问题的监督。

五、深入推动脱贫地区科技帮扶工作机制

制订科技创新计划。优化科技创新布局，培育科技创新主体，根据地方特色主导产业，有针对性地培育技术研发创新中心、创新创业平台和科技成果转化中心，构建各类创新主体协调互动的创新联合体。重点强化产业技术攻关、开展科技成果转化应用。带动乡村创新创业、鼓励地方特色产业发展，及时凝练总结出可复制、可推广的科技创新驱动乡村振兴发展模式。

建立科研专项制度。制定吸引人才和激励人才的政策，以市场需要为主导，通过定向选择、竞争投标，培养和引进等形式发挥政府、企业、高校、科研院所和相关职能部门合力作用，进行产、学、研有机高效结合方式，搭建"专家团队＋科研攻关小组"具有特色的对口专项科技帮扶工作。

根据实际需要，建设国家、部、省重点实验室、工程中心、综合研发基地等研发平台，建设开放共享的科研平台系统。

建设服务型科技创新体系。推进环保领域关键技术攻关项目和应用，统筹布局建设各类创新平台。加强生态环境科技成果转化服务，在重点区域领域组织开展生态环境科技帮扶行动，采取线上和线下等多种渠道和方式，深入农村地区，开展农村人居环境整治项目规划、设计、建设、运维管理人员的专业化技术指导、技术咨询、技术培训等，同时加快培养相关方面的技术和管理人才，特别是加大国家乡村振兴重点帮扶县及新疆、西藏地区技术和管理带头人的培训力度，打造懂技术、有能力的人才队伍。

六、完善公众参与

强化基层党组织核心领导作用。形成人居环境整治项目公示制度，保障村民权益。制定村级环境卫生公约，引导农民树立生态意识、环保意识。利用微信公众号、网络宣传短片等新媒体平台开展多种形式的宣传，引导村民树立绿色生产生活观念。

从公众的角度出发。鼓励村民全程参与人居环境整治项目的规划、建设、运营和管理，充分发挥村民主体作用，营造人人关注、家家支持、户户参与的浓厚氛围，不断提高农村人居环境整治工作的知情率、支持率、参与率和满意率。

参与主体多元化。乡村振兴背景下生态环境治理需要多方配合，构建政府领导，社会、公众组织参与和法治保障的环境治理体系。农村生态环境治理需重视社会环保组织的参与，以保证"多元参与的有效性"。建立起各个主体和环保组织之间定期交流协调机制，统筹推进农村人居环境建设任务。

参考文献

白美妃：《撑开在城乡之间的家——基础设施、时空经验与县域城乡关系再认识》，《社会学研究》2021 年第 6 期。

曹中秋：《打造人才引擎助力乡村振兴》，《人民论坛》2019 第 23 期。

陈济冬、曹玉瑾、张也驰：《在持续稳定增长中减贫：我国的减贫历程与经验启示》，《改革》2020 年第 6 期。

陈劲、杨硕、吴善超：《科技创新人才能力的动态演变及国际比较研究》，《科学学研究》2022 年第 7 期。

陈天祥、魏国华：《实现政府、市场与农户的有机连接：产业扶贫和乡村振兴的新机制》，《学术研究》2021 年第 3 期。

程国强、马晓琛、王瑜：《准确把握巩固拓展脱贫攻坚成果过渡期的阶段特征》，《中国发展观察》2022 年第 2 期。

程国强、伍小红：《抓紧做好农村低收入人口识别工作》，《中国发展观察》2021 年 Z1 期。

程国强、朱满德：《2020 年农民增收：新冠疫情的影响与应对建议》，《农业经济问题》2020 年第 4 期。

程国强、朱满德：《新冠疫情冲击粮食安全：趋势、影响与应对》，《中国农村经济》2020 年第 5 期。

程国强：《决战决胜脱贫攻坚的四个关键》，《农民日报》2020 年 3 月 14 日。

杜鹰：《认真总结脱贫攻坚实践经验，切实巩固拓展脱贫攻坚成果》，《宏观经济管理》2021 年第 6 期。

杜志雄、陈文胜、陆福兴、廖宏斌、王文强：《全面推进乡村振兴：解读中央一号文件（笔谈）》，《湖南师范大学社会科学学报》2022年第3期。

杜志雄、王瑜：《"十四五"时期乡村基层治理体系建设与减贫治理转型》，《改革》2021年第11期。

黄承伟、杨进福：《中国共产党百年反贫困的历史经验》，《西安交通大学学报（社会科学版）》2021年第4期。

黄承伟：《党的十八大以来脱贫攻坚理论创新和实践创新总结》，《中国农业大学学报（社会科学版）》2017年第5期。

黄承伟：《中国扶贫开发道路研究：评述与展望》，《中国农业大学学报（社会科学版）》2016年第5期。

黄祖辉、钱泽森：《做好巩固拓展脱贫攻坚成果同乡村振兴有效衔接》，《南京农业大学学报（社会科学版）》2021年第6期。

江泽林：《农村一二三产业融合发展再探索》，《农业经济问题》2021年第6期。

景跃进：《中国农村基层治理的逻辑转换——国家与乡村社会关系的再思考》，《治理研究》2018年第1期。

李小云、于乐荣、唐丽霞：《新中国成立后70年的反贫困历程及减贫机制》，《中国农村经济》2019年第10期。

李小云、徐进：《消除贫困：中国扶贫新实践的社会学研究》，《社会学研究》2020年第6期。

李小云：《我国农村扶贫战略实施的治理问题》，《贵州社会科学》2013年第7期。

刘波、李湛：《中国科技创新资源配置体制机制的演进、创新与政策研究》，《科学管理研究》2021年第4期。

刘永富：《继续向贫困宣战》，《求是》2014年第21期。

吕方：《脱贫攻坚与乡村振兴衔接：知识逻辑与现实路径》，《南京农业大学学报（社会科学版）》2020年第4期。

马太超、邓宏图：《从资本雇佣劳动到劳动雇佣资本——农民专业合作社的剩余权分配》，《中国农村经济》2022 年第 5 期。

孙久文、李方方、张静：《巩固拓展脱贫攻坚成果加快落后地区乡村振兴》，《西北师大学报（社会科学版）》2021 年第 3 期。

檀学文：《巩固拓展脱贫攻坚成果的任务与过渡期安排》，《中国经济报告》2021 年第 3 期。

汪三贵、郭建兵、胡骏：《巩固拓展脱贫攻坚成果的若干思考》，《西北师大学报（社会科学版）》2021 年第 3 期。

汪三贵、刘明月：《从绝对贫困到相对贫困：理论关系、战略转变与政策重点》，《华南师范大学学报（社会科学版）》2020 年第 11 期。

王小林、冯贺霞：《2020 年后中国多维相对贫困标准：国际经验与政策取向》，《中国农村经济》2020 年第 3 期。

魏后凯：《"十四五"时期中国农村发展若干重大问题》，《中国农村经济》2020 年第 1 期。

魏后凯：《新常态下中国城乡一体化格局及推进战略》，《中国农村经济》2016 第 1 期。

吴国宝：《如何有效防范化解规模性返贫风险》，《中国党政干部论坛》2021 年第 6 期。

夏柱智、贺雪峰：《半工半耕与中国渐进城镇化模式》，《中国社会科学》2017 年第 12 期。

萧鸣政、张睿超：《中国后扶贫时代中的返贫风险控制策略——基于风险源分析与人力资源开发视角》，《中共中央党校（国家行政学院）学报》2021 年第 2 期。

许可、张亚峰、肖冰：《科学与市场间的边界组织：科技成果转化机构的理论拓展与实践创新》，《中国软科学》2021 年第 6 期。

燕继荣：《反贫困与国家治理——中国"脱贫攻坚"的创新意义》，《管理世界》2020 年第 4 期。

杨华、王会：《重塑农村基层组织的治理责任——理解税费改革后乡村治理困境的一个框架》，《南京农业大学学报（社会科学版）》2011 年第

2 期。

杨玉良：《序言：发展与创新科学教育培育创新型人才》，《中国科学院院刊》2021 年第 7 期。

张明涛：《强化农业科技创新助力乡村产业振兴》，《人民论坛》2019年第 27 期。

张新文、张国磊：《社会主要矛盾转化、乡村治理转型与乡村振兴》，《西北农林科技大学学报（社会科学版）》2018 年第 3 期。

左停、贺莉、赵梦媛：《脱贫攻坚战略中低保兜底保障问题研究》，《南京农业大学学报（社会科学版）》2017 年第 4 期。

左停：《脱贫攻坚与乡村振兴有效衔接的现实难题与应对策略》，《贵州社会科学》2020 年第 1 期。

Wenjin Long，Junxia Zeng，Tongquan Sun，"Who Lost Most Wages and Household Income during the COVID-19 Pandemic in Poor Rural China？"，China & World Economy，2021.

Ravallion M.，Chen S.，"Global poverty measurement when relative income matters"， Journal of public economics，2019.

Ravallion M，Chen S.，"Weakly relative poverty"，Review of Economics and Statistics，2011.

中国工程院重大战略研究与咨询项目"2020 年后减贫战略研究"(第一期)课题组

项目总负责人：邓秀新　中国工程院副院长、院士

综 合 研 究 组："2020 年后农村减贫总体战略研究"

组　　　　长：程国强　同济大学特聘教授

主 要 成 员：朱满德　赵海燕　宝明涛　孟祥海　谭青海　戴　鹏

　　　　　　　袁祥州　齐皓天　李辛一　李柯逾　伍小红　倪书阳

　　　　　　　余新礼　施嘉庚　马晓琛　肖雪灵　陈健行

乡村产业研究组："2020 年后乡村产业发展与减贫研究"

组　　　　长：钟涨宝　华中农业大学教授

主 要 成 员：万江红　严奉先　刘　颖　张翠娥　李祖佩　范成杰

　　　　　　　周　娟　袁　泉

健康乡村研究组："2020 年后健康乡村建设与减贫研究"

组　　　　长：黄璐琦　中国中医科学院院长、中国工程院院士

主 要 成 员：苏庆民　党海霞　郑格琳　杨永生　胡艳敏　焦拥政

　　　　　　　李　哲　肖梦熊　张小波　史华新　王婷婷　王　硕

美丽乡村研究组："2020 年后美丽乡村建设与减贫研究"

组　　　　长：曲久辉　清华大学教授，中国工程院院士

主 要 成 员：刘会娟　刘锐平　兰华春　彭剑峰　齐维晓　吉庆华

　　　　　　　王亚俊　董硕勋　段高旗　金春玲　唐清文　毕丽姣

　　　　　　　陈　宇　张　军　李司令　陈俊文

乡村治理研究组："2020 年后乡村治理体系建设与减贫研究"

组　　　　长：杜志雄　中国社科院农村发展研究所党委书记、研究员

主 要 成 员：檀学文　王　瑜　卢宪英　崔　超　杨晓婷　胡　原

中国工程院重大战略研究与咨询项目
"2020年后减贫战略研究"（第二期）课题组

项目总负责人：邓秀新　中国工程院副院长、院士

综合研究组："脱贫攻坚与乡村振兴战略有效衔接研究"

组　　　　长：程国强　中国人民大学"杰出学者"特聘教授

主 要 成 员：朱满德　赵海燕　宝明涛　谭青海　陈传波

　　　　　　　齐皓天　余新礼　施嘉庚　马晓琛　肖雪灵

　　　　　　　陈健行　徐文韬　贺雅婷

乡村产业研究组："以科技为支撑的乡村产业发展与减贫战略研究"

组　　　　长：陈焕春　华中农业大学教授、中国工程院院士

　　　　　　　严奉宪　华中农业大学教授

主 要 成 员：钟涨宝　何玉成　万江红　张翠娥　李祖佩　何德华

　　　　　　　秦　臻　袁　泉　董艳敏　庹　娟　李义姝

乡村公共卫生研究组："全面脱贫后乡村公共卫生战略研究"

组　　　　长：黄璐琦　中国中医科学院院长、中国工程院院士

主 要 成 员：史华新　王　硕　张小波　李　梦　解博文

乡村环境研究组："全面脱贫后美丽乡村建设的工程技术战略研究"

组　　　　长：曲久辉　清华大学教授，中国工程院院士

主 要 成 员：刘会娟　刘锐平　兰华春　彭剑峰　齐维晓

　　　　　　　吉庆华　曹晓峰　王　颖　董硕勋　苗时雨

　　　　　　　段高旗　金春玲　唐清文　毕丽姣

兜底保障研究组："全面脱贫后兜底保障战略研究"

组　　　　长：杜志雄　中国社科院农村发展研究所党委书记、研究员

主 要 成 员：檀学文　王　瑜　崔　超　程令伟　杨晓婷　张梓煜

责任编辑：任　益
文字编辑：王熙元
封面设计：胡欣欣
版式设计：杜维伟

图书在版编目（CIP）数据

脱贫攻坚与乡村振兴有效衔接研究／中国工程院"2020年后减贫战略研究"课题组
　编著 . — 北京：人民出版社，2024.3
ISBN 978 - 7 - 01 - 026367 - 0

I.①脱…　II.①中…　III.①扶贫－研究－中国②农村－社会主义建设－研究－中国
　IV.① F126 ② F320.3

中国国家版本馆 CIP 数据核字（2024）第 043624 号

脱贫攻坚与乡村振兴有效衔接研究

TUOPIN GONGJIAN YU XIANGCUN ZHENXING YOUXIAO XIANJIE YANJIU

中国工程院"2020年后减贫战略研究"课题组　编著

人民出版社 出版发行
（100706　北京市东城区隆福寺街 99 号）

中煤（北京）印务有限公司印刷　新华书店经销

2024 年 3 月第 1 版　2024 年 3 月北京第 1 次印刷
开本：710 毫米 ×1000 毫米 1/16　印张：29.75
字数：425 千字

ISBN 978 - 7 - 01 - 026367 - 0　定价：99.00 元

邮购地址 100706　北京市东城区隆福寺街 99 号
人民东方图书销售中心　电话（010）65250042　65289539

版权所有·侵权必究
凡购买本社图书，如有印制质量问题，我社负责调换。
服务电话：(010) 65250042